Herausgegeben von
Karl-Hermann Beeck

Geschichte heute

9./10. Schuljahr

Bearbeitet von

Karl-Hermann Beeck · Hans-Peter Bülow
Otto Kamphues · Helga Passon

Dieses Buch ist Eigentum der
Polyt. Oberschule Bennungen

Schroedel Schulbuchverlag
Verlag Ferdinand Schöningh

Geschichte heute
9./10. Schuljahr

Herausgegeben von Karl-Hermann Beeck

bearbeitet von

Karl-Hermann Beeck, Wuppertal
Hans-Peter Bülow, Ennepetal
Otto Kamphues, Senden
Helga Passon, Wuppertal
in Zusammenarbeit mit der Verlagsredaktion

Zu allen Schülerbänden gibt es einen Lehrerband, Best.-Nr. 35383

ISBN 3-507-**35386**-5 (Schroedel)
ISBN 3-506-**35386**-1 (Schöningh)

© 1988 Schroedel Schulbuchverlag GmbH, Hannover

Alle Rechte vorbehalten. Dieses Werk sowie einzelne Teile desselben sind urheberrechtlich geschützt. Jede Verwertung in anderen als den gesetzlich zugelassenen Fällen ist ohne schriftliche Zustimmung des Verlages nicht zulässig.

Druck A ^{5432} / Jahr 1992 91 90

Alle Drucke der Serie A sind im Unterricht parallel verwendbar.
Die letzte Zahl bezeichnet das Jahr dieses Druckes.

Zeichnungen: Ateliergemeinschaft Adrian Raasch/Rudolf Schwanke
Druck: Karl Neef GmbH, Wittingen

Inhaltsverzeichnis

Der Erste Weltkrieg und sein Ende 6

Das Entscheidungsjahr 1917 6
Der Kriegseintritt der USA 6
Die innere Schwäche
Deutschen Kaiserreiches 10
Die Russische Revolution 14

Das Ende des Ersten Weltkrieges 24
Der Zusammenbruch der Mittelmächte 24
Die Revolution in Deutschland 1918/19 28

Die Weimarer Republik 32

Die Entstehung der Weimarer Republik 32
Die Nationalversammlung in Weimar 32
Friedensschluß 34
Die Weimarer Verfassung 36
Andere Ordnungsvorstellungen 38

Krisen der Weimarer Republik 40
Arbeiterunruhen 40
Der Kapp-Lüttwitz-Putsch 42
Das Problem der Kriegsfolgen 44
Inflation und Ruhrkampf 46
Umsturzversuche
der „nationalen Opposition" 50

Die „Stabilisierungsphase" der Republik 52
Das Dawes-Abkommen
und die Hindenburg-Wahl 52
Verständigungspolitik
und Friedenshoffnungen 54
Die „goldenen Zwanziger" 56

Die Zerstörung der Weimarer Republik 60
Die Weltwirtschaftskrise 60
Die „nationale Opposition" 62
Die Staatskrise 66

Nationalsozialistische Gewaltherrschaft und der Zweite Weltkrieg 70

„Machtergreifung" und Ausbau der Diktatur 70
Die „Machtergreifung" 70
Der Reichstagsbrand 72
Der Tag von Potsdam 74
Das Ermächtigungsgesetz 76
Terror und Konzentrationslager 78
Die Gleichschaltung 80
Der Röhmputsch 84
Der Aufstieg der SS 86
Die Hitlerjugend 88

Führermythos und Führerstaat 90
Der Führermythos 90
Die Idee des Führerstaates 92
Propaganda 94

Die nationalsozialistische Rassenpolitik 98
Rassenlehre und Judenboykott 98
Von den Nürnberger Gesetzen
zur „Reichskristallnacht" 100
Die Radikalisierung der Herrenmoral 102
Völkermord und die „Endlösung
der Judenfrage" 104

Die nationalsozialistische Wirtschaftspolitik 108
Arbeitsbeschaffungsprogramme
und staatliche Kontrolle 108
Die Wirtschaft im Dienst
der Kriegsvorbereitung 110

Der Weg in den Zweiten Weltkrieg 112
Die scheinbare Friedenspolitik 112
Die „Achse Berlin–Rom" 116
Das „Dreieck Berlin–Rom–Tokio" 118
Das Jahr 1939 120

Der Zweite Weltkrieg 122
Der europäische Kriegsschauplatz 122
Der ostasiatische Kriegsschauplatz 124
Der totale Krieg 126

Der Widerstand gegen die nationalsozialistische Diktatur 128
Konservativer
und kirchlicher Widerstand 128
Sozialistischer Widerstand 130
Jugendwiderstand 132

Nachkriegszeit, Wiederaufbau und Blockbildung 134

Vom Zusammenbruch des „Dritten Reiches" zur Bildung zweier deutscher Staaten ... 134
    Die Lage in Deutschland 1945 134
    Die Politik der Siegermächte 136
    Die Nürnberger Prozesse 140
    Entnazifizierung und Wiederaufbau des politischen Lebens 142
    Die Kunst des Überlebens 146
    Flüchtlinge, Vertriebene, Kriegsgefangene 148
    Die Absage an den Nationalsozialismus 150
    Zonenpolitik und Byrnes' Stuttgarter Rede 152
    Trumandoktrin und Marshallplan 154
    Die Währungsreform 156
    Die Berlin-Blockade 158

Die Gründung der Bundesrepublik Deutschland und der Deutschen Demokratischen Republik ... 160
    Der Weg zur Gründung der Bundesrepublik Deutschland 160
    Die Verfassung der Bundesrepublik Deutschland 162
    Die Gründung der Deutschen Demokratischen Republik .. 164
    Montanunion und EWG 168

Die Entwicklung der Bundesrepublik Deutschland bis zur Großen Koalition 168
    Wiederbewaffnung und Bündnispolitik 170
    Die Souveränität der Bundesrepublik Deutschland 172
    Adenauers Ostpolitik und die Stalinnote 174
    Wiedervereinigung und Westintegration 176
    Die Saarfrage und der Tag von Reims 178
    Das Wirtschaftswunder 180

Die Entwicklung der Deutschen Demokratischen Republik bis 1968 184
    Die sozioökonomische Entwicklung ... 184
    Die Eingliederung der DDR in den Ostblock 188

Die Politik der Bundesrepublik Deutschland seit der Großen Koalition .. 190
    Die Große Koalition 190
    Die neue Ostpolitik 192
    Die neue Deutschlandpolitik 194
    Gesellschaftspolitik und Sozialreformen 196

Österreich 198

Berlin 200

Krisenherde und Lösungsversuche in der Weltpolitik 202

Die Weltpolitik der Großmächte 202
    Abgrenzung der Einflußgebiete 202
    Annäherung und Verständigung? 210
    Hochrüstung und Abrüstung 212

Industrienationen und Dritte Welt 214
    Von der Kolonie zum Staat 214
    Die Frage der nationalen Identität 216
    Nord-Süd-Konflikt und Entwicklungshilfe 218

Probleme der Zeit in der Bundesrepublik Deutschland 220
    Die Studentenunruhen 1968 220
    Die Frauenbewegung 222
    Der Terrorismus von links und rechts . 224
    Wirtschaftliche Strukturkrise und Arbeitslosigkeit 226
    Das „Gastarbeiter"-Problem 228
    Das Ökologie-Problem 232
    Bürokratisierung und Demokratie-Problem 234

Personen- und Sachverzeichnis 237

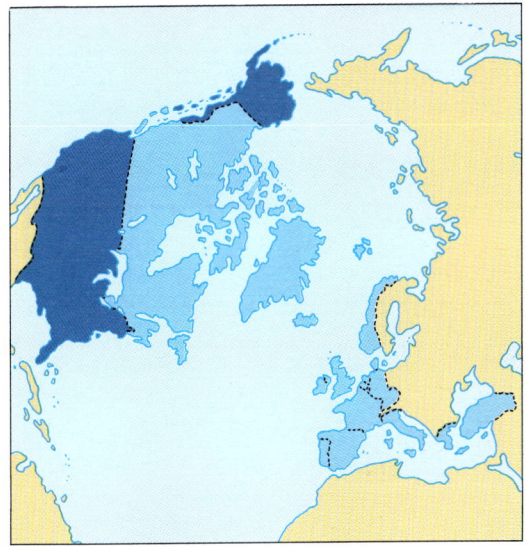
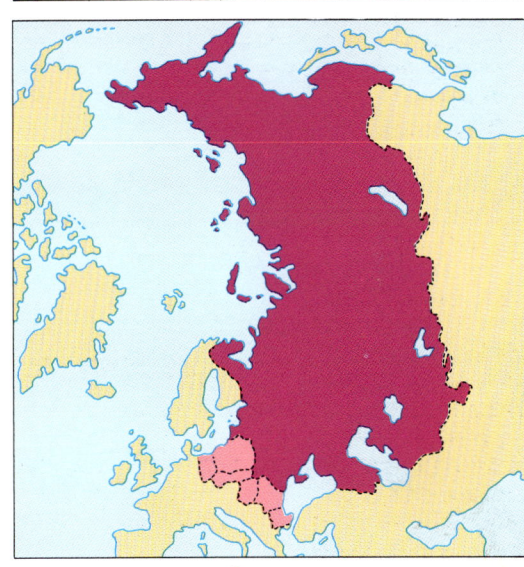

Wilson am 2.4.1917:

Unser Ziel ist, die Grundsätze des Friedens und der Gerechtigkeit im Leben der Welt gegen selbstsüchtige und autokratische Macht zu verteidigen und unter den wirklich freien und sich selbst regierenden Völkern der Welt eine solche Vereinbarung in Plan und Handlung aufzurichten, die hinfort nach Beobachtung dieser Grundsätze strebt... Eine feste Vereinigung für den Frieden kann nur aufrechterhalten werden, wenn die Mitglieder demokratische Nationen sind... wir werden für... Demokratie, für das Recht derer [kämpfen], die einer Obrigkeit untertan sind, eine Stimme in ihrer eigenen Regierung zu haben, für die Rechte und Freiheiten der kleinen Nationen, für eine allgemeine Herrschaft des Rechts durch einen solchen Bund freier Völker, der allen Nationen Frieden und Sicherheit bringt und schließlich die Welt selbst befreit...

(Geschichte in Quellen, Weltkriege..., S. 57 f.)

Lenin am 1.5.1919:

Die weltgeschichtliche Bedeutung der III., der Kommunistischen Internationale, besteht darin, daß sie damit begonnen hat, die große Losung Marx' in die Tat umzusetzen, die Losung, die aus der jahrhundertelangen Entwicklung des Sozialismus und der Arbeiterbewegung die Bilanz zieht, die Losung, die ihren Ausdruck findet in dem Begriffe: Diktatur des Proletariats.
Diese geniale Voraussicht, diese geniale Theorie wird zur Wirklichkeit... Diese lateinischen Worte sind jetzt übersetzt in alle Volkssprachen des gegenwärtigen Europas, mehr noch: in alle Sprachen der Welt. Eine neue Epoche der Weltgeschichte hat begonnen. Die Menschheit wirft die letzte Form der Sklaverei von sich: die kapitalistische oder Lohnsklaverei. Indem sie sich von der Sklaverei befreit, geht die Menschheit zum erstenmal zu wahrer Freiheit über.

(I. Fetscher [Hrsg.], Lenin Studienausgabe, Bd. 2, S. 293)

Der Erste Weltkrieg und sein Ende

Das Entscheidungsjahr 1917

Der Kriegseintritt der USA

Wie sich die USA im europäischen Krieg zunächst verhielten

Die Vereinigten Staaten von Amerika konnten bereits 1898 ihre Weltgeltung beweisen (s. Bd. 7/8, S. 184 f.). Nicht zuletzt der Verzicht Europas auf Einmischung hatten ihre Ausdehnung über den nordamerikanischen Kontinent sowie ihre imperialistische Politik ermöglicht. Deshalb wollte Woodrow Wilson als Präsident dieses größten neutralen Staates der Welt die europäischen Machtverhältnisse der Vorkriegszeit erhalten: die Seeherrschaft Englands und das Gleichgewicht der Kräfte auf dem Festland. Am 22.1.17 erläuterte er im Senat, wie er im europäischen Krieg vermitteln wollte:

... Die Frage, von der der ganze zukünftige Friede und die Politik der Welt abhängt, ist die folgende: Ist der gegenwärtige Krieg ein Kampf um einen gerechten und sicheren Frieden ...? ... Nur ein in sich beruhigtes Europa kann ein stabiles Europa sein ... Vor allem scheint mir die Voraussetzung unerläßlich, daß ein Friede ohne Sieg geschlossen werden muß. Nur ein Friede zwischen gleich und gleich geschlossen kann dauern ...

(Ursachen und Folgen ..., Bd. 1, hrsg. von H. Michaelis/E. Schrepler, Berlin 1958, S. 96)

Dieser Vermittlungsvorschlag scheiterte an der Ablehnung der Mittelmächte, aber auch an den Kriegszielen der Alliierten. Wilson mußte seine Neutralitätspolitik und Schiedsrichterrolle erneut überprüfen.

6.1 Englische Kriegspropaganda

6.2 Versenkung des englischen Passagierschiffes „Lusitania" am 7.5.15 (Zeichnung von Malchius 1915)

Der Erste Weltkrieg und sein Ende

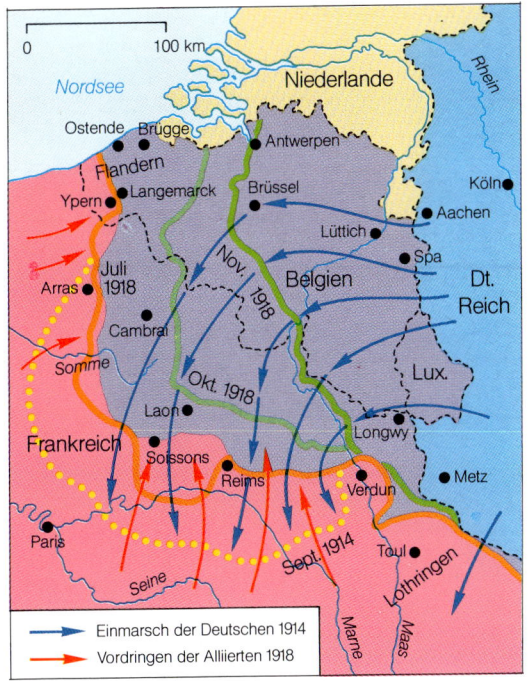

7.1 Die Westfront 1914–1918

7.2 Französischer Sturmangriff, 1917

Aus deutscher Sicht war beides ohnehin fragwürdig: US-Firmen hatten 1914 ihren Handel mit Deutschland abgebrochen, aber sofort die Alliierten mit allen kriegswichtigen Gütern beliefert. Dies war zwar nach internationalem Recht zulässig, Wilson hätte es aber auch verbieten können. Allerdings bewahrte allein der Export landwirtschaftlicher Überschüsse die USA vor einer Agrarkrise. Außerdem empfanden die US-Bürger starke Sympathien für das ehemalige Mutterland England, dessen politische und rechtliche Überzeugungen sie teilten. Der undemokratische, militaristische deutsche Kaiserstaat stieß sie ab, die Besetzung des neutralen Belgiens erfüllte sie mit Abscheu.

Zu Kriegsbeginn war der deutsche Vormarsch im Westen bald gestoppt worden. Der Bewegungskrieg ging in einen Stellungskrieg in Schützengräben über. In brutalen Materialschlachten hatte jede Seite versucht, den Feind mit riesigem Munitionseinsatz bei Trommelfeuer, Giftgas-, Panzer- und Luftangriffen „auszubluten". Für das Deutsche Reich wurde die bereits 1914 von England über die Nordsee und das Mittelmeer verhängte Blockade besonders gefährlich. Sie schnitt die Mittelmächte von Rohstoffen für die Rüstungsindustrie und von Lebensmittelimporten ab. Deutschland versuchte deshalb immer wieder, die Blockade mit U-Booten zu durchbrechen. Als diese auch Passagierdampfer torpedierten, die oft Kriegsmaterial geladen hatten, war die Wirkung vor allem auf die amerikanische Öffentlichkeit verheerend.

1. Beurteilt die amerikanische Politik.
2. Diskutiert Rohstoffabhängigkeiten heute (z. B. beim Erdöl).

Bilanz des Todes nach Materialschlachten:

In der „Hölle von Verdun" (21.–25. 2. 1916) 700 000 tote Deutsche und Franzosen

Am Fluß Somme (Juni–Nov. 1916): 1 000 000 tote Deutsche, Engländer und Franzosen

Warum die USA in den europäischen Krieg eingriffen und ihn zum Weltkrieg erweiterten

General Ludendorff und andere deutsche Offiziere verlangten im Januar 1917 vom Kaiser die Zustimmung zur erneuten Aufnahme des uneingeschränkten U-Boot-Krieges. Das siegesgewisse Friedensangebot des Reichskanzlers an die Alliierten war abgelehnt worden. Admirale und Generale versicherten, daß sie Großbritannien innerhalb von sechs Monaten zur Kapitulation zwingen könnten, indem sie seine Flotte versenkten und den Nachschub vernichteten. Deshalb erklärte Deutschland am 1.2.1917 den uneingeschränkten U-Boot-Krieg, der auch keine Rücksicht auf Zivilisten nahm. Es mißachtete Warnungen von einem Kriegseintritt der USA. Das Reich begründete dies mit der völkerrechtswidrigen englischen Blockade, die die ganze Nordsee für den Handel mit Deutschland sperrte, auch für Lebensmittel. Wilson und sein Staatssekretär Lansing hatten oft gegen die Blockade protestiert, auch gegen die Kontrolle amerikanischer und anderer neutraler Schiffe. Die Engländer durchsuchten neutrale Schiffe in vielen Häfen der Welt nach Waren für den Gegner. Wilson betrachtete Großbritanniens Mißachtung der Freiheit der Meere als eine Schädigung des Handels. Hingegen beurteilte er die erneuten deutschen Seerechtsverstöße ganz anders. In seiner Kriegsbotschaft an den Kongreß sagte er:

Der gegenwärtige deutsche U-Boot-Krieg gegen die Handelsschiffahrt ist ein Krieg gegen die Menschheit ... Amerikanische Schiffe sind versenkt, Amerikaner getötet worden ... Wir nehmen diese feindliche Herausforderung an, weil wir wissen, daß wir eine Regierung, die sich autokratischer Methoden bedient, niemals zum Freund haben können, und daß, solange sie über eine organisierte Macht verfügt ... es keine verbürgte Sicherheit für die demokratischen Regierungen geben kann.

(R. Hofstadter, Great Issues in American History, Bd. 2, New York 1961, S. 213 f. [übersetzt von J. Rohlfes])

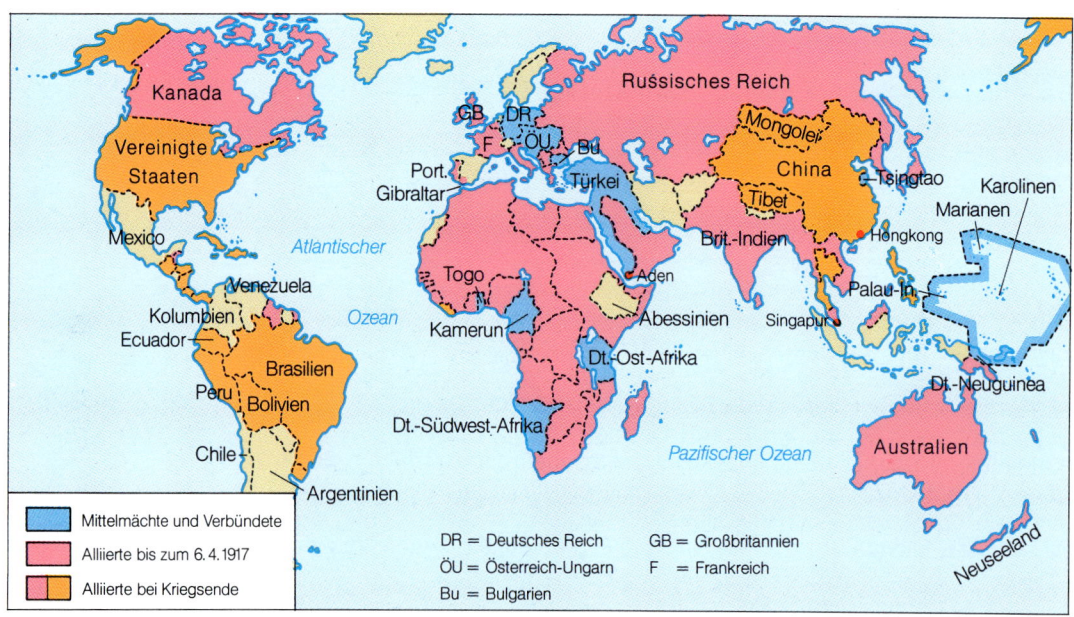

8.1 Mächtegruppen im Ersten Weltkrieg

„Wilson, was wird jetzt aus unserer Friedenspalme?"
„Unbesorgt, lieber Lansing, ich hatte sie ja von vornherein nach dem Stockdegenprinzip konstruiert!"

9.1 Karikatur Simplizissimus v. 27.2.1917

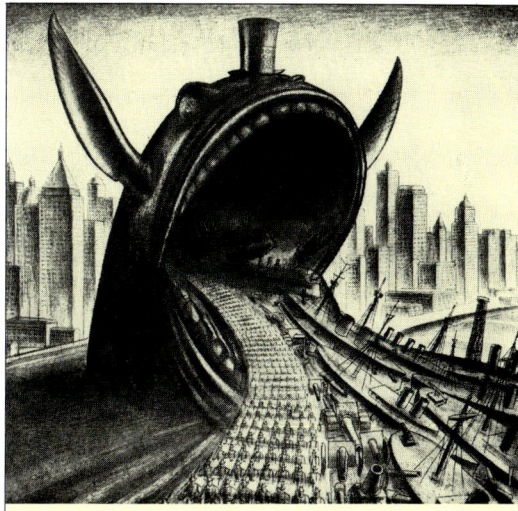

„Den genialsten Köpfen Amerikas ist es gelungen, ein Wolkenkratzermaul zu konstruieren, das alle unbegrenzten Möglichkeiten gegen die Mittelmächte ausspeit."

9.2 Karikatur Simplizissimus v. 24.4.1917

Allerdings gab es im Kongreß eine kleine Minderheit, die gegen Wilsons Kriegsantrag stimmte. Dazu gehörte Senator Norris. Er erklärte:

Wir haben den Alliierten viele hundert Millionen Dollar als Darlehen gegeben ... [Es gibt] für mich keinen Zweifel, daß diese gewaltige Anleihensumme ... dazu beigetragen hat, einen politischen Kurs ... populär zu machen, der dazu angetan ist, ... die Rückzahlung der Schulden zu sichern. Dank dieser Wirkung und dank der Anstrengungen anderer, die ... noch mehr Millionen erwarten ..., wenn unser Land in die Katastrophe hineingezogen wird, sind viele ... Zeitungen ... für den größten Propagandafeldzug aller Zeiten eingespannt worden ... Die enormen Profite der Munitionsfabrikanten, Börsenmakler und Kriegsanleihenverkäufer sollen durch unseren Kriegseintritt noch gesteigert werden ...

(Hofstadter, Great Issues, S. 219 f.)

Am 6.4.1917 erklärte die stärkste Industriemacht der Welt im reichsten Kontinent der Erde den Mittelmächten den Krieg. Die USA hatten damals 100 Mio Einwohner. Am 31.1.1917 hatte der deutsche Marinestaatssekretär die USA im Reichstag als „militärische Null" bezeichnet, deren Schiffe von deutschen U-Booten ausnahmslos versenkt würden. 1918 standen fast 2 Mio Amerikaner in Europa und entschieden den Krieg. Deutsche U-Boote aber konnten nur einen einzigen Truppentransporter aus einem der vielen Geleitzüge herausschießen!

1. Beurteile die Lageeinschätzung durch die deutsche Führung.
2. Warum und mit welcher Wirkung traten die USA in den Krieg ein?
3. Vergleicht die Rolle der USA 1917 mit ihrer heutigen Bedeutung.

Amerikanische Exporterlöse (in Mrd Dollar)

	insgesamt	GB	F	D
1910	1,7	0,5	0,1	0,3
1914	2,4	0,6	0,2	0,3
1916	5,5	1,9	0,9	0,0
1918	6,1	2,1	0,9	0,0
1920	8,2	1,8	0,7	0,3

Was die Massenstreiks über die wirtschaftliche und gesellschaftliche Ordnung Deutschlands verrieten

Die innere Schwäche des deutschen Kaiserreiches

1914 war ein „Burgfrieden" vereinbart worden: Im Interesse der nationalen Einheit verzichteten Parteien und Verbände auf die Austragung von Konflikten, also auf Arbeitskämpfe und öffentliche Debatten. Die SPD stimmte im Reichstag sogar für die Kriegskredite. Später jedoch verschlechterte sich besonders die Lage der „kleinen Leute":

Keine Nacht ohne Zusammenbruch einer oder mehrerer Frauen an den Maschinen infolge Erschöpfung, Hunger, Krankheit ... (Werkzeugschleifer in einem Berliner Rüstungsbetrieb, 1917).
Gleicher Lohn und gleiches Fressen, dann wäre der Krieg schon längst vergessen! (Wandanschrift in einem Rüstungsbetrieb, 1916/17).
Der frühere große Riß zwischen arm und reich, den die Kriegsbegeisterung der ersten Zeit ziemlich geschlossen hatte, klafft ... wieder auseinander. In den ärmeren Bevölkerungsschichten hat sich gegen die Reichen und ... Kriegsgewinnler ein geradezu schädlicher Haß aufgestapelt ... (Generalkommando Magdeburg, Juli 1918).

(Nach: J. Kocka, Klassengesellschaft im Krieg, Göttingen 1973, S. 20, 45, 46)

Die Wirkungen der englischen Blockade waren durch Sammeln von Bucheckern, Altmetall, Frauenhaar und anderem nicht aufzuheben. 1914–1918 starben fast 1 Million Menschen an Hunger und Grippe, besonders viele im „Rübenwinter" 1916/17, der auf schlimme Mißernten gefolgt war. Lebensnotwendige Güter des täglichen Bedarfs waren so knapp, daß sie nur mit Lebensmittelkarten und Bezugsscheinen gekauft werden konnten. Wer mit den Zuteilungen nicht auskam, sich Schwarzmarktpreise oder „Hamsterfahrten" nicht leisten konnte, mußte hungern und frieren. Die Deutschen wurden kriegsmüde, zumal auch an der Front Erfolge ausblieben. Wütend sahen sie, daß aber gewisse Kreise am Krieg verdienten: Auf Betreiben der Obersten Heeresleitung (OHL) sicherte eine staatliche Zwangswirtschaft der Schwerindustrie Rohstoffe und dienstverpflichtete Arbeitskräfte, während Lohn- und Gewinnabrechnungen den Unternehmen überlassen blieben. Der Staat zahlte auch noch bereitwillig die hohen Preise, obwohl er einziger Waffenabnehmer war. Die Kosten sollten nach dem erwarteten deutschen Sieg abgewälzt werden. Dann wären auch die häufig vom nun verarmenden Mittelstand gezeichneten Kriegsanleihen eingelöst worden. Anders als England, das bis zu 80% der Kriegsgewinne wegsteuerte, ersparte das Kaiserreich seiner Industrie bis 1916 jede Kriegsgewinnsteuer. Erst ab 1917 gab es sie, aber nur in mäßiger Höhe! Der auch deshalb zu hohe Umlauf des Geldes ließ seinen Wert sinken. Dies war eine weitere Belastung besonders für Mittel- und Unterschichten.

1917 brachen vor allem in den Industriegebieten Massenstreiks aus. Sie wurden durch Kürzungen der Brotrationen ausgelöst, aber auch durch die Revolution in Rußland (vgl. S. 14 ff.). Langsam politisierten sich die Streiks der hungernden Arbeiter, besonders ab Januar 1918 (vgl. S. 12). Streiks gab es auch in England und Frankreich. Diese Staaten waren ihnen aber wegen ihrer demokratischen Ordnung eher gewachsen als der deutsche Obrigkeitsstaat.

10.1 Frauenarbeit in einer Granatenfabrik

1. Noch 1968 meinte ein Historiker, die Arbeiter hätten im Krieg „beträchtliche materielle Vorteile" erreicht. Diskutiert dies.

Anzahl der Beschäftigten, Löhne, Gehälter und Reingewinne in der deutschen Industrie					Wirkung der Preissteigerungen	
Industrien	Beschäftigte 1913 = 100 1918	Nominalverdienste 1914 = 100 1917	Realverdienste 1914 = 100 1917	Reingewinne 1914 = 100 1916	Jahr	Lebenshaltungsindex
Kriegsindustrie (Chemie, Metallverarbeitung u.a.)	+44%	+123%	−17%	+61%	1913 1916	100 170
Friedensindustrie (Textilien, Lebensmittel u.a.)	−40%	+49%	−45%	+48%	1917 1918	253 313

11.1 Preissteigerungen

11.2 Schlangestehen für Essen: „Butterpolonaise"

„Die Juweliere werden Kundenlisten anlegen müssen, um der Unzufriedenheit der Kriegsgewinnler vorzubeugen, die ihren täglichen Bedarf schon nicht mehr decken können."

11.3 Karikatur im Simplizissimus vom 24.10.1916: „Diamantenpolonaise"

Wie die Oberschicht des deutschen Obrigkeitsstaates ihre Vorherrschaft erhalten wollte

Seit Ende 1916 gab es unter Politikern, Unternehmern, Professoren und anderen Gruppen heftige Auseinandersetzungen über die Eroberungen, die sie von einem deutschen Sieg erwarteten. Selbst die weitestgehenden Kriegsziele ähnelten dem sog. „Septemberprogramm" des Reichskanzlers Bethmann Hollweg, das dieser zusammen mit Beratern erstellt und am 9.9.1914 dem Staatssekretär Delbrück übersandt hatte:

1. Frankreich [muß] so geschwächt werden, daß es als Großmacht nicht neu entstehen kann ... [Vielleicht ist eine] Abtretung des Küstenstrichs von Dünkirchen bis Boulogne zu fordern ... In jedem Fall abzutreten, weil für die Erzgewinnung unserer Industrie nötig, das Erzbecken von Briey ... 2. Belgien [muß] ... zu einem Vasallenstaat herabsinken ... 3. Luxemburg. Wird deutscher Bundesstaat ... 4. Gründung eines mitteleuropäischen Wirtschaftsverbandes unter Einschluß von Frankreich, Belgien, Holland, Dänemark, Österreich-Ungarn, Polen [!] und eventuell Italien, Schweden und Norwegen ... unter äußerlicher Gleichberechtigung ..., aber tatsächlich unter deutscher Führung. (...)
[Der Historiker Fischer urteilt:] Die führenden Kreise Deutschlands ... waren der Überzeugung, ihre Staats- und Gesellschaftsordnung nur durch einen siegreichen Krieg mit einem erheblichen Machtgewinn behaupten zu können ...

(F. Fischer, Griff nach der Weltmacht, Düsseldorf 1971, S. 116 ff., 429)

Schließlich glaubten Arbeiter, die bis 1916 auf „Burgfrieden", nationale Gemeinschaft und Verteidigungskrieg vertraut hatten, daß sie und ihre Angehörigen an der Front für die Machtträume der Oberschicht mißbraucht würden. Dennoch waren die Massenstreiks und Hungerdemonstrationen vom April 1917 in deutschen Industriestädten weitgehend unpolitisch, mit Ausnahme von Leipzig. Dort verlangten die Arbeiter u. a.:

Kaiser Wilhelm II. (Mitte), offiziell Oberbefehlshaber; Generalfeldmarschall Paul von Hindenburg (l.), Chef des Generalstabes und Berater des Kaisers, Erich Ludendorff (r.), Erster Generalquartiermeister und Mitarbeiter des Generalstabschefs. Tatsächlich bildeten ab 1916 Hindenburg und Ludendorff die Oberste Heeresleitung (OHL), wobei Ludendorff der eigentlich „starke Mann" war. Er hatte den Reichskanzler und sogar den Kaiser politisch entmachtet.

12.1 Im großen Hauptquartier zu Spa, 1916

13.1 Aufruf an die deutsche Jugend, Plakat

1. Ausreichende Versorgung . . . mit billigen Lebensmitteln und Kohlen. 2. Eine Erklärung der Regierung zur sofortigen Friedensbereitschaft unter Verzicht auf jede offene und versteckte Annexion. 3. Aufhebung . . . der Zensur. 4. Sofortige Aufhebung aller Schranken des Koalitions-, Vereins- und Versammlungsrechts . . . 6. Sofortige Befreiung der wegen politischen Vergehens Inhaftierten und Verurteilten, . . . 7. . . . gleiches, geheimes und direktes Wahlrecht . . . in den Bundesstaaten . . .

(A. Rosenberg, Entstehung der Weimarer Republik, Frankf. 1983, S. 182)

Als die Mehrheit des Reichstages, SPD, Zentrum und Fortschrittspartei, auf Antrag des Abgeordneten Erzberger (Zentrum) erklärte, sie wünsche einen Verständigungsfrieden unter Verzicht auf Gebietsabtretungen und Kriegsentschädigungen, waren viele Arbeiter beruhigt. Es kam jedoch weder zu Friedensverhandlungen noch zu einer Abschaffung des Dreiklassenwahlrechts in Preußen, obwohl gerade dieses die Unterschicht benachteiligte und den Ruf deutscher politischer Rückständigkeit in der Welt festigte. Ludendorff verhinderte beides und erzwang zudem den Rücktritt des Kanzlers. In England und Frankreich hingegen drängten Generäle vergebens nach politischer Macht; sie stießen auf starke, vom Vertrauen der Parlamente getragene Regierungen. Als die OHL nach dem Zusammenbruch Rußlands in Verhandlungen einen „Siegfrieden" anstrebte (S. 18), streikten in Österreich und Deutschland Millionen kriegsmüder Arbeiter. Der Berliner Generalstreik vom Januar 1918, der die Leipziger Forderungen wieder aufnahm, war gleichzeitig gegen Ludendorffs Militärdiktatur gerichtet. Die deutschen Behörden reagierten mit Verhaftungen und Einberufungsbefehlen.

1. Beurteilt die innenpolitischen Konflikte und Lösungsversuche.
2. Nehmt Stellung zu dem Vorwurf vieler Arbeiter, die SPD habe sich zu lange als „Gefangene des Burgfriedens" betrachtet.

13.2 Ein Plakat aus dem Ersten Weltkrieg

Wie die Zarenmacht zerfiel

Die Russische Revolution

Der Krieg kostete Rußland bis 1917 etwa 8 Mio Tote, Verwundete und Gefangene. Hunger litt insbesondere die Unterschicht, da sich die Lebensmittelpreise verzehnfachten. Im Winter 1916/17 herrschte bei −40°C Mangel an Heizmaterial. Die militärische Führung war unfähig, die schlecht ausgebildeten und ausgerüsteten Soldaten zu militärischen Erfolgen zu führen. Korrupte Staatsbeamte verhinderten, daß die Menschen versorgt wurden. Rußland war kriegsmüde: Fronttruppen desertierten kompanieweise; in den Städten kam es immer häufiger zu Streiks. Der Präsident der Duma (s. Bd. 7/8, S. 183) fürchtete eine Revolution und schlug dem Zaren vor, eine Regierung zu bilden, die das Vertrauen des Volkes haben sollte. Die wichtigsten im Parlament vertretenen Parteien waren seit 1906:

1. „Oktobristen" (Bund des 17. Oktober): Diese konservativen Adligen und Großbürger waren Anhänger der Zarenherrschaft.
2. „Konstitutionelle Demokraten" (kurz: „**Kadetten**" = KD): Diese adligen und bürgerlichen Liberalen wollten durch Reformen die Macht des Zaren mit Hilfe eines starken Parlaments beschränken.
3. „Russische Sozialdemokratische Arbeiterpartei": Sie berief sich auf Karl Marx (s. Bd. 7/8, S. 140 f.). Sie wollte den Sturz des Zarentums durch eine Revolution der Industriearbeiterschaft. Seit 1912 war die Partei gespalten: Wegen heftiger Auseinandersetzungen um ihre Organisation hatten sich bereits 1903 zwei Flügel gebildet; die Mehrheit bei einer diesbezüglichen Abstimmung war wie Lenin (s. S. 16 f.) für den Aufbau einer Kaderpartei, der nur Berufsrevolutionäre angehören sollten (Kader = erfahrener Stamm), sie nannte sich „Bolschewiki" (Mehrheitler); die „Menschewiki" (Minderheitler) wünschten eine Massenpartei und im Gegensatz zu den Bolschewisten, die eine baldmögliche Herrschaft anstrebten, zuerst eine bürgerliche Revolution, die erst später in eine Diktatur des Proletariats umgewandelt werden sollte.
4. „Sozialrevolutionäre Partei": Sie lehnte Marx' Lehre von der überragenden Rolle der Industriearbeiterschaft ab und erwartete die Revolution von den Bauernmassen. Zu ihnen gehörten besonders viele Angehörige der „Intelligenzija", radikale Intellektuelle (vgl. Bd. 7/8, S. 182).

Der Zar lehnte jede Beschränkung seiner Macht ab und befahl die Unterdrückung der Massendemonstrationen. Diese fanden vor allem in St. Petersburg unter der Losung „Brot und Frieden" statt. Die Truppen töteten viele Demonstranten. Noch gehorchten die Soldaten. Kajurov, ein bolschewistischer Arbeiter, schrieb über diese Tage:

Weder am (24.2.) noch am (25.2.) gelang es mir, irgendein Mitglied der Bezirksleitung zu sprechen ... Es war dazu auch keine Zeit, man spürte, daß der Augenblick des Handelns gekommen war. Ohne mich also mit irgend jemand beraten zu haben, versammelte ich einen Teil der Erikson-Parteizelle und schlug vor, rotes Tuch zu kaufen. Man machte zwei Fahnen mit Aufschriften: „Nieder mit der Selbstherrschaft!" und „Nieder mit dem Krieg!" ... (27.2.) Gegenüber der Landrinschen Fabrik waren zwei Kompanien älterer Soldaten ... aufgestellt ... Ich rief: „Genossen, Soldaten! ... Ich schlage vor, die Offiziere zu verhaften und an ihrer Stelle Eure Befehlshaber selbst zu wählen." Brausende Zustimmung wurde dieser Aufforderung zuteil. Es wurden sofort ... Komman-

14.1 *Unbekannter Soldat auf dem Balkon eines Zarenschlosses am Rande von St. Petersburg*

danten gewählt, die Soldaten ... führten unter Gesang revolutionärer Lieder ihre Offiziere ab ...
(W. Astrow u. a., Illustrierte Geschichte ..., Berlin 1918, S. 90 f.)

Am Tag des Staatsumsturzes, dem 27.2.1917, liefen in St. Petersburg die meisten Soldaten zu den Arbeitern über. Sie halfen ihnen, sich zu bewaffnen und gingen mit ihnen gegen die Polizei vor. Es gab keine einheitliche Leitung der einzelnen revolutionären Aktionen, auch nicht durch die bolschewistische Partei, deren Führer in der Verbannung oder im Exil lebten. Lenin befand sich in der Schweiz und wurde von der „Februarrevolution" völlig überrascht, nicht so die Duma. Auch wenn sie die Revolution nicht ausgelöst hatte, wollte sie die Macht den Massen doch nicht allein überlassen. Diese wählten wie 1905 wieder einen Arbeiter- und Soldatenrat, dem Menschewiken, Bolschewiken und Sozialrevolutionäre angehörten. Dieser „Sowjet" stimmte einer „Provisorischen Regierung" aus liberalen Duma-Politikern zu; mit ihnen hatte er sich vorher auf allgemeine und gleiche Wahlen zu einer verfassunggebenden Nationalversammlung geeinigt. Die Regierung war auf den Sowjet angewiesen, weil er großen Einfluß auf die Soldaten in den Garnisonen hatte. Am 28.2. unterstellte er die Soldaten nochmals ausdrücklich seiner Befehlsgewalt. Die Marxisten lehnten eine Beteiligung an der bürgerlichen Regierung zunächst ab. Die „Doppelherrschaft" von Sowjet und Provisorischer Regierung führte zunächst zur Absetzung des Zaren und zur Umwandlung des Reiches in eine bürgerliche Republik. In kürzester Zeit erfaßte die Revolution alle Zentren.

1. Wer war die treibende Kraft in der Februarrevolution von 1917?
2. Unterscheidet äußere Anlässe und tiefere Ursachen der Revolution.
3. Erklärt die Doppelherrschaft ab Februar 1917.

15.1 Der Petersburger Sowjet in der Duma (April 1917)

Wie die Bolschewiki die Macht erringen konnten

Die Doppelherrschaft führte zum Konflikt, obwohl aus dem Sowjet mittlerweile Alexander Kerenski sowie einige Sozialrevolutionäre und Menschewiki in die Provisorische Regierung übergewechselt waren. Auch jetzt blieb Rußland im Krieg. Die Sowjets der Großstädte organisierten Massendemonstrationen für „Frieden ohne Annexionen und Reparationen", taten aber nichts, um die Staatsgewalt an sich zu reißen. Vor allem die Marxisten wollten erst eine proletarische Revolution im hochindustrialisierten Westeuropa abwarten. Im April 1917 kehrte Lenin wie andere Gegner des Zaren auf Umwegen nach St. Petersburg zurück. Die OHL, die eine weitere Zerrüttung Rußlands erhoffte, stellte ihm einen Eisenbahnwaggon und reichliche Geldmittel zur Verfügung. Am 4.4.1917 erschienen Lenins „Aprilthesen" in der Parteizeitung „Prawda" (Wahrheit). Von seiner Partei, für die er die Bezeichnung „Kommunistische Partei" vorschlug, verlangte er:

> Anerkennung der Tatsache, daß unsere Partei in der Mehrzahl der Sowjets ... in der Minderheit ist gegenüber dem Block der kleinbürgerlichen ... Elemente ... Aufklärung der Massen darüber, daß die Sowjets ... die einzig mögliche Form der revolutionären Regierung sind ...
> Keine parlamentarische Republik, ... sondern eine Republik der Sowjets, der Arbeiter-, Landarbeiter- und Bauerndeputierten im ganzen Lande ...
>
> *(Lenin, Sämtliche Werke, Bd. XX, S. 114 ff.)*

Unverhüllt rief er zu einer zweiten Revolution auf. Nach seiner Meinung hatte der Kapitalismus in Rußland trotz dessen agrarischer Wirtschaft seine schlimmste Ausprägung erfahren. Abweichend von Marx sollte deshalb Rußland auf die bürgerliche Phase der Revolution verzichten und sofort die proletarische anstreben. Die hierfür nötige „Avantgarde" (Vorkämpfer) sollte seine kommunistische Kaderpartei sein. N. Suchanow, ein nichtbolschewistischer Weggenosse Lenins, schrieb:

Demagogie: Volksverführung

> [Lenin] ist ein Mann von besonderer geistiger Macht, eine Weltgröße erster Ordnung ... Sein unbekümmerter Radikalismus, seine primitive Demagogie ... sicherten ihm später den Erfolg unter den breitesten Massen des Proletariats und der Mushiks, deren einzige Schule die zaristische Knute gewesen war ... Vor allem die Parole „Alle Macht den Sowjets" war in den Augen der bolschewistischen Masse recht harmlos und hatte für sie durchaus nicht den Sinn, den Lenin selbst hineinlegte. Diese Parole wurde ... von den Bolschewiken selbst wörtlich genommen und diente in ihren Augen keineswegs als Tarnung für eine Polizeidiktatur des Zentralkomitees der Partei. Die „Macht der Sowjets" wurde tatsächlich als Macht der Werktätigen verstanden, um die sich Lenin zweifellos schon damals einen Teufel scherte ...
>
> *(N. N. Suchanow, 1917: Tagebuch der Russischen Revolution, hrsg. von N. Ehlert, München 1967, S. 300 ff.)*

16.1 Wladimir Iljitsch Uljanow (1870–1924), Deckname Lenin, Sohn eines geadelten Schulrats aus einer Handwerkerfamilie, war Rechtsanwalt in Petersburg. Bis heute fußen alle kommunistischen Herrschaftssysteme weltweit auf seiner Theorie der revolutionären „Avantgarde".

Die Bolschewiki blieben auch im Sommer 1917 in der Minderheit, gerieten sogar durch regierungstreue Truppen in ernste Bedrängnis. Lenin floh nach Finnland. Die Regierung, an deren Spitze mittlerweile Kerenski stand, konnte jedoch die Nöte des Landes nicht beheben, so daß das Ansehen der Bolschewiki wieder stieg. Als Kerenski gar die Hilfe der „Roten Garde" in Anspruch nehmen mußte, die Trotzki aus bolschewistischen Arbeitern aufgestellt hatte, erhielt Lenins Partei im

September erstmals die absolute Mehrheit im Sowjet der beiden Hauptstädte Petersburg und Moskau. In dieser Zeit brach die Versorgung der russischen Stadtbevölkerung weitgehend zusammen: Die Bauern enteigneten die verhaßten Großgrundbesitzer. Deutsche Truppen rückten auf Petersburg vor. Am 13.9. drängte Lenin das Zentralkomitee der Partei (ZK):

... [Die Bolschewiki] müssen die Staatsmacht in ihre Hände nehmen ... [D]ie aktive Mehrheit der revolutionären Elemente der Bevölkerung beider Hauptstädte reicht aus, um die Massen mitzureißen ... Es wäre naiv, eine „formelle" Mehrheit der Bolschewiki abzuwarten ...
(W. I. Lenin, Werke, Bd. 26, Berlin (Ost) 1955–64, S. 1 ff.)

Am 10.10. beschloß das ZK auf Drängen Lenins und gegen die Stimme derer, die demokratische Wahlen abwarten wollten, die „Diktatur des Proletariats" einzuleiten. Trotzki organisierte den Umsturz geschickt und ließ am 25./26.10.1917 zu Petersburg die Bahnhöfe und andere öffentliche Gebäude besetzen. Bei der fast lautlosen Eroberung des Regierungssitzes fielen sechs Bolschewiki, die einzigen Opfer der „Oktoberrevolution". Später stellte sich die weltpolitische Bedeutung dieses Ereignisses heraus, das weder die Theatervorstellungen noch den Straßenbahnverkehr unterbrochen hatte. Weshalb die „Oktoberrevolution" gelang, obwohl die Bolschewiki nur etwa 25% der Bevölkerung zu ihren Anhängern zählten, erklären Historiker heute so:

17.1 Leo Dawidowitch Bronstein (1789–1940), Deckname Trotzki, Gutsbesitzersohn, lebte als Publizist lange im Exil. Unter Lenin hatte er hohe Ämter inne. Stalin, der für ihn ein Verräter an der Revolution war, ließ ihn später ermorden. Trotzki ist bis heute in der UdSSR verfemt.

Lenin ... stieß die Partei auf den Weg zur Eroberung der Macht ... Seine große Leistung bestand darin, daß er dem Aufstand den Boden bereitete ... Lenin schuf nicht die Kriegsmüdigkeit, die Armee und Volk durchdrang; das Material war zur Hand, er brauchte es nur zu nutzen. Mit einem Wort – „Land" – sicherte sich Lenin die Neutralität des Dorfes. Die stärkste Hilfstruppe ... waren die Fabrikarbeiter ... Die Revolution war nicht von einer Mehrheit getragen ... Aber die Bolschewiki besaßen, wie Lenin später bemerkte, „zum entscheidenden Zeitpunkt an der entscheidenden Stelle das ausschlaggebende Übergewicht an Kräften".
(M. Fainsod, Wie Rußland regiert wird, Berlin 1965, S. 102 ff.)

1. Vergleicht die Abläufe von Februar- und Oktoberrevolution.
2. Beurteilt Lenins Forderung „Alle Macht den Sowjets".

17.2 Kronstadter Matrosen stürmen das Winterpalais (Gemälde von Kusnezow)

Wie die Bolschewiki ihre Macht behaupteten

Als die Provisorische Regierung gestürzt wurde, tagte gerade der Allrussische Sowjetkongreß. Menschewiki und gemäßigte Sozialrevolutionäre, etwa die Hälfte aller Mitglieder, verließen daraufhin am 26.10.17 den Kongreß. Verbleibende radikale Sozialrevolutionäre und alle Bolschewiki stimmten sofort einer bolschewistischen Regierung, dem „Rat der Volkskommissare", zu. Lenin wurde Vorsitzender, Trotzki Kommissar für Äußeres, Stalin (S. 20) Kommissar für Nationalitäten. Umgehend verabschiedete der Sowjet die „Umsturzdekrete" (Dekret = Beschluß): Das „Dekret über den Frieden" schlug allen kriegführenden Staaten einen sofortigen Frieden ohne Annexionen und Kriegsentschädigungen vor. Es wurde am 3.3.1918 beschlossen, nachdem Lenin die Führungsspitze seiner Partei zur Annahme des Gewaltfriedens von Brest-Litowsk (S. 25) gedrängt hatte. Rußland verlor u. a. ¾ seiner Schwerindustrie und über ¼ seines Landes; Lenin aber gewann eine „Atempause", die er zur Festigung der bolschewistischen Herrschaft nutzen konnte. Das „Dekret über den Grund und Boden" enteignete entschädigungslos jeglichen Landbesitz zugunsten der Dorfsowjets, die ihn den Bauern zur Nutzung überließen. In späteren Dekreten erhielten die Frauen die Gleichberechtigung und die einzelnen Nationalitäten des Vielvölkerstaates Rußland das Selbstbestimmungsrecht. Es wurden u. a. Industrie, Handel, Banken und Eisenbahnen verstaatlicht, die Ziviltrauung und die staatliche Schulaufsicht eingeführt und die Macht der russisch-orthodoxen Kirche beschnitten. Auf dem Lande beschlagnahmte die Regierung Nahrungsmittel und verteilte sie an hungernde Städter.

Annexion: gewaltsame Aneignung von Land

Lenins Regierung, die aus Sicherheitsgründen die Hauptstadt nach Moskau verlegt hatte, mußte sich 1918–1922 in einem Bürgerkrieg gegen eine Übermacht von Feinden behaupten. Da die Bolschewiki bei den Wahlen zur Nationalversammlung am 12.11.1917 nur 25 % der Mandate erhalten hatten, setzte Lenin ein Verbot der bürgerlichen Parteien durch und ließ allen das Wahlrecht entziehen, die nicht zur Arbeiter- und Bauernschicht gehörten. Die Nationalversammlung, die am 5.1.1918 zusammengetreten war, hatte eine von Lenin beantragte „vorbehaltlose Anerkennung der Sowjetmacht" abgelehnt. Sie fand bei ihrer nächsten Sitzung das Parlament durch bewaffnete bolschewistische Matrosen abgesperrt und trat nie wieder zusammen. Die ehemaligen Parlamentsmitglieder reagierten unterschiedlich. Menschewiki und bürgerliche Demokraten schlossen sich zaristischen Generälen an, die mit japanischer, amerikanischer und westeuropäischer Unterstützung als „weiße" Armee gegen die „Roten" marschierten. Die Bolschewiki siegten, einerseits wegen der Uneinigkeit ihrer Feinde, andererseits dank der straff organisierten „Roten Armee". Trotzki hatte sie (vgl. 19.1) aus Wehrpflichtigen geschaffen, ohne Soldatenräte und Offizierswahl. Der von allen Seiten mit äußerster Brutalität geführte Bürgerkrieg, der auch große Hungersnöte hervorrief, kostete ca. 12 Mio Menschen das Leben. Im Juli 1918 wurden der Zar und seine Familie von Bolschewiki ermordet, als sich ausländische Truppen näherten. Gegen innerparteiliche Gegner setzte Lenin mit Zustimmung der Führungsspitze die „Tscheka" (Sonderpolizei) ein. Auf Beschluß des Parteikongresses ging sogar die „Rote Armee" 1921 gewaltsam gegen bolschewistische Matrosen aus Kronstadt und Arbeiter aus Petersburg vor, da Lenin Kritik und „Fraktionsbildung" ablehnte. Die Aufständischen hatten sich nur auf die Verfassung vom 10.7.1918 berufen, in der es hieß:

18.1 „Hilfe!" Russisches Plakat aus dem Hungerjahr 1922, von D. S. Moor

18.2 „Hast Du Dich schon als Freiwilliger gemeldet?" Plakat von D. S. Moor, 1920

Der Erste Weltkrieg und sein Ende

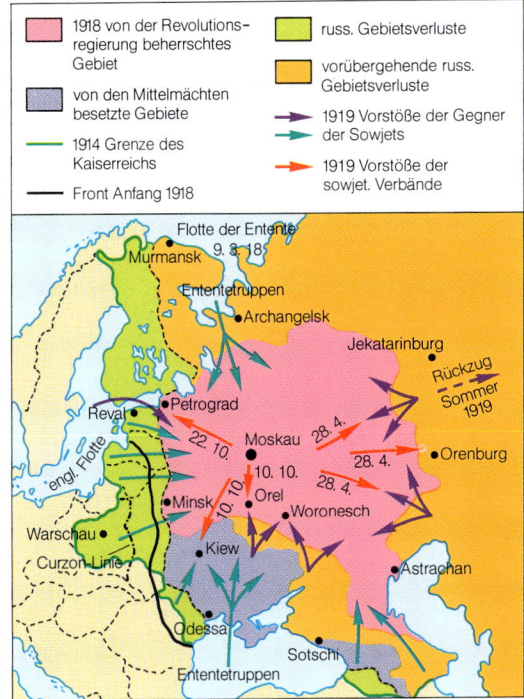

19.1 Russischer Bürgerkrieg und Einmarsch ausländischer Truppen

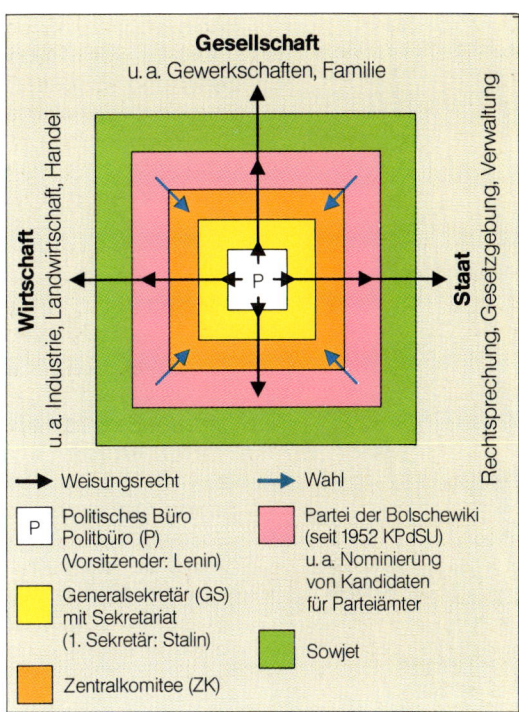

19.2 Lenins Herrschaftssystem des „demokratischen Zentralismus"

§ 1. Rußland wird als Republik der Sowjets [Räte] der Arbeiter-, Soldaten- und Bauerndeputierten erklärt. Die ganze zentrale und lokale Gewalt steht diesen Sowjets zu ... § 9. Die Grundaufgabe ... besteht in der Errichtung der Diktatur des ... Proletariats und der ... Bauern ...

(B. Dennewitz/B. Meissner, Die Verfassungen, Bd. I, Hamburg 1947, S. 164 ff.)

Ein deutscher Marxist und Zeitgenosse Lenins urteilte 1932 über die Verwirklichung dieser Verfassung:

[I]n Rußland ... hatte zwar die Revolution über ihre Feinde gesiegt, aber zugleich hatte das ... Volk seine ... in den Räten verkörperte demokratische Freiheit verloren, und die allmächtige bolschewistische Parteidiktatur war ... begründet ... Die Zentrale der bolschewistischen Partei ist die wirkliche Regierung Rußlands ..., die Herrschaft der ... Minderheit der Berufsrevolutionäre über die große ... Masse. Die Bolschewiki haben ... die Sowjets als dekoratives Symbol ihrer Herrschaft behalten.

(A. Rosenberg, Geschichte des Bolschewismus, Frankfurt 1966, S. 152 ff.)

1. Wodurch wurde die russische Gesellschaft umgestaltet?
2. Beschreibt die Gegner Lenins und ihre Motive.
3. Welche Quelle entspricht der Grafik 19.2? Vergleicht mit anderen Demokratien.
4. Wer übt die Diktatur des Proletariats aus?
5. Beurteilt Lenins Strategie der Machtgewinnung und -behauptung.

Wie sich Stalins Machterweiterung auf Revolution und Diktatur des Proletariats auswirkte

Lenin starb 1924. Den Machtkampf um dessen Nachfolge entschied Stalin für sich. Trotzki und andere Anwärter hingegen verloren Parteiämter und -mitgliedschaft. Als Generalsekretär konnte Stalin auf allen Ebenen der KPdSU ihm ergebene Funktionäre unterbringen, die nach seinen Wünschen abstimmten. Das Generalsekretariat wurde so zum neuen Machtzentrum. Hinzu kam, daß er auch noch die Staatspolizei (Tscheka) unter seinen Einfluß brachte. Stalin erklärte 1927:

Konterrevolution: Gegenrevolution

Wir sind ein Land, das von kapitalistischen Staaten umringt ist. Die inneren Feinde unserer Revolution sind eine Agentur der Kapitalisten aller Länder ... Indem wir gegen die inneren Feinde kämpfen, [kämpfen wir] gegen die konterrevolutionären Elemente aller Länder.

(Fainsod, Wie Rußland regiert wird, S. 470 f.)

Insbesondere in den Jahren 1936–1938 säuberte er die Partei von mißliebigen Kritikern und der gesamten bolschewistischen „Avantgarde" von 1917. Dies geschah mit dem Schein der Rechtmäßigkeit in Schauprozessen, die aber meist mit dem Urteil der Hinrichtung abschlossen. In ihnen zeigte sich, daß sein Terror nicht dem Klassenfeind galt. Mit dessen angeblicher Existenz jedoch begründete er die Notwendigkeit einer schlagkräftigen Armee und eines starken Staates. Diktatorisch regierte er einen Nationalitätenstaat mit 140 Mio Menschen, davon fast 50 % Nichtrussen. Durch Anschlüsse und Eroberungen im Bürgerkrieg war das großrussische Kerngebiet ausgeweitet und 1922 die „Union der Sozialistischen Sowjetrepubliken" (UdSSR) errichtet worden, die fast wieder die Ausdehnungen des Zarenreiches erreichte. Die „Union" war trotz der Bezeichnung ihrer Einzelstaaten als „Republiken" ein streng zentralistischer Einheitsstaat mit einer Vorrangstellung des russischen Volkes. Die unteren Schichten wählten zwar in den Republiken Sowjets als ihre Staatsorgane; die wirkliche Macht jedoch hatte Stalin, der Generalsekretär der einzig erlaubten Partei.

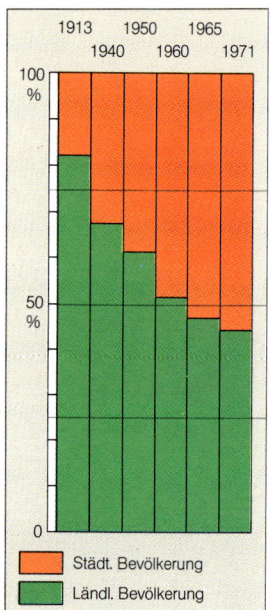

20.1 Entwicklung der Verstädterung

Stalin suchte auch über die Grenzen der UdSSR hinaus Einfluß zu gewinnen. Er benutzte hierfür die 1919 von Lenin mit Sitz in Moskau geschaffene Kommunistische Internationale (Komintern), einen Zusammenschluß kommunistischer Parteien verschiedener Länder. Lenin war wie Marx von der Zwangsläufigkeit einer Weltrevolution des Proletariats überzeugt gewesen. Jedes Volk müsse seinen eigenen Weg dorthin

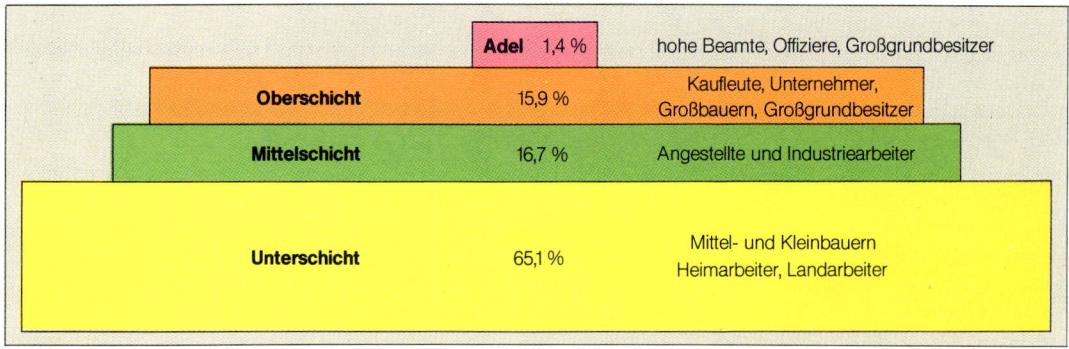

20.2 Soziale Schichtung im Zarenreich, 1913

Der Erste Weltkrieg und sein Ende

finden. Den gelungenen Staatsumsturz in Rußland sowie Arbeiter- und Soldatenräte in Deutschland im November 1918 hatte er als Beweis für die Richtigkeit seiner Annahme angesehen. Stalin hingegen stellte die UdSSR als Vorbild hin und beanspruchte für sie eine Führungsrolle.

Lenin hatte gelehrt, Kommunismus sei Sowjetmacht plus Elektrifizierung des gesamten Landes, denn die erste proletarische Revolution entstand im Gegensatz zu der Vorhersage von Karl Marx in einem Agrarstaat, im rückständigen Rußland. Auch deshalb wollte Stalin die wirtschaftliche Modernisierung der UdSSR wenigstens rasch nachholen. Bereits 1928–1933 wuchs die Produktion der verstaatlichten russischen Schwerindustrie um erstaunliche 285 % an. Dies geschah jedoch auf Kosten der Landwirtschaft. Lenin hatte noch die freie Bewirtschaftung bäuerlicher Pachtbetriebe erlaubt, was trotz des Bürgerkrieges zu einem bescheidenen Wohlstand vor allem der Kulaken geführt hatte. Bis 1928 hatten sich nur 1,7 % aller Bauern zu Genossenschaften zusammengeschlossen. Stalin ließ daher Hunderttausende von Kulaken nach Sibirien verbannen. Die Kleinbauern, die aus Protest gegen die Beschneidung ihrer Freiheit 60 % ihres Viehs abschlachteten, wurden zwangsweise in gemeinschaftlich zu bewirtschaftenden Großbetrieben (Kolchosen) zusammengefaßt. Bis 1937 umfaßten Kolchosen etwa 93 % der gesamten Nutzfläche. Diese mußten überhöhte Steuern und Preise für Produkte der staatlichen Industrie, für Traktoren usw. bezahlen. Für ihre eigenen, größtenteils an den Staat zu liefernden Erzeugnisse erzielten sie jedoch nur niedrige, ebenfalls vom Staat festgesetzte Preise. Dieser exportierte ihr Getreide und bezahlte damit die Importe für die Industrie. 1932 kaufte die UdSSR z. B. 50 % des Weltexports an Maschinen auf. Die Folge dieser Wirtschaftspolitik Stalins war zunächst eine weitere Hungersnot. Damit verbunden war aber auch ein industrieller Aufschwung und eine tiefgehende Umgestaltung der Gesellschaft. Stalins Alleinherrschaft beendete die Epoche der Russischen Revolution. Heutige Historiker zählen diese Revolution zu den großen modernen Totalumwälzungen eines Landes.

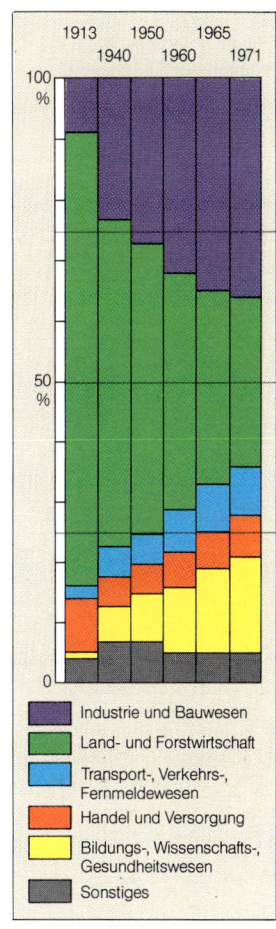

21.1 Entwicklung der Erwerbsstruktur

1. Vergleiche Stalins und Lenins politische Vorstellungen.
2. Welche Veränderungen bewirkte die Russische Revolution in Wirtschaft, Gesellschaft und Staat?

Kulak: wohlhabender Bauer

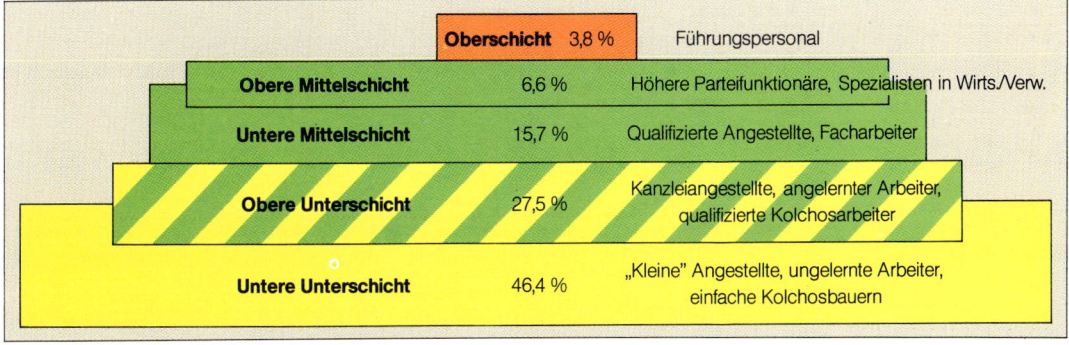

21.2 Soziale Schichtung in der UdSSR, 1959

Auf welch unterschiedliche Weise „Diktatur" des Proletariats verstanden wurde und wird

Lenin und die Bolschewisten stützten sich auf die Lehren von Marx und Engels (vgl. Bd. 7/8, S. 140), insbesondere auf den „Historischen Materialismus". Darin vertreten diese die Auffassung, daß die Fortentwicklung der Produktionsmittel (Werkzeuge usw.) die Produktionsverhältnisse (Wirtschaft) verändert, mit einer gewissen Verzögerung sogar den sog. „Überbau" (Staat). Am Ende dieses Prozesses steht das Absterben des Staates sowie die klassenlose Gesellschaft. Diese Lehre wurde für die Bolschewisten zu einer Freiheitsstrategie, die Lenin allerdings russischen Verhältnissen anpaßte. Diese Ideologie ist heute in vielen Staaten verbreitet und wird Marxismus-Leninismus genannt.

Marx und Engels hatten das Anwachsen der Arbeiterschaft erlebt und meinten, daß diese in Westeuropa bald die Bevölkerungsmehrheit stellen würde. Dort hatten sie deshalb eine gewaltsame oder auch friedliche Revolution und eine Diktatur des Proletariats als Übergang zur Befreiung von Klassen und Klassenkampf erwartet. Als Folge würde dann bald das Privateigentum an Produktionsmitteln abgeschafft, so daß die Herrschaft von Menschen über Menschen automatisch erlösche. Über den Weg zur Freiheit sagten sie:

Die proletarische Bewegung ist die selbständige Bewegung der ungeheuren Mehrzahl im Interesse der ungeheuren Mehrzahl ... (Bd. 4, S. 473). [Ein Aufstand] einer kleinen revolutionären Minderzahl [führt zur] Dik-

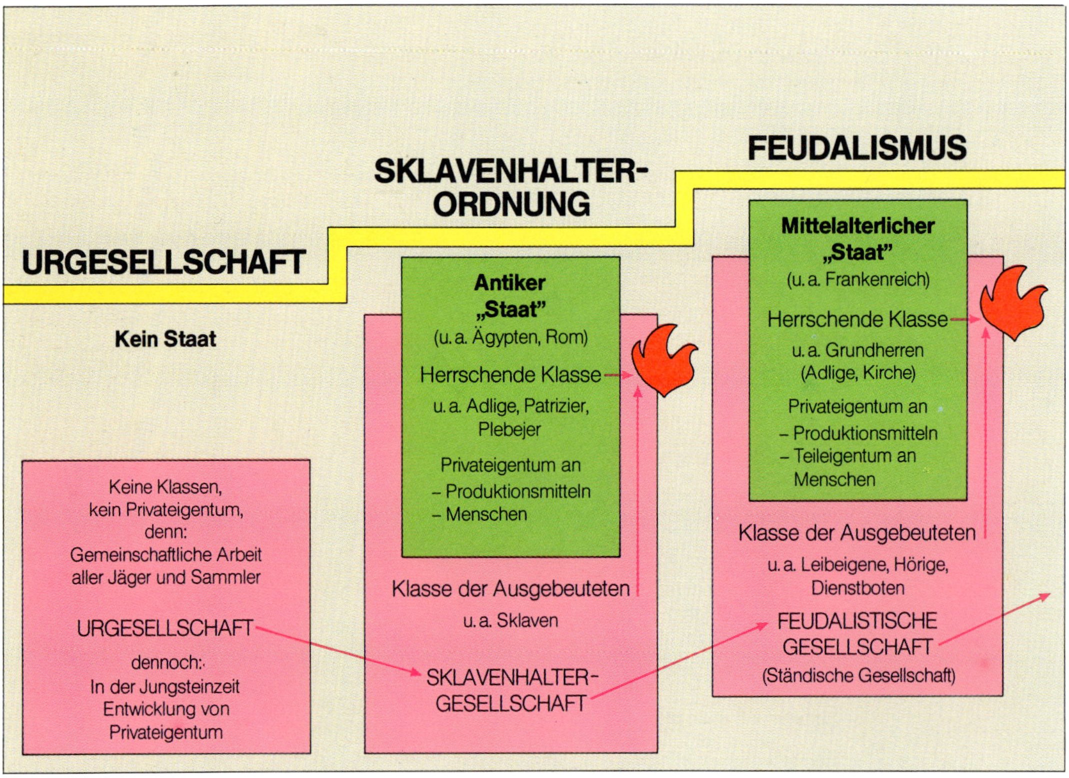

22.1 Orden aus dem Zweiten Weltkrieg

22.2 Geschichtliche Entwicklung nach Marx und Engels (stark vereinfacht)

tatur eines oder einiger ... (Bd. 18, S. 529). Einheit des Denkens und Handelns ... blinder Gehorsam [sind abzulehnen]. (Bd. 17, S. 655).

(K. Marx/F. Engels, Werke, 39 Bde., hrsg. vom ZK der SED, Ostberlin 1956–65)

Bei Lenin hingegen heißt es:

Die Ablösung des bürgerlichen Staates durch den proletarischen ist ohne eine gewaltsame Revolution unmöglich (Bd. 25, S. 412/413). [Die Arbeiterpartei muß alle Funktionen] in der Hand einer möglichst geringen Zahl von Berufsrevolutionären [konzentrieren] (Bd. 5, S. 482). [Unzulässig ist Kritik,] welche die Einheit untergräbt (Bd. 10, S. 477).

(W. I. Lenin, Werke, 40 Bände, hrsg. vom ZK der SED, Ostberlin 1955–64)

Rosa Luxemburg hielt dem entgegen:

Freiheit nur für die Anhänger der Regierung ... ist keine Freiheit. Freiheit ist immer nur Freiheit des anders Denkenden ... [Lenin betreibt] Cliquenwirtschaft – eine Diktatur allerdings, aber nicht die Diktatur des Proletariats, sondern die Diktatur einer Handvoll Politiker ...

(R. Luxemburg, Politische Schriften, Bd. III, Frankfurt 1968, S. 136)

1. Welche Bedeutung hat der Staat bei Stalin, Lenin, Marx und Engels?
2. Vergleiche die Freiheitsvorstellungen von Lenin und Luxemburg.

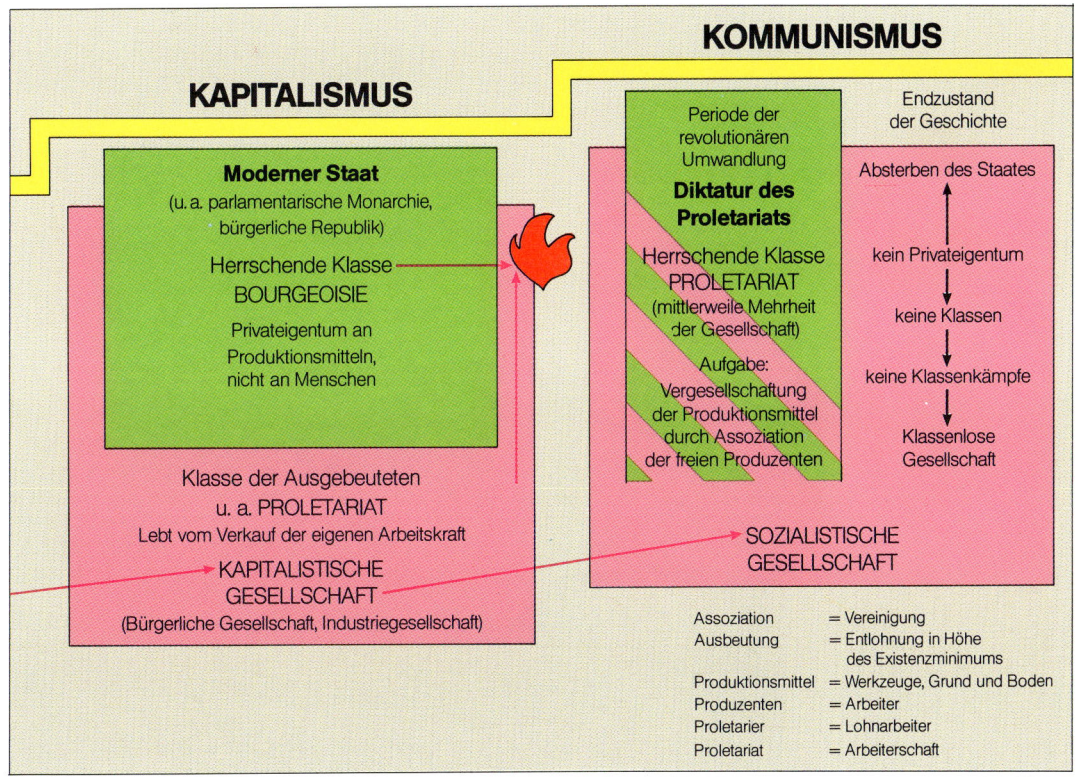

Das Ende des Ersten Weltkrieges

Der Zusammenbruch der Mittelmächte

Warum die Mittelmächte den Ersten Weltkrieg verloren

Hunger und Kriegsmüdigkeit führten Ende Januar 1918 in Berlin und anderen großen Städten zu Massenstreiks. Hindenburg urteilte so:

[Durch Streiks] wird auch die gesamte Rüstungsindustrie unter Umständen in schwerwiegende Mitleidenschaft gezogen. Zwar hat der letzte Streik in dieser Hinsicht keinen erheblichen Schaden angerichtet...
(E. Ludendorff, Urkunden der OHL über ihre Tätigkeit 1916–18, Berlin 1922, S. 314)

In der Tat hatten die oft zwangsverpflichteten Rüstungsarbeiter während des Krieges eine große Leistungsbereitschaft gezeigt und zu ständigen Produktionssteigerungen beigetragen.

Siege in Rumänien, Durchbruch in Italien und Durchhalten im Stellungskrieg im Westen bewiesen die Einsatzbereitschaft der Soldaten der Mittelmächte. In einem Feldpostbrief vom 16.3.1918 wird ihr fürchterlicher Alltag geschildert:

Unzählige Menschen... haben hier ihr Leben lassen müssen – ihre Gebeine verwesen nun irgendwo, zwischen Stellungen, ... kommt der Soldat morgens aus seinem Granatloch [viele sind ganz voll Wasser], so sieht er im hellen Sonnenschein die ... Forts, die ihre Augen drohend ins Trichterland richten. Ein Schütteln packt ihn ... Mancher, der sich eben noch der warmen Sonne freute, hört es schon irgendwo aufbrüllen ... Dahin sind alle Träume von Frieden und Heimat, der Mensch wird zum Wurm und sucht sich das tiefste Loch. Trommelfeuer ... Qualm – Gas – Erdklumpen – Fetzen in der Luft ... das ist Verdun!
(Ph. Witkop [Hrsg.], Kriegsbriefe gefallener Studenten, München 1928)

Durch die Siege in Ostpreußen gegen die Russen wurde Hindenburg zum populärsten Feldherrn, während Ludendorff sich als fähiger

24.1 *Englische Infanterie rückt im Schutz von Tanks vor, 1917*

25.1 Die „neue Ordnung im Osten" nach dem Frieden von Brest-Litowsk mit Zusatzverträgen vom 3.8.1918

Stratege ausweisen konnte. Deshalb hatte Wilhelm II. diesen beiden Generälen 1916 die gesamte Kriegführung übertragen. Sie bestimmten die militärischen wie auch die politischen Entscheidungen. Ludendorffs politische Maßnahmen brachten jedoch meist keinen Erfolg.

Die OHL hatte Lenin nach Rußland eingeschleust. Dieser stiftete mit der bolschewistischen Revolution die erwünschte Unruhe. Auf seinen Druck hin schloß die sowjetische Regierung am 3.3.1918 in Brest-Litowsk mit Deutschland Frieden. Dieser demonstrative Sieg- und Gewaltfrieden Ludendorffs kostete Rußland große Gebietsabtretungen (siehe Karte) und Entschädigungszahlungen. Im Osten blieben aber über 1 Mio deutsche Soldaten, die diese Gebiete kontrollieren mußten. Diese Truppen fehlten dann in Frankreich, als Ludendorff die Westoffensive begann, die vor dem Eintreffen der US-Hauptmacht hätte gewonnen sein müssen. Dies mißlang. Bei der alliierten Gegenoffensive trafen zermürbte und schlecht ernährte Deutsche nicht nur auf Engländer und Franzosen, sondern auch auf ausgeruhte und siegessichere Amerikaner. Sie verband mit ihren Verbündeten eine Kreuzzugsstimmung gegen den deutschen Obrigkeitsstaat. Außerdem setzten sie in großer Zahl Tanks ein. Am 8.8.1918 gelang ein tiefer Einbruch in die deutschen Stellungen. Jetzt war der Krieg praktisch militärisch entschieden.

1. Beurteilt den Friedensschluß von Brest-Litowsk.
2. Warum unterlagen die Mittelmächte im Ersten Weltkrieg? Welche Rolle spielten hierbei Streiks?

Wie sich die Verantwortlichen ihrer Verantwortung entzogen

Am 14.8.1918 räumte Ludendorff ein, seine Siegessicherheit verloren zu haben. Er glaubte aber, durch einen andauernden Verteidigungskrieg den Feind schwächen zu können. Mehr tat er nicht. Aber weder der Kaiser noch der Reichskanzler sahen ihre Verantwortung, einen politischen Weg zur Beendigung des Krieges zu suchen. Solange die Front in Frankreich noch hielt, wäre zusammen mit den Verbündeten die Chance eines milden Friedens größer gewesen; ein besiegtes, isoliertes Deutschland konnte jedoch keine Zugeständnisse erwarten. Auch ein entschlossenes Parlament gab es nicht, das seinerseits die Kontrolle über die Regierung übernommen und gleichzeitig die Friedensinitiative ergriffen hätte. 1917 war die Reichstagsmehrheit von Zentrum, SPD und Fortschrittspartei zu keiner Aktion in der Lage gewesen. Auch gegen den Siegfrieden von Brest-Litowsk hatte sie nichts unternommen.

Zur Niederlage bekannte sich Ludendorff erst am 29.9., als die Fronten der Verbündeten zusammenbrachen. Bulgarien und die Türkei baten um Waffenstillstand, später auch Österreich-Ungarn; im Süden Deutschlands drohte der Einmarsch der Alliierten. Auch in Frankreich war ein endgültiger Durchbruch zu befürchten. Jetzt wünschte die OHL möglichst schnell Waffenruhe. Dieses Friedensangebot sollte an Präsident Wilson gerichtet werden, und zwar auf der Grundlage seiner „14 Punkte". In diesen hatte er u. a. gefordert: Öffentliche Verhandlungen von allen Beteiligten (I), Rüstungsbeschränkungen (IV), Räumung Rußlands (VI), Belgiens (VII), Frankreichs mit Abtretung von Elsaß-Lothringen (VIII), die Selbständigkeit der Völker Österreich-Ungarns (X) und des Osmanischen Reiches (XII). Die OHL fürchtete einen ungünstigen Frieden, wenn sie selbst oder die vom Kaiser abhängige Regierung für Deutschland verhandeln würde. Also veranlaßte sie im Reich die Bildung einer Regierung (3.10.) unter Prinz Max von Baden, die das Vertrauen des Parlaments besaß und auch Politiker der Reichstagsmehrheit aufnahm, so z. B. M. Erzberger (Zentrum) und sogar Ph. Scheidemann (SPD). Dieser wollte zuerst gar nicht in das „bankrotte Unternehmen" einsteigen. Die OHL drängte nun auf Waffenstillstand. Am 3.10. bestätigte Hindenburg dem Kanzler:

... [I]nfolge der Unmöglichkeit, die in den Schlachten ... eingetretenen sehr erheblichen Verluste zu ergänzen, besteht nach menschlichem Ermessen keine Aussicht mehr, dem Feinde den Frieden aufzuzwingen. Der Gegner führt ständig neue frische Reserven in die Schlacht. Noch steht das deutsche Heer ... Die Lage verschärft sich aber täglich ... Unter diesen Umständen ist es geboten, den Kampf abzubrechen, um dem deutschen Volke ... nutzlose Opfer zu ersparen. Jeder versäumte Tag kostet Tausenden von tapferen Soldaten das Leben.

(Amtliche Urkunden zur Vorgeschichte des Waffenstillstandes, 1918, S. 73)

Die Regierung bat um Waffenstillstand. Später sollte das Telegramm Hindenburg nicht hindern, seine Mitverantwortung für das Kriegsende zu leugnen (vgl. S. 42). Ludendorff hatte bereits am 1.10. die Gründe für die Niederlage vor Offizieren der OHL auf seine Weise erklärt:

Ich habe [Majestät] gebeten, jetzt auch diejenigen Kreise an die Regierung zu bringen, denen wir es in der Hauptsache zu verdanken haben, daß wir soweit gekommen sind. Wir werden also diese Herren jetzt in

---

Verluste im Ersten Weltkrieg

Gefallene

Deutsches Reich	1 808 500
Rußland	1 700 000
Frankreich	1 385 000
Österreich-Ungarn	1 200 000
Großbritannien	947 000
Italien	460 000
Serbien	360 000
USA	115 000

Verwundete

Deutsches Reich	4 247 000
Frankreich	3 044 000
Italien	947 000
Österreich-Ungarn	3 620 000
Rußland	4 950 000
USA	206 000

Kriegskosten (in Mrd Goldmark)

Deutsches Reich	194
GB und Empire	268
Frankreich	134
USA	129
Rußland	106
Österreich-Ungarn	99
Italien	63
übrige Länder	23
insgesamt	956

27.1 „Flandern" von Otto Dix, gemalt 1934–1936

die Ministerien einziehen sehen. Die sollen nun den Frieden schließen, ... Sie sollen die Suppe jetzt essen, die sie uns eingebrockt haben.
(A. v. Thaer, Generalstabsdienst a. d. Front ... 1915–1919, Göttingen 1958, S. 188)

Für den Erfolg dieser OHL-Taktik stellte sich als äußerst bedeutsam heraus, daß nicht die Volksvertreter die alten Machthaber verdrängt hatten. Der Historiker Rosenberg urteilt:

Die Parlamentarisierung ist nicht vom Reichstag erkämpft, sondern von Ludendorff angeordnet worden. Diese Art von Revolution ist in der ganzen Weltgeschichte ohne Beispiel.
(A. Rosenberg, Entstehung der Weimarer Republik, Frankfurt 1983, S. 212)

1. Vergleicht die Äußerungen Ludendorffs und Hindenburgs.
2. Beurteilt die Meinung Rosenbergs.

Die Revolution in Deutschland 1918/19

Wie es zum Staatsumsturz kam

Ludendorff, der in Berlin mit neuen Kriegsplänen zur Abwehr einer totalen Waffenniederlegung unterlag, wähnte den Bolschewismus heraufziehen und nahm seinen Abschied. Das Reich war jetzt eine parlamentarische Monarchie wie England, der Friede in Sicht. Da brach eine Revolution aus, die mit Windeseile auch in den Einzelstaaten die Fürstenherrschaft wegfegte, ohne daß jemand sie ernsthaft verteidigte.

Ausgangspunkt war die Hochseeflotte. Sie spiegelte mit ihrem schlechten Verhältnis zwischen Offizieren und Mannschaften die innergesellschaftlichen Gegensätze auf engstem Raum wider. Bereits 1917 war es u. a. wegen krasser Verpflegungsunterschiede zu Matrosenunruhen gekommen. Die vollstreckten Todesurteile waren selbst nach damaliger Rechtsauffassung Justizmorde gewesen. Die unterdrückte Unzufriedenheit entlud sich ab 28.10.1918, als der Befehl zu einem Flottenvorstoß in englische Nachschublinien kam. Die Heizer rissen die Feuer aus den Kesseln und verhinderten in Wilhelmshaven das Ablegen ihrer Schiffe, weil sie sinnlose Opfer und ein Sabotieren der Waffenstillstandsvorbereitungen durch ihre Offiziere argwöhnten. Sie kannten die Parolen vom Heldentod, der einem „ehrlosen Frieden" vorzuziehen sei. Dies hatten sie im „Vaterländischen Unterricht", den Offiziere mit Unterstützung der vom Großbürgertum finanzierten Vaterlandspartei abgehalten hatten, immer wieder gehört. Sie neigten, ohne ihre politische Meinung äußern zu dürfen, meist der SPD zu, von der sich 1917 die radikalere Unabhängige Sozialdemokratische Partei (USPD) abgespalten hatte, die gegen die Kriegskredite stimmte. Am 31.10.1918 wurden die Wortführer der Meuterei verhaftet, fünf Schiffe mit 5000 Matrosen nach Kiel verlegt, wo sich diese sofort mit Werftarbeitern solidarisierten. Als Sprecher für die Verhandlungen über die Freilassung der Festgesetzten wurden nach russischem Vorbild Arbeiter- und

28.1 Übergabe der Gardeulanenkaserne an revolutionäre Soldaten am 9.11.1918

28.2 Philipp Scheidemann ruft vom Reichstagsgebäude am 9.11.1918 die Republik aus

Soldatenräte gewählt. Bei Demonstrationen und Schießereien schwenkten die Aufständischen rote Fahnen, waren aber meist keine Bolschewisten. Von dem Regierungsbeauftragten Noske, der der Mehrheitssozialdemokratie (MSPD) angehörte, ließen sie sich rasch beruhigen, während der radikalere USPD-Politiker Haase vergebens um die Massen warb. Im Binnenland kamen jetzt auch Forderungen nach einer Republik auf, Räte wurden spontan gewählt, und ganze Garnisonen verweigerten den Gehorsam. In einem Brief vom 10.11.1918 heißt es:

Es sind hier in den letzten Tagen sonderbare Zustände eingetreten mit dem Arbeiter und Soldatenrath, wenn sich in den Städten ein Soldat blicken läßt, wird sofort entwaffnet, die Achsenklappen und Kokarde herunter gerissen, ob es ein gemeiner Soldat ist, oder ein Major ... sogar auf dem Bezirkskommando Lennep sitzen sie bis zum Oberst Leutnant im Zifiel ... hier aus dem Gefängnis sind heute alle politischen Verbrecher entlassen worden. Auch in ... Elberfeld, Cöln, sind die Gefängnisse geöffnet worden ... traurig, das der Friede so ausfällt ...

(K.-H. Beeck, Kleinbürger und Revolution, Kastellaun 1977, S. 9)

29.1 Philipp Scheidemann ruft die Republik aus. (Ausschnitt)

Unter dem Druck der Massenbewegung im Reich, des für Berlin geplanten Generalstreiks und der von Wilson angedeuteten günstigeren Friedensbedingungen für ein republikanisches Deutschland drohte die SPD mit ihrem Austritt aus der Regierung, wenn der Kaiser nicht zurücktrete. Als dieser die Abdankung verweigerte, gab Max von Baden sie am 9.11. von sich aus bekannt und ernannte Friedrich Ebert (MSPD) zum Reichskanzler. Auch dies war revolutionär. Der Kaiser ging ins Exil. Philipp Scheidemann (MSPD) und Karl Liebknecht (USPD) riefen getrennt voneinander vor großen Menschenmassen die Republik aus:

[Scheidemann um 14 Uhr am Reichstag:] Arbeiter und Soldaten: Das deutsche Volk hat auf der ganzen Linie gesiegt ... [D]er Militarismus ist erledigt. Die Hohenzollern haben abgedankt! ... Der Abgeordnete Ebert ist zum Reichskanzler ausgerufen worden. Ebert ist damit beauftragt worden, eine neue Regierung zusammenzustellen. Dieser Regierung werden alle sozialistischen Parteien angehören ... Ordnung und Sicherheit, das ist das, was wir jetzt brauchen! Dem Oberkommandierenden in den Marken und dem Kriegsminister Scheuch werden je ein Beauftragter beigegeben ... Es lebe die deutsche Republik!

(E. Drahn [Hrsg.], Dt. Revolutionsalmanach ..., Hamburg 1919, S. 72)

[Liebknecht um 16 Uhr vor dem Schloß:] Parteigenossen, ich proklamiere die freie sozialistische Republik, die alle Stämme umfassen soll, in der es keine Knechte mehr geben wird, ... Wir müssen alle Kräfte anspannen, um die Regierung der Arbeiter und Soldaten aufzubauen und eine neue staatliche Ordnung des Proletariats zu schaffen, eine Ordnung des Friedens, des Glücks und der Freiheit unserer deutschen Brüder und unserer Brüder in der ganzen Welt. Wir reichen ihnen die Hände und rufen sie zur Vollendung der Weltrevolution auf!

(Vossische Zeitung Nr. 576, vom 10.11.1918)

1. Begründet die Haltung des Briefschreibers zur Revolution.
2. Beurteilt die Befürchtungen Ludendorffs und seine Konsequenzen.
3. Vergleicht die Proklamationen Scheidemanns und Liebknechts.

Welche Weichenstellungen in der Übergangszeit vorgenommen wurden

Eine unvorbereitete MSPD mußte nun revolutionäre Errungenschaften sichern. Sie bildete am 10.11. unter dem Vorsitz von Ebert zusammen mit USPD-Politikern eine Regierung, den „Rat der Volksbeauftragten". Dieser wurde von Arbeiter- und Soldatenräten aus Berlin und später auch aus dem Reich bestätigt. Die Volksbeauftragten kümmerten sich um Ernährungsprobleme und führten u. a. den 8-Stunden-Tag sowie die Erwerbslosenfürsorge ein. Diese Reformen täuschten aber nicht über das Ausbleiben der sozialen Revolution hinweg: Die Revolutionsregierung enteignete nicht den riesigen Großgrundbesitz des preußischen Adels; sie sozialisierte auch nicht den Bergbau, obwohl eine Regierungskommission die Entmachtung der „Kohlebarone" empfohlen hatte. Sie vermied Veränderungen der deutschen Gesellschafts- und Wirtschaftordnung. Dies sollte eine spätere Regierung verantworten. Im Dezember 1918 beschloß ein Reichsrätekongreß dank seiner großen MSPD-Mehrheit allgemeine Wahlen zu einer Nationalversammlung. Er traf damit eine Vorentscheidung zugunsten der bürgerlichen Demokratie. Diese will eine vom Parlament abhängige Regierung sowie Abgeordnete, die bei politischen Entscheidungen ihrem eigenen Gewissen folgen. Der kleine linke Flügel der USPD, zu dem auch die Spartakusgruppe um Liebknecht und Rosa Luxemburg gehörte, die spätere KPD, war mit seiner Forderung nach der Diktatur des Proletariats völlig gescheitert. Er lehnte das Wahlrecht für Nichtproletarier ab, wollte das „reine" Rätesystem, d. h., in Betrieben und Kasernen sollten Arbeiter und Soldaten Räte als ihre politischen Vertreter wählen; die sollten an die Weisungen der Basis gebunden sein.

Die Volksbeauftragten wechselten auch die ihnen unverzichtbar erscheinenden Richter und Beamten nicht aus. Als Unteroffiziere und eine Gruppe von Beamten des Auswärtigen Amtes putschten, als später Matrosen plünderten, bildete die Revolutionsregierung keine Revolutionsarmee; dies hatten 1789 die Franzosen und 1917 die Bolschewiki getan. Ebert rief vielmehr über eine geheime Telefonleitung Offiziere des ehemals kaiserlichen Generalstabes zu Hilfe. Diese schickten noch nicht aufgelöste Truppenteile. Sie veranlaßten auch die Bildung von „Freikorps", in denen sich arbeitslose Nationalisten oder entwurzelte

30.1 Stempel aus der Zeit der Novemberrevolution

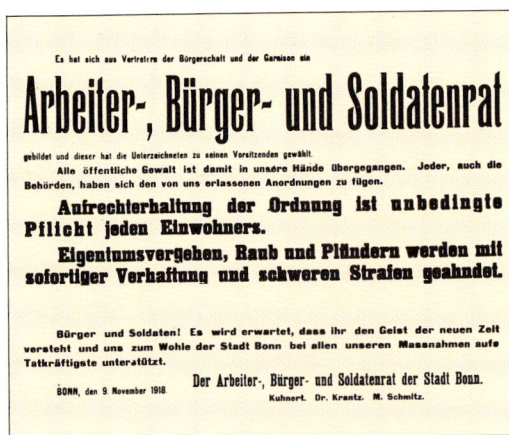

30.2 Aufruf der Arbeiter- und Soldatenräte Bonn

30.3 Demonstration für das „reine Rätesystem"

Abenteurer um ehemalige Berufsoffiziere scharten. Im Januar 1919, als Ebert von „Linksradikalen" abgesetzt werden sollte, wurden die Freiwilligenverbände angefordert. Sozialdemokratische Arbeiter hatten aber schon einen „lebenden Wall" um die Reichskanzlei gebildet und dann fast ganz Berlin befreit, obwohl die Regierung es abgelehnt hatte, eine Arbeitermiliz zu schaffen. Die noch einrückenden Freikorps richteten unter den besiegten Aufständischen ein Blutbad an. Sie ermordeten sogar Gefangene, wie Karl Liebknecht und Rosa Luxemburg, die immer gegen Parteidiktatur und Bolschewismus gewesen waren (vgl. S. 23). Nach ihrem Tod geriet die KPD in Lenins Fahrwasser.

[Es] war eine Sammlung der gegenrevolutionären Kräfte wohl ebensowenig zu verhindern wie eine Radikalisierung enttäuschter Arbeiter... [M]ehr Wachsamkeit [der MSPD-Führung] gegenüber der Rechten und mehr politischer Gestaltungswille in der relativ offenen Situation zwischen 1918 und Januar 1919 hätten sowohl... konterrevolutionäre als auch... linksradikale [Kräfte] eindämmen können.
(H. A. Winkler, Die Sozialdemokratie u. die Rev. von 1918/19, Berlin 1979, S. 56f.)

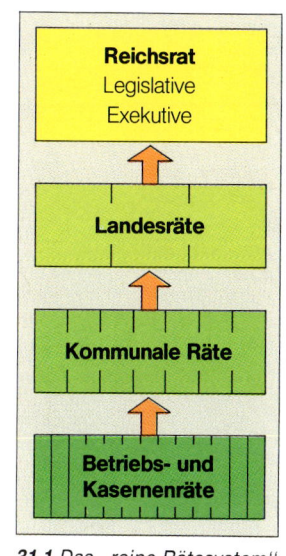

31.1 Das „reine Rätesystem"

4. Vergleiche die deutsche mit der russischen Revolution.
5. Was hatte die Regierung versäumt? Vergleiche mit Winkler.

31.2 Spartakisten in Berlin, 1918/19

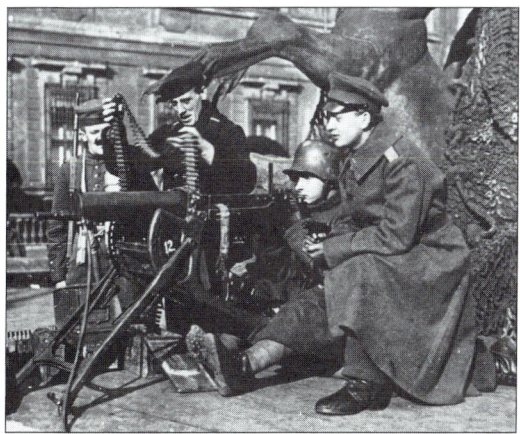

31.3 Truppen kämpfen gegen Matrosen, 1918/19

31.4 Flugblatt, Januar 1919

Die Weimarer Republik

Die Entstehung der Weimarer Republik

Die Nationalversammlung in Weimar

Was sich durch die Entstehung der Weimarer Republik änderte und was erhalten blieb

Am 19.1.1919 wählte das gesamte deutsche Volk eine Nationalversammlung. Wie bei den Reichstagswahlen im Kaiserreich galt das allgemeine, gleiche, geheime und direkte Wahlrecht; allerdings durften jetzt zum erstenmal auch die Frauen wählen. Die Abgeordneten kamen in Weimar zusammen, in einer kleinen thüringischen Stadt. Hier blieb ihnen der Druck der Berliner Straßenunruhen erspart, aber auch die symbolische Wirkung der Militärtradition des preußischen Obrigkeitsstaates, die in der Reichshauptstadt noch überall lebendig war. Die Aufgabe der Nationalversammlung bestand vor allem in der Schaffung einer neuen politischen Ordnung, einer Verfassung. Außerdem mußten die höchsten Staatsämter besetzt und der Friedensschluß beraten werden.

Zum erstenmal kam es entscheidend auf die Vertreter des Volkes an. Die größten Fraktionen der Nationalversammlung bildeten die Parteien, die sich sofort zur Republik und zur parlamentarischen Demokratie bekannt hatten. Sie vertraten 76 % der Wähler; drei Viertel des deutschen Volkes lehnten also die Monarchie wie auch eine Diktatur des Proletariats ab.

Fraktion: Vereinigung von Abgeordneten der gleichen Partei im Parlament

Koalition: Zusammenschluß

Kontinuität: unmittelbarer Zusammenhang, Fortdauer

Zu den drei eindeutig demokratischen Fraktionen gehörte als stärkste die Sozialdemokratische Partei Deutschlands (MSPD), die alte Arbeiterpartei, die auch von kleinen Handwerkern und Angestellten gewählt wurde. Sie war keineswegs revolutionär, obwohl es ihre Gegner stets behaupteten. Sozialdemokraten hatten nach der Novemberrevolution auch keine wesentlichen Eingriffe in Verwaltung, Wirtschaft und Gesellschaft vorgenommen. Sie sahen in der Demokratie, aber nicht in einer Diktatur des Proletariats eine Voraussetzung für den Sozialismus. Die SPD erwartete, daß ihr im parlamentarischen System die absolute Mehrheit einfach zufallen werde. Das Wahlergebnis vom 19.1. belehrte sie eines anderen, und sie mußte mit den beiden bürgerlich-demokratischen Parteien koalieren. Im Zentrum, der katholischen Volkspartei, hatte mittlerweile die von den christlichen Gewerkschaften geprägte demokratische Arbeitnehmerschaft Einfluß. Sie betrachtete die SPD als durchaus koalitionsfähig. Dies galt auch für die Deutsche Demokratische Partei (DDP), eine liberale Neugründung aus ehemaligen Fortschrittlern und „linken" Nationalliberalen (s. Bd. 2, S. 172). Sie fand ihre Anhänger besonders im mittleren Bürgertum, unter Intellektuellen, Angestellten, Beamten, Kaufleuten und im gewerblichen Mittelstand.

32.1 *Bäuerinnen mit Stimmzettel vor einem rheinischen Wahllokal*

„Links" von den demokratischen Parteien fanden sich ihre sozialistischen Gegner. Die Unabhängige Sozialdemokratische Partei (USPD) argwöhnte nicht zuletzt wegen Eberts Zusammenarbeit mit OHL und Freikorps eine Gegenrevolution und lehnte deshalb eine Beteiligung an der Regierungsbildung ab. Dennoch befürworteten viele ihrer Anhänger die parlamentarische Demokratie. Im Gegensatz dazu hatte sich die Kommunistische Partei (Spartakusbund) gar nicht erst an den Wahlen

33.1 Wahlplakat, 1919

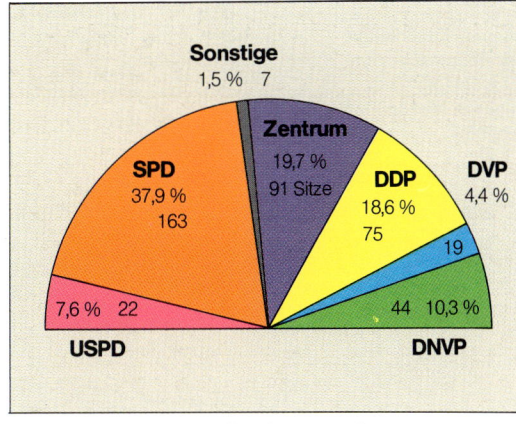

33.2 Parteien in der Nationalversammlung

zur Nationalversammlung beteiligt, weil sie die reine Räterepublik sowie eine Diktatur des Proletariats anstrebte. Zu den „rechten" Gegnern der demokratischen Parteien zählte die Deutsche Volkspartei (DVP), der konservative Teil der ehemaligen Nationalliberalen. Diese Partei der Bankiers, Großkaufleute, Industrie- und „Kohlebarone" wandte sich nur langsam von der Monarchie ab. Die Deutschnationale Volkspartei (DVNP) dagegen kämpfte als Nachfolgerin der konservativen Parteien des Kaiserreichs offen für dessen Wiederherstellung und vertrat die gegenrevolutionären Großgrundbesitzer und Großbürger. Über die Parteien der Nationalversammlung urteilt ein Historiker:

[Es] blieben die Parteien ... im wesentlichen dieselben wie in der Vorkriegszeit. Sie gingen von der gleichen Grundeinstellung aus und stützten sich auf dieselben gesellschaftlichen Schichten ... Kennzeichnend für den Übergang vom Kaiserreich zur Republik war weniger der Wandel als die Kontinuität.

(W. Tormin, Geschichte der dt. Parteien seit 1848, Stuttgart ²1967, S. 127)

Der Vorsitzender der SPD, Friedrich Ebert, wurde zum ersten Präsidenten der „Weimarer Republik" gewählt. Für seine konservativen Gegner war er der „Totengräber des Kaiserreichs", für die Sozialisten in USPD und KPD ein „Verräter der Revolution". Die demokratischen Parteien schlossen sich zur „Weimarer Koalition" zusammen. Sie bildeten unter Philipp Scheidemann eine Regierung, deren wichtigste Minister der SPD angehörten. Eine demokratische und sozialistische Politik schien somit gesichert zu sein. Die Nationalversammlung ließ jedoch die kaiserlichen Beamten, Richter und Offiziere in Amt und Würden.

1. Wer wäre in einem Rätestaat politisch abgedrängt worden (Abb. 33.1)?
2. Erstelle eine Tabelle über die Merkmale der Parteien.
3. Der SPD wurde und wird oft „Bolschewismus" vorgeworfen. Nimm Stellung.
4. Setzt euch mit den Urteilen über Ebert auseinander.
5. Wo erkennst du Wandel, wo Kontinuität?

33.3 Friedrich Ebert (1871–1925), gelernter Sattler, Sohn eines Heidelberger Schneiders

Was die Diskussion der Friedensbedingungen über Deutschlands innenpolitische Verhältnisse verriet

Der Friedensschluß

Am 18.1.1919 begann in Paris die Friedenskonferenz. Neue Grenzziehungen in Europa und im Vorderen Orient sowie ein „Völkerbund" sollten einen zweiten Weltkrieg verhindern, neue Staaten in Osteuropa (u. a. Polen) ein Bollwerk gegen den Bolschewismus bilden. Bei den Friedensbedingungen für die Verlierer ging es u. a. um Gebietsabtretungen und um Auflösung der zwei Vielvölkerstaaten: Die Türkei mußte Land an Griechenland abtreten, auf die Herrschaft über Armenien und Arabien verzichten, Syrien an Frankreich, Irak und Palästina an England als Schutzmächte übergeben. Aus der Donaumonarchie entstanden Jugoslawien, Ungarn und die Tschechoslowakei. „Österreich" umfaßte jetzt nur die deutschprachige Bevölkerung, durfte sich aber nicht dem Deutschen Reich anschließen.

In Versailles wurde unter Ausschluß des Besiegten über Deutschland verhandelt. Es sollte etwa $1/7$ seines Gebietes verlieren und damit $1/3$ seiner Kohlevorkommen. Mit dem 1871 eroberten Elsaß-Lothringen mußte es $3/4$ seiner Eisenerzlager abgeben. Es verlor alle Kolonien und sein Auslandsvermögen, mußte seine Flotten abliefern und Reparationen (Entschädigungen) leisten. Während die Geldzahlungen erst später festgelegt werden sollten, waren Sachlieferungen (u. a. Kohle, Holz) sofort zu erbringen. Die allgemeine Wehrpflicht wurde untersagt, das deutsche Heer auf 100 000 Mann beschränkt, Panzer-, Gas-, Luft- und U-Boot-Waffen verboten. Vor allem aber die Festlegung der Alleinschuld der Mittelmächte am Krieg sowie die Verpflichtung zur Auslieferung der Kriegsverbrecher wurde von den meisten Deutschen als schwere Ehrverletzung empfunden. Tiefe Empörung erfaßte auch die Nationalversammlung, daß sie einen solchen Vertrag annehmen sollte. Die Regierung Scheidemann trat aus Protest zurück. Die Frage tauchte auf, ob man unterschreiben oder sich wehren sollte. Ebert fragte telefonisch bei der OHL an, ob militärischer Widerstand möglich sei. Hindenburg, der dies kurz vorher als „sehr fraglich" bezeichnet hatte, wollte sich nicht festlegen und verließ das Zimmer. Sein Stellvertreter, General Groener, verneinte die Frage. Nicht als Offizier, sondern „als Deutscher" riet er, dem Friedensvertrag zuzustimmen. Wieder war es Erzberger (vgl. S. 13, 26), der undankbare Aufgaben übernahm. Er erklärte sich bereit, als Vizekanzler und Finanzminister ins Kabinett Bauer (SPD) einzutreten. Vor allem setzte er sich für die Annahme des Versailler Vertrages ein, obwohl auch er ihn zu hart fand. Über den 23.6. 1919, an dem um 19 Uhr das Ultimatum der Alliierten ablief, schrieb er:

In der Zentrumsfraktion war man noch in der Beratung, als die erste Militärrevolte der Offiziere ... einsetzte ... [Es] erschien General von Märker, ... um ... zu erklären, daß für den Fall der Annahme des Friedens das Offizierskorps der Reichswehr nicht hinter der Regierung stehe und für die Aufrechterhaltung der Ordnung im Innern sich nicht mehr verbürgen könne ... so schien die Todesstunde für Deutschland gekommen zu sein ... Ich stellte nunmehr durch den Reichspräsidenten an die Führer der Opposition die Frage, ob sie bereit wären, die Regierung zu übernehmen, die Unterzeichnung des Friedens abzulehnen und den Krieg fortzusetzen. [Diese] versuchten zunächst, uns ... zuzureden, ob nicht eine größere Anzahl von Zentrumsabgeordneten sich doch noch für die Annahme des Friedens aussprechen würde ... [Nachdem die

34.1 *Demonstration, Berlin 1919*

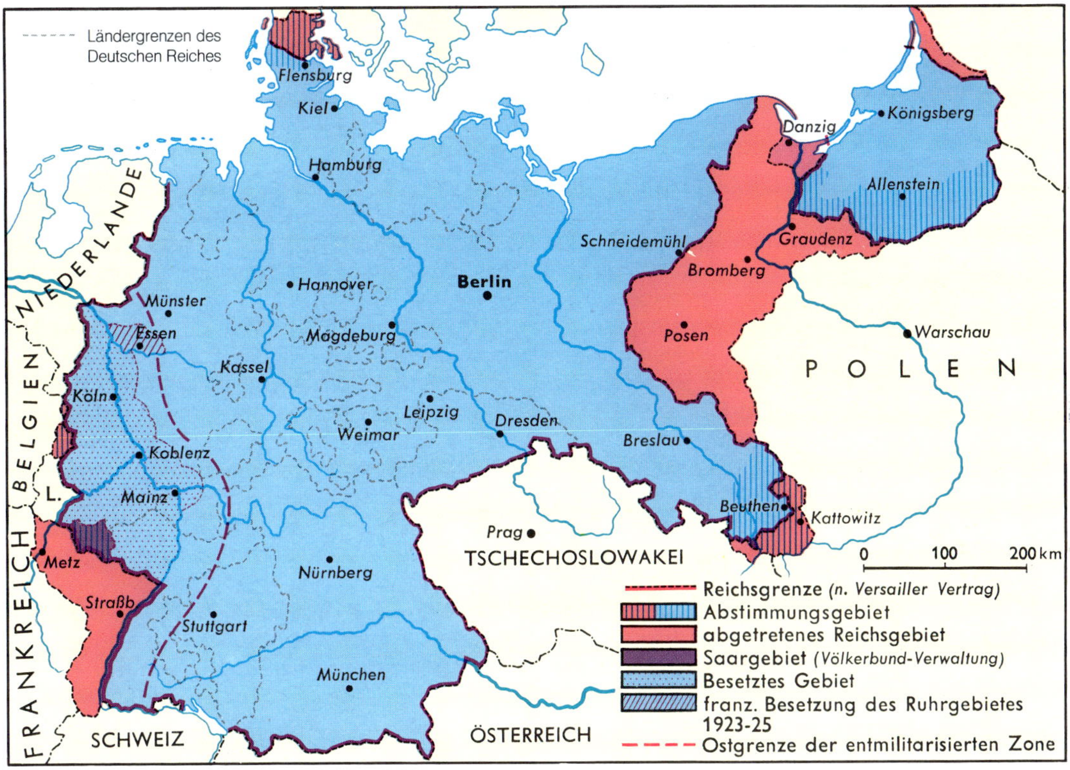

Die Weimarer Republik

35.1 Das Deutsche Reich nach dem Versailler Vertrag, 1919

Opposition diese Frage verneint hatte,] ... kam ... Dr. Naumann ..., um uns mitzuteilen, ... daß [die Opposition] ... die vaterländischen Beweggründe anerkenne, welche zur Annahme des feindlichen Diktatfriedens führten ... [N]achmittags habe ich mancherlei Helden, die später gegen mich ... nicht heftig genug sich aussprechen konnten, mit schlotternden Knien gesehen ... Ein gegen mich geplanter Attentatsversuch von Reichswehrangehörigen am Abend dieses Tages mißlang ... beim dritten Anschlag wurde ich nur leicht verwundet ...

(M. Erzberger, Erlebnisse im Weltkrieg, Stuttgart 1920, S. 380 f.)

Der neue Kanzler Gustav Bauer unterschrieb den Friedensvertrag in Versailles. Erzberger wurde 1921 von deutschen Offizieren ermordet, obwohl er gar keine andere Politik betreiben konnte:

Die Notwendigkeit, den Vertrag anzunehmen, beruhte einfach auf der Tatsache, daß Deutschland den Krieg verloren hatte. Diese Niederlage aber war das Ergebnis der vielen Fehler ..., für die Generäle, Bürokraten, Junker, Kapitalisten und Berufspatrioten ... die Verantwortung [trugen] ...

(Kl. Epstein, Matthias Erzberger ..., Berlin 1962, S. 365 ff.)

1. Vergleiche Versailler Vertrag und Frieden von Brest-Litowsk.
2. Wie wurde dem französischen Sicherheitsbedürfnis entsprochen?
3. Beurteile deutsche Reaktionen auf die Friedensbedingungen.

35.2 *Demonstration, Berlin 1919*

Welche Chancen die Verfassung bot, welche Gefahren sie enthielt

Die Weimarer Verfassung

Am 11.8.1919 trat die „Verfassung des Deutschen Reichs" in Kraft. Sie löste keine Begeisterungsstürme aus. Die deutsche Öffentlichkeit war noch vollauf mit der erregten Diskussion des Versailler Vertrages beschäftigt. Viele Menschen verstanden aber auch nicht, welche Chancen ihnen die Verfassung bot. Andere verkannten die Gefahren für die Demokratie, die in einzelnen Bestimmungen lauerten. Der Text der Urkunde war unter der Federführung des bekannten Berliner Staatsrechtlers und Politikers Professor Preuß entstanden. Dieser linksliberale Wissenschaftler hatte den Auftrag zum Entwurf bereits am 15.11.1918 vom damaligen Volksbeauftragten Ebert erhalten. Es war bezeichnend für die staatspolitische Einstellung der SPD-Führer, daß sie einen liberalen Wissenschaftler aufforderten, einen Entwurf abzufassen. Besonders in Berlin hatten unter anderem deshalb im März 1919 Arbeiter- und Soldatenräte durch Generalstreik und Straßenkämpfe ihren Forderungen nach Verankerung der Räte in der Verfassung und nach Aufstellung einer Arbeiterwehr Nachdruck zu verleihen versucht. Durch das Eingreifen der vom Volksbeauftragten Noske (SPD) eingesetzten Freikorps waren 1200 Menschen gefallen. Die schließlich von der Nationalversammlung verabschiedete Verfassung bestimmte u. a. folgendes:

Art. 1: Die Staatsgewalt geht vom Volke aus.
Art. 3: Die Reichsfarben sind schwarz-rot-gold. Die Handelsflagge ist schwarz-weiß-rot mit den Reichsfarben in der oberen inneren Ecke.
Art. 17: Jedes Land muß eine freistaatliche Verfassung haben. Die

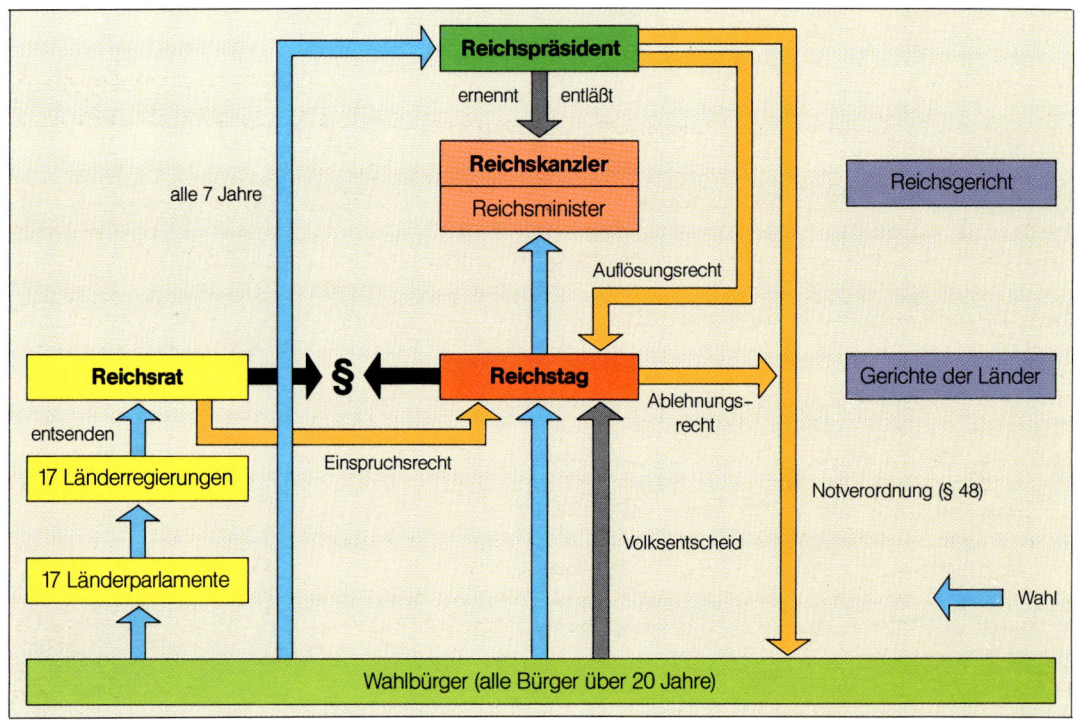

36.1 Die Weimarer Verfassung vom 11.8.1919

Volksvertretung muß... nach den Grundsätzen der Verhältniswahl gewählt werden. Die Landesregierung bedarf des Vertrauens der Volksvertretung.
Art. 25: Der Reichspräsident kann den Reichstag auflösen... Die Neuwahl findet spätestens am sechzigsten Tage nach der Auflösung statt.
Art. 48: Wenn ein Land die ihm nach der Reichsverfassung oder den Reichsgesetzen obliegenden Pflichten nicht erfüllt, kann der Reichspräsident es dazu mit Hilfe der bewaffneten Macht anhalten. [Er] kann, wenn... die öffentliche Sicherheit und Ordnung erheblich gestört oder gefährdet wird, die zur Wiederherstellung der... Ordnung nötigen Maßnahmen treffen, erforderlichenfalls mit Hilfe der bewaffneten Macht... Zu diesem Zwecke darf er vorübergehend die in den Artikeln 114, 115, 117, 118, 123, 124 und 153 festgesetzten Grundrechte... außer Kraft setzen. Von allen... Maßnahmen hat der Reichspräsident unverzüglich dem Reichstag Kenntnis zu geben. Die Maßnahmen sind auf Verlangen des Reichstags außer Kraft zu setzen.
Art. 73: Ein vom Reichstag beschlossenes Gesetz ist vor seiner Verkündigung zum Volksentscheid zu bringen, wenn der Reichspräsident binnen eines Monats es bestimmt... Ein Volksentscheid ist... herbeizuführen, wenn ein Zehntel der Stimmberechtigten das Begehren nach Vorlegen eines Gesetzentwurfs stellt...
Art. 129: Die Anstellung der Beamten erfolgt auf Lebenszeit... Die wohlerworbenen Rechte der Beamten sind unverletzlich.
Art. 153: Das Eigentum wird von der Verfassung gewährleistet... Eine Enteignung kann nur zum Wohle der Allgemeinheit... gegen angemessene Entschädigung... [vorgenommen werden].
Art. 156: Das Reich kann... für die Vergesellschaftung geeignete private wirtschaftliche Unternehmungen in Gemeineigentum überführen... [und] sich selbst, die Länder oder die Gemeinden an der Verwaltung wirtschaftlicher Unternehmungen... beteiligen...
Art. 165: Die Arbeiter und Angestellten sind dazu berufen, gleichberechtigt in Gemeinschaft mit den Unternehmern an der Regelung der Lohn- und Arbeitsbedingungen sowie an der gesamten wirtschaftlichen Entwicklung der produktiven Kräfte mitzuwirken. Die beiderseitigen Organisationen und ihre Vereinbarungen werden anerkannt. [Sie] erhalten zur Wahrnehmung ihrer sozialen und wirtschaftlichen Interessen gesetzliche Vertretungen in Betriebsarbeiterräten sowie in... einem Reichsarbeiterrat.

(Dt. Verfassungen, hrsg. von R. Schuster, München ¹⁶1985, S. 99 ff.)

Nationalflagge bis 1918

Nationalflagge 1919–1933

Kriegsflagge 1922–1933

Handelsflagge 1919–1933 Aufgrund einer Verordnung von 1926 in Übersee neben der Reichsflagge zu zeigen

1. Die Weimarer Verfassung stand insbesondere in der Tradition der Frankfurter Nationalversammlung (s. Bd. 7/8, S. 162 f.). Welche Persönlichkeitsrechte wird sie deshalb gegen Übergriffe des Staates enthalten haben, welche zur Sicherung der Rechtsgleichheit?
2. Belege Artikel 1 der Verfassung mit Abb. 36.1.
3. Inwiefern war die Weimarer Republik eine parlamentarisch-repräsentative, aber auch eine präsidial-autoritäre Demokratie?
4. Welche Parteien wären nach bundesdeutschem Wahlrecht (5 %-Klausel!) nicht in der Nationalversammlung bzw. im Reichstag gewesen (vgl. Abb. 33.2 und 67.1)?
5. Nimm Stellung zu den Flaggenregelungen.
6. Was fällt dir bei einem Vergleich dieser politischen Ordnung mit der des Kaiserreichs von 1871 auf? Wandel? Kontinuität?

Welche Vorstellungen Minderheiten entwickelten und warum sie scheiterten

Andere Ordnungsvorstellungen

Die harten Friedensbedingungen kamen nicht unerwartet. Kurt Eisner, Journalist und Vorsitzender der USPD in München, war seit der Revolution Ministerpräsident des von ihm ausgerufenen „Freistaates Bayern". Bereits am 10.11.1918 schrieb er an einen Vertrauten Wilsons:

> Das bayerische Volk hat zuerst in Deutschland ... alle und alles beseitigt, was schuldig und mitschuldig an dem Weltkrieg war ... Die neue Republik wird, wenn diese ... [Waffenstillstands-]Bedingungen unabänderlich sein sollten, in kurzer Zeit Wüste und Chaos sein ... Die deutschen Autokraten und Militaristen verdienten keine Schonung. Jetzt aber hat das Volk sich befreit, und die Bedingungen, die ihm auferlegt werden, bedeuten seine Vernichtung ... Die demokratischen Völker dürfen nicht wollen, daß die revolutionäre Schöpfung der deutschen Demokratie durch die Schonungslosigkeit der Sieger vernichtet wird ...
>
> (G. Schmolze [Hrsg.], Revolution und Räterepublik in München 1918/19, Düsseldorf 1969, S. 158/159)

Autokrat: Selbstherrscher

Separatist: jemand, der nach der Loslösung eines Gebietes aus einem Staatsverband strebt

Der angeschriebene Bekannte Wilsons riet ihm, deutsche Länderregierungen von der Alleinschuld des Reiches am Krieg zu überzeugen und mit Politikern die zerstörten Gebiete Frankreichs und Belgiens aufzusuchen. Sicherlich hätte dies auf die Weltmeinung gewirkt, aber es war für Eisner nicht durchsetzbar. Er war im Gegensatz zu den bayerischen Separatisten für die Erhaltung der Reichseinheit. Anders als die MSPD in Berlin lehnte er die Zusammenarbeit mit den alten Mächten ab; er stützte sich auf die Arbeiter-, Soldaten- und Bauernräte. Die Spaltung der Arbeiterbewegung konnte er für Bayern zunächst vermeiden. Deshalb schien seine Vorstellung von einer Räteverfassung realisierbar zu sein. Die Landtagswahlen vom 12.1.1919 brachten zwar den bürgerlichen Parteien die Mehrheit; aber SPD, Bauernbund und USPD, die hinter seiner Politik standen, erhielten 45% der Mandate. Eisner wollte deshalb die Räte als demokratische Einrichtung auch neben dem Parlament erhalten, als Ministerpräsident aber zurücktreten. Auf dem Weg zum Landtag wurde er am 21.2.1919 von einem ehemaligen

38.1 *Demonstration für das Rätesystem. Eisner (×)*

38.2 *Verhaftung des Kommunisten F. Seidel*

Es lebe die Rheinische Republik!

Aachen, Mainz, Speyer, Wiesbaden, 1. Juni 1919

Der rheinische Arbeitsausschuß
Der vereinigte nassauisch-rheinhessische Arbeitsausschuß
Der pfälzische Arbeitsausschuß.

39.1 Ausrufung der Rheinischen Republik

Offizier erschossen. Dieser politische Mord führte dazu, daß sich jetzt bei den „Linken" schwärmerische Chaoten und moskautreue Radikale durchsetzten. Sie riefen eine reine Räterepublik ohne Parlament aus. Die vom Landtag gewählte Regierung Hoffmann (SPD) floh nach Bamberg und bat Berlin um Hilfe. Nach der unblutigen Revolution Eisners wütete nun der Terror vor allem der preußischen Freikorps. Wie im Ruhrgebiet (vgl. S. 41) löste er auch in Bayern Gewalttaten auf der Gegenseite aus, die sich dort besonders gegen die ersten Faschisten (S. 51) richteten. Nach dem Sieg der Freikorps verurteilten bayerische Gerichte Linksradikale zum Tode und zu langen Freiheitsstrafen. Der Eisner-Mörder jedoch erhielt nur fünf Jahre Haft.

In Ostpreußen, Oberschlesien und im Rheinland (vgl. Karte 35.1) bildeten sich separatistische Bewegungen. Der damalige Kölner Oberbürgermeister Dr. Konrad Adenauer und andere wollten eine „Rheinische Republik" als Land des Reiches errichten. Sie wurde 1919 in vier Städten ausgerufen und sollte als starker Einzelstaat aus der preußischen Rheinprovinz zwischen Niederrhein und Pfalz entstehen. Nach einer Regierungsbildung unter Dr. Dorten am 22.1.1923 zeigte sich aber, daß mit französischer Unterstützung die nationale Unabhängigkeit geplant war. Die rheinische Bevölkerung, insbesondere die Arbeiterschaft, lehnte dies ab. Am 16.11.1923 schlugen notdürftig bewaffnete Zivilisten im Siebengebirge Truppen der Separatisten. 1924 brach deren Bewegung auch in der Pfalz endgültig durch die Selbsthilfe des Volkes zusammen. Scheidemann und andere Sozialdemokraten sahen in der vollständigen Erhaltung Preußens eine Klammer für die Einheit des Reiches. Rheinische Kreise des Besitzbürgertums aber hatten mit der „Friedensrepublik" gerade durch eine Ablösung von Preußen ihre Besatzungsmächte versöhnlich stimmen wollen. In einem Aufruf vom 1.6.1919 heißt es:

Das rheinische Volk will aufrichtig und ehrlich einen Frieden ... Deshalb sagt es sich ... los von den Grundübeln, durch die so viele Kriege verursacht wurden: dem entarteten Feudalismus und Militarismus.

(Fr. Petri/G. Droege [Hrsg.], Rheinische Geschichte, Düsseldorf 1978, S. 424)

Rheinische Republik bedeutet

1. Rettung aus dem Sumpf des Berliner Papiergeldes durch Schaffung einer neuen Rheinischen Währung ...

2. Ausreichende Lebensmittelversorgung ...

3. Beschaffung von Arbeit, deren Ertrag ausreichenden Lebensunterhalt und ausreichende Lebensverbesserung sichert.

4. Achtung der Überzeugung eines Jeden auf wirtschaftlichem, politischem und religiösem Gebiet.

Koblenz, 29. Oktober 1923

Die vorläufige Regierung der Rheinischen Republik

Dr. Dorten

39.2 Propagandaflugblatt der Regierung Dorten/Matthes vom 29.10.1923

1. Wer waren Eisners Gegner, wer seine Freunde?
2. Vergleiche Eisners Vorstellungen mit Lenins Bolschewismus (S. 22).
3. Welche Absichten verfolgten rheinische Separatisten? Warum?
4. Vergleiche den Aufruf vom 1.6.1919 mit dem Brief Eisners.
5. Wer gefährdete 1919–1924 die Reichseinheit, wer schützte sie?

Krisen der Weimarer Republik

Arbeiterunruhen

Warum viele Arbeiter enttäuscht waren

Während des Jahres 1919 breitete sich wachsende Unzufriedenheit aus. Einer der Gründe war das Problem der Sozialisierung, eine alte SPD-Forderung. Der Rat der Volksbeauftragten hatte zwar eine Kommission einberufen müssen, die über sozialisierungsreife Industriezweige, vor allem über den Bergbau, beraten sollte. Es folgten aber keine Gesetze. Am 13.1.1919 enteignete deshalb in Essen eine Konferenz aller Arbeiter- und Soldatenräte des rheinisch-westfälischen Industriegebietes alle „Kohlebarone". Diese hatten sich vor 1914 im Betrieb wie der „Herr im Hause" verhalten. Eine aus SPD-, USPD- und KPD-Vertretern zusammengesetzte „Neunerkommission" beendete die Streiks und sorgte für die Wiederaufnahme der Produktion. Die von Arbeitern und Bergbaubeamten gewählten Räte sollten u. a. bei Lohnfestsetzungen und Entlassungen mitbestimmen sowie die Geschäftsleitung kontrollieren. Sofort hörten die Streiks auf, die Förderleistungen stiegen an. Der christliche Arbeiterführer Steger sagte:

Sozialisierung bedeutet bei den Bergarbeitern nur den Wunsch ... nach einem anderen Wirtschaftssystem, in dem sie ein größeres Mitbestimmungsrecht über ihre Lohn- und Arbeitsbedingungen haben ..., in dem sie als Menschen anerkannt werden ... [Die] rechtlose Stellung ... war ja mit die Ursache, daß ... radikale Forderungen ... gestellt wurden.

(E. Kolb [Hrsg.], Vom Kaiserreich zur Weimarer Republik, Köln 1972, S. 214)

Räte und Sozialisierung waren als Ergänzung des parlamentarischen Systems gedacht, sie sollten keinesfalls Teil der Diktatur des Proletariats sein. Die Reichsregierung jedoch erkannte die Essener Beschlüsse nicht an. Am 28.4.1919 hatten die von Reichswehrminister Noske (SPD) entsandten Freikorps die neue Ordnung beseitigt und die erneut entstandenen Streiks gebrochen. Erbitterte Sozialdemokraten wanderten zu USPD und KPD ab, die jetzt zum erstenmal eine Massenbasis erhielten. Unter dem Druck der bürgerlichen Parteien lehnte die

40.1 Demonstration für die SPD, 1919

40.2 Berliner Kinder suchen nach Eßbarem, 1919

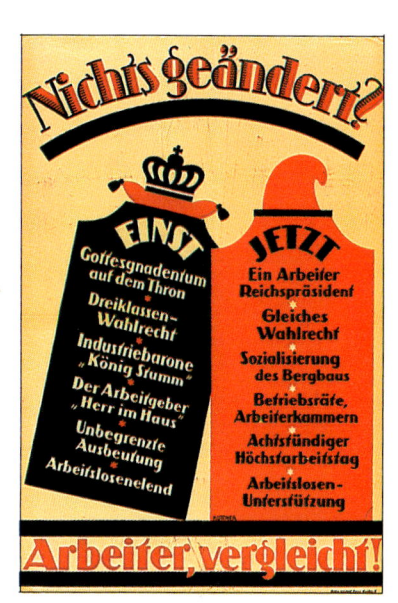

41.1 Zeichnung „Früh um 5 Uhr" von George Grosz, 1921   *41.2 Wahlplakat der SPD, 1920*

von der SPD geführte Regierung Enteignungen ab. Mit einem Gesetz vom 4.2.1921 führte sie Betriebsräte ein. Diese und die Gewerkschaften, die als Verhandlungspartner der Unternehmer bei Lohnabschlüssen inzwischen anerkannt waren, verbesserten die Lage der Arbeiter. Da das Betriebsrätegesetz aber die Arbeiterräte ersetzte, folgten weitere Protestaktionen der Radikalen in Berlin. Wieder setzte Noske Freikorps gegen Arbeiter ein.

Der ehemalige Wirtschaftsminister Wissell (SPD) meinte am 14.6.1920, und der Historiker Winkler erklärt zur Sozialisierung heute:

Wir haben die Revolution nicht so beeinflussen können, als daß Deutschland von einem neuen Geist erfüllt erschiene ... das Volk glaubt, daß die Errungenschaften der Revolution lediglich negativen Charakter haben, daß an die Stelle einer militärischen und bürokratischen Herrschaft einzelner nur eine andere getreten ist ...

(Nach: A. Rosenberg, Geschichte der Weimarer Republik, Frankfurt 1983, S. 89)

[Im Bergbau] hätte die Entmachtung der autoritären Speerspitze des Unternehmerlagers den Arbeitern ein Signal gegeben, daß der neue Staat wirklich auch ihr Staat war, und ein System qualifizierter Mitbestimmung ... hätte das Gefühl der Entfremdung bei den Arbeitern ... mindern können ... 1918/19 hätte ein gewisses Maß an Sozialismus der liberalen Demokratie ein festeres soziales Fundament geben können.

(H. A. Winkler, Die Sozialdemokratie und die Rev. von 1918/19, Berlin 1979, S. 65)

1. Vergleiche die Wahlversprechen der SPD mit ihrer praktischen Politik.
2. Vergleiche das Geschehen im Ruhrgebiet mit Art. 156 (S. 37).
3. Welche sozialen Errungenschaften der Weimarer Republik gelten noch heute?

Warum die Antidemokraten verloren und dennoch siegten

Der Kapp-Lüttwitz-Putsch

Hindenburg, der ehemalige Chef der OHL, erklärte am 18.11.1919 vor einem Ausschuß des Reichstages, ein englischer General habe mit Recht gesagt, die deutsche Armee sei von hinten erdolcht worden. Begierig stürzten sich alle, die die deutsche Niederlage von 1918 noch nicht akzeptiert hatten, auf diese „Dolchstoßlegende". Monarchisten und Nationalisten wirkten am Stammtisch und im Reichstag an ihr weiter. Die jüngste Geschichte sah bald so aus: Das friedliche, 1914 überfallene Deutsche Reich habe sich so lange erfolgreich gewehrt, bis Verräter in der Heimat streikten und „Hetzer" aus SPD und Zentrum um jeden Preis Frieden wollten und ihn auch schlossen. Der deutsche Kaiser sei von ihnen vertrieben und das Volk durch Revolution und Weimarer „System" unter die Herrschaft der „Roten" und der „Schwarzen" gezwungen worden; helfen könne nur ein Sturz der Demokratie. Diese Legende war für die politische Rechte das geeignete Mittel, stets gegen die Politiker der Republik zu hetzen. Am 27.3.1920 kritisierte der General-Anzeiger aus dem Wuppertal die

> ... Versammlungsredner und Zeitungsschreiber, denen der Mund stets von der „nationalen Phrase" überquoll, die die nationale Würde nur für ihre eigene Partei gepachtet zu haben glaubten, andere maßlos beschimpften ... weil sie ruhig ... ihre Arbeit taten und ... lieber zu Hause bei ihren Familien saßen als in Versammlungslokalen „Deutschland über alles" zu singen ... Die Regierung mochte tun oder lassen, was sie wollte, niemals fand sie Gnade vor den Augen ihrer Gegner ...
>
> (Sechs Jahrzehnte Zeitgeschehen im Spiegel der Heimatzeitung 1887–1945, S. 241)

42.1 Wahlplakat der DNVP, 1924

42.2 Der 13.3.1920 in Berlin

43.1 Trupp der „Roten Ruhrarmee", 1920

Aufruhr brach aus, als die Reichsregierung die Armee entsprechend dem Versailler Vertrag verkleinerte. Auch eine Brigade unter Kapitän Ehrhardt sollte aufgelöst werden. Unterstützt von Reichswehrgeneral von Lüttwitz verweigerten Ehrhardt und sein Freikorps den Gehorsam. Sie besetzten am 13.3.1920 das Berliner Regierungsviertel und ernannten den deutschnationalen Beamten Kapp, einen preußischen Großgrundbesitzer, zum Reichskanzler. Reichspräsident und Regierung flohen nach Stuttgart. Den ihr zustehenden Schutz hatte der Generalstabschef von Seeckt der Reichsspitze mit der Begründung versagt: „Reichswehr schießt nicht auf Reichswehr!" Da Seeckt aber gleichzeitig den Putsch mißbilligte, blieb er untätig. Daß die Republik erfolgreich verteidigt wurde und die Aufständischen abzogen, war dem Volk zu verdanken. Infolge eines Generalstreiks brach der Putsch zusammen.

In Sachsen und Thüringen weigerten sich aber radikale linke Minderheiten, den Streik zu beenden. An der Ruhr entstand sogar eine „Rote Armee", die die bis dahin verweigerten ökonomischen und gesellschaftlichen Veränderungen erzwingen wollte. Noske schickte wieder Freikorps, sogar die Brigade Ehrhardt. Nach deren Sieg mißtrauten immer mehr Arbeiter einer Staatsspitze, die ihre Armee nur gegen „Links", nicht gegen „Rechts" einsetzte. Sie mißtrauten einer Regierung, die es zuließ, daß der hierfür verantwortliche General von Seeckt sogar Chef der Heeresleitung wurde. Auch die Mittelschichten vermißten in einer Zeit wachsender wirtschaftlicher Not, sozialer Unruhen und verwirrender Legendenbildung eine konsequent handelnde Regierung. Bald sahen sie in der parlamentarischen Demokratie die Ursache aller Probleme und zeigten dies auch bei der Reichstagswahl 1920 (vgl. 65.1).

43.2 General von Seeckt (1866–1936), Chef der Heeresleitung der Reichswehr 1920–1926

1. Überprüfe die „Dolchstoßlegende". Was verschwieg Hindenburg?
2. Wer waren die Sieger von 1920, wer die Verlierer?

Welche innenpolitischen Wirkungen die Kriegsfolgen auf die Weimarer Republik hatten

Das Problem der Kriegsfolgen

Die Deutschen wollten die Höhe der Reparationszahlungen nicht akzeptieren. Deshalb hielt ihnen der englische Außenminister im März 1921 vor:

> Wir haben nicht den Wunsch, Deutschland zu unterdrücken, wir stöhnen aber alle unter einer Last von Steuern, um unsere Kriegsschulden zu bezahlen. Frankreich muß sich in diesem Jahr auf eine Ausgabe von zwölf Milliarden zur Wiederherstellung seiner verwüsteten Gebiete einrichten. Dazu kommt die gigantische Summe der Pensionen ... In Frankreich sind 21 000 Fabriken und alle Bergwerke vernichtet. 1659 Gemeinden und Flecken sind vollkommen zerstört, 1656 sind zu 50 Prozent zerstört, 319 000 Häuser, ... 8000 km Eisenbahn, 5000 Brücken, 5200 km Straßen, 1 740 000 ha bebautes Land – alles zerstört ...

(Nach: W. Tormin, Die Weimarer Republik, Hannover ²²1982, S. 112 f.)

Reparation (lat. reparatio): Wiederherstellung, Wiedergutmachung

Sanktion: Strafe

Die Alliierten waren verärgert. Sie drohten Deutschland Sanktionen an, weil es seine Verpflichtungen aus dem Versailler Vertrag bisher nur unzureichend erfüllt hatte: Kohle- und andere Wiedergutmachungslieferungen waren nicht voll erbracht worden, die Entwaffnung wurde nur zögernd befolgt. Die Sieger besetzten schließlich die Rheinhäfen Duisburg, Ruhrort und Düsseldorf, später auch Mülheim und Oberhausen, und beschlagnahmten die Zolleinnahmen. Im Mai 1921 setzten die Alliierten die Reparationen schließlich auf 132 Mrd Goldmark fest. Sie verlangten die deutsche Zustimmung innerhalb von sechs Tagen, andernfalls würde das Ruhrgebiet besetzt werden. Die Regierung sah keine Möglichkeit, die Schulden jemals zu bezahlen, und trat zurück.

Deutschland, Deutschland über alles!
1914: „Meine Herren, das ganze Volk steht hinter uns! Wir haben die Macht! Wir sind das Vaterland! Darum: Se. Majestät, hurra, hurra, hurra!"

1920: „Die anderen haben die Macht, was geht uns das Vaterland der anderen an? Sollen sie den Karren nur selber aus dem Dreck ziehen. Pröstchen!"

44.1 Karikatur von Karl Arnold: Alte und neue Mächte, 1920

Die deutsche Wirtschaft war – nicht zuletzt durch den Verlust des größten Teiles Oberschlesiens – nachhaltig geschwächt. Die nach dem Friedensvertrag vorgesehene Abstimmung (vgl. 35.1) hatte dort zwar eine große Mehrheit für Deutschland ergeben, so daß ganz Oberschlesien deutsch hätte bleiben müssen, unter dem Druck polnischer Aufstände jedoch setzte der Völkerbund (vgl. S. 55) eine Teilung durch. Diese führte zur Abtretung der wertvollsten Teile dieses Kohle- und Industriegebietes an das 1918 wiedergegründete Polen. Eine Woge nationaler Haßgefühle erfaßte viele Deutsche und wandte sich bald gegen die eigene Regierung sowie gegen die Republik als Staatsform. Denn die neue Regierung unter dem „linken" Zentrumspolitiker Joseph Wirth erkannte die Höhe der geforderten Reparationen mit Zustimmung des Reichstages an; sie überwies die erste Rate in Höhe von 20 Mrd Goldmark. Sofort sank der Wert der Mark weiter, Not und Armut der Menschen stiegen an. Wirth glaubte aber, durch die Politik der Verständigung mit den Siegern Deutschlands Einheit und Freiheit retten zu können. In schlimmster Weise wurden er und sein Außenminister, Walther Rathenau (DDP), von der politischen Rechten als „Erfüllungspolitiker" beschimpft. Rathenau setzte zwar einen Aufschub für die Zahlung der nächsten Rate bei den Alliierten mit Sachkenntnis und Verhandlungsgeschick durch, dies zählte aber nichts in den Augen der Nationalisten. Viele von ihnen waren Rassisten und lehnten Rathenau schon deshalb ab, weil er Jude war. Daran änderte sich auch nichts, als er im April 1922 im italienischen Rapallo mit der UdSSR einen Vertrag abschloß, in dem die UdSSR trotz gegenteiliger Ermunterung durch die Westmächte, auf alle Entschädigungsansprüche gegenüber Deutschland verzichtete. Später kam es auch zu Handelsbeziehungen. Die Reichswehr nutzte den Rapallovertrag auf ihre Weise. Sie half bei der Ausbildung der „Roten Armee". Da sie nicht der unmittelbaren Kontrolle des Parlaments unterlag, gelang es ihr, Waffen durch ein deutsches Unternehmen heimlich in der UdSSR produzieren zu lassen. Sie bezahlte aus Reichstagsmitteln, aber auch aus Spenden ostdeutscher Großgrundbesitzer. Außerdem stellte sie illegale Freiwilligenverbände auf, die „Schwarze Reichswehr". Diese Freiwilligen brachte sie oft als „Arbeitskommandos" auf Rittergütern unter. Bald überstieg die tatsächliche Friedensstärke der Reichswehr die in Versailles zugestandene bei weitem. Die geheime deutsche Aufrüstung wurde mit der Angst vor polnischen Kommandounternehmen begründet, für die man gerüstet sein müsse. Andere Motive nennt General von Seeckt in einer Denkschrift zum Rapallovertrag:

... Polens Existenz ist unerträglich, unvereinbar mit [unseren] Lebensbedingungen. Es muß verschwinden und wird verschwinden durch eigene, innere Schwäche und durch Rußland – mit unserer Hilfe ...

(Ursachen und Folgen 6, Nr. 1407d)

Darüber hinaus hielt Seeckt manche Ziele auch vor Regierung und Reichspräsident geheim. Hingegen äußerten sich nationalistische Politiker in Presse und Parlament laut und unverkennbar im Sinne deutscher Machtträume. Für den Abgeordneten Helfferich (DNVP) und andere Deutschnationale, die sich der Regierungsverantwortung immer entzogen hatten, war deshalb die Verständigungspolitik der Regierung Verrat am deutschen Volk; Flugblätter riefen offen zum Mord an dem „Erfüllungspolitiker" Rathenau auf. Als der Außenminister am 24.6.1922 einem Attentat Rechtsradikaler zum Opfer fiel, sagte Kanzler Wirth im Reichstag:

Das Werk, das Dr. Rathenau sich vorgesetzt hat, die Rettung des deutschen Volkes unter der Staatsform der Republik, darf durch diesen Mord nicht unterbrochen werden ... Die Arbeiterschaft hat in bitteren, ernsten Tagen, als das Chaos über uns hinwegging, keinem, der der alten Gewalt treu geblieben ist, auch nur ein Haar gekrümmt. Nennen Sie einen ... Vertreter bürgerlicher Auffassungen in deutschen Landen, dem auch nur ein Haar gekrümmt worden ist! ... Wir wollen ... einen Weg der Freiheit für das eigene unglückliche Vaterland suchen. In diesem Sinne sollen alle Hände und jeder Mund sich regen, um endlich in Deutschland diese Atmosphäre des Mordes, des Zornes, der Vergiftung zu zerstören. Da steht der Feind ... und darüber ist kein Zweifel: dieser Feind steht rechts!

(Fr. Stampfer, Die ersten 14 Jahre der dt. Republik, Offenbach/Main 1947, S. 283 ff.)

Mitglieder der geheimen Wehrverbände „richteten" viele, die über ihre Existenz sprachen, als Verräter heimlich „hin". Diese „Fememorde" trafen oft aber auch nur politisch Andersdenkende (s. Erzberger, S. 35).

1. Die Alliierten mißtrauten Deutschland. Hatten sie recht? Warum?
2. Inwiefern war die deutsche Regierung immer in einer „Zwickmühle"?
3. Beurteile die deutsch-polnischen Beziehungen.
4. Nenne Staaten unserer Zeit, denen das Existenzrecht bestritten wird.
5. Beurteile Rufmord, Moral und Justiz in der Weimarer Republik.

Politische Morde 1919–1922

	Begangen von	
	„Linken"	„Rechten"
gesühnt	17	1
ungesühnt	4	326
z. T. gesühnt	1	27
gesamt	22	354
Hinrichtungen	10	–
Freisprüche	–	23
Haft je Mord	15 Jahre	4 Monate

1918/19 schieden in Preußen aus dem Dienst

  0,15 % der Richter
 10,0 % der hohen Verwaltungsbeamten

Wie es zur Inflation kam und wer ihre Nutznießer waren

Inflation und Ruhrkampf

Immer wieder kämpften in der Nachkriegszeit Arbeiter und Angestellte, Rentner und Pensionäre wegen ständiger Teuerungen um die Erhöhung ihrer Einkünfte. Auch wenn sie Erfolg hatten, nützte ihnen dies nichts: Die Preise waren längst wieder „davongelaufen". Viele verärgerte Bürger glaubten den Rechtsparteien und schimpften mit ihnen auf die hohen Reparationsforderungen der Sieger und auf die Reichsregierung, die unfähig oder unpatriotisch genug sei, „Erfüllungspolitik" zu betreiben. Andere, die die komplizierten volkswirtschaftlichen Zusammenhänge in modernen Gesellschaften auch nicht durchschauten, konnten sich erst gar nicht vorstellen, wie diese „Inflation" zu beheben sei, die sie für eine Art Naturkatastrophe hielten.

*Inflation:
inflare (lat.) = aufblähen*

*proportional:
im gleichen Verhältnis*

Banknoten haben nicht einfach den Wert, der ihnen aufgedruckt worden ist. Dieser hängt vielmehr davon ab, wieviel man mit ihnen kaufen kann (Kaufkraft). Während des Krieges beschaffte die kaiserliche Regierung die für die Rüstung erforderlichen Gelder nicht durch strenge Besteuerung der enormen Kriegsgewinne, sondern vor allem durch Anleihen bei den Bürgern (vgl. S. 11) und durch Kredite der Reichsbank. Als dies nicht mehr reichte und auch die Goldreserven fast aufgezehrt waren, druckte der Staat trotzdem wiederholt neue Banknoten. Diese erhöhten zwar die kursierende Geldmenge, ließen aber gleichzeitig deren Kaufkraft sinken, da das neue Geld nicht „gedeckt" war. Gleichzeitig stiegen wegen der Knappheit der Waren die Preise. So hinterließ das Kaiserreich der Weimarer Republik nicht nur Staatsschulden von 150 Mrd Mark, sondern auch eine wertloser gewordene Mark. Diese „Inflation" blieb bis 1918 wegen eines staatlich verordneten Lohn- und Preisstopps verborgen, aber nicht mehr in der Marktwirtschaft der Nachkriegszeit. Im Staatshaushalt der Republik kamen zu den ererbten Lasten neue: Erwerbslosenfürsorge (vgl. S. 30), Kriegsopferrenten usw. Riesigen Ausgaben standen geringe Steuereinnahmen aus einer noch vom Krieg geschädigten Wirtschaft gegenüber. Finanzminister Erzberger plante deshalb eine hohe Besteuerung großer Einkommen und Vermögen, so daß auch die Kriegsgewinnler erfaßt worden wären und der Staat die Ausgaben aus seinen Einnahmen hätte bestreiten können. Diese Finanzreform wurde jedoch unter dem Druck der bürgerlichen Parteien nicht konsequent verwirklicht. Darum druckte jetzt auch der demokratische Staat einfach neue Banknoten, für die keine Deckung bestand. Um die Wirtschaft zu beleben, gab die Reichsbank großzügig Kredite an Leute, die Grundstücke, Betriebe und andere Sachwerte als Sicherheiten anbieten konnten. Auch dadurch stieg die Geldentwertung (Abb. 47.1). Ein starker „Inflationsschub" entstand, als das Deutsche Reich 1921 die erste Rate der Reparationszahlungen zu entrichten hatte, und zwar in Dollar. Der Reichsbank wurden die letzten Gold- und Devisenbestände entzogen, so daß der Wert der Mark entsprechend sank.

Allerdings gab es auch Nutznießer dieser verwirrenden Situation. Das waren alle Schuldner, die sich nun bequem von ihren Verpflichtungen loskaufen konnten, und zwar zum alten Nennwert. Dazu gehörte z. B. der Staat, der die Kriegsanleihen bei den Bürgern billig ablösen konnte. Insbesondere aber verdienten deutsche Großindustrielle an der Inflation, da sie diese planvoll einsetzten: Löhne und einheimische Rohstoffe bezahlten sie in Mark, d. h. unter Wert. Die entsprechend billig

46.1 „Deutschlands Kinder hungern", Käthe Kollwitz, 1923

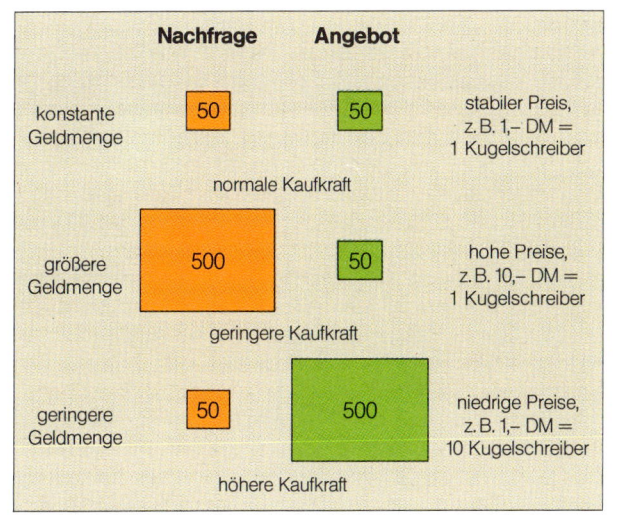

47.1 Schwankungen des Geldwertes

47.2 Kapitalflucht

Noch immer machen sich zurzeit die Wucherer und Schieber breit.

produzierten Waren boten sie zu Schleuderpreisen gegen ausländische Währungen auf dem Weltmarkt an. 1920/21 stieg deshalb die Industrieproduktion im Reich um 20%, während sie weltweit um 15% sank. Riesige Spekulationsgewinne ließen sich erzielen, wenn man Grundstücke und andere Sachwerte auf Kredit kaufte, um sie schnell wieder zu veräußern. Die Bankschulden aber wurden später mit mittlerweile weiter entwertetem Geld zurückgezahlt. Die so erzielten Profite wurden dann häufig auf ausländischen Bankkonten in „harter" Währung in Sicherheit gebracht, also der deutschen Wirtschaft entzogen. Der größte Spekulant war der DVP-Abgeordnete Hugo Stinnes aus Mülheim, der „König der Ruhr". Als er 1924 starb, hinterließ er 1535 Firmen (u. a. Bergwerke, Banken, Werften, Elektrofirmen). Diese hatte er in den letzten Jahren seines Lebens zusammengekauft. Reichskanzler Cuno, ein Manager der Firma HAPAG, wußte ebenso wie sein Vorgänger Wirth, wie die Mark zu stabilisieren gewesen wäre. Beide konnten sich jedoch mit derartigen Maßnahmen nicht gegen die Großindustrie durchsetzen. Noch 1922 erklärte Stinnes, daß er einen Stabilisierungsversuch der Mark um jeden Preis und weiter bekämpfen werde. Ein Zeitgenosse schreibt:

Stinnes' wirtschaftliche Macht wächst proportional zum Markverfall ... Die Reichsregierung ... weiß, daß sie ohne Mitwirkung dieses Wirtschaftskolosses ... die Mark niemals stabilisieren kann; als der Wirtschaftssachverständige Professor Bonn dem Reichskanzler ... dringend nahelegt, die Währung festzulegen, erhält er zur Antwort: „Ich werde es versuchen, aber Sie müssen vorher Hugo Stinnes überreden", worauf Bonn erwidert: „Dafür gibt es nur einen Weg: Lassen Sie ihn verhaften und wegen Hochverrats zur Rechenschaft ziehen ..."

(G. W. F. Hallgarten, Hitler, Reichswehr und Industrie, Frankfurt 1955, S. 13)

1. Wer waren die Nutznießer der Inflation, wer die Opfer? Inwiefern?
2. Warum hat in der Bundesrepublik nur die von der Regierung unabhängige Bundesbank das Recht zur Herausgabe neuer Banknoten?

Ausgegebene Banknotenmenge (in Reichsmark)

1914	1,9 Mrd
1918	16,6 Mrd
1921	66,6 Mrd
1923	92 800 000 000,0 Mrd

Die Weimarer Republik

Wem auch die Hochinflation schadete und wie sie überwunden wurde

Im Januar 1923 marschierten französische und belgische Truppen ins Ruhrgebiet ein, weil Deutschland geringfügig Reparationslieferungen von Kohle und Holz schuldig geblieben war. Frankreich benutzte dies als Vorwand für die Besetzung, da es sich vom Reich noch immer bedroht fühlte. Seine Ingenieure sollten nun den Abtransport deutscher Lieferungen überwachen. Die Reichsregierung stoppte aber sofort alle Reparationen, rief die Ruhrbevölkerung zum passiven Widerstand auf und verbot den Behörden, fremden Befehlen zu gehorchen. Zwar streikten Arbeiter; es gab aber keinen Generalstreik. Unternehmer und Arbeiterführer lehnten ihn ab, da sie fürchteten, er könne in eine proletarische Revolution übergehen. Also ruhte die Arbeit in privaten Zechen nur, wenn Soldaten erschienen. Wenn deren ausländische Hilfsarbeiter die Halden abgeräumt hatten, ordneten die Eigentümer neue Kohleförderung an. Als die Franzosen das Ruhrgebiet durch eine Grenze vom Reich trennten, wurden die Streikenden aus den benachbarten Gebieten versorgt. Schmuggler schleppten heimlich Waren ins Revier, wobei es auch zu Schießereien mit Grenzwachen kam. Nachdem in den Kruppwerken in Essen Arbeiter bei Zusammenstößen mit Franzosen erschossen worden waren, sympathisierte die Weltmeinung mit Deutschland, bis ehemalige Freikorpsleute Attentate verübten. Die Besatzungsmacht wies 150 000 Revierbewohner aus, vollstreckte ein Todesurteil, verhängte Geld- und Freiheitsstrafen.

Bald zeigte sich aber, daß der „Ruhrkampf" das Reich ruinieren würde. Die Regierung unterstützte Flüchtlinge und arbeitslose Bergleute. Sie wagte es dennoch nicht, die Steuern zu erhöhen, mußte aber neues Geld ausgeben. Diese Geldmengen waren so riesig, daß sie jetzt eine „galoppierende" Inflation in ganz Deutschland auslösten: 150 Druckereien mußten „Geld" nun auch im Auftrag von Städten, Dörfern und sogar Privatfirmen drucken. Löhne und Gehälter wurden körbeweise meist täglich ausgezahlt, damit man noch der täglichen Preiserhöhung zuvorkam. Ehefrauen holten die Löhne der Männer am Fabriktor ab,

48.1 Hinweistafel 1987 Ortseingang Remscheid

Inschrift des Steines:

Hier wurde
Walter Dannenberg
Rd. Güldenwerth
von französischen Soldaten
erschossen
am 11.9. im Jahre 1923

(Rd. = Remscheid)

48.2 Gedenkstein im Diepmannsbachtal (Remscheid)

während die Kinder in den Käuferschlangen vor den Geschäften anstanden. Im Oktober 1923 mußte ein Facharbeiter für 1 Pfd. Margarine 10 Std. arbeiten. In Großstädten gab es wieder Hungerkrawalle. Bezieher fester Einkommen konnten nur überleben, wenn sie Sachwerte wie z. B. Schmuck besaßen, die sie gegen Lebensmittel eintauschen konnten. Viele Kinder waren unterernährt. 1923 war in Berlin mindestens ein Drittel der Schulentlassenen nicht berufsfähig. Kanzler Cuno trat zurück, Gustav Stresemann (DVP) wurde sein Nachfolger. Er legte die Währung „fest": Eine Billion Papiermark entsprach einer „Rentenmark", die bald von der „Reichsmark" abgelöst wurde. Vertrauen in die Mark entstand aber erst, als die USA eine Überprüfung der Reparationen zusagten, der Kanzler die Notenpressen stoppte und die Staatsausgaben knapp hielt. Deshalb hatte Stresemann auch unter wütendem Protest der Nationalisten am 26. 9. 1923 den Ruhrkampf abgebrochen. Rosenberg schrieb:

Die deutsche Kapitalistenklasse hatte sich . . . damit abgefunden, daß die Inflation nicht mehr weitergehen konnte. Man hatte genug verdient . . . Die . . . Enteignung des deutschen Mittelstandes, nicht etwa durch eine sozialistische Regierung . . . war eine der größten Räubereien der Weltgeschichte . . . Stresemann . . . [sagte:] „[Der] schwerste Verlust bestand . . . darin, daß jene geistige und gewerbliche Mittelschicht, die . . . Trägerin des Staatsgedankens war, ihre völlige Hingabe an den Staat im Kriege mit der völligen Aufgabe ihres Vermögens bezahlte . . . Wieweit [der Staat] . . . befugt war, dieses Opfer . . . zu fordern, daß . . . [sein] Geld wertlos und nicht . . . ersetzt wurde . . . ist bis heute nicht [geklärt]."

(A. Rosenberg, Entwicklung der Weimarer Republik, S. 142, 129)

1. Wer waren die Opfer der „schleichenden" wie auch der „galoppierenden" Inflation?
2. Wie beurteilen Stresemann und Rosenberg die Inflation?
3. Was weißt du zur Einschätzung unserer heutigen Währung?

Kurs der Mark in New York
(in Dollar)

1914	100
1918	71,12
1922	0,9836
1923	0,00831

Kurs des Dollars in Berlin
(in Reichsmark)

1914	4,20
1919	8,02
1922	188,00
3. 1. 23	7525,00
21.12.23	4210500000000,00

Realwochenlöhne
ungelernte Arbeiter
(in Reichsmark)

1914	23,03
1918	23,65
1922	15,86
1923	14,69

49.1 Inflationsgeld

Wie die antidemokratischen Kräfte trotz eines Sieges der Demokratie ihre Positionen ausbauten

Umsturzversuche der „nationalen Opposition"
Am 21.9.23 telegrafierte der amerikanische Botschafter in die USA:

Stinnes kam ... Er sagte mir ... [d]ie Ruhr ... müsse[n] kapitulieren. Hierauf erörterte er ... die deutsche Arbeiterschaft müsse länger und schwerer arbeiten ... [Er ist] überzeugt, daß ... [sie] auf diese Notwendigkeit nicht eingehen wird und daher hierzu gezwungen werden muß. Deshalb, sagte er, muß ein Diktator gefunden werden ... so ein Mann steht bereit. Eine große, von Bayern ausgehende Bewegung, entschlossen, die alten Monarchien wieder herzustellen, sei nahe ... Der Bewegung würden sich alle Rechtsparteien anschließen und eine ansehnliche Gruppe gemäßigter Männer ... Ich fragte ihn, ob die Industriellen sich mit der Bewegung vereinen würden. Stinnes erwiderte, daß sie das würden.

(Ursachen und Folgen, S. 201 f.)

Auch die Reichsregierung nahm die Gerüchte über eine aus Süddeutschland drohende konservative Diktatur ernst. Sie warnte aber nur durch Zeitungsartikel vor Aufruhr. Bayern war längst ein Sammelbecken rechtsradikaler Kräfte geworden. Die Rechtsradikalen rechtfertigten ihre Existenz mit der „kommunistischen Gefahr", obwohl die deutsche Arbeiterschaft den Aufrufen der KPD zu Generalstreik und Aufstand nie gefolgt war. Dies hatten noch 1921 die in Hamburg und Sachsen niedergeschlagenen örtlichen Unruhen gezeigt. Seit Eisners Tod (vgl. S. 39) war sich Bayern wie eine „Ordnungszelle" in einem „marxistisch verseuchten Reich" vorgekommen. Meist hatte es Anordnungen der Reichsregierung, vor allem bei SPD-Regierungsbeteiligung, nicht wirklich loyal erfüllt: Trotz des Druckes der Sieger war in Bayern die Auflösung militärischer Verbände lange verweigert worden. Die Erzberger-Mörder und andere steckbrieflich gesuchte Rechtsradikale hatten dort stets Unterschlupf gefunden. Maßnahmen Berlins zur Unterbindung politischer Mordhetze, z. B. das Republikschutzgesetz, waren in München zunächst trotz der Verbrechen an Rathenau und anderen abgelehnt worden. Nach dem Abbruch des Ruhrkampfes wurde vor

50.1 *Kriegsinvalide in der Nachkriegszeit*

50.2 *Rüstungsindustrie, Militär und Hitler, George Grosz, 1924*

allem Stresemann besonders von den „Völkischen" als „Ruhrverräter"
beschimpft. Diese Rassisten wollten „Artfremdes" aus dem deutschen
Volk ausscheiden. Dazu zählten sie nicht nur die Juden, sondern auch
die Sozialisten und Zentrumspolitiker. Diesen Gruppen lasteten sie die
Inflation und die „undeutsche" parlamentarische Demokratie, vor allem
aber den „Schandfrieden" an. Als Gegenbewegung zur Arbeiterbewegung wurden sie von Unternehmern aus ganz Deutschland finanziell
unterstützt, so daß sie ihre geheimen Kampfverbände im Schonraum
Bayern ausbauen konnten. Völkisches Denken herrschte in kleinen
akademischen Zirkeln des Bildungs- und Besitzbürgertum, in bäuerli-
chen Vereinen, unter konservativen Monarchisten wie auch bei Anhängern einer Diktatur, in der Reichswehr und in Parteien. Dieses Denken
wurde vor allem in der betont antisemitischen „Nationalsozialistischen
Deutschen Arbeiterpartei" (NSDAP) gepflegt, die außerhalb Bayerns
meist verboten war. Ihr Vorsitzender Adolf Hitler war der Sohn eines
österreichischen Zollbeamten. Als Kleinbürger wurde er von Monarchisten und sonstigen Konservativen der Münchener „Gesellschaft" wenig
geschätzt. Wegen seiner Rednergabe setzten ihn die „feinen Leute"
aber gerne als „Trommler" ein. Viele ehemalige Frontsoldaten aller
Schichten fühlten sich vom radikalen Nationalismus der Partei und von
der Brutalität ihrer Sturmabteilung (SA) angezogen.

51.1 Teilnehmer des Hitlerputsches auf einem Lastwagen, 8./9. Nov. 1923 in München

Nach dem Abbruch des Ruhrkampfes ernannte die bayerische Regierung den Monarchisten von Kahr zum „Staatskommissar" mit den
Vollmachten eines Diktators. Sofort verkündete Ebert den Ausnahmezustand für das Reich. Alle Behörden, auch von Kahr, unterstanden nun
der Militärgewalt des Reichswehrministers, die Seeckt ausübte. Diesem
verweigerte aber der bayerische General von Lossow den Gehorsam. Er
erklärte seine Division zu einer unabhängigen Truppe; von Kahr
verpflichtete ihn und die Soldaten für Bayern. Das war Meuterei und
Hochverrat. Offen wurde jetzt in Kreisen der „nationalen Opposition"
von einem „Marsch auf Berlin" und von der Abschaffung des „Weimarer
Systems" gesprochen.

Als Bayern Truppen an seiner Nordgrenze zusammenzog (s. 35.1), nahm
die SPD in Sachsen und Thüringen Kommunisten in die Regierungen
auf. Stresemann bzw. Seeckt ließen verfassungswidrig beide Kabinette
mit Waffengewalt absetzen. Berechtigte Maßnahmen gegen Bayern
unterblieben jedoch, da Seeckt wieder ein Vorgehen gegen die
Reichswehr ablehnte. Er empfahl vielmehr den Rücktritt Stresemanns,
um die Rechtsradikalen zu beruhigen. Der Kanzler blieb. Die Aktion des
Reiches in Mitteldeutschland hatte von Kahr den Vorwand genommen,
dort einzugreifen. Er zögerte. Deshalb wurde er von Hitler während einer
Kundgebung gezwungen, sich dessen „nationaler Revolution" anzuschließen, ihn als Kanzler und Ludendorff (vgl. S. 12) als Oberkommandierenden anzuerkennen. Aber Kahr befreite sich und alarmierte die
Polizei. Dadurch fand dieser Putsch am 9.11.1923 sein Ende. Bayerische
Richter verurteilten Hitler zu 5 Jahren Festungshaft, von denen er jedoch
nur 9 Monate absitzen mußte. Ludendorff wurde freigesprochen, von
Kahr und Lossow wurden nicht einmal angeklagt.

51.2 Proklamation der Putschisten vom 8. November 1923

1. Inwiefern war die Reichswehr ein „Staat im Staate"?
2. Wurde 1923 die Republik gerettet? Begründe.

Die „Stabilisierungsphase" der Republik

Das Dawes-Abkommen und die Hindenburg-Wahl

Warum und mit welchen Wirkungen der Dawes-Plan geschaffen wurde

Nach der Pariser Friedenskonferenz hatten sich die USA von der „Alten Welt" zurückgezogen, da ihr Präsident Wilson mit seinen Vorstellungen bei den Friedensverhandlungen unterlegen war. Wirtschaftsinteressen veranlaßten sie, wieder auf die europäische Bühne der Politik zurückzukehren. Es fehlten den Amerikanern die Märkte im verarmten Europa. Dessen wirtschaftliche Gesundung erforderte nach ihrer Meinung eine Genesung Deutschlands, diese wiederum eine Lösung der Reparationsfrage. Die von der Reparationskommission 1924 berufenen Sachverständigen berücksichtigten erstmals die wirtschaftliche Leistungsfähigkeit des Reiches. Sie verzichteten auf jegliche politische Absicht, es zu schwächen. Ihr Dawes-Plan ging von den internationalen Geldströmen aus. Er beruhte vor allem auf dem Prinzip, daß Zahlungen dauerhafter aus den Erträgen einer Volkswirtschaft zu entrichten sind als aus deren Produktionsmitteln. Außerdem setzte der Dawes-Plan die Wirtschaftseinheit Deutschlands voraus, d. h. die Aufhebung der Besetzung des Ruhrgebietes. Diese wurde 1925 gegen die Meinung vieler Franzosen durchgesetzt, ja es wurde sogar über Reparationen neu verhandelt. Dieser Umschwung ging auf Regierungswechsel in England und Frankreich zurück. In beiden Staaten hatten sozialistische Regierungen rein machtpolitisch orientierte bürgerlich-konservative Kabinette abgelöst. Um die deutsche Zustimmung zum Dawes-Plan kämpfte vor allem Stresemann gegen rechtsgerichtete Parlamentarier wie Helfferich (vgl. S. 45), die wie alle Nationalisten ein „Zweites Versailles" argwöhnten. Allerdings sah der neue Plan entsprechend den Risiken der Geldgeber ausländische Kontrollen und damit tiefe Eingriffe in die deutsche Souveränität vor. Aber die betont nationale DNVP berücksich-

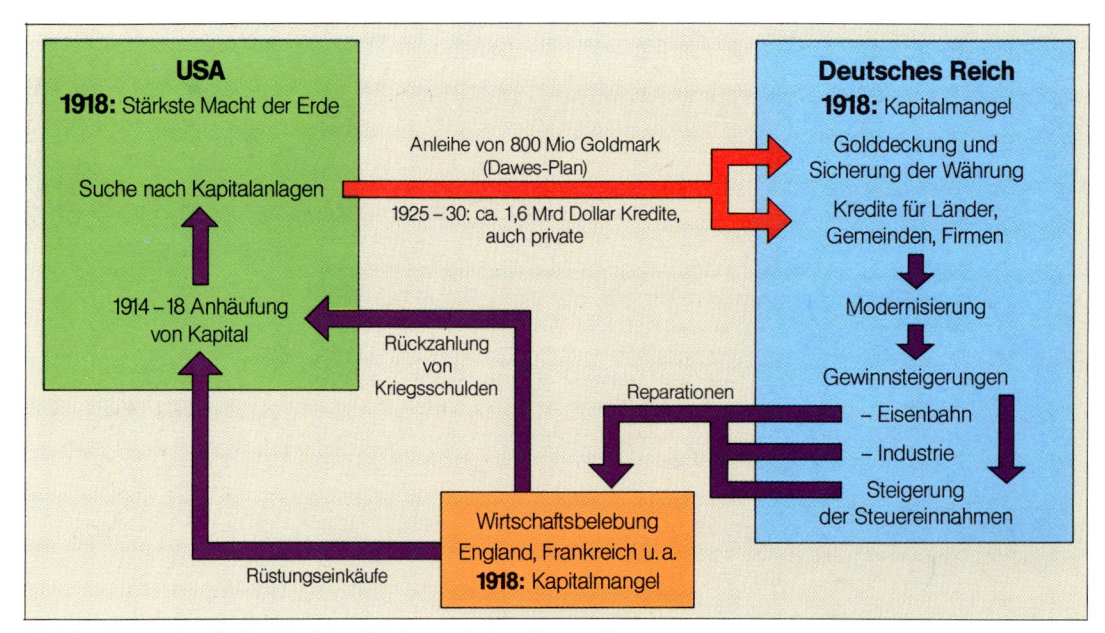

52.1 Der internationale Kreislauf des Geldes nach dem Dawes-Plan

tigte, daß den in den nächsten Jahren zu zahlenden 7 Mrd Goldmark 16 Mrd Anleihen gegenüberstanden, und stimmte am 29.8.1924 mehrheitlich den erforderlichen Gesetzen zu.

Mit dem Dawes-Plan blühte die deutsche Wirtschaft auf. Die Auftragsbücher der Industrie füllten sich und die Arbeitslosigkeit sank. Unternehmer, die bis dahin trotz ihres lauten Patriotismus hohe ausländische Bankkonten unterhalten hatten, verzichteten zunehmend auf „Kapitalflucht" und investierten mehr in Deutschland.

Die Gesetzgebungsarbeit 1924–28 zeigte, daß der politische Mechanismus der Weimarer Republik funktionierte, obwohl Macht, Einfluß und Ansehen innerhalb der Gesellschaft fast ebenso verteilt blieben wie vor 1918: Reichstag und Regierung erwiesen sich nach demokratischen Spielregeln als arbeitsfähig. 1927 verlängerte der Reichstag auch mit großer Mehrheit und mit den Stimmen der DNVP das Republikschutzgesetz, das nach dem Rathenau-Mord (vgl. S. 45) vor allem gegen die Rechtsradikalen ergangen war.

Zunächst schien es wegen des Funktionierens der Demokratie unwichtig zu sein, daß sich an der Staatsspitze ein Wandel vollzog. Als Ebert 1925 starb, wurde der neue Reichspräsident erstmals gemäß der Verfassung vom Volk gewählt. Zentrum, SPD und DDP empfahlen ihren Anhängern den Zentrumspolitiker und ehemaligen Reichskanzler Wilhelm Marx; DNVP, BVP und Bayerischer Bauernbund warben für Hindenburg, der knapp siegte. Zu seiner Wahl äußerten sich:

[Seine Anhänger, April 1925]: [Es ist] die ... Pflicht aller Deutschen ... sich ... für unseren Hindenburg einzusetzen ...
[Berliner Tageblatt, 27.4.1925]: Die Republikaner haben eine Schlacht verloren, der ... monarchistische Feldmarschall ... wird Präsident der deutschen Republik ... Offiziersbündler lassen heute die Sektpropfen knallen, wie nach der Ermordung Rathenaus ... Die gestrige Wahl war eine Intelligenzprüfung, und [es] ist ungefähr die Hälfte des deutschen Volkes ... durchgefallen. Was soll man ... mit einem Volke anfangen, das aus seinem Unglück nichts lernt und sich immer wieder ... von den gleichen Leuten am Halfterbande führen läßt? ... [I]n der Hinterhältigkeit von Hindenburgs Begleiter[n] liegt die Gefahr ... Sie werden schnell versuchen, die politische Unerfahrenheit des militärisch [D]enkenden auszunutzen ...
[Daily Chronicle, April 1925]: Die Wahl dieses Kriegsmannes ... enthüllt die Stimmung des deutschen Charakters, der wir mißtrauen ...
[Le Temps, 27.4.1925]: Die Bedeutung der Wahl liegt darin, daß das deutsche Volk in ... Hindenburg seinen früheren Heerführer gewählt hat und daß es damit seine Niederlage im Weltkrieg leugnen will.
[Der deutsche Gesandte in den USA, 1.5.1925]: Die Annahme der Kandidatur durch Hindenburg wirkte ... hier ... wie ein kalter Wasserstrahl.
(Ursachen und Folgen, Bd. 6, S. 283 ff.)

1. Vergleiche die Parteienentwicklung 1924–28 (vgl. die Grafik 67.1) mit den hier geschilderten Ereignissen.
2. Warum wurde Hindenburg nach seiner Wahl als „Ersatzkaiser" bezeichnet?

53.1 Paul von Hindenburg (1847–1934), deutscher Reichspräsident 1925–34

Welche Wirkungen Friedens- und Verständigungspolitik hatten

Verständigungspolitik und Friedenshoffnungen

Seit seinem Sturz als Reichskanzler blieb Stresemann dennoch Außenminister. Sein Ziel war der Abzug aller Besatzungstruppen und die Wiederherstellung der deutschen Souveränität. Anders als die Nationalisten, die Frankreich bei jeder Gelegenheit als „Erbfeind" beschimpften, erkannte er dessen Sicherheitsbedürfnisse an. Vergebens hatte es während der Friedenskonferenz den Rhein als Ostgrenze verlangt. 1925 horchte die Welt auf, als im Vertrag von Locarno zwischen Deutschland, Frankreich und Belgien beschlossen wurde, alle Beteiligten

(1) . . . garantieren . . . die Aufrechterhaltung des sich aus den Grenzen zwischen Deutschland und Belgien und zwischen Deutschland und Frankreich ergebenden territorialen Status quo, die Unverletzlichkeit dieser Grenzen, wie sie durch den in Versailles . . . unterzeichneten Friedensvertrag . . . festgesetzt sind, sowie die Beobachtungen der Bestimmungen . . . über die demilitarisierte Zone.
(2) Deutschland . . . Belgien . . . Frankreich verpflichten sich gegenseitig, in keinem Falle zu einem Angriff oder zu einem Einfall oder zum Krieg . . . zu schreiten . . .

(Ursachen und Folgen, Bd. 6, S. 381)

territorialer Status quo:
hier:
gegenwärtige Grenzziehung

Bezüglich der Ostgrenzen aber ließ Stresemann die Frage möglicher Änderungen offen. In Schiedsverträgen mit Polen und der Tschechoslowakei sprach er nur einen Gewaltverzicht aus. – Locarno war vor allem das Ergebnis der Verhandlungen von Briand und Stresemann, den Außenministern Frankreichs und Deutschlands. Der Vertrag wurde jedoch sehr unterschiedlich beurteilt:

[D'Abernon:] Aus einem ehemaligen Feind ist Deutschland zu einer gleichgestellten Macht geworden, deren Grenzen durch einen Vertrag gesichert [sind], für den England bürgt . . ., [S. 378]
[Abgeordneter Wels, SPD:] Das Ziel dieser Verträge ist der Schutz des Friedens. Aber dieser Frieden ist . . . bedroht, wenn die Republik bedroht ist . . . Wir nehmen den Gesetzentwurf an . . ., [S. 417]

54.1 Stresemann ① und Briand ②

54.2 Plakat zur Reichstagswahl, 1928

Die Weimarer Republik

[Graf Westarp, DNVP:] [Wir] werden die Gesetzesvorlage ... einstimmig ablehnen ... Jeder Verzicht auf deutsches Land, jedes ... Anerkenntnis des Versailler Diktats sollte ... ausgeschlossen sein ..., [S. 418]
[Abgeordneter Fehrenbach, Z.:] ... [T]rotz aller Mängel, die ... [dem Vertrag] heute noch anhaften, bedeutet e[r] einen Fortschritt auf dem Weg zur Befreiung ... Deutschlands und zur Gesundung Europas ..., [S. 422]
[Abg. Thälmann, KPD:] Wäre Locarno ein Schritt zur Sicherung des Friedens, ... jeder Kommunist würde bedingungslos für Locarno eintreten ... [D]ie Friedensoffensive des Herrn Stresemann ... ist die ... Offensive Englands, ... einen antirussischen Block zu formieren ..., [S. 424]
(Ursachen und Folgen, Bd. 6)

Der Reichstag stimmte dem Locarno-Vertrag sowie dem Berliner Vertrag von 1926 zu, einem Freundschafts- und Neutralitätsvertrag mit der UdSSR. Letzterer vertiefte die seit 1922 bestehende Zusammenarbeit (vgl. S. 44). Die Bedeutung von Locarno zeigte sich später u. a. in der frühen Räumung der besetzten Gebiete Westdeutschlands (Abb. 55.2) sowie der Aufnahme des Deutschen Reiches in den seit 1919 bestehenden Völkerbund. Er hatte das Ziel, Streit zwischen seinen Mitgliedern friedlich zu lösen bzw. dem Völkerbund vorzulegen. Dort erhielt Deutschland im Gegensatz zu kleinen Staaten sofort einen ständigen Sitz und wurde damit wieder als Großmacht anerkannt.

Am 10. September 1926 ziehen die Deutschen in den Saal des Völkerbunds ... ein, begrüßt von dem spontanen Beifall der Tausende auf den Zufahrtsstraßen, auf den Tribünen und ... im Saal ... [Stresemann sagt u. a.:] „Deutschland tritt ... in die Mitte von Staaten, mit denen es zum Teil seit lange[m] ... verbunden ist, die zum anderen Teil im letzten Weltkrieg gegen Deutschland verbündet waren. Es ist von geschichtlicher Bedeutung, daß Deutschland und diese letzteren Staaten sich jetzt ... zu ... friedlicher ... [A]rbeit zusammenfinden ..." Die Rede wird mit begeistertem Applaus aufgenommen, in den sich auch die Tribünenbesucher mischen ... [Dann ruft] Briand: „Weg mit den Gewehren, weg mit den Maschinengewehren, und weg mit den Kanonen! Platz für die Vermittlung der Schiedsrichter, für den Frieden!"
(Stresemann Vermächtnis, Bd. 2, hrsg. v. H. Bernhard, Berlin 1932, S. 590 ff.)

1926 erhielten Briand und Stresemann gemeinsam den Friedensnobelpreis. Zusammen planten sie auch die „Vereinigten Staaten von Europa" als Zoll- und Wirtschaftsunion. Einen entsprechenden Entwurf, der sich aber nicht mehr verwirklichen ließ, legte Briand 1929 dem Völkerbund vor. 1928 wurde der Kellogg-Pakt zur weltweiten Ächtung des Krieges in Paris abgeschlossen. Stresemann gehörte zu den ersten Unterzeichnern. Deutschland befand sich jetzt in der günstigen Lage, mit den großen westlichen Demokratien und gleichzeitig mit der UdSSR verbündet zu sein, ohne jedoch in deren militärische Konflikte einbezogen werden zu können.

1. Welche Vorteile und Nachteile hatten Deutschland und Frankreich von ihrer Verständigungspolitik?
2. Vergleiche Stresemanns Ostpolitik mit der Westpolitik.
3. Wie verlief die deutsche Europa- und Friedenspolitik in den folgenden Jahrzehnten? Vergleiche mit der Gegenwart.

55.1 J. Heartfield, Der Sinn von Genf, 1932: „Wo das Kapital lebt, kann der Friede nicht leben!"

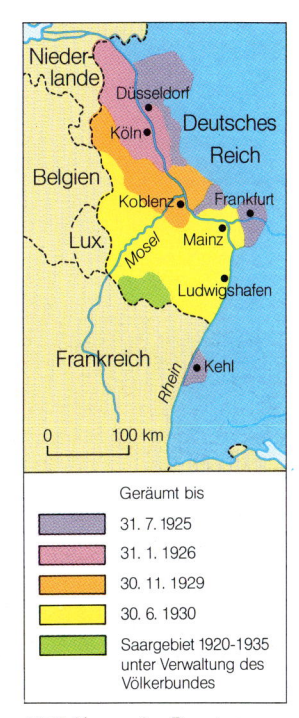

55.2 Abzug der Besatzungen

Geräumt bis
- 31. 7. 1925
- 31. 1. 1926
- 30. 11. 1929
- 30. 6. 1930
- Saargebiet 1920-1935 unter Verwaltung des Völkerbundes

Wie sich Unterhaltungsindustrie, Kunst und Wissenschaft entwickelten

Die „goldenen Zwanziger"

Der Dichter Hermann Kesten schrieb über die wenigen Jahre relativer Stabilität zwischen Inflation und Weltwirtschaftskrise:

In den zwanziger Jahren war Berlin ein geistiges Zentrum Europas, eine literarische Karawanserei ... In Berlins literarischen Caféhäusern wurde die ganz neue Zeit diskutiert ... Was einer dort am Abend sagte, konnte man übermorgen in New York oder Paris lesen, in ... Rio ...

(H. Kesten, Filialen des Parnaß, in: Merian 12/1959, Heft 11, S. 58 f.)

Diese Zeit wird auch heute noch als die „goldenen zwanziger Jahre" bezeichnet, wenn man lediglich die „vergoldete Oberfläche" meint: Vergnügungsindustrie und Lebensgenuß, Kunst und Wissenschaft entwickelten sich explosionsartig, als sollte nachgeholt werden, was in Krieg und Nachkriegszeit versäumt worden war. Berlin mit seinen noblen Hotels und Restaurants, flotten Revuevorstellungen, kessen Kabarettaufführungen und heißen Jazzlokalen bot jedem etwas, der bezahlen konnte. Touristen mit ausländischer Währung und deutsche Inflationsspekulanten leisteten sich alles. Mancher elegante Herr jedoch, der im Frack mit Charleston, Tango oder anderen Modetänzen auffiel, war ein Arbeitsloser, oft ein ehemaliger Offizier, der sich als „Eintänzer" seinen Lebensunterhalt verdiente. Ihn bezahlten pro Tanz ältere Damen oder Mädchen, die neuerdings ohne männliche Begleitung ausgingen. Zumindest äußerlich hatte sich die Moral gewandelt: Frauen rauchten in der Öffentlichkeit, Kleider und Haare wurden immer kürzer. Mädchen erhielten eine Berufsausbildung; manche Kriegerwitwe arbeitete, um ihre Kinder zu ernähren. Also forderten die Frauen Gleichberechtigung – teilweise bis heute vergebens (vgl. S. 222). Nach dem Krieg begann der Siegeszug des Stummfilms, der Kitsch wie auch Kunst bot und preiswert den Alltag vergessen ließ. Charlie

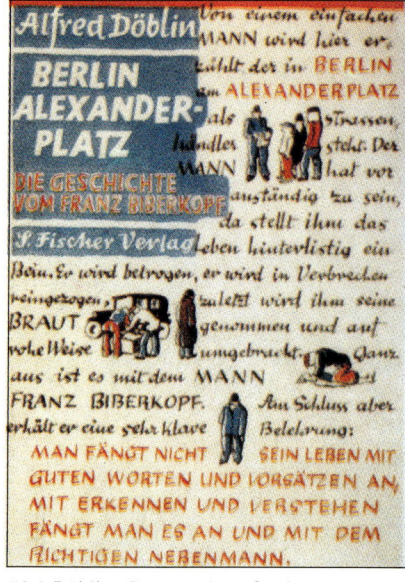

56.1 Döblins Roman einer Großstadt, 1929

56.2 „Großstadt", Gemälde von O. Dix, 1928

Die Weimarer Republik 57

57.1 „Dreigroschenoper", von B. Brecht, 1928

57.2 Marlene Dietrich im „Blauen Engel", 1930

57.3 W. Gropius und Bauhaus-Modelle

Chaplin und Buster Keaton schufen Meisterwerke. Aber auch deutsche Filme, wie „Der Golem" und „Das Kabinett des Dr. Caligari", errangen Weltruhm. Der gegen Ende der 20er Jahre aufkommende Tonfilm bot neben „Schnulzen" große Kunst, wie „Der blaue Engel" nach einem Roman von Heinrich Mann. Als Theaterland nahm Deutschland ebenfalls eine Spitzenstellung in der Welt ein. Die pathetische bürgerliche Bühnenkunst des 19. Jh. wich dem modernen kritischen und oft politischen Theater. In Berlin experimentierten u. a. Erwin Piscator und Max Reinhardt. Es wurden Werke von Gerhart Hauptmann, Carl Zuckmayer und Bert Brecht aufgeführt, dem vielleicht größten deutschen Dramatiker dieses Jahrhunderts. Berühmte Komponisten, z. B. Paul Hindemith, Dirigenten und Solisten wirkten an der Berliner Philharmonie und an der Musikhochschule. Aber auch Dresden, Hamburg, Frankfurt am Main, München, Stuttgart sowie Düsseldorf, u.a. mit Schauspielhaus und „Hochschule für Bühnenkunst", waren weltberühmt. In Bildhauerei, Malerei und Grafik setzten sich nach dem Krieg „neuer Realismus" bzw. „Sachlichkeit" durch. Ernst Barlach, vor allem aber George Grosz und Otto Dix zeigten ihre Sicht von Wirklichkeit in oft brutaler Schärfe. „Sachlichkeit" wurde auch der Stil von Architektur und Innenausstattung, für die Walter Gropius im Dessauer „Bauhaus" eine Lehrstätte schuf. Die schlichte Linienführung bei Gebäuden oder Möbelstücken wurde als „Bauhausstil" international führend. Wissenschaftler, wie Hermann Oberth in der Raketentechnik, Ferdinand Sauerbruch in der Lungenchirurgie, errangen Weltruhm. Albert Einstein und Werner Heisenberg erhielten Nobelpreise für Physik, Thomas Mann für Literatur. Ein Weltbestseller wurde der Antikriegsroman „Im Westen nichts Neues" von Erich Maria Remarque, dessen Verfilmung den Haß von deutschen Nationalisten heraufbeschwor.

Pathos: übertriebene Gefühlsbetontheit

Philharmonie: hier: Konzertsaal

1. Deutet nochmals die bisher gezeigten Bilder von Kollwitz, Grosz usw.
2. Inwiefern waren die Jahre ab 1924 „vergoldet" oder „golden"?

57.4 Prof. H. Oberth mit Rakete, Wernher von Braun rechts außen

Was die „goldenen Zwanziger" in Wirtschaft, Gesellschaft und Staat bedeuteten

Seit 1924 gab es in Deutschland eine Wirtschaftsblüte. Teure Grundlagenforschungen wurden betrieben, Fließbandproduktion und andere rationelle Verfahren in der Industrie eingeführt. Firmen wie u. a. Zeiss, AEG, Bayer erlangten Weltgeltung in Optik, Elektrotechnik und Chemie. Deutschland besaß den größten „Zeppelin"; die „Europa" und die „Bremen" waren die schnellsten Passagierdampfer ihrer Zeit; der Bau der ersten europäischen Autobahn wurde 1928 zwischen Köln und Bonn begonnen. Überall wurde gebaut, vergrößert, modernisiert. Dieses hektische Wachstum barg jedoch Gefahren. Deutschland war für Amerikaner das rentabelste Anlegerland. Viele US-Kredite aber waren kurzfristig und würden im Falle einer Krise schnell zurückgefordert werden. Die deutsche Stabilität war also von den USA abhängig. Nach dem Dawes-Plan (vgl. S. 52) unterlag das Reich ausländischen Kontrollen, die ein amerikanischer Fachmann im Interesse der Geldanleger leitete. Reichsbahn und Reichsbank z. B. waren völlig dem deutschen Staat entzogen, der zu einer „Kolonie der New Yorker Börse" (Rosenberg) wurde. 1927 beanstandete der Fachmann die großzügige deutsche Ausgabenpolitik. Stresemann erklärte hierzu:

Daß [Preußen] ... für den Umbau des Berliner Opernhauses 14 Millionen gegeben hat ..., bringt die ganze Welt zu der Auffassung, daß wir offenbar im Goldüberfluß leben ... Daß Herr Adenauer ein wunderbares Messe-

58.1 „Weltwirtschaftskonferenz", Karikatur: Hochfinanz (oben), Masse des Volkes (unten), 1927

58.2 Stützen der Gesellschaft, George Grosz, 1926

haus baut und sich rühmt, die größte Orgel der Welt eingebaut zu haben, hat denselben Effekt ... Wir brauchen die ... Auslandskredite(n) ..., [a]ber nur die Milliarden, die ... für produktive Zwecke Verwendung finden, sind eine gerechtfertigte Kapitalaufnahme ...
(G. Stresemann, Vermächtnis, Bd. 3, S. 263 f.)

Das Bild, das Stresemann ... entwarf, war ohne Zweifel einseitig. Selbst die Repräsentativbauten der großen Gemeinden trugen ja wesentlich zur Belebung der wirtschaftlichen Tätigkeit bei ...
(R. Freyh, Stärke und Schwäche der Weimarer Rep., in: W. Tormin, Weim. Rep. S. 158)

Index der deutschen Industrieproduktion

1913	100
1920	59
1922	79
1923	53
1925	91
1928	115

„Golden" schien die gesellschaftliche Entwicklung zu sein: Sozialer Wohnungsbau in großem Ausmaß, steigende Arbeitslöhne, staatliche Schlichtungsausschüsse bei Lohnkämpfen und moderne Arbeitsgerichte sollten den sozialen Frieden sichern. Dies galt ebenso für die Arbeitslosenversicherung, die die peinliche Armutsprüfung der Erwerbslosenfürsorge durch den Rechtsanspruch auf Leistung für jeden unfreiwillig Arbeitslosen ersetzte. Dennoch gab es Streiks und noch mehr Aussperrungen. Letztere zeigten die starke Stellung der Unternehmer. Sie wußten Profit und Macht noch zu steigern, etwa durch Preisabsprachen (Kartelle). Diese „Kartelle" hatten sich seit 1914 von 600 auf 3000 im Jahre 1925 erhöht. Gleichzeitig entstanden Konzerne, die ein Zusammenschluß selbständig bleibender Unternehmen sind, aber organisatorisch und kapitalmäßig miteinander verbunden sind. Durch ihre Verflechtung können sie leicht den Markt beherrschen. Zu ihnen gehörten z. B. die IG Farben (Chemie) und die Vereinigten Stahlwerke, die in dieser Zeit gegründet wurden. Wenige Unternehmer entschieden damit über die Preise, die mangels Konkurrenz stiegen, und verfügten über Arbeitsplätze. Bereits die Inflation war auf Kosten der Arbeiter überwunden worden: Vollbeschäftigung (vgl. S. 60) und 8-Stunden-Tag waren 1923 verlorengegangen. Nun verschlang die Rationalisierung weitere Arbeitsplätze. Die durch Spaltung geschwächte Arbeiterbewegung konnte jedoch keinen Ausgleich erzwingen.

59.1 „Friede zwischen Kapital und Arbeit", G. Grosz, 1923

Dennoch hatte es seit 1924 den Anschein, als würde sich die Republik festigen. Obwohl die SPD Stresemann wegen seines Verfassungsbruchs in Mitteldeutschland (S. 51) gestürzt hatte und fünf Jahre in der Opposition blieb, unterstützte sie in dieser Zeit seine Außenpolitik. Sie tolerierte weitgehend die bürgerlichen „Minderheitenkabinette", die dadurch handlungsfähig blieben. Der so ermöglichten Sozialgesetzgebung stimmten umgekehrt DNVP-Politiker zu, die sich überdies auch an Regierungsbildungen beteiligten. Der „Stahlhelm", der größte noch verbliebene Wehrverband, gab 1926 überraschend die Parole heraus: „Hinein in den Staat!" Allerdings waren bei den Antidemokraten nicht plötzlich demokratische Überzeugungen gewachsen. Ihre Geschäfte blühten, deshalb ertrugen sie vorläufig auch die Republik.

1. Deute im Gemälde von G. Grosz (Abb. 58.2) den Akademiker, den Journalisten, den Besitzbürger, den Offizier und den Richter.
2. Folgten auf 1923 eine „Scheinblüte" oder „gute Jahre"? Begründe.
3. Vergleiche die Kreditpolitik der USA gegenüber der Weimarer Republik mit derjenigen zwischen Industrie- und Entwicklungsländern.

59.2 Acht Parteien stehen noch in Reih und Glied für die Republik: „Sie tragen den Buchstaben der Firma – aber wer trägt den Geist?", Th. Heine, 1927

Die Zerstörung der Weimarer Republik

Die Weltwirtschaftskrise

Wie die Weltwirtschaftskrise entstand und in Deutschland soziale Fortschritte zerstörte

Stresemann warnte am 14.11.1928 in einer Pressekonferenz:

[Wir haben] in Deutschland in den letzten Jahren von gepumptem Gelde gelebt... Wenn einmal eine Krise... kommt und die Amerikaner ihre kurzfristigen Kredite abrufen, dann ist der Bankrott da.

(Stresemann, Vermächtnis, Bd. 3, S. 385)

Ein Jahr später trat seine Prognose ein. Amerikanische Industrie und Landwirtschaft hatten wegen der großen Nachfrage im Weltkrieg ihre Produktionsanlagen und Anbauflächen im Vertrauen auf ein anhaltendes Wirtschaftswachstum gewaltig vergrößert. Spätestens Ende der 20er Jahre jedoch erwiesen sich die Märkte als ‚gesättigt', die Nachfrage ließ nach, ein rapider Preisverfall trat besonders für Baumwolle, Getreide, Industrie- und Konsumgüter ein. Überproduktion und Verschuldung der Produzenten waren die Folge. Viele Amerikaner hatten die unaufhaltsam steigenden Aktienkurse verführt, auch als Laien mit Börsenspekulation zu beginnen, sogar auf Kredit. Vor allem die „kleinen Leute" aber verkauften dann, als die Krisenanzeichen sich mehrten, panikartig und in Massen ihre Wertpapiere. Am 24.10.1929 kam es darum an der New Yorker Börse zum ersten gewaltigen Kurssturz. In der Folgezeit mußten auch millionenschwere Berufsspekulanten Bankguthaben auflösen und Anleihen zurückfordern, um Schulden bezahlen zu können. Banken und Firmen brachen zusammen, Arbeitnehmer wurden entlassen. Die weltweite Verflechtung mit den USA führte dazu, daß sich die Krise wie ein Flächenbrand ausbreitete. Deutschland, das mittlerweile bereits Kredite suchte, um die Zinsen der seit 1924 bereitwillig genommenen Auslandsanleihen bezahlen zu können, war besonders gefährdet. Die Rückforderung der kurzfristigen US-Kredite bewirkte hier eine große Geldverknappung und verschärfte die schon bestehende Krise. Bankenzusammenbrüche, Konkurse und

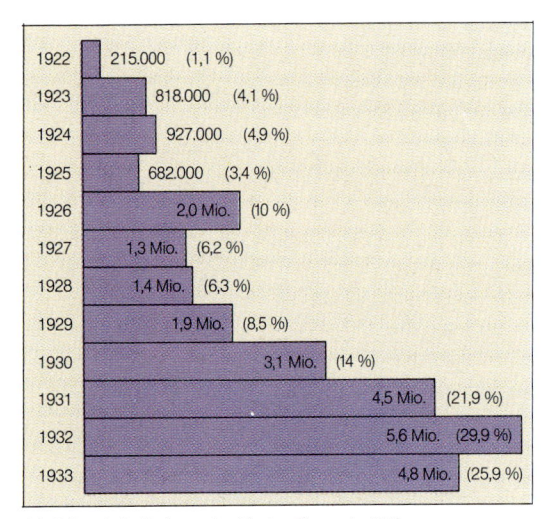

Jahr	Arbeitslose	%
1922	215.000	(1,1 %)
1923	818.000	(4,1 %)
1924	927.000	(4,9 %)
1925	682.000	(3,4 %)
1926	2,0 Mio.	(10 %)
1927	1,3 Mio.	(6,2 %)
1928	1,4 Mio.	(6,3 %)
1929	1,9 Mio.	(8,5 %)
1930	3,1 Mio.	(14 %)
1931	4,5 Mio.	(21,9 %)
1932	5,6 Mio.	(29,9 %)
1933	4,8 Mio.	(25,9 %)

60.1 Dt. Arbeitslose, in % der Erwerbstätigen

60.2 Vor einem Berliner Arbeitsamt

ein Produktionsrückgang von ca. 42% bis 1932 lösten eine Massenarbeitslosigkeit aus. Zeitzeugen haben über ihren Alltag berichtet:

[Die Ehefrau eines Berliner Arbeitslosen zur Ernährung ihrer Familie 1932:] [Wir essen] Brot und Kartoffeln... An dem Tag, an dem wir... [die Unterstützung] kriegen, kaufen wir uns Wurst. Einmal in der Woche will doch der Mensch ein bißchen Fleisch haben. Dafür hungern wir aber die beiden letzten Tage von der Woche.
[Entlaßschüler zur Stellensuche 1932:] [I]ch bin manchmal ganz wirr im Kopf vom Vorstellen. Ich bin jeden Tag auf jede Anzeige losgewesen, aber immer war es schon besetzt. Manche sagten auch, ich sei zu schwach; ich bin nämlich im letzten Kriegsjahr 1917/18 geboren... [Schülerin zur Berufsausbildung 1932:] Ich habe eine schöne Stelle als Friseurlehrling bekommen. Das ist für mich ein großes Glück; denn in meiner Klasse haben von 60 nur 10 etwas bekommen.
[Der Journalist Kracauer in der „Frankfurter Zeitung" v. 18.1.31 über einen Tag in einer „Wärmehalle":] Ursprünglich war sie ein Straßenbahn-Depot, ... [Jetzt] wimmelt es ... von Menschen ... „Ungefähr 1800 bis 2500", bedeutet mir der Hallenleiter ... Sie stehen – junge Burschen, Männer und Greise – in Gruppen zusammen, sitzen... auf Wartesaalbänkchen und genießen die Wärme, ... Ausgesteuerte Leute, die in der Wohlfahrt sind, bilden das Gros ... „Viele von ihnen ... verbringen hier die Zeit zwischen 7 und 3 ... Um 5 Uhr suchen sie das Asyl auf, wo sie schlafen können und verköstigt werden. Das Asyl schließt um 6 Uhr in der Frühe, und dann kommen sie wieder zu uns."

(Abelshauser/Faust/Petzina [Hrsg.], Dt. Sozialgeschichte 1914–1945 München, S. 335, 333, 343 f.)

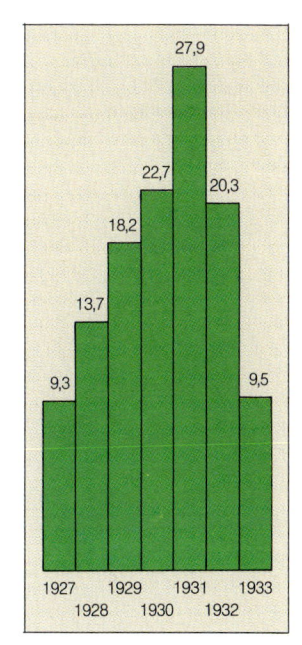

61.1 Konkurse und Vergleiche in Deutschland (in Tsd.)

Schonungslos legte die Weltwirtschaftskrise die Machtverhältnisse der Weimarer Republik offen. Bereits 1928 hatte der Arbeitskampf in der rheinisch-westfälischen Eisenindustrie gezeigt, was inbesondere die Großindustriellen vom staatlichen Schlichtungswesen (vgl. S. 59) und anderen Schritten in Richtung Demokratisierung der Wirtschaft hielten: Noch vor dem Spruch der Düsseldorfer Schlichtungskammer hatten sie 213000 Arbeitern gekündigt, obwohl die Gewerkschaften nur das gesetzlich festgelegte Recht der Tarifkündigung ausgeübt und im übrigen eine geringe Lohnerhöhung gefordert hatten. Nur mit Mühe konnte der Reichsinnenminister die Wiedereinstellung der Entlassenen erzwingen. Während der Weltwirtschaftskrise ging der Einfluß der Gewerkschaften allein schon wegen der Angst der Mitglieder um ihre Arbeitsplätze zurück: Streiks wurden immer seltener; die Löhne fielen bis 1932 um ein Drittel im Vergleich zu 1929. Viele Arbeiter wagten noch nicht einmal, Unfälle oder Krankheiten zu melden. Vor allem aber gewannen Unternehmer unter Hinweis auf ihre großen Verluste alte Machtpositionen zurück, die der demokratische Staat eingeschränkt hatte; u.a. hielt sich die staatliche Schlichtung jetzt sehr zurück. Unternehmerverbände griffen in rechtsgerichteten Zeitungen, vor allem in der Hugenberg-Presse (vgl. S. 63), die Gewerkschaften an. Sie unterstellten ihnen kommunistische Umtriebe oder Gruppenegoismus. Von sich selbst behaupteten sie, daß sie nur an das Gemeinwohl denken würden.

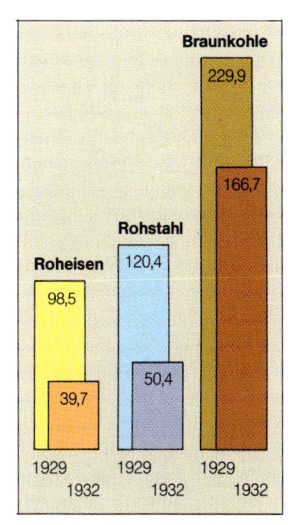

61.2 Produktionsrückgang in der Weltwirtschaft (in Mio t)

1. Vergleiche die geschilderten mit unseren gegenwärtigen Problemen.
2. Erörtert die Rolle der bundesdeutschen Gewerkschaften.

Welche sozialen Gruppen Halt in der „nationalen Opposition" suchten

Die „nationale Opposition"

Die Weltwirtschaftskrise wirkte sich auch auf Einstellungen von Jugendlichen aus. Auf der Suche nach Geborgenheit schlossen sich viele von ihnen den „Bünden" (Gruppen) der sog. „Jugendbewegung" an. Diese war vor 1914 ein spontaner Protest gegen die hohle Kultur des Kaiserreichs sowie gegen Großstadt und Industriegesellschaft gewesen; auf Wanderfahrten und durch einfaches Leben waren Natur- und Gemeinschaftserlebnisse entstanden. Wie stark diese Bewegung auch politische Wertungen beeinflußte, zeigten 1932 Äußerungen in Kölner Abiturientenaufsätzen:

Die deutsche Gesellschaft in der Weimarer Republik (Berufszählung 1925)

Kapitalisten	0,92 %
Alter Mittelstand	17,77 %
Neuer Mittelstand	17,95 %
Proletaroide	12,65 %
Proletariat	50,71 %

1. Es hat wohl kaum in den letzten Jahrzehnten eine Jugend gegeben, die ... so um ihr weiteres Fortkommen besorgt war wie die heutige ...
2. Das Größte, das die Jugendbewegung uns gibt, ist die Liebe zum Vaterland ... Und jedesmal, wenn ich rheinauf oder -abwärts wanderte ... schrie es in mir, ob ich wollte oder nicht: Sie sollen ihn nicht haben, den freien deutschen Rhein!
3. Ein wichtiges Ziel der Jugendbewegung ist die Gemeinschaft ... Da muß sich jeder unterordnen, da darf keiner eigene Wege gehen oder sich von den anderen absondern, weil ihm dies oder jenes nicht paßte ...
4. [M]ein Ideal ist die Gemeinschaft, der Bund. Ich erinnere hier an die Bewegung der Nationalsozialisten, die auch nicht den Wert der Einzelpersönlichkeit betonen, sondern das Einordnen unter den Gesamtwillen. So erhoffe ich auch für mich in der Zukunft eine Gemeinschaft, in die ich mich einordnen muß ...
5. Einen Führer braucht unser Volk ..., der von Gott den Auftrag hat, dem deutschen Volk wieder den rechten Weg zu weisen. Wer soll dieser Führer sein? [Wir] wissen ... es nicht. Aber erwarten dürfen wir ihn.

(Nr. 1–3 Archiv Realgymnasium, Nr. 4 und 5 Archiv Gymnasium Kreuzgasse)

Unzufrieden mit ihrer Lebenssituation waren u.a. auch Angestellte. Noch 1921 hatten sie ihre Position in der Gesellschaft so eingeschätzt:

62.1 *Arbeitsloser*

62.2 *Mitglieder des Verbandes Deutscher Wandervogel beim Singen, 1910*

Die Angestellten gehörten bisher zum Mittelstand. Daß ihr Einkommen zumeist nicht viel höher war als das des Arbeiters ... beweist ..., daß die gesellschaftliche Stellung eines Berufes nicht ... abhängt von seiner wirtschaftlichen Lage ... [D]ie Lebensführung des Angestellten [war] höher ... als die des Arbeiters! Der Angestellte kleidete sich besser, wohnte vornehmer, ... nahm bildenden Unterricht, besuchte Vorträge, Konzerte ... und las gute Bücher. [Dies ist] ... ein Vorwurf gegen die ... Parteisozialisten, die ... den Angestellten als Stehkragenproletarier verspotteten.

(Georg, Unser Stand vor dem Abgrund, in: Deutsche Handels-Wacht, Nr. 3, vom 26.1.1921)

Soziale Herkunft der **NSDAP-Mitglieder 1930**

	Anteil an der NSDAP	Anteil an der Gesellschaft
Arbeiter	28%	46%
Angestellte	26%	12%
Selbständige	21%	9%
Bauern	14%	10%
Beamte	8%	5%

Während der Weltwirtschaftskrise lebten viele dieser Angestellten, soweit sie von der Arbeitslosenversicherung „ausgesteuert" waren, von kommunaler Wohlfahrtsfürsorge, deren Unterstützung oft nur 25% des bisherigen Einkommens entsprach. Ebenso wie die von Gehaltskürzungen heimgesuchten Beamten fühlten sie sich von einer „Proletarisierung" bedroht. Als „neuer Mittelstand", der erst seit der Hochindustrialisierung zahlenmäßig sehr angewachsen war, fürchteten sie um ihr mühsam errungenes Ansehen. Die „Frankfurter Zeitung" schrieb dazu um 1929:

Die Masse der Angestellten unterscheidet sich vom Arbeiter-Proletariat darin, daß sie geistig obdachlos ist. Zu den Genossen kann sie vorläufig nicht hinfinden, und das Haus der bürgerlichen ... Gefühle, das sie bewohnt hat, ist eingestürzt, weil ihm durch die wirtschaftliche Entwicklung die Fundamente entzogen worden sind. Sie lebt gegenwärtig ohne eine Lehre, zu der sie aufblicken [kann], ohne ein Ziel ...

(S. Kracauer, Die Angestellten, Frankfurt 1971, S. 29f.)

Verbittert war auch der „alte Mittelstand" der kleinen Gewerbetreibenden, Händler und Bauern. Letztere hatten sich oft durch leicht zu erhaltende Kredite nach 1923 so verschuldet, daß ihnen nun Zwangsversteigerungen drohten. Vor allem norddeutsche Bauern wehrten sich dagegen mit Steuerstreiks und Attentaten auf staatliche Einrichtungen, da sie das „System", die Weimarer Republik, für ihre Not verantwortlich machten. Über kleinere Unternehmer hieß es 1931:

[Er] kommt sich in diesem Lande verraten und verkauft ... und verlassen vor. Seine Erbitterung richtet sich ... gegen den Staat ... gegen Gewerkschaften und Sozialismus, die an seinem Betriebe nagen, und gegen das große Kapital, das ihn als Kunde oder Lieferant bedrückt.

(F. Fried, Das Ende des Kapitalismus, Jena 1931, S. 95f.)

Ebenfalls verstimmt waren kleine Handelsvertreter und Hausgewerbetreibende. Sie zählten schon zu den „Proletaroiden" (Theodor Geiger). Als verarmte ehemalige Angehörige des „alten Mittelstandes" hatten sie den sozialen Abstieg bereits hinter sich. Wie die Mittelständler erwarteten auch sie Hilfe oft nur noch von Adolf Hitler.

1. Interpretiert die Tabellen auf der Randspalte dieser Seite.
2. Vergleicht die sozialen Probleme der Weimarer Republik mit denen der Bundesrepublik.

63.1 Wahlplakat 1932

Auf welche Weise die Gegner ausgeschaltet wurden

Adolf Hitler und die NSDAP waren seit den Auseinandersetzungen über den Young-Plan (1929/30) in aller Munde. Dieses neue Abkommen legte Reparationszahlungen bis 1988 fest, hob aber gleichzeitig alle ausländischen Kontrollen auf und brachte am 30.6.1930 sogar die vorzeitige Räumung des Rheinlandes. Dennoch war der Young-Plan in Hitlers Augen ein Verbrechen. Er und andere Gegner des Abkommens wollten es deshalb durch ein Gesetz zu Fall bringen, das durch Volksbegehren und Volksentscheid erzwungen werden sollte. Dies war nach Art. 73 der Verfassung ihr gutes Recht (vgl. S. 37). Die Propaganda hierfür mißbrauchte jedoch die Weimarer Verfassung und war ausschließlich demagogisch. Dies galt auch für den vorgelegten Entwurf des „Gesetzes gegen die Versklavung des deutschen Volkes", in dem es u. a. hieß:

Demagoge (griech.): Volksführer, hier: Volksverführer, Aufwiegler

§ 92 Nr. 3 Strafgesetzbuch regelte die Bestrafung von Landesverrat

§ 2 Die Reichsregierung hat darauf hinzuwirken, daß das Kriegsschuldanerkenntnis des Artikels 231 ... des Versailler Vertrages ... außer Kraft gesetzt [wird] ... § 3 Auswärtigen Mächten gegenüber dürfen neue Lasten ... nicht übernommen werden, die auf dem Kriegsschuldanerkenntnis beruhen ... § 4 Reichskanzler und Reichsminister ..., die entgegen der Vorschrift des § 3 Verträge mit auswärtigen Mächten zeichnen, unterliegen den im § 92 Nr. 3 StGB vorgesehenen Strafen.

(Ursachen und Folgen, Bd. 7, S. 613 f.)

Reichskanzler Hermann Müller und sein Außenminister Stresemann hätten also mit Zuchthaus nicht unter zwei Jahren rechnen müssen, wenn der Volksentscheid Erfolg gehabt hätte. Von den erforderlichen 21 Mio erhielt er jedoch nur knapp 6 Mio Ja-Stimmen. Das Gesetz kam nicht zustande, und der Reichstag nahm den Young-Plan nach heftigen Debatten an. Dennoch war die Aktion letztlich ein Erfolg für die Nationalsozialisten. Sie hatten die Diskussion um den „Zuchthausparagraphen" besonders hemmungslos geführt und in ihren Zuhörern antidemokratische Gefühle verstärkt oder sogar erst geweckt. Außerdem war Hitler im ganzen Reich noch populärer geworden, ihm strömten jetzt die Massen zu. Die Chance hierzu hatte ihm die Vorbereitung des Volksentscheids zusammen mit dem Frontkämpferbund „Stahlhelm" und anderen Republikgegnern eröffnet. Alfred Hugenberg, der DNVP-Vorsitzende und Eigentümer von Verlagen, Filmgesellschaften und Nachrichtenagenturen, besaß ein Meinungsbildungsmonopol, das er in Hitlers Dienst gestellt hatte. Als sich die „nationale Opposition" gegen den Young-Plan auch noch 1931 in Bad Harzburg traf, war der kleine Provinzpolitiker Hitler endgültig aufgewertet. Dies verdankte er nicht zuletzt einigen hinter der DNVP stehenden millionenschweren Großindustriellen und Bankern. Der bisher nur von seiner eigenen Partei als „Führer" Verehrte faszinierte zunehmend die Massen. Sie lauschten begeistert den mit heiserer Stimme gebrüllten Reden. Die NS-Großkundgebungen beschrieb der deutsche Dichter und Nobelpreisträger Thomas Mann als

64.1 Plakat der „nationalen Opposition" gegen den Young Plan, 1930

... Politik im Groteskstil mit Heilsarmee-Allüren, Massenkrampf, ... Halleluja und ... Wiederholen monotoner Schlagworte, bis alles Schaum vor dem Mund hat. Fanatismus wird Heilsprinzip, Begeisterung epileptische Ekstase, Politik wird zum Massenopiat des Dritten Reiches ..., die Vernunft verhüllt ihr Antlitz.

(Th. Mann, Deutsche Ansprache, in: Essays, Bd. 2: Politik, Ffm. 1977, S. 117)

65.1 Harzburger Front 1931: Stahlhelm und Nationalsozialisten, im Vordergrund (schwarze Mütze) Himmler

65.2 Hitler bei einer Rede

Die Besucher von Hitlers Veranstaltungen berauschten sich an SA-Aufmärschen und Marschmusik, an scharfen Angriffen auf die Regierung und an nationalen Phrasen. Ein Besucher berichtete:

Tausende haben sich eingefunden. Es sind, wie meistens in diesen Versammlungen, junge und alte Leute, wenig Dreißig- und Vierzigjährige, wenig Arbeiter. Man taxiert: Handlungsgehilfen, Studenten; Landwirte, Mittelstand; pensionierte Beamte und Offiziere. Dazu Frauen und Mädchen ... Die hintere Saaltür ... öffnet sich, und herein marschier[t], in Reihen zu zweien, in festem Tritt, die SA ... Die Truppe, die da vorbeizieht, ist bunt gemischt. Einige halten sich militärisch, viele sehen ungewiß drein ... Viele schwächliche Leute, schmächtige Kriegsjugend, Stubengesichter; daneben Studenten, straff, sportlich; eine Handvoll gedienter Soldaten; viele Erwerbslose, Fanatiker und handfeste Kerle. Sie durchqueren, von Klatschen und Rufen, Pauken und Trompeten begleitet, den Saal, steigen aufs Podium und nehmen dort in gestuften Reihen ... Platz. Die Versammlung beginnt ... Instinktsicher mischt [Hitler] ideelle Parolen und wütende Anschuldigungen ... [Er] erklärt: „Die Arbeitslosigkeit kann gesteuert werden, aber man muß die Fähigkeit dazu haben. Die Leute, die heute regieren, haben sie nicht ... Schuld sind die Friedensverträge ... Frankreich, das ist die Pestbeule am Leibe Europas, wir werden ausgesaugt, damit sie anschwillt. Frankreich ist so reich ... während wir hier verrecken müssen. (Pfui! Pfui!) Aber da glaubt man bei uns an den Völkerbund! ... [D]aran glauben die Sozialdemokraten, das Zentrum und das andere vaterlandslose Pack ..."

(Frankfurter Zeitung Nr. 141 vom 22.2.1931)

1. Wer war für die NS-Parolen besonders anfällig, wer nicht? Warum?
2. Nehmt Stellung zum Stil von Hitlers Reden und der NS-Kundgebungen.
3. Beschreibt Großveranstaltungen beliebiger Art, die ihr vielleicht schon erlebt habt.

Wie die Staatsorgane selbst zur Zerstörung der parlamentarischen Demokratie beitrugen

Die Staatskrise

Die von einer Großen Koalition (SPD, Z, DDP, DVP) getragene Regierung Hermann Müller (SPD) scheiterte an der Arbeitslosenversicherung (vgl. S. 60f.). Um deren mittlerweile große Verluste auszugleichen, waren die Gewerkschaften und die SPD 1930 für eine Beitragserhöhung von ½ % eingetreten. Arbeitgeberverbände und DVP hatten aber jegliche Erhöhung abgelehnt, vielmehr eine Kürzung der Leistungen gewünscht. Müller trat am 27.3.1930 zurück; bereits drei Tage später setzte der Reichspräsident von sich aus den konservativen, monarchisch gesinnten Zentrumspolitiker Heinrich Brüning ein. Hindenburg wollte nicht – wie bisher – die vom Parlament präsentierten Kanzler nur ernennen. Vielmehr war er jetzt unter dem Einfluß seiner antiparlamentarischen Berater entschlossen, die Macht zu nutzen, die ihm die Verfassung (vgl. S. 37) gab. Die Kompromißunfähigkeit der Parteien und ihre Angst, unpopuläre wirtschaftliche Maßnahmen verantworten zu müssen, hinderten den Reichstag, einen Kandidaten zu benennen. Dies erleichterte Hindenburgs Vorhaben.

Brüning lehnte – anders als der neue US-Präsident Franklin D. Roosevelt (USA 1933: 15 Mio Arbeitslose) – die staatlich finanzierten Beschäftigungsprogramme, die die Gewerkschaften verlangten, ab. Mit Gehaltskürzungen im öffentlichen Dienst und allgemeinen Steuererhöhungen wollte er den Staatshaushalt ausgleichen. Seine Maßnahmen wurden als „Notverordnung" des Reichspräsidenten nach Artikel 48 der Verfassung in Kraft gesetzt. Als der Reichstag aber ebenfalls nach Art. 48 die Aufhebung der Notverordnung verlangte, löste ihn Hindenburg nach Art. 25 auf. Auch dies war formal zulässig. Aber die Neuwahlen von 1930 ermöglichten wieder keine parlamentarische Regierung, so daß das Kabinett Brüning weiterhin vom Vertrauen Hindenburgs abhängig war und das Reich eine Präsidialdemokratie blieb. Dies wurde einschließlich der harten Sparmaßnahmen Brünings auch von der SPD toleriert, da diese keine Neuwahl und einen damit verbundenen weiteren Anstieg der NSDAP riskieren wollte. Zur Reichspräsidentenwahl 1932 allerdings einigte sich die Weimarer Koalition auf den Kandidaten Hindenburg. Dieser siegte mit 53% der Stimmen gegen Thälmann (KPD) und Hitler (NSDAP). Kurz danach ließ Hindenburg Brüning auf Wunsch der nationalen Opposition fallen und ernannte von Papen zum Reichskanzler.

Der neue Regierungschef löste die Reparationszahlungen durch einen Einmalbetrag ab, wobei er auf den Vorarbeiten seines Vorgängers Brüning aufbaute, der die Alliierten von der Zahlungsunfähigkeit Deutschlands überzeugt hatte. Allerdings hatte dieser hierfür Massenarmut und politische Radikalisierung in Kauf genommen. Allein im Raum Wuppertal gab es so viele aggressive politische Veranstaltungen, daß sich der Polizeipräsident 1931 gezwungen sah, „die Bürgerschaft davor zu warnen, den allabendlichen Krawallen beizuwohnen". Da überall im Reich Straßenschlachten zwischen den Kampfverbänden der NSDAP und der KPD stattfanden, hatte die Regierung Brüning die SA verboten, von der die meisten Provokationen ausgingen. Die DNVP und die Hugenberg-Presse hatten daraufhin Regierungsmitglieder als „nationale Gefahr" und „dogmatische Demokraten" beschimpft. Papen hob das SA-Verbot auf, damit sein Präsidialkabinett von Hitler toleriert wurde. Der SPD-Vorstand schrieb am 14.7.1932:

„Gelächter rechts"

„Unruhe links"

66.1 *„Parlamentarisches", Karikatur von K. Arnold, 1923*

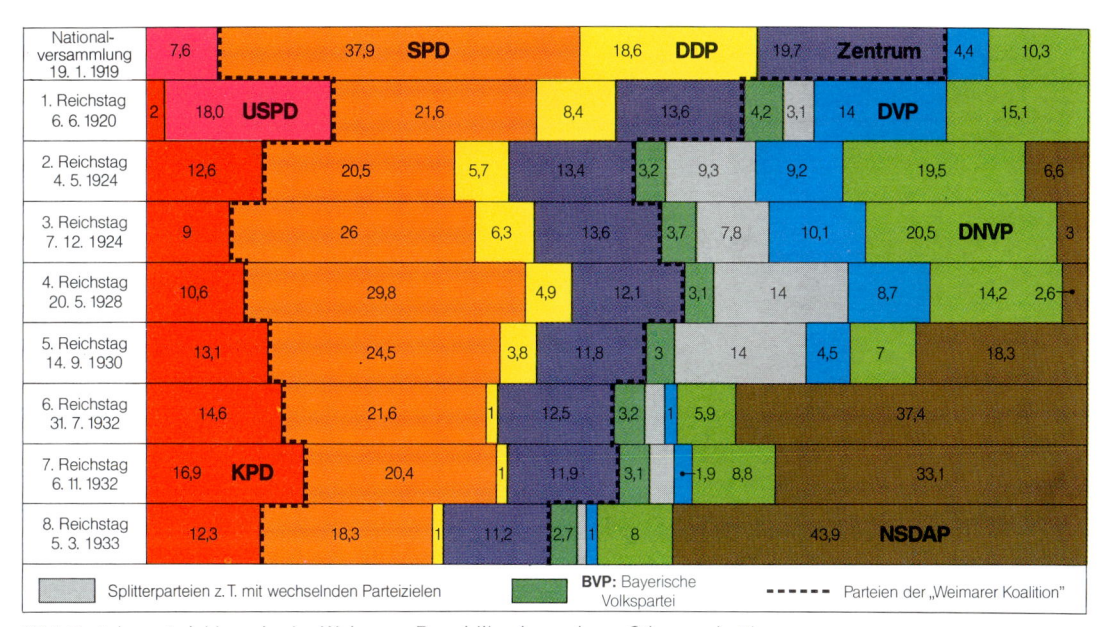

Die Weimarer Republik

Wahl										
Nationalversammlung 19. 1. 1919	7,6	37,9 **SPD**			18,6 **DDP**		19,7 **Zentrum**		4,4	10,3
1. Reichstag 6. 6. 1920	2	18,0 **USPD**	21,6	8,4	13,6	4,2	3,1	14 **DVP**		15,1
2. Reichstag 4. 5. 1924	12,6	20,5	5,7	13,4	3,2	9,3	9,2		19,5	6,6
3. Reichstag 7. 12. 1924	9	26	6,3	13,6	3,7	7,8	10,1		20,5 **DNVP**	3
4. Reichstag 20. 5. 1928	10,6	29,8	4,9	12,1	3,1	14		8,7	14,2	2,6
5. Reichstag 14. 9. 1930	13,1	24,5	3,8	11,8	3	14	4,5	7	18,3	
6. Reichstag 31. 7. 1932	14,6	21,6	1	12,5	3,2	5,9		37,4		
7. Reichstag 6. 11. 1932	16,9 **KPD**	20,4	1	11,9	3,1	1,9	8,8	33,1		
8. Reichstag 5. 3. 1933	12,3	18,3	1	11,2	2,7	1	8	43,9 **NSDAP**		

Splitterparteien z. T. mit wechselnden Parteizielen   **BVP:** Bayerische Volkspartei   ------ Parteien der „Weimarer Koalition"

67.1 *Parteienentwicklung in der Weimarer Republik, abgegebene Stimmen in %*

Wir erheben schärfsten Protest gegen die Politik der Reichsregierung, die ... nicht zuletzt durch die Aufhebung des SA-Verbotes ... bürgerkriegsähnliche Zustände in ganz Deutschland ausgelöst hat. Täglich wachsende Zahlen von Toten und Schwerverletzten stellen die furchtbarste Anklage dar ... Das sind die Folgen einer fortgesetzten Begünstigung verfassungsfeindlicher Kräfte, während die Bemühungen verfassungstreuer Länderregierungen, Ordnung und Ruhe aufrechtzuerhalten, durch Maßnahmen der Reichsregierung durchkreuzt werden.

(Ursachen und Folgen, Bd. 8, S. 476)

Papen nahm den Straßenterror, dem er durch die Aufhebung des SA-Verbotes Vorschub geleistet hatte, zum Vorwand, die von SPD und Zentrum getragene preußische Regierung abzusetzen. Er bestellte einen ihm unterstehenden Reichskommissar aufgrund einer von ihm erwirkten Notverordnung, da Ruhe und Ordnung gefährdet seien. In Wirklichkeit ließ sich nicht nachweisen, daß die preußische Regierung weniger als andere Länder für die Sicherheit der Bevölkerung gesorgt hatte. Papen wollte vielmehr auch diesmal den Wünschen der NSDAP entgegenkommen. Im übrigen strebte er für das ganze Reich einen autoritären Staat an. Der verfassungswidrige „Preußenschlag" sollte dazu beitragen. Reichswehr besetzte die Ministerien, und alle demokratisch eingestellten Beamten wurden entlassen. Dies erhöhte Macht- und Autoritätsverlust der Republik, da die abgesetzten Minister anders als beim Kapp-Putsch (vgl. S. 42 f.) keinen Widerstand wagten. Sie wollten keinen Bürgerkrieg riskieren. Auch Anhänger der Demokratie sahen dies als Schwäche an, so daß die Staatsverdrossenheit weiter zunahm.

67.2 *DNVP-Wahlplakat, 1932*

autoritärer Staat: Alle Macht geht von einer Person oder Partei aus.

1. Welche Maßnahmen wirkten zerstörerisch auf die Demokratie?
2. Deutet die Entwicklung der Parteien 1919–1933.

Wie die Nationalsozialisten gegen die parlamentarische Demokratie vorgingen

Die letzten Monate der Weimarer Republik waren erfüllt von blutigem Terror. In Saal- und Straßenschlachten tobten sich die Kampfbünde der Radikalen aus. Besonders die NS-Schlägertrupps suchten stets die Konfrontation mit dem Rotfrontkämpferbund der KPD, der bereitwillig auf die Herausforderungen einging. Allein im Juli und August 1932 wurden 300 Menschen durch politischen Terror getötet und etwa 1200 verletzt. Es herrschte Bürgerkrieg. Dieser hatte 1918/19 nicht zuletzt durch SPD-Politiker verhindert werden können. Jetzt aber stand die gespaltene deutsche Arbeiterbewegung dem Treiben der Republikfeinde hilflos gegenüber. Sozialdemokraten hatten zwar bereits 1924 das „Reichsbanner Schwarz-Rot-Gold" als einen für alle Demokraten offenen Wehrverband zur Verteidigung der Republik gegründet. Er war aber auch 1932 nicht bereit, die brutalen Methoden der Radikalen anzuwenden, und wurde deshalb vielfach als „blutscheu" verhöhnt.

Auch die wechselnden Präsidialkabinette erwiesen sich als völlig unfähig, mit der politischen Radikalisierung auf der Straße und sogar im Reichstag fertig zu werden. Der 85jährige Reichspräsident Hindenburg war mittlerweile so überfordert, daß er die verschiedensten Berater in Anspruch nahm und widersprüchliche Entschlüsse faßte. Bezeichnend hierfür war der Mordfall in Potempa (Oberschlesien): Eines Nachts im August 1932 überfielen fünf uniformierte SA-Leute einen Arbeiter in seiner Wohnung, weil er der Bruder eines Kommunisten war. Vor den Augen seiner Mutter prügelten sie ihn zu Tode. Da am Tage zuvor eine Regierungsverordnung die Todesstrafe für politische Gewalttaten bestimmt hatte, verurteilte ein Gericht die Mörder zum Tode. Hitler beschimpfte daraufhin den Reichskanzler öffentlich als „Bluthund". Als der Reichsjustizminister die Umwandlung der Todesstrafe für die Täter in lebenslängliches Zuchthaus empfahl, folgte Hindenburg dieser Anregung, weil die Mörder die Verordnung vielleicht nicht gekannt hatten! Auch dieses Verhalten der Weimarer Staatsorgane zeigte der NSDAP, daß sie keinen Putsch veranstalten mußte, um die Macht im Staate zu erwerben. Vorausschauend hatte ihr Reichspropagandaleiter Joseph Goebbels bereits 1928 geschrieben:

68.1 Karikatur von J. Heartfield, 1932

Wir gehen in den Reichstag hinein, um uns im Waffenarsenal der Demokratie mit deren eigenen Waffen zu versorgen. Wir werden Reichstagsabgeordnete, um die Weimarer Gesinnung mit ihrer eigenen Unterstützung lahmzulegen. Wenn die Demokratie so dumm ist, uns für diesen Bärendienst Freifahrkasten und Diäten zu geben, so ist das ihre eigene Sache. Uns ist jedes gesetzliche Mittel recht, den Zustand von heute zu revolutionieren ... Wir kommen als Feinde! Wie der Wolf in die Schafherde einbricht, so kommen wir ...

(J. Goebbels, Was wollen wir im Reichstag?, in: Der Angriff vom 30.4.1928)

Wie stark sich Hitler seit 1932 fühlte, zeigte ein Gespräch, das er am 4.1.1933 mit dem mittlerweile als Kanzler gestürzten Papen führte. Das Treffen hatte der Kölner Bankier Freiherr von Schröder vermittelt:

Papen [sagte] ..., daß es ihm als Bestes erschiene, die Konservativen und die Nationalisten, welche ihn unterstützt hatten, mit den Nazis zusammenzutun und eine Regierung zu gründen. Er schlug vor, daß diese neue Regierung ... von Hitler und von Papen ... gleichberechtigt ...

68.2 Wahlplakat 1932

69.1 *Gegner und Anhänger der Demokratie: „Stahlhelmer" (rechts auf Lkw) beschimpfen eine sozialdemokratische „Reichsbanner"-Kolonne (links), um 1925*

geleitet werden soll. Hitler ... sagte, daß, wenn er zum Kanzler gemacht würde ..., [er] an der Spitze der Regierung zu stehen [wünsche] ... Anhänger Papens [könnten] in seine ... Regierung ... eintreten, wenn sie willens wären, mit ihm seinen Richtlinien entsprechend vorzugehen. Änderungen, die er ... andeutete, waren die Entfernung aller Sozialdemokraten, Kommunisten und Juden aus führenden Stellungen ... Papen und Hitler erzielten ein prinzipielles Abkommen.

(Nürnberger Dokumente, Bd. XVI, S. 384 PS-3337)

Wiederholt verlangte Hitler vom widerstrebenden Hindenburg die Leitung eines Präsidialkabinetts. Schließlich gab der Präsident unter dem Einfluß seiner Berater nach. Heute urteilen Historiker:

[Es] scheinen besonders schwerindustrielle Gruppen ... ihren Einfluß ... für Hitler in die Waagschale geworfen zu haben. Weniger die Angst vor der KPD ... veranlaßte [sie] dazu, mehr die Hoffnung, Hitler werde die Gewerkschaften und den Parlamentarismus zurückdrängen ... Ihre mangelnde Unterstützung für die erste deutsche Republik war ... ihr wichtigster Beitrag zum Aufstieg des Nationalsozialismus.

(J. Kocka, Ursachen des Nationalsozialismus, in: Parlament, B 25/80, S. 4)

[Es] kamen die schweren Störungen, die zum ... Untergang der Republik führten, nicht nur von außen ... oder aus den Wirtschaftskrisen ... sie stammten ebenso ... aus tiefen Widersprüchen im ... Verfassungs- und Politikverständnis der Handelnden selbst ...

(K. D. Bracher, in: Weimar, hrsg. von Erdmann/Schulze, Düsseldorf 1984, S. 132)

1. Beurteilt das Scheitern der Weimarer Republik.
2. Vergleicht die Bundesrepublik mit der Weimarer Republik.
3. Erstellt eine Tabelle mit den wichtigsten Ereignissen 1914–1932.

Nationalsozialistische Gewaltherrschaft und der Zweite Weltkrieg

„Machtergreifung" und Ausbau der Diktatur

Die „Machtergreifung"

Wie unterschiedlich die „Machtergreifung" der Nationalsozialisten gesehen wurde

Hitler wurde am 30. Januar 1933 durch den Reichspräsidenten auf Vorschlag von Papens zum Reichskanzler ernannt. Im Ausland erregte dies kein großes Aufsehen. Hier interessierte man sich mehr für den Amtsantritt des neuen amerikanischen Präsidenten Franklin D. Roosevelt. Die Journalisten, die über den neuen deutschen Kanzler berichteten, betonten, daß die Nationalsozialisten mit nur drei Ministern in der neuen Regierung vertreten seien. Dies sei eine unsichere Machtposition, so daß für Hitler eine nur kurze Amtszeit zu erwarten sei.

Die Mitglieder des neuen Kabinetts, die nicht der NSDAP angehörten, sahen dies ähnlich. Ein Freund von Papens meinte: „Wir rahmen also Hitler ein." Von Papen selbst erklärte: „Wir haben ihn uns engagiert." Einem Kritiker, der daran zweifelte, antwortete er: „Was wollen Sie denn? Ich habe das Vertrauen Hindenburgs. In zwei Monaten haben wir Hitler in die Ecke gedrückt, daß er quietscht."

Ganz anders sahen die Nationalsozialisten die Situation. Schon am Abend des 30. Januars fanden überall Siegeskundgebungen statt. In Berlin zogen die „nationalen Verbände", SA und Stahlhelm, in einem großen Fackelzug von sieben Uhr abends bis nach Mitternacht an der Reichskanzlei in der Wilhelmstraße vorbei.

Joseph Goebbels, der Reichspropagandaleiter der NSDAP, kommentierte dieses Ereignis im Rundfunk:

Auf dem Foto sitzen in der vorderen Reihe (von links):

Göring (NSDAP), Reichstagspräsident und Minister ohne Geschäftsbereich

Hitler (NSDAP), Reichskanzler

von Papen (früher Zentrum, jetzt parteilos), Vizekanzler

Außerdem gehörten zu diesem Kabinett:

Innenminister: Dr. Frick (NSDAP)

Wirtschaftsminister und Minister für Ernährung und Landwirtschaft: Dr. Hugenberg (DNVP)

Justizminister: Dr. Gürtner (DNVP)

Arbeitsminister: Seldte (Stahlhelm)

Wehrminister: Generalleutnant von Blomberg

Außenminister: Freiherr von Neurath (parteilos)

Finanzminister: Graf Schwerin von Krosigk (parteilos)

Post- und Verkehrsminister: Freiherr Eltz-Rübenach (parteilos)

70.1 Das Kabinett Hitler am 30. Januar 1933

71.1 Fackelzug der „nationalen Verbände" durch das Brandenburger Tor in Berlin am 30. Januar 1933

Es ist fast wie ein Traum ... Die Wilhelmstraße gehört uns. Der Führer arbeitet bereits in der Reichskanzlei. Wir stehen ... am Fenster, und Hunderttausende und Hunderttausende von Menschen ziehen im lodernden Schein der Fackeln am greisen Reichspräsidenten und jungen Kanzler vorbei und rufen ihnen ihre Dankbarkeit und ihren Jubel zu ... Das ist der Aufbruch der Nation ... Deutschland ist erwacht.
(Goebbels, in: Quellentexte zur Zeitgeschichte, Frankfurt 1976, S. 27 f.)

Ein Zeitgenosse beurteilte die Bedeutung des Fackelzuges so:

Schon am gleichen Tag zeigt sich, wie der Führer der NSDAP mit den Marionetten umgeht, die ihn hier umgeben. Er setzt einen Tag der nationalen Erhebung in Szene, aus der die Legende später sogar einen Tag der „Machtergreifung" machen wird.
(Kramer, Vor den Ruinen Deutschlands, Koblenz o. J., S. 51)

Am 3. Februar erläuterte Hitler in einer geheimen Besprechung sein politisches Ziel:

... Völlige Umkehrung der gegenwärtigen innenpolitischen Zustände ... Keine Duldung der Betätigung irgendeiner Gesinnung, die dem Ziel entgegensteht ... Wer sich nicht bekehren läßt, muß gebeugt werden ...
(E. Aleff, Das Dritte Reich, Hannover 1970, S. 19)

Hitlers Eid vom 30.1.1933:
Ich schwöre: Ich werde meine Kraft für das Wohl des deutschen Volkes wahren, die mir obliegenden Pflichten gewissenhaft erfüllen und meine Geschäfte unparteiisch und gerecht gegen jedermann führen, so wahr mir Gott helfe.

1. Welche Bedeutung hatte der 30. Januar 1933 für die NSDAP?
2. Inwiefern waren die Vorstellungen von Papens eine Illusion?

Wie die Nationalsozialisten ihre Macht auszubauen begannen

Der Reichstagsbrand

Anders als von Papen es erwartete, nutzte Hitler gerade die ersten zwei Monate nach seinem Amtsantritt, um die Voraussetzungen für die Ausschaltung seiner politischen Gegner zu schaffen. Es zeigte sich sofort, daß Hitler „den von Papen gezimmerten Rahmen durchbrechen" würde:

> ... mit Erfolg [drängte er] auf die sofortige Auflösung des Reichstags und die Ansetzung von Neuwahlen im März ... Hugenberg ... wehrte sich hiergegen mit allen Kräften, vermochte jedoch die anderen nicht auf Vordermann zu halten, so daß der Führer bekam, was er wollte: die Gelegenheit, erneut an das deutsche Volk zu appellieren, dieses Mal mit dem beträchtlichen Vorteil im Rücken, den ihm die seinem Amt innewohnende Autorität ... gewährten.
>
> (G. A. Craig, Deutsche Geschichte ..., München 1980, S. 500 f.)

Nun ist es leicht, den Kampf zu führen, denn wir können alle Mittel des Staates ... in Anspruch nehmen.

(J. Goebbels, Tagebuch, 3.2.1933)

Hitler versuchte auch sofort, die Polizeikräfte in seine Hände zu bekommen. Göring versetzte als preußischer Innenminister die Polizeipräsidenten von 14 preußischen Städten in den Ruhestand. Am 22. Februar 1933 befahl er die Verstärkung der Polizei durch eine 50000 Mann starke Hilfspolizei, die vornehmlich aus SA-Verbänden bestehen sollte. Göring stellte ihnen gegenüber fest:

> Wenn Sie nach rechtmäßiger Ausübung Ihres Dienstes im Kampf gegen Verbrechertum und internationales Gesindel Ihre Waffe gezogen haben, sollen Sie in Zukunft nicht mehr durch Presse und Untersuchungsausschüsse in den Dreck gezogen werden ... Sie werden in diesem Fall voll und ganz von mir gedeckt werden ...
>
> (Craig, S. 501 f.)

SA-Verbände konnten nun Wahlversammlungen von SPD und KPD stören oder auflösen, ohne daß eine Bestrafung drohte. Dabei kam ihnen eine Notverordnung vom 4. Februar 1933 zur Hilfe. Diese erlaubte das Verbot von Zeitungen und die Auflösung von Versammlungen, wenn in diesen „Einrichtungen, Behörden oder leitende Beamte ... beschimpft oder verächtlich gemacht" oder „lebenswichtige Interessen des Staates gefährdet" würden.

Die Verfolgungs- und Einschüchterungspolitik gegen die Linksparteien wurde verschärft, als in der Nacht vom 27. zum 28. Februar 1933 das Reichstagsgebäude niederbrannte. Die Nationalsozialisten behaupteten noch in der Nacht, der Brand sei von Kommunisten gelegt worden. 4000 Kommunisten, Sozialdemokraten und andere Regimegegner wurden verhaftet und in Konzentrationslager (vgl. S. 78 f.) gesperrt.

Am Vormittag des 28. Februars überzeugte Hitler den Reichspräsidenten davon, daß eine kommunistische Revolution unmittelbar bevorstehe. Er brachte ihn so dazu, eine Notverordnung, die „Verordnung zum Schutz von Volk und Staat", zu unterzeichnen. In ihr hieß es:

> § 1 ... Es sind ... Beschränkungen der persönlichen Freiheit, des Rechts der freien Meinungsäußerung, einschließlich der Pressefreiheit, des Vereins- und Versammlungsrechts, Eingriffe in das Brief-, Post-, Telegraphen- und Fernsprechgeheimnis, Anordnungen von Haussuchungen und

72.1 SA-Hilfspolizei wird vereidigt

von Beschlagnahmen sowie Beschränkungen des Eigentums auch außerhalb der sonst hierfür bestimmten gesetzlichen Grenzen zulässig.
§ 2 Werden in einem Lande die ... nötigen Maßnahmen nicht getroffen, so kann die Reichsregierung insoweit die Befugnisse der obersten Landesbehörde vorübergehend wahrnehmen.
(Reichsgesetzblatt 17 vom 28. 2. 1933)

Anders als in ähnlichen Notverordnungen aus dem Jahr 1923 fehlten die Hinweise auf die Habeas-Corpus-Rechte:

Die Polizei konnte ... Personen ... verhaften und die Verhaftungsdauer unbeschränkt ausdehnen. Sie konnte Verwandte ohne jede Nachricht über die Gründe und das ... Schicksal des Festgenommenen lassen. Sie konnte verhindern, daß ein Rechtsanwalt oder andere ihn besuchte[n] oder die Akten einsah[en]. Sie konnte ihn behandeln, wie es ihr paßte ...
(A. Brecht, Vorspiel des Schweigens, Wien 1948, S. 126)

Habeas-Corpus-Rechte: Gemeint ist, daß niemand ohne richterlichen Befehl eingesperrt werden kann.

Der Journalist J. C. Fest schreibt zur Bedeutung der Notverordnung:

[Sie] war ... zweifellos das wichtigste Gesetz des Dritten Reiches ... es ersetzte den Rechtsstaat durch den permanenten Ausnahmezustand ... bis in das Jahr 1945 blieb die Verordnung unverändert gültig und hat der Verfolgung, dem totalitären Terror, der Unterdrückung des deutschen Widerstands ... eine scheinlegale Grundlage verschafft.
(J. C. Fest, Hitler, Frankfurt 1973, S. 548)

legal: gesetzmäßig

1. Wie schufen die Nationalsozialisten den Ausnahmezustand?
2. Inwiefern widerspricht ein Ausnahmezustand der Legalität, inwiefern ist er legal?

73.1 Der Reichstag brennt, 27./28. 2. 1933

73.2 Plakat zur Reichstagswahl am 5. 3. 1933

Wie der Tag von Potsdam inszeniert wurde und welche Bedeutung er hatte

Der Tag von Potsdam

Nach den Wahlen vom 5. März 1933 versuchte Hitler, die bürgerlichen Parteien und das Bürgertum auf seine Seite zu ziehen. Dazu sollte ihm die erste Sitzung des neu gewählten Reichstages am 21. März 1933 dienen. Joseph Goebbels, der neu ernannte Reichspropagandaminister, erklärte diesen Tag zum „Tag der nationalen Erhebung". Er wählte die Potsdamer Garnisonskirche für die feierliche Eröffnung des Reichstages. – Alan Bullock schrieb dazu in seiner Hitlerbiographie:

Potsdam, die Residenz der Hohenzollern, die von Friedrich Wilhelm I. gebaut worden war und das Grab Friedrichs des Großen umschloß, bildete den bewußten Gegensatz zu Weimar, der Stadt Goethes und Schillers, wo 1919 die Nationalversammlung ... abgehalten wurde. Der 21. März war das Datum, an dem 1871 Bismarck den ersten Reichstag des Deutschen Kaiserreiches eröffnet hatte.

(A. Bullock, Hitler, Düsseldorf 1967, S. 249)

Auch die Eröffnungszeremonie war ein geschickt gewähltes Symbol:

Chor und Galerie der Kirche waren mit Generalen der kaiserlichen Armee und der Reichswehr, mit Diplomaten und zahlreichen Würdenträgern besetzt, im Kirchenschiff hatte die Regierung Platz genommen, hinter ihr, im Braunhemd, die nationalsozialistischen Abgeordneten, flankiert von den parlamentarischen Vertretern der Mittelparteien. Der traditionelle Platz des Kaisers war leer geblieben, doch dahinter saß in Galauniform

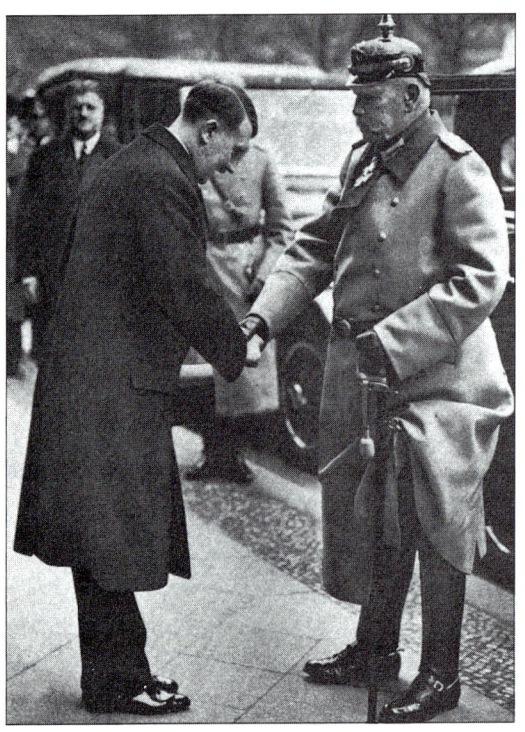

74.1 *Hitler und Hindenburg am 21.3.1933*   **74.2** *KZ Oranienburg, 1933*

75.1 Postkarte, 1933

Bildinschrift: Was der König eroberte, der Fürst formte, der Feldmarschall verteidigte, rettete und einigte der Soldat.
Hans vom Norden – Nachdruck verboten

der Kronprinz. Als Hindenburg mit steifem Schritt zu seinem Platz im Innenraum der Kirche ging, verharrte er einen Augenblick vor der Kaiserloge und hob grüßend den Marschallstab. Respektvoll ... mit der Befangenheit des Neulings, folgte Hitler ... Dahinter ... Uniformen; dann Orgelmusik und der Choral von Leuthen: Nun danket alle Gott ...
(Fest, Hitler, S. 556)

Leuthen: Schlacht im Siebenjährigen Krieg (vgl. Bd. 7/8, S. 66 f.)

Hindenburg hob hervor, daß inzwischen auch das deutsche Volk der neuen Regierung Vertrauen geschenkt hätte. Er fuhr fort:

Der Ort, an dem wir uns heute versammelt haben, mahnt uns zum Rückblick auf das alte Preußen, das in Gottesfurcht durch pflichttreue Arbeit, nie verzagenden Mut und hingebende Vaterlandsliebe groß geworden ist und auf dieser Grundlage die deutschen Stämme geeint hat. Möge der alte Geist dieser Ruhmesstätte auch das heutige Geschlecht beseelen, möge er uns frei machen von Eigensucht und Parteizank und uns in nationaler Selbstbesinnung und seelischer Erneuerung zusammenführen zum Segen eines in sich geeinten, freien, stolzen Deutschlands.
(G. van Norden, Das Dritte Reich im Unterricht, Frankfurt 1973, S. 19)

Nachdem er rückblickend die Größe und den Niedergang der Nation dargestellt hatte, bekannte sich Hitler zu den Traditionen ihrer Geschichte und Kultur. An Hindenburg gewandt betonte er:

In einer einzigartigen Erhebung hat das Volk in wenigen Wochen die nationale Ehre wiederhergestellt und dank Ihrem Verstehen, Herr Generalfeldmarschall, die Vermählung vollzogen zwischen den Symbolen der alten Größe und der jungen Kraft ...
(Bullock, Hitler, S. 250)

1. Aus welchen Gründen veranstalteten die Nationalsozialisten den Tag von Potsdam?
2. Warum begeisterten die Feierlichkeiten und Reden eine Mehrheit im deutschen Volk?

Wie der Reichstag entmachtet wurde

Das Ermächtigungsgesetz
Bei den Wahlen am 5. März 1933 hatte die NSDAP ihr Ziel – die absolute Mehrheit – nicht erreicht. Hitler war also weiterhin auf den deutschnationalen Koalitionspartner (DNVP) angewiesen. Er erklärte verstimmt, man werde „die Bande nicht los". Nationalsozialisten und Deutschnationale verfügten im Reichstag wohl über eine Mehrheit, diese reichte aber nicht aus, um auf gesetzlichem Wege die Verfassung zu ändern, denn eine Verfassungsänderung war nur mit einer Zweidrittelmehrheit möglich. Deshalb war Hitler am 23. März 1933, als er dem Reichstag das „Gesetz zur Behebung der Not von Volk und Reich" vorlegte, auf die Zustimmung anderer Parteien angewiesen. Dieses Gesetz, das Ermächtigungsgesetz, das anfangs auf vier Jahre befristet sein sollte, galt aber bis zum Ende des Dritten Reiches. Darin hieß es:

Zusammensetzung des Reichstags (Mandate) nach den Wahlen vom 5.3.1933

SPD	120
Zentrum	74
DDP	5
DVP	2
	201
NSDAP	288
DNVP	52
	340
KPD	81
Sonstige	22
gesamt	647

Artikel 1: Reichsgesetze können außer in dem in der Reichsverfassung vorgesehenen Verfahren auch durch die Reichsregierung beschlossen werden ...
Artikel 2: Die von der Reichsregierung beschlossenen Reichsgesetze können von der Reichsverfassung abweichen, soweit sie nicht die Einrichtung des Reichstages und des Reichsrats als solche zum Gegenstand haben. Die Rechte des Reichspräsidenten bleiben unberührt.
(E. Aleff, Das Dritte Reich, S. 24)

Hitler begründete die Gesetzesvorlage:

Es würde dem Sinn der nationalen Erhebung widersprechen ..., wollte die Regierung sich in ihren Maßnahmen von Fall zu Fall die Genehmigung des Reichstags erhandeln und erbitten. Die Regierung wird dabei nicht von der Absicht getrieben, den Reichstag als solchen aufzuheben; im Gegenteil: sie behält sich auch in Zukunft vor, ihn von Zeit zu Zeit über ihre Maßnahmen zu unterrichten ... oder auch seine Zustimmung einzuholen ... Da die Regierung an sich über eine klare Mehrheit verfügt, ist die Zahl der Fälle, in denen eine innere Notwendigkeit vorliegt, zu einem solchen Gesetz die Zuflucht zu nehmen, an sich eine begrenzte. Um so mehr aber besteht die Regierung ... auf der Verabschiedung dieses Gesetzes ...; sie ist aber ebenso entschlossen und bereit, die Bekundung der Ablehnung und damit die Ansage des Widerstandes entgegenzunehmen.
(G. Binder, Zwischen Diktatur und Freiheit, Stuttgart 1967, S. 38 f.)

Der Sprecher der SPD, Otto Wels, antwortete:

Nach den Verfolgungen, die die sozialdemokratische Partei in der letzten Zeit erfahren hat, wird niemand von ihr verlangen oder erwarten können, daß sie für das hier eingebrachte Ermächtigungsgesetz stimmt ... Noch niemals, seit es einen deutschen Reichstag gibt, ist die Kontrolle der öffentlichen Angelegenheiten durch die gewählten Vertreter des Volkes in solchem Maße ausgeschaltet worden, wie das jetzt geschieht und wie das durch das neue Ermächtigungsgesetz noch mehr geschehen soll. Eine solche Allmacht der Regierung muß sich um so schwerer auswirken, als auch die Presse jeder Bewegungsfreiheit entbehrt ... [W]ir stehen zu den Grundsätzen des Rechtsstaates ... Wir deutschen Sozialdemokraten bekennen uns in dieser geschichtlichen Stunde feierlich zu

76.1 Otto Wels (1873–1939) emigrierte 1933 und leitete den Exilvorstand der SPD in Prag bzw. Paris.

77.1 SS rückt als „Saalschutz" in die Krolloper ein, wo nach dem Brand der Reichstag tagte.

den Grundsätzen der Menschlichkeit und der Gerechtigkeit, der Freiheit und des Sozialismus.
(Nach: G. Schönbrunn, Geschichte in Quellen, Weltkriege, S. 283)

Bei der Abstimmung über das Gesetz hing alles vom Verhalten der Zentrumsabgeordneten ab. Ihre Zustimmung würde die verfassungsändernde Mehrheit sichern. Der Führer dieser Partei, Dr. Kaas, machte sie davon abhängig, daß die Teile des „Reichstagsbrand-Erlasses", „die die bürgerlichen politischen Freiheiten der Staatsbürger verletzten" widerrufen würden. Hitler gab nur eine mündliche Zusage. Trotzdem stimmte das Zentrum dem Gesetzentwurf zu. Die Abgeordneten glaubten, dafür später Gegenleistungen zu bekommen.

Die Aussprache über den Gesetzentwurf und die Beratung in den Fraktionen am 23.3.1933 verliefen unter dem Druck möglicher Gewalt: Im Gebäude waren SA-Schutzwachen aufgezogen. Nur die 94 Abgeordneten der SPD lehnten ab, alle anderen 441 stimmten zu. Diese Zahl hätte auch für den Fall ausgereicht, daß die 81 kommunistischen und 26 sozialdemokratischen Abgeordneten, die nach der Reichstagswahl verhaftet worden waren, an der Sitzung teilgenommen und mit Nein abgestimmt hätten. Hitler war zum „von der Demokratie großgezogenen und vom Parlament gewählten Diktator" geworden.

... [das Ermächtigungsgesetz] machte ihn nicht nur von der präsidialen Verordnungsmacht, sondern auch vom Bündnis mit dem konservativen Partner unabhängig. Schon damit war jede Möglichkeit zum organisierten Machtkampf gegen das neue Regime vereitelt.
(Fest, Hitler, S. 563)

1. Inwiefern bedeutete das Ermächtigungsgesetz die Selbstaufgabe der Demokratie?
2. Vergleiche das Ermächtigungsgesetz vom 23.3.1933 mit der Notverordnung vom 28.2.1933.

Welche politischen Wirkungen die „nationale Opposition" entwickelte

Terror und Konzentrationslager
Nach den Reichstagswahlen vom 5. März 1933 verschärfte sich der Terror. Politische Gegner wurden verfolgt, mißhandelt und nicht selten ermordet. Von der „Köpenicker Blutwoche" in Berlin wird berichtet:

SA-Lokale: Geschäftsstelle und Treffpunkt von SA-Einheiten

Rollkommandos der SA fuhren in Wäschereiautos vor den Häusern bekannter Nazigegner vor, holten diese heraus und brachten sie in SA-Lokale. Niemand war gewiß, ob er nach den Mißhandlungen gesund oder lebend wiederkam. Am Morgen des 21. Juni hatte sich die Terroraktion zum höchsten Ausmaß gesteigert. Die Köpenicker SA-Stürme ... hatten im Laufe des Tages an mindestens 200 Personen ihre Gewaltakte verübt ...

(A. Leber u. a., Das Gewissen steht auf, Frankfurt 1963, S. 12)

Fast 500 Menschen wurden in Köpenick festgenommen, 91 wurden ermordet.

In Kellerräumen von SA-Lokalen wurden sogenannte Bunker eingerichtet, in denen politische Gegner gepeinigt und gefoltert wurden. Als der Platz dort nicht mehr ausreichte, wurden seit März 1933 Konzentrationslager (KZ) geschaffen. Die Häftlinge wurden nun in Baracken, leerstehenden Fabriken oder in alten Kasernen untergebracht.

In einer leerstehenden Textilfabrik am Rande Wuppertals wurde im Juli 1933 das KZ Kemna errichtet. Karl Ibach, der dort als Achtzehnjähriger bis Ende 1933 eingesperrt war, berichtet über die Wachmannschaft:

Konglomerat: Gemisch

... aus der Masse der SA, diesem Konglomerat von dunklen Existenzen, asozialen Radau-Elementen, wildgewordenen Spießbürgern usw., wurde eine vielversprechende Blütenlese als Kemna-Wachmannschaft zusammengestellt. Diese sauberen Brüder brauchten von niemand aufgeputscht, geschweige gezwungen werden – weder von ihrer noch saubereren Parteiführung noch von der Polizei oder sonstwem – die lechzten geradezu, wie bisher an der Koppel gehaltene Bluthunde, sich mit Wollust und Inbrunst auf wehrlose Opfer zu stürzen ... Die Unterwelt war geweckt, in der Kemna konnte sie sich austoben.

(K. Ibach, Kemna, Wuppertal 1983, S. 18 f.)

Über die Insassen des KZ schreibt er:

Die Mehrzahl der Insassen waren mißliebige kommunistische und sozialdemokratische Arbeiter ... Hinzu kam eine Menge von Personen, die an sich mit irgendwelchen politischen Dingen wenig Berührung hatten, die aber bei den Partei-Diktatoren der Stadt aus irgendeinem persönlichen Grunde unbeliebt waren. So hatte mal jemand in früheren Tagen den SA-Führer Veller als das bezeichnet, was er wirklich war: einen randalierenden Saufhelden ... Das rächte sich jetzt bitter!

(Ibach, Kemna, S. 27)

78.1 Die SA (Sturmabteilungen) zählte bereits 1932 ca. 300000 Mitglieder

Die Häftlinge waren den Quälereien wehrlos ausgesetzt:

Bei Verhören waren immer 5–6, manchmal auch mehr Wachmannschaften ... zugegen, die abwechselnd mit Stöcken, Peitschen und Pistolen-

knäufen auf die Häftlinge einschlugen ... Man vergnügte sich insbesondere damit, blaue Augen zu schlagen. Der Truppführer ... bedrohte mich verschiedene Male mit Erschießen, indem er mir den Lauf der Pistole an den Mund hielt ... Jede Nacht wurden Häftlinge ... von ihren Strohsäcken hochgetrieben und zum Verhör geholt. Die furchtbaren Schreie peitschten die Nerven der anderen Häftlinge ... Jeder wartete jede Minute darauf, ebenfalls zum Verhör geholt zu werden. Man bot uns bei diesen Verhören mit Staufferfett beschmierte Salzheringe, sogenannte „Kemnaschnittchen", an. Jeder, der sich weigerte, wurde blutig geschlagen.
... Die Gefangenen waren durch die ständigen Bedrohungen und Mißhandlungen so deprimiert, daß viele von ihnen Selbstmordversuche unternahmen. Wenn die Mißhandlungen am Tage stattfanden, mußte ein sogenannter Gesangverein antreten und laut singen, damit das Geschrei der Mißhandelten übertönt wurde.

Staufferfett:
Schmierfett für Maschinen

(Ibach, Kemna, S. 30 ff.)

Im Laufe des Jahres 1933 entstanden ungefähr 50 derartige „wilde" Konzentrationslager. Eine Statistik des Reichsinnenministeriums wies für den Juli 1933 27 000 „Schutzhäftlinge" aus.

Zeitungen berichteten in einigen Fällen über die Lager. Manchmal wurde darauf hingewiesen, die Insassen seien „gemeingefährliche kriminelle Subjekte". Meist wurden die Geschehnisse verharmlost.

Im Zuge der Entmachtung der SA wurden die meisten dieser „wilden" Konzentrationslager bis zum Frühjahr 1934 aufgelöst. Die verbliebenen wurden nach dem Röhm-Putsch (vgl. S. 84) der SS übergeben. Sie bildeten den Grundbestand des später ausgedehnten Netzes der eigentlichen Konzentrationslager.

1. Was machte die besondere Wirkung des NS-Terrors aus?
2. Wie und wo werden politische Gegner heute terrorisiert?

79.1 Nach der Verhaftung politischer Gegner, 1933

Wie demokratische und kulturelle Institutionen gleichgeschaltet wurden

Die Gleichschaltung

Das Ermächtigungsgesetz hatte Grundlagen des demokratischen Rechtsstaates zerstört. Unverzüglich begannen die Nationalsozialisten nun, die demokratischen Einrichtungen und Organisationen zu beseitigen. Institutionen, auf die man nicht verzichten konnte, wurden in Verbände der Partei verwandelt.

Der Ausdruck, mit dem dieser Vorgang beschrieben wurde, hieß „Gleichschaltung" – ein unklarer und unpersönlicher Begriff –, der nichts von der Ungerechtigkeit, dem Terror und dem Blutvergießen verrät, die sich dahinter verbargen. Konkret bedeutete die Gleichschaltung in ihrem ersten Stadium, daß der öffentliche Dienst gesäubert, das Weimarer Parteiensystem abgeschafft, die Landesregierungen und -parlamente und der alte Reichsrat aufgelöst und die Gewerkschaften von der neuen Arbeitsfront verschlungen wurden.

(Craig, S. 507)

Das „Gesetz zur Wiederherstellung des Berufsbeamtentums" vom 7. April 1933 hob die Unkündbarkeit für die Beamten auf, „die nach ihrer bisherigen politischen Betätigung nicht die Gewähr dafür bieten, daß sie jederzeit rückhaltlos für den nationalen Staat eintreten". Ein „Arierparagraph" ermöglichte die Entlassung jüdischer Beamter. Aufgrund dieses Gesetzes wurden viele Beamte entlassen, zwangspensioniert oder zurückgestuft:

von den Beamten	in Preußen	in den übrigen Ländern
des höheren Dienstes	28,0 Prozent	9,5 Prozent
des mittleren und unteren Dienstes	3,5 Prozent	5,5 Prozent

Viele traten deshalb schnell in die NSDAP ein. Der „Bund Nationalsozialistischer Juristen" beispielsweise zählte Ende 1932 1347 Mitglieder, Ende 1933 aber schon 80 000. Wer im Amt bleiben wollte, mußte strikten Gehorsam zeigen.

Nach dem Verbot und der Auflösung der Parteien wurde aus dem vorher so streitbaren Reichstag ein Resonanzkörper für die Stimme des Führers. Er wurde – wie anonym gewitzelt wurde – zum teuersten Gesangverein des Landes. Einer parlamentarischen Vertretung ähnelte er in nichts mehr. Auch in den Ländern wurden die demokratischen Institutionen vollends beseitigt. Die in den einzelnen Ländern eingesetzten Reichsstatthalter hatten seit April 1933 „für die Beobachtung der vom Reichskanzler aufgestellten Richtlinien der Politik zu sorgen". Sie konnten Mitglieder der Landesregierungen ernennen und entlassen. Zum ersten Jahrestag der Machtübernahme wurden die Parlamente der Länder aufgelöst. Die Hoheitsrechte der Länder gingen auf das Reich über, die Landesregierungen wurden der Reichsregierung unterstellt. Das Deutsche Reich schien auf dem Weg zu einem Einheitsstaat unter zentraler Lenkung zu sein.

Auch alle Interessengruppen wurden gleichgeschaltet, die in der Weimarer Republik versucht hatten, politischen Einfluß auszuüben. Am 2. Mai 1933 wurde der Allgemeine Deutsche Gewerkschaftsbund (ADGB)

80.1 „Gleichgeschaltete Justiz"

zerschlagen und durch die Deutsche Arbeitsfront (DAF) ersetzt. Der Führer der DAF, Dr. Robert Ley, sagte am 9. Dezember 1934:

Oberstes Gesetz der Gemeinschaft ist die Disziplin, ausgedrückt durch die Begriffe „Führer" und „Gefolgschaft" ... Damit die Gemeinschaft den Kampf mit dem Schicksal bestehen kann, muß sie zur Höchstleistung erzogen werden ... Unser Vorbild ist der Soldat ... Die Begriffe „Führer" und „Gefolgschaft" ... haben allein Sinn ..., wenn aus dem liberalistischen Begriff „Arbeitgeber" ein Offizier der Wirtschaft, und aus dem „Prolet" sein Gefolgsmann wird und beide zusammen den neuen Typ, den Soldaten der Arbeit, darstellen.
(Deutsche Allgemeine Zeitung vom 12. Dez. 1934)

Aber auch die Vereine waren von der Gleichschaltung betroffen. Aus einem kleinen ländlichen Turnverein, der keinerlei weiterreichende Bedeutung hatte, wird aus der Zeit von 1933/1934 berichtet:

81.1 Werbeplakat der KdF-Organisation

[Ein] durchgreifender Wandel ... [zeigte sich] in Änderungen der Vereinsstruktur. War früher immer vom Vorsitzenden und Kassierer, meist auch nur vom Vorturner die Rede, so wurden diese Positionen nunmehr, die Nationalsozialisten sind noch keine 5 Monate an der Macht, umbenannt in Vereinsführer, Kassenwart, Oberturnwart, und ein Wehrsportführer kam zusätzlich hinzu, schließlich wurde sogar der Schriftführer zum Amtmann, wohl weil es zu wenig war, nur den Schriftverkehr zu führen. Wurden vorher alle Inhaber von Vorstandsposten gewählt, so galt dies nunmehr nur noch für den Vereinsführer, der „seine Mitarbeiter", d. h. die anderen Mitglieder des Vorstands, jetzt als Führerring ... bezeichnet, schlicht „ernannte" ..., denn: „Die Autorität ist die Hauptsache auf dem Gebiete des Sports."
Was mit diesem Satz gemeint ist, drückt sich dann darin aus, daß statt der früher monatlichen Versammlungen nur noch vierteljährliche stattfinden, später noch seltenere, weil die Anordnung an die Stelle der gemeinsamen Beratungen getreten ist ...: „Der Vereinsführer verspricht durchzugreifen." Gemeint sind Maßnahmen gegen solche Mitglieder, die lieber Skat spielen, als Turnen und Wehrsport zu treiben. Der von allen getragene gesellige Verein war auf dem Wege zu einer Unterorganisation des nationalsozialistischen Herrschaftssystems ...
Zusammenfassend stellt sich dieser Wandel in der Geschichte des Vereins dar als die Veränderung einer demokratischen in eine autoritäre Grundstruktur. Aus der freiwilligen, gemeinsamen Gestaltung des Vereinslebens, aus dem zwanglosen, geselligen Umgang innerhalb des Vereins wurde ein erzwungenes und von oben her verordnetes Vereinsdasein. Der Verein wurde wie alle anderen Lebensbereiche an den NS-Staat angepaßt und gleichgeschaltet, nach seinen Ideen ausgerichtet und seinem Willen untergeordnet.
(Mitteilungen des Berg. Geschichtsvereins ..., Wuppertal 1985, Heft 1–3, S. 20 ff.)

KdF (= Kraft durch Freude): Die Freizeit- und Reiseorganisation der Nationalsozialisten, 1933 gegründet. Sie ermöglichte vielen Menschen einen preiswerten Urlaub, diente aber gleichzeitig der politischen Beeinflussung (vgl. auch S. 92).

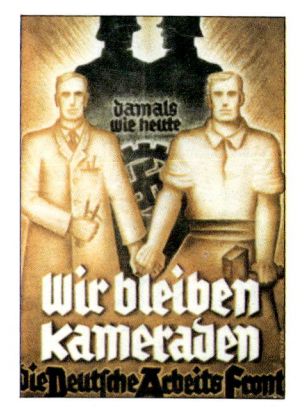

1. Welche Ziele verfolgten die Nationalsozialisten mit der Gleichschaltung?
2. Warum wurden auch die kleinen bedeutungslosen Vereine gleichgeschaltet?
3. Welche Formen der „Gleichschaltung" kennst du heute z. B. im Bereich der Mode?

81.2 Werbeplakat der Deutschen Arbeitsfront (DAF)

Wie die Medien gleichgeschaltet wurden

Unter der Führung von Joseph Goebbels besorgte das am 13. März 1933 neugeschaffene Ministerium für Propaganda und Volksaufklärung die Gleichschaltung des geistigen und kulturellen Lebens. Schon im Frühjahr 1933 stand der Rundfunk personell „gesäubert" und straff zentralisiert unter der Kontrolle des Ministeriums. Schwieriger war dies mit den Zeitungen. In sein Tagebuch schrieb Goebbels am 15.3.1933:

Ich spreche zum ersten Male vor der Pressekonferenz. Entwickle die Richtlinien einer neuen, modernen Zeitungspolitik. Auch hier muß gründlich aufgeräumt werden. Viele von denen, die hier sitzen, sind dazu gänzlich ungeeignet. Ich werde sie sehr bald ausmerzen.

(J. Goebbels, Vom Kaiserhof zur Reichskanzlei, München 1934, S. 302)

Unter „Aufräumen" verstand Goebbels, daß die kleineren Zeitungen durch wirtschaftlichen Druck, durch Abwerbung von Abonnenten und durch Beschlagnahmung ausgeschaltet wurden. Die übrigen wurden zunehmend durch schriftliche Weisungen und Sprachregelungen politisch auf die Linie der NSDAP gebracht. Schriftleiter durfte nur derjenige noch sein, der arischer Abstammung war und die Gewähr dafür bot, politische Meinungen im Sinne der NSDAP zu vertreten (Gesetz vom Oktober 1933). Durch dieses Gesetz wurden ungefähr 1300 Journalisten von insgesamt 10000 gezwungen, ihren Beruf aufzugeben.

Wie der Rundfunk und die Presse, so wurden auch Kunst und Literatur der staatlichen Kontrolle in der Reichskulturkammer unterworfen. Diese wurde im September 1933 ins Leben gerufen. Ihr mußten alle „Kulturschaffenden" angehören, der Architekt ebenso wie der Maler. Sie erfaßte aber auch den Bühnenbeleuchter und den Zeitungsverkäufer:

... die Nichtaufnahme oder der Ausschluß aus dieser kulturellen Überwachungs- und Politisierungsorganisation kam ... einem Berufsverbot gleich. Bald schon ging die Polizei zahlreichen Denunziationen nach, spürte Arbeiten verfemter Künstler auf oder kontrollierte die Einhaltung erteilter Arbeitsverbote.

(Fest, Hitler, S. 580)

Die Bibliotheken und Buchhandlungen erhielten Listen verbotener Bücher. In ihnen wurden zu guter Letzt 12400 Titel und das Gesamtwerk von 149 Autoren aufgeführt.

Aber auch die Museen und Galerien wurden landesweit „gesäubert". Tausende von Gemälden und Grafiken wurden beschlagnahmt. Manche wurden mutwillig zerstört, andere zu Spottpreisen an das Ausland verkauft. Auch die Werke bedeutender Maler, wie z. B. Max Beckmann, Max Slevogt, Lovis Corinth, Hans von Marées, Karl Schmidt-Rottluff und Ernst Ludwig Kirchner wurden entfernt. Sie wurden als Machwerke beschimpft, die die deutsche Moral untergrüben. Der Präsident der Reichskammer der Bildenden Künste teilte dem Maler Schmidt-Rottluff mit:

Anläßlich der mir seinerzeit vom Führer aufgetragenen Ausmerzung der Werke entarteter Kunst in den Museen mußten von Ihnen allein 608 Werke beschlagnahmt werden. Eine Anzahl dieser Werke war auf den Aus-

82.1 Ernst Ludwig Kirchner, Frau vor dem Spiegel, 1912

stellungen „Entartete Kunst" ... ausgestellt. Aus dieser Tatsache mußten Sie ersehen, daß Ihre Werke nicht der Förderung deutscher Kultur ... entsprechen. Obwohl Ihnen ... die richtungweisenden Ideen des Führers ... bekannt sein mußten, geht aus Ihren nunmehr zur Einsichtnahme hergereichten Originalwerken der Jetztzeit hervor, daß Sie auch heute noch dem kulturellen Gedanken des nationalsozialistischen Staates fernstehen ... Deshalb schließe ich Sie aus der Reichskammer der Bildenden Künste aus ...

(Nach: Hofer, Nationalsozialismus, S. 97 f.)

Die Gleichschaltung im kulturellen Bereich erfolgte ohne Zeichen einer wirksamen Gegenwehr durch die Nichtbetroffenen.

In einer Folge von Bekanntmachungen wurde seit dem August 1933 durch den Reichsinnenminister die Ausbürgerung zahlreicher Künstler, Schriftsteller und Gelehrter mitgeteilt ... Doch die Zurückbleibenden nahmen ohne viel Aufhebens die geräumten Plätze in den Akademien ein und sahen betreten hinweg von den Tragödien der Verjagten und Verfemten. Wer immer aufgefordert wurde, stellte sich dem Regime zur Verfügung.

(Fest, Hitler, S. 583)

Auch an den Universitäten war der Wille zur Selbstbehauptung gegenüber politischer und wissenschaftlicher Bevormundung nur schwach erkennbar. Viele Hochschullehrer schalteten sich selbst gleich. Während der ersten Monate nach der Machtergreifung bekannten sich einige hundert von ihnen zu Hitler und seinem Regime.

1. Welche Folgen müssen Berufsverbote und Ausbürgerungen für das geistige Leben eines Landes haben?
2. Wie frei sind Medien heutzutage?

83.1 Karl Schmidt-Rottluff, Sommersonne, 1909

83.2 Lovis Corinth, Selbstbildnis in Ritterrüstung, 1914

83.3 Elk Eber, So war SA

Wie die innerparteiliche Opposition und die Reichswehr gleichgeschaltet wurden

Der Röhm-Putsch
Die Reichswehr war die einzige Einrichtung, die von der Gleichschaltung verschont geblieben war:

Alles in allem konnte [sie] mit Hitlers Verhalten während seines ersten Amtsjahres zufrieden sein . . . Seine Rede in der Garnisonskirche hatte den Eindruck erweckt, daß er . . . die Absicht hatte, die Rechte der militärischen Führung zu achten und ihre Belange zu fördern . . . Auf der anderen Seite gerieten die Reichswehrgenerale zunehmend in Sorge, ob Hitler imstande sein würde, die ungebärdigeren Elemente in seiner Partei im Zaum zu halten, die mit ihren weitgehenden Ansprüchen, sollten sie sich durchsetzen . . ., die Stellung der Reichswehr im Staate schwer beeinträchtigen würden . . . Der Grund dieses Argwohns war die SA.

(Craig, S. 514)

Ihr Führer, Ernst Röhm, verlangte, daß der „graue Fels Reichswehr in der braunen Flut untergehen" sollte. Außerdem hatte er damit begonnen, die SA, die im ersten Jahr nach der Machtergreifung ungefähr vier Millionen Mann zählte, mit modernen Waffen auszurüsten. Darüber hinaus ließ er Spezialeinheiten bilden, die nicht mehr dem Bild einer politischen Organisation entsprachen. Man spürte, daß er vorhatte, aus der SA eine neue Armee zu formen. So lehnte er einen „Aufguß der alten kaiserlichen Armee" ab und bezeichnete sich selbst als „Scharnhorst der neuen Armee".

Zur gleichen Zeit wuchs die Verbitterung in den Reihen der SA. Viele SA-Leute hatten jahrelang auf der Straße für den Führer gekämpft. Jetzt hofften sie, in berufliche Positionen aufzusteigen, die nach der Verjagung der „Volksfeinde" frei geworden waren. Doch Hitler verweigerte sich diesem Ansinnen.

Der Unmut wuchs noch, seit Hitler mit wachsendem Nachdruck die Beendigung der revolutionären Umtriebe verlangte. Schon im Juni 1933 hatte der Abbau der zahlreichen wilden Konzentrationslager der SA begonnen, desgleichen wurden bald danach die ersten Hilfspolizei-Verbände verabschiedet. Ohne Erfolg verwiesen die Gefolgsleute Röhms auf die Opfer, die sie gebracht . . . hatten und fühlten sich übergangen: als die vergessenen Revolutionäre der versäumten Revolution. Den immer häufiger werdenden Erklärungen, daß die Machtergreifung beendet und die Aufgabe der SA erfüllt sei, trat Röhm . . . schroff entgegen.

(Fest, Hitler, S. 620)

In einem Artikel der „Nationalsozialistischen Monatshefte" warnte er diejenigen unter den Nationalsozialisten, die, wie er meinte, dabei waren, die Sache der Revolution zu verraten:

. . . wir werden unseren Kampf weiterführen. Wenn sie endlich begreifen, um was es geht: mit ihnen! . . . Und wenn es sein muß: gegen sie!

(NS-Monatshefte, 4. Jg., 1933, S. 251 ff.)

Hitler versuchte zunächst, der innenpolitischen Opposition sowohl durch Zugeständnisse als auch durch versteckte Drohungen Herr zu werden. So ernannte er Röhm im Dezember 1933 zum „Reichsminister

84.1 Hitler und Röhm

ohne Geschäftsbereich". Wenig später sprach er aber vor Gauleitern am 2. Februar 1934 von den „Narren, die da behaupteten, die Revolution sei nicht beendet".

Die sich häufenden Nachrichten über den schlechten Gesundheitszustand Hindenburgs zwangen Hitler zu schnellen Entscheidungen. Er wollte nach dessen Tod das Amt des Reichspräsidenten selbst übernehmen, um sich den Oberbefehl über die Reichswehr zu sichern. Es war aber zu vermuten, daß die Reichswehr Widerstand leisten würde, solange sie sich in ihrer Existenz von der SA bedroht fühlte.

Seit dem Frühjahr 1934 begann darum eine richtiggehende Treibjagd auf Röhm und die SA, an der sich nicht nur Göring und Goebbels, sondern auch die Reichswehrführung beteiligten. Am 23. Juni 1934 wurde ein angeblicher Geheimbefehl Röhms durch die Abteilung Abwehr im Reichswehrministerium entdeckt. Durch ihn – so wurde behauptet – sollten die Sturmabteilungen zu den Waffen gerufen werden. Weitere Meldungen, die in den folgenden Tagen eintrafen, vermittelten „das Bild einer fieberhaften Vorbereitung der SA". In Rundfunkansprachen wurde vor einer „Zweiten Revolution" gewarnt. Göring drohte am 26. Juni 1934 auf einer Versammlung an, daß er zuschlagen würde, sollte „eines Tages das Maß übervoll" sein.

In der Nacht vom 30. Juni 1934 wurden Röhm und Dutzende von SA-Führern von SS-Leuten ohne Gerichtsurteil erschossen. Doch die Aktion gegen die SA kostete auch eine Reihe anderer Männer das Leben, die im Verdacht standen, gegen das Regime zu arbeiten. In einem Tagesbefehl vom 1. Juli 1934 hob Reichswehrminister von Blomberg dennoch den „soldatischen Entschluß und beispielhaften Mut" hervor, den der Führer bei der Beseitigung der „Meuterer und Verräter" gezeigt habe. Hitler rechtfertigte die Maßnahmen vier Tage später:

Die Reichsregierung hat das folgende Gesetz beschlossen... Die zur Niederschlagung hoch- und landesverräterischer Angriffe... vollzogenen Maßnahmen sind als Staatsnotwehr rechtens.
(Nach: Hofer, Nationalsozialismus, S. 70)

Das Gesetz über das Staatsoberhaupt des Deutschen Reiches vom 1. August 1934 bedeutete den letzten Akt der Machtergreifung:

§ 1 Das Amt des Reichspräsidenten wird mit dem des Reichskanzlers vereinigt. ...
§ 2 Dieses Gesetz tritt mit Wirkung von dem Zeitpunkt des Ablebens des Reichspräsidenten von Hindenburg in Kraft.
(Nach: Hofer, Nationalsozialismus, S. 70)

Als Hindenburg am 2. August 1934 starb, wurde die Reichswehr auf Adolf Hitler neu vereidigt.

1. Welche Absichten verfolgte Hitler mit dem sogenannten Röhm-Putsch?
2. Inwiefern ist das Gesetz über das Staatsoberhaupt des Deutschen Reiches der letzte Akt der Machtergreifung?

Eid der Reichswehr 1919–1934:

Ich schwöre Treue der Reichsverfassung und gelobe, daß ich als tapferer Soldat das Deutsche Reich und seine gesetzmäßigen Einrichtungen jederzeit schützen, dem Reichspräsidenten und meinen Vorgesetzten Gehorsam leisten will.

Eid der Reichswehr auf Adolf Hitler, seit dem 2.8.1934:

Ich schwöre bei Gott diesen heiligen Eid, daß ich dem Führer des Deutschen Reiches und Volkes, Adolf Hitler, dem Oberbefehlshaber der Wehrmacht, unbedingten Gehorsam leisten und als tapferer Soldat bereit sein will, jederzeit für diesen Eid mein Leben einzusetzen.

Wie der SS-Staat entstand

Der Aufstieg der SS

Die SS (Schutzstaffel) war 1925 zum persönlichen Schutz des Führers gegründet worden. Bis 1934 war sie eine Unterorganisation der SA. Heinrich Himmler war seit 1929 Führer der SS. Er hatte von Hitler bei seiner Ernennung den Auftrag erhalten, aus der SS „... eine in jedem Falle verläßliche Truppe, eine Elitetruppe der Partei zu formen". Himmler selbst forderte, daß diese Elitetruppe „ein nationalsozialistischer, soldatischer Orden nordisch bestimmter Männer" werden sollte.

Nach dem sogenannten Röhm-Putsch und der damit verbundenen Entmachtung der SA wurde die SS von Hitler zur selbständigen Organisation erklärt. Himmler war von nun an nur noch dem Führer persönlich verantwortlich. Seit 1936, als ihm die deutsche Polizei unterstellt wurde, trug er den Titel „Reichsführer" und „Chef der Deutschen Polizei". Die Machtfülle, die Himmler übertragen worden war, ließ die SS zur mächtigsten Organisation im nationalsozialistischen Herrschaftssystem werden. Sie unterhielt einen eigenen Geheimdienst, den SD. Sie sorgte für die Bewachung, Verwaltung und wirtschaftliche Ausnutzung der Konzentrationslager; schließlich hatte sie eine eigene bewaffnete Truppe, die Waffen-SS.

SD:
Sicherheitsdienst

Durch die Ernennung Himmlers zum Chef der Deutschen Polizei war die Parteiorganisation SS mit der Polizei, einer staatlichen Organisation, verbunden worden. Dem SD, einem von der Partei finanzierten Sicherheitsdienst, wurde im September 1939 die staatliche Sicherheitspolizei, Kriminalpolizei und Geheime Staatspolizei im Reichssicherheitshauptamt zugeordnet. Der SD beschäftigte ein Heer von Spitzeln, Agenten und Denunzianten. Er schleuste SS-Leute in wichtige Polizeistellen, in Führungspositionen der Parteiorganisationen und hatte „Vertrauensleute" an den Schaltstellen der Macht. Im Geheimarchiv des SD wurden alle Informationen aufbewahrt.

> Es gibt nichts, was in diesem Archiv nicht vorhanden gewesen wäre. Minister sind bespitzelt, alle guten und schlechten Taten von Gauleitern, Reichsleitern, Prominenten und völlig unbekannten Nazis und Nazigegnern sind registriert worden ... Von Persönlichkeiten ... aus Partei und Staat, aus Gesellschaft, Kirche und Verein, ihre Gelüste und kleinen menschlichen Schwächen ... [sind aufgezeichnet worden].
>
> *(E. Kogon, Der SS-Staat, München 1974, S. 28)*

Das Reichssicherheitshauptamt wurde zur wichtigsten Einrichtung für den nationalsozialistischen Terror. Es konnte die sogenannte Schutzhaft verhängen. Die Schutzhaftbefehle konnten ohne Gerichtsverfahren und ohne Berufungsmöglichkeit für die Opfer erlassen werden. „Schutzhäftlinge" verschwanden in einem der von der SS eingerichteten Konzentrationslager.

Nach der Entmachtung der SA hatte die SS, wie bereits gesagt, auch die Leitung und Bewachung der Konzentrationslager übernommen. Im Juli 1934 wurde Theodor Eicke von Himmler zum „Inspekteur der Konzentrationslager und Führer der SS-Wachverbände" ernannt. Aus den SS-Wachtruppen entwickelten sich die SS-Totenkopfverbände, die als „innenpolitische Knochenbrechergarde" ausgebildet wurden. Nach

86.1 „Wohin", Karikatur aus „The Daily Express", London 1933

dem Willen Hitlers waren sie „weder ein Teil der Wehrmacht noch der Polizei. Sie sind eine stehende bewaffnete Truppe der SS zur Lösung von Sonderaufgaben polizeilicher Natur, die zu stellen ich mir von Fall zu Fall vorbehalte." Die SS-Totenkopfverbände kommandierten die Konzentrationslager, in denen die politischen Gegner eingesperrt, mißhandelt und zu Tode gefoltert wurden.

Außerdem erhielt Himmler 1934 die Erlaubnis, eine bewaffnete kasernierte SS-Verfügungstruppe aufzustellen. Damit begann der Aufstieg der Waffen-SS. Sie unterstand ausschließlich dem Reichsführer-SS. Lange wehrten sich die Wehrmachtsgenerale gegen diese zweite militärische Gewalt im Staate; sie konnten aber den Ausbau der Waffen-SS nicht verhindern.

Schon vor 1933 war der SS das „Rasse- und Siedlungshauptamt" zugewiesen worden. Es sollte Hitlers Vorstellung von der „nordisch-germanischen Herrenrasse" in die Tat umsetzen. Mit dieser Elite sollte der zu erobernde „Lebensraum im Osten" besiedelt werden.

In Massentransporten wurden Juden aus ganz Europa in die von der SS errichteten Vernichtungslager gebracht. Die Arbeitskraft vieler, zumeist jüdischer Häftlinge wurde für den Ausbau SS-eigener Wirtschaftsunternehmen genutzt. Dabei wurden Häftlinge unter unmenschlichen Bedingungen zur Arbeit eingesetzt, die oft zum Tod führten. Dies hinderte große Firmen aber nicht, mit den Wirtschaftsunternehmen der SS zusammenzuarbeiten. So berichtete ein Vorstandsmitglied der IG-Farben am 12. April 1941 seiner Direktion:

Anläßlich eines Abendessens, das uns die Leitung des Konzentrationslagers gab, haben wir weiterhin die Maßnahmen festgelegt, welche die Einschaltung des wirklich hervorragenden Betriebes des KZ-Lagers zugunsten der Buna-Werke betreffen.
(Schnabel, Macht ohne Moral, Frankfurt 1957, S. 227)

Einsatzgruppen des SD folgten der Wehrmacht, die im Zweiten Weltkrieg in Polen und in die Sowjetunion einmarschiert war. Zur Behandlung der nichtjüdischen Bevölkerung in den besetzten Gebieten sagte Himmler am 4.10.1943 bei einer SS-Gruppenführertagung:

... Ein Grundsatz muß für den SS-Mann absolut gelten: ehrlich, anständig, treu und kameradschaftlich haben wir zu Angehörigen unseres eigenen Blutes zu sein ... Wie es den Russen geht ... ist mir total gleichgültig. Das, was in den Völkern an gutem Blut unserer Art vorhanden ist, werden wir uns holen, indem wir ihnen, wenn notwendig, die Kinder rauben und bei uns großziehen. Ob die anderen Völker in Wohlstand leben oder ob sie verrecken vor Hunger, das interessiert mich nur insoweit, als wir sie als Sklaven für unsere Kultur brauchen ... Ob bei dem Bau eines Panzergrabens 10 000 russische Weiber an Entkräftung umfallen oder nicht, interessiert mich nur insoweit, als der Panzergraben für Deutschland fertig wird.
(Nach: Hofer, Nationalsozialismus, S. 113)

1. Warum kann das „Dritte Reich" auch SS-Staat genannt werden?
2. Warum wurde die SS zur gefürchtetsten Organisation?

SS-Totenkopfverbände

1934   2000 Mann
1937   4000 Mann

Sie bewachten 1937 in den drei Konzentrationslagern Dachau (bei München), Sachsenhausen (bei Berlin), Buchenwald (bei Weimar) insgesamt knapp 10 000 Häftlinge.

Ausbau der Waffen-SS

1933
Leibstandarte –
120 Mann

1934/35
3 Standarten in Berlin, München, Hamburg –
9000 Mann;
2 SS-Junkerschulen in Bad Tölz und Braunschweig

1938
Weitere bewaffnete SS-Einheiten –
ca. 16 000 Mann

1945, gegen Kriegsende,
ca. 900 000 Mann

Welche Funktion die HJ innerhalb der NS-Weltanschauung hatte

Die Hitlerjugend

Die Hitlerjugend (HJ) war 1926 als Jugendorganisation der NSDAP gegründet worden. Nach der Machtübernahme 1933 erklärte der Reichsjugendführer der HJ, Baldur von Schirach: „Wie die NSDAP nunmehr die einzige Partei ist, so muß die HJ die einzige Jugendorganisation sein." Einige Jugendverbände lösten sich freiwillig auf, andere wurden dazu gezwungen. Das „Gesetz über die Hitlerjugend" vom 1.12.1936 bestimmte, daß die „gesamte deutsche Jugend innerhalb des Reichsgebietes ... in der Hitlerjugend zusammengefaßt" werden sollte. Sie sollte „körperlich, geistig und sittlich im Geiste des Nationalsozialismus" erzogen werden. Eine Verordnung vom März 1939 bestimmte, daß die Teilnahme an Veranstaltungen der HJ eine Jugenddienstpflicht und ein „Ehrendienst am deutschen Volke" sei.

Bereits 1927 hatte Hitler über die Erziehung der Jugend geschrieben:

Treueformel, die die 10jährigen Jungen und Mädchen beim Eintritt sprechen mußten:

„Ich verspreche, in der Hitlerjugend allzeit meine Pflicht zu tun in Liebe und Treue zum Führer und unserer Fahne."

Der völkische Staat hat ... seine gesamte Erziehungsarbeit ... nicht auf das Einpumpen bloßen Wissens einzustellen, sondern auf das Heranzüchten kerngesunder Körper.
Der völkische Staat muß [davon] ... ausgehen, daß ein zwar wissenschaftlich wenig gebildeter, aber körperlich gesunder Mensch mit gutem, festem Charakter, erfüllt von Entschlußfreudigkeit und Willenskraft, für die Volksgemeinschaft wertvoller ist als ein geistreicher Schwächling. Ein Volk von Gelehrten wird, wenn diese dabei ... willensschwache und feige Pazifisten sind, den Himmel nicht erobern, ja nicht einmal auf dieser Erde sich das Dasein zu sichern vermögen.

(Hitler, Mein Kampf, München 1939, 434–443. Auflage, S. 452 f.)

Der Schwerpunkt der Arbeit in der HJ war durch weltanschauliche Schulungen, Sportveranstaltungen, Fahrten und durch die vormilitärische Ausbildung gekennzeichnet. Letztere nahm schließlich den meisten Raum während des Dienstes ein. Der Journalist Karl-Heinz Janßen erinnert sich an seine Zeit im „Deutschen Jungvolk". Dies war eine Unterorganisation der HJ für die 10–14jährigen Jungen:

BDM: Bund Deutscher Mädchen

88.1 Zeltlager der Hitlerjugend

88.2 Marschierende Gruppe des BDM

89.1 Jungvolk bei Schießübungen

89.2 Luftwaffenhelfer

Wir waren Hitlerjungen, Kindersoldaten, längst ehe wir mit zehn Jahren für wert befunden wurden, das Braunhemd [der HJ-Uniform] zu tragen. Schon vorher waren wir dauernd „im Einsatz". Wir sammelten Altpapier und Altmetalle, suchten Heilkräuter, ... waren aufs „Dienen" vorbereitet, ehe wir als Pimpfe zwei- oder dreimal die Woche und oft am Sonntag zum „Dienst" befohlen wurden: „Du bist nichts, dein Volk ist alles!"
In unserem Fähnlein [Einheit des Jungvolks] bestanden die Jungvolk-Stunden fast nur aus „Ordnungsdienst", ... Auch wenn Sport oder Schießen oder Singen auf dem Plan standen, gab es erst immer „Ordnungsdienst": endloses Exerzieren mit „Stillgestanden", „Rührt euch", ... Es ging zu wie ... auf dem Kasernenhof. Zwölfjährige Hordenführer brüllten zehnjährige Pimpfe zusammen und jagten sie kreuz und quer über Schulhöfe, Wiesen und Sturzäcker ... Uns wurde von Kindesbeinen an Härte und blinder Gehorsam eingedrillt ... Wir alle waren von Ehrgeiz gepackt, wollten durch ... Disziplin, durch Härte im Nehmen, ... imponieren. Denn wer tüchtig war, wurde befördert.

(H. Focke, Alltag unterm Hakenkreuz, Reinbek 1979, S. 45 f.)

Die Erziehung der Mädchen sollte nach den gleichen Gesichtspunkten erfolgen, die auch für die Jungen galten.

Während des Zweiten Weltkrieges wurden Jungen und Mädchen für den „Kriegseinsatz der Hitlerjugend" gebraucht. Dazu gehörten Landeinsatz und Erntehilfe, aber auch Lazarett- und Soldatenbetreuung. In den letzten Jahren des Krieges wurden viele Jungen als Luftwaffenhelfer und im Volkssturm eingesetzt.

1. Vergleiche Hitlers Erziehungsziele mit denen, die in unserer Landesverfassung genannt werden.
2. Warum mag es vielen Jugendlichen in HJ und BDM gefallen haben?
3. Welche Bedeutung wurde der Jugend scheinbar gegeben?

1. Vorwärts! Vorwärts!
schmettern die hellen
Fanfaren, Vorwärts!
Vorwärts! Jugend kennt
keine Gefahren.
Deutschland, du wirst
leuchtend stehn, mögen wir
auch untergehn. Vorwärts!
Vorwärts! Jugend kennt
keine Gefahren. Ist das Ziel
auch noch so hoch, Jugend
zwingt es doch!

Unsre Fahne flattert uns
voran. Unsre Fahne ist die
neue Zeit. Und die Fahne
führt uns in die Ewigkeit!
Ja! die Fahne ist mehr als
der Tod!

2. Jugend! Jugend! wir sind
der Zukunft Soldaten.
Jugend! Jugend! Träger der
kommenden Taten.
Ja, durch unsere Fäuste
fällt, wer sich uns
entgegenstellt ...

HJ-Lied

Führermythos und Führerstaat

Führermythos

Wie aus der „Führeridee" ein „Führerkult" wurde

Dem totalen Anspruch des faschistischen Staates lag eine leitende Idee zugrunde, die Idee vom Führer, dem die Volksgemeinschaft Gefolgschaft leistet. Hitler verstand sich schon 1934 nicht mehr nur als Führer der nationalsozialistischen Bewegung, sondern als Führer der Nation. Die Soldaten der Wehrmacht wurden auf den „Führer des Deutschen Reiches und Volkes Adolf Hitler" vereidigt, ihm schworen die Minister Treue und Gehorsam. Auch die faschistischen Diktatoren Italiens, Benito Mussolini, und Spaniens, Francisco Franco, beanspruchten in ähnlicher Weise den Führertitel, indem sie sich als Duce bzw. Caudillo bezeichnen ließen.

In seinem Buch „Mein Kampf" hat Hitler das Führerprinzip so erläutert:

> Die Bewegung [des Nationalsozialismus] vertritt im kleinsten wie im größten den Grundsatz der unbedingten Führerautorität . . . Die praktischen Folgen dieses Grundsatzes in der Bewegung sind nachstehende: Der erste Vorsitzende einer Ortsgruppe wird durch den nächsthöheren Führer eingesetzt, er ist der verantwortliche Leiter der Ortsgruppe. Sämtliche Ausschüsse unterstehen ihm . . . Abstimmungsausschüsse gibt es nicht, sondern nur Arbeitsausschüsse. Die Arbeit teilt der verantwortliche Leiter ein. Der gleiche Grundsatz gilt für die nächsthöhere Organisation, den Bezirk, den Kreis oder den Gau. Immer wird der Führer von oben eingesetzt und gleichzeitig mit unbeschränkter Vollmacht und Autorität bekleidet.
> Es ist eine der obersten Aufgaben der Bewegung, dieses Prinzip zum bestimmenden nicht nur innerhalb ihrer eigenen Reihen, sondern für den gesamten Staat zu machen. Wer Führer sein will, trägt bei höchster unumschränkter Autorität auch die letzte und schwerste Verantwortung. Wer dazu nicht fähig ist oder für das Ertragen seines Tuns zu feige ist, taugt nicht zum Führer. Nur der Held ist dazu berufen.

(Nach: W. Hofer, Der Nationalsozialismus, Ffm. 1957, S. 35)

Hitler hat sich in diesem Sinne als „Kämpfer" gegen die Feinde der „gesunden deutschen Volksgemeinschaft" verstanden. Ungefähr von 1926 an war in der NSDAP nicht mehr das Parteiprogramm von 1920, sondern allein der „Führerwille" maßgebend. Je mehr Zulauf die Nationalsozialisten bekamen, desto mehr sah sich Hitler als der berufene Führer, der das Volk zu einer kämpferischen Gemeinschaft „zusammenschweißt".

Soldateneid im NS-Staat:

„Ich schwöre bei Gott diesen heiligen Eid, daß ich dem Führer des deutschen Reiches und Volkes, Adolf Hitler, dem Oberbefehlshaber der Wehrmacht, unbedingten Gehorsam leisten und als tapferer Soldat bereit sein will, jederzeit für diesen Eid mein Leben einzusetzen."

Und dieser Zulauf wurde immer stärker. Das große Heer der Enttäuschten in Deutschland fand offenbar in Hitler das Sprachrohr ihrer teils wirren Sehnsüchte. Ihm trauten diese Menschen zu, sie aus aller Bedrängnis erretten und in eine schönere Zukunft hineinführen zu können. Sie hatten die deutsche Niederlage von 1918 und den schmählichen Abgang des Kaisers nie verwinden können. Den Versailler Friedensvertrag empfanden sie als das den Besiegten von den Siegern aufgezwungene ungerechtfertigte „Versailler Diktat" (vgl. S. 34 f.). In der Auseinandersetzung der politischen Parteien in der Weimarer Republik sahen sie nichts als unfruchtbare Zerstrittenheit.

91.1 Hitler auf Propagandareise, Breslau 1937

Dr. Joseph Goebbels war der erste Gauleiter der NSDAP von Berlin und spätere Reichspropagandaminister Hitlers. Er verstand es meisterhaft, die Sehnsucht nach einem starken Mann als Retter aus aller Not auf einen Nenner zu bringen. 1928 schrieb er über Hitler:

Werke des Talents sind Ergebnisse von Fleiß, Ausdauer und Begabung. Das Genie ist selbstschöpferisch allein durch die Gnade. Im Instinkt wurzel die tiefste Kraft des wahrhaft großen Menschen... Was Fleiß und Wissen und Schulweisheit nicht zu lösen verstehen, das kündet Gott durch den Mund derer, die er auserwählt hat... Erkennen mögen viele, organisieren noch mehr, aber aus einer schicksalhaften Erkenntnis durch die Gewalt des Wortes politische Zukunftswerke aufzubauen, das kann heute in Deutschland nur er. Viele sind berufen, aber wenige nur auserwählt. Darum glauben wir an ihn... Wir sehen in diesem Manne die Gnade des Schicksals wirksam sein und klammern uns mit allen unseren Hoffnungen an seine Idee und damit verbunden an jene schöpferische Kraft, die ihn und uns alle vorwärts treibt...
(Nach: G. Schönbrunn, Geschichte in Quellen, Weltkriege und Revolutionen, 1914–1945, München 1979, S. 285)

91.2 Soldaten hören im „Gemeinschaftsempfang" Reden von Hitler. Links im Bild steht – hier nicht mehr sichtbar – das Rundfunkgerät.

Der amerikanische Generalkonsul Messersmith berichtete am 29. November 1933 an den Außenminister der USA:

Er [Hitler] ist von einem gewissen Teil der Bevölkerung praktisch zum Gott erhoben worden und paßt sich der ungewöhnlichen psychologischen Situation, die so entstanden ist, durchaus an. Er ist der Mittelpunkt der gegenwärtigen Verrücktheit...
(Nach: Geschichte in Quellen, Weltkriege, S. 294)

1. Vergleiche das Führerprinzip mit Art. 20 und 21 des Grundgesetzes.
2. Inwiefern kann man von Führer„kult" reden? Vergleiche Röm. 3, 28 und Matth. 20, 16 mit Goebbels Sätzen. Warum geht er wohl so vor?

Soldateneid in der Bundesrepublik Deutschland:
„Ich gelobe, der Bundesrepublik treu zu dienen und das Recht und die Freiheit des deutschen Volkes tapfer zu verteidigen."

Wie der Führerstaat wirklich aussah

Die Idee des Führerstaates
Seit der „Machtergreifung" am 30. Januar 1933 setzten die Nationalsozialisten alles daran, den demokratischen und liberalen Staat im Sinne des Führerprinzips umzuwandeln. Sie waren davon überzeugt, daß die parlamentarische Demokratie nicht zum deutschen Volke passe. Wie in der nationalsozialistischen Bewegung, sollte die Führeridee nun auch im Staatsleben durchgesetzt werden. Dem diente zunächst die sogenannte Gleichschaltung der Jahre 1933/34 (vgl. S. 80 f.). Damals wurden die Gewerkschaften und alle Parteien außer der NSDAP aufgehoben. Die deutschen Länder wurden entmachtet und zu reinen Verwaltungsbezirken heruntergedrückt.

Die Nationalsozialisten versuchten ferner zunehmend, die gesamte Bevölkerung in der Partei oder in ihr angeschlossenen Organisationen zu erfassen. So gab es neben der NSDAP, der SA, der SS, der HJ und dem zu dieser gehörigen BDM (Bund deutscher Mädel) sowie dem „Jungvolk" und den „Jungmädeln", noch viele andere Formationen. Für die Frauen stand die Nationalsozialistische Frauenschaft (NSF) bereit, für die Autobesitzer das Nationalsozialistische Kraftfahrer-Korps (NSKK), für die akademischen Berufe der Nationalsozialistische Lehrerbund, der NS-Beamten-, Ärzte- und Juristenbund. Anstelle der Gewerkschaften und über deren herkömmlichen Rekrutierungsbereich hinaus, nämlich auch die Führungspositionen einbeziehend, wurde die Deutsche Arbeitsfront (DAF) für die „Arbeiter der Stirn und der Faust" gegründet (vgl. S. 81). Die jungen Männer und Frauen mußten schließlich ausnahmslos, wenn sie die Schule oder Lehre abgeschlossen hatten, ein Jahr im Reichsarbeitsdienst (RAD) ableisten. Danach wurden die Männer für zwei Jahre zum Militär eingezogen (Marine 3 Jahre Dienstzeit).

Wollte man vorwärtskommen, war es gut, sofern die Mitgliedschaft nicht wie bei der HJ schließlich Pflicht war, sich einer der genannten Organisationen anzuschließen. Aber neben diesem Druck, den der Nationalsozialismus ausübte, wußte er die Bevölkerung auch zu ködern. Die NSV (Nationalsozialistische Volkswohlfahrt) nahm sich der Bedürftigen an. Das WHW (Winterhilfswerk) wurde gegründet. Einmal im Monat wurden dafür auf den Straßen Abzeichen verkauft, die man sich ansteckte, so daß jeder sehen konnte, wer schon etwas gegeben hatte, wer nicht; einmal im Monat gab es einen „Eintopfsonntag", an dem Parteimitglieder in den Häusern das am Essen ersparte Geld als Spenden für das WHW einsammelten. Junge Ehepaare erhielten Ehestandsdarlehen, Frauen, die viele Kinder hatten, wurden mit dem „Mutterkreuz" ausgezeichnet. Die Organisation KdF (Kraft durch Freude) führte sehr billig Ferienreisen durch, z. B. mit eigenen Schiffen Fahrten durch die norwegischen Fjorde; viele Menschen konnten sich so einen Urlaub leisten, von dem sie vorher kaum zu träumen gewagt hätten. Man konnte für einen KdF-Wagen, den späteren Volkswagen, sparen, der gerade tausend Mark kosten sollte.

In nur anderthalb Jahren war es Hitler gelungen, die rechtlichen Grundlagen für den Aufbau des „Führerstaates" durchzusetzen. Und nicht viel länger brauchte er, um große Teile des Volkes in nationalsozialistischen Organisationen sowie mit deren Hilfe zu erfassen. Ins-

92.1 „Arbeitsmänner"

besondere half ihm dabei auch, daß es ihm außenpolitisch gelang, das Deutsche Reich wieder groß und mächtig zu machen. Für manche ging dies alles freilich auch nicht ohne Enttäuschungen ab. Die Deutschnationalen und Konservativen, die ein Bündnis mit Hitler eingegangen waren (vgl. S. 70), sahen sich bald ausgebootet. Die Reichswehrführung, die es geduldet hatte, daß ihr SA-Rivale Röhm ermordet worden war (vgl. S. 84 f.), war damit erpreßbar geworden. Die Großwirtschaft allerdings, die vor 1933 die scheinbar antikapitalistischen Nationalsozialisten nur zögerlich unterstützt hatte, profitierte schließlich von der Gunst des Führers und ließ sich für dessen Kriegsziele einspannen.

Nach außen suchte die NS-Propaganda das Bild eines straff organisierten und auf den Führer ausgerichteten Staates zu erwecken. Wie es in Wirklichkeit damit bestellt war, ist so beschrieben worden:

Groß war der Einfluß des Menschen an der Spitze ... Unter ihm aber war Unordnung, wühlende Konkurrenz, und jeder nahm sich so viel Macht, wie er irgend sammeln konnte. Die Höflinge um den Diktator herum und die Gewaltigen in der Provinz, Minister, Gauleiter, Statthalter, Oberpolizisten, sie alle bildeten Machtzentren, regierten gegeneinander, hatten ihre eigene Kulturpolitik, ihre eigenen Spionagesysteme, ihre eigenen Druck- und Erpressungsmittel. Bis zu einem gewissen Grad entsprach das Hitlers Absichten; das Gegeneinanderausspielen von Menschen und Mächten ist ja ein alter Tyrannentrick.

(S. Haffner, Anmerkungen zu Hitler, München 1978, S. 44)

93.1 „Arbeitsmaiden"

1. Worin bestand die nationalsozialistische „Volksgemeinschaft"?
2. Vergleiche diesen Führerstaat mit der Bundesrepublik Deutschland.

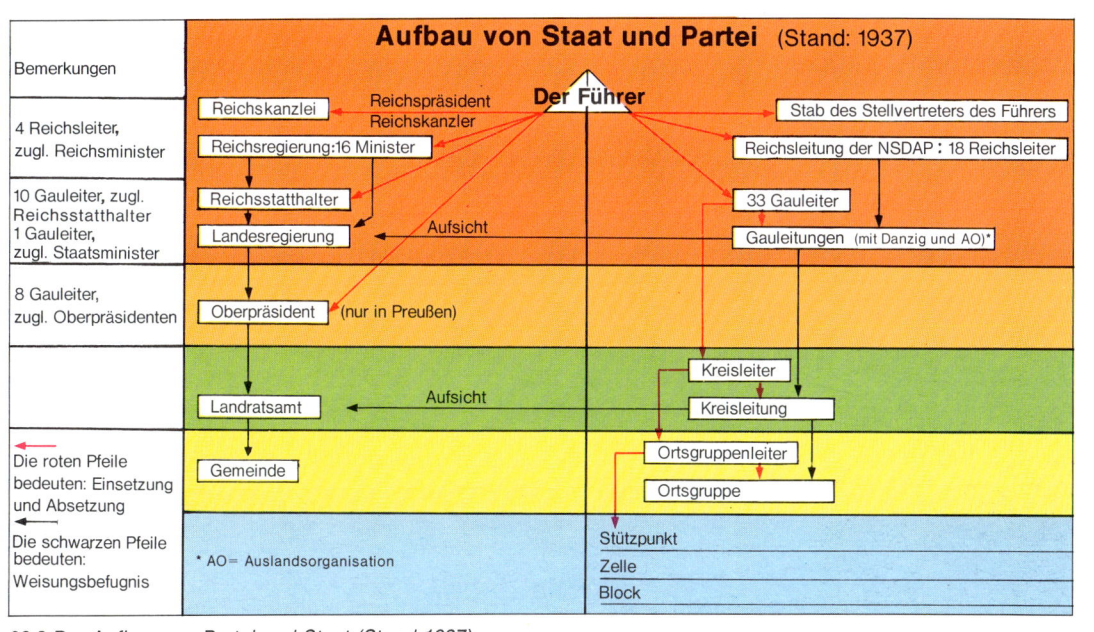

93.2 Der Aufbau von Partei und Staat (Stand 1937)

Propaganda

Was Propaganda bedeutete und wie sie organisiert wurde

Wir fragen uns heute, wie es gelingen konnte, große Teile des deutschen Volkes in eine Gefolgschaft des „Führers" zu verwandeln. Es kann nicht nur die Sehnsucht nach einem „starken Mann" gewesen sein, der sie blind machte für das Unrecht und die Aushöhlung ihrer Freiheit. Die Nationalsozialisten bedienten sich geschickt und skrupellos der modernen Massenmedien und gebrauchten sie für eine hemmungslose Propaganda. Hitler selbst war ein begabter Redner, der es verstand, den Eindruck „heiligen Ernstes" und eines „politischen Missionars" zu vermitteln. Bei seinen Reden war etwas los, da wurde schonungslos „abgerechnet". Er kannte seinen Einfluß auf die Massen und ließ sich durch den Applaus befeuern und weitertreiben. Im Jahre 1932 benutzte Hitler während der Wahlkämpfe im März und Juli erstmalig das Flugzeug für den schnellen Propagandaeinsatz. Während der 4 Wochen seiner „Deutschlandflüge" konnte er an 96 Orten auf Massenversammlungen sprechen. Eine sensationell aufgemachte Propaganda trieb Hunderttausende zu den Hitler-Kundgebungen und machte den „Führer" in ganz Deutschland bekannt. Hitler schrieb über den Zweck der Propaganda in „Mein Kampf":

> Propaganda ist nicht dazu da, blasierten Herrchen laufend unterhaltsame Abwechslung zu verschaffen, sondern ... die Masse zu überzeugen ... Nur einer tausendfachen Wiederholung einfachster Begriffe wird sie ihr Gedächtnis schenken ... So muß das Schlagwort wohl von verschiedenen Seiten aus beleuchtet werden, allein das Ende jeder Betrachtung hat immer von neuem beim Schlagwort selber zu liegen ...
> Wenn die Propaganda ein ganzes Volk mit einer Idee erfüllt hat, kann die Organisation mit einer Handvoll Menschen die Konsequenzen ziehen ...

(Nach: Geschichte in Quellen, Weltkriege, S. 295 f.)

Über die breite Masse des Volkes schrieb er in „Mein Kampf":

> Die Psyche der breiten Masse ist nicht empfänglich für alles Halbe und Schwache. Gleich dem Weibe ... liebt auch die Masse mehr den Herrscher als den Bittenden ... Sie weiß mit der Freiheit auch meist nur wenig anzufangen und fühlt sich sogar leicht verlassen. Die Unverschämtheit ihrer geistigen Terrorisierung kommt ihr ebensowenig zum Bewußtsein wie die empörende Mißhandlung ihrer menschlichen Freiheit ...

(Nach: Geschichte in Quellen, Weltkriege, S. 295)

Nach den Reichstagswahlen vom 5. März 1933 wurde als erstes zusätzliches Ministerium das Reichsministerium für Volksaufklärung und Propaganda unter Dr. Joseph Goebbels eingerichtet. Der Rundfunk war bald auf die NS-Linie gebracht. Das Radio, der „Volksempfänger", sollte in jedes Haus. 100 000 Stück waren schon im August 1933, das Stück zu 76 RM, verkauft. Später wurde er noch billiger. Die Zahl der Haushalte, die Radios besaßen, stieg von 25% im Jahre 1933 auf 70% im Jahre 1939 an. Wichtige Meldungen und Reden mußten im „Gemeinschaftsempfang" angehört werden. Goebbels Ziel, den Rundfunk zum wichtigsten „Massenbeeinflussungsinstrument" zu machen, war bald erreicht. Schwieriger war es für die Nazis, die Zeitungspresse in ihre Hand zu bekommen (vgl. S. 82). Über einen Gemeinschaftsempfang in einem Betrieb wird allerdings auch berichtet:

Zahl der Rundfunkteilnehmer in Deutschland

1930	3 066 682
1933	4 307 722
1936	7 192 952
1938	9 087 454

Nationalsozialistische Gewaltherrschaft und der Zweite Weltkrieg

95.1 Hitler als Redner

95.2 Reichsparteitag in Nürnberg

Während der Rede unterhielten sich die Arbeiter untereinander, so daß die Werks-SA einschreiten mußte... Im letzten Drittel der Übertragung kam einmal ein größerer Applaus aus dem Lautsprecher... Sofort stürzten Arbeiter zu den Toren..., da die Rede aus sei.

(Aleff, Das Dritte Reich, S. 107)

Fast die gesamte Filmwirtschaft verstaatlichte Goebbels nach und nach. Das Propagandaministerium verwarf Drehbücher oder genehmigte sie:

Alles Ungenehme schnitt oder verbot die Zensur. In die Kinos kam nur das Freigegebene. Offene Propaganda boten die Wochenschau, mit dem Schein des Dokumentarischen, und knapp 200 der rund 1150 Spielfilme. Was sonst auf der Leinwand flimmerte, gab sich propagandafrei: ... Doch auch in vordergründig unverfänglicher Unterhaltung – immer ohne Hitlergruß – war unterschwellig politische Seelenmassage eingeblendet: „große Männer" als Führerfiguren, Frauen als ... Hausmütterchen, Sitte, Zucht und Ordnung, „deutsches Wesen", fremde Entartung, Schicksalsglauben, verzuckerte Traumwelten als Ablenkung von der Wirklichkeit...

(Aleff, S. 108)

1. Was ist der Unterschied zwischen Propaganda und Werbung?
2. Wer entscheidet heute über das Programm in Rundfunk und Fernsehen?

Wie Feste und Feiern propagandistisch eingesetzt wurden

Wie „Gottesdienste" wurden Kundgebungen mit raffinierten Effekten, die die Massen begeisterten, an den „nationalen Feiertagen" in Szene gesetzt: am Tag der deutschen Arbeit, dem Gedenktag des Hitlerputsches 1923, am Tag der Machtergreifung und am Heldengedenktag. „Große Heerschauen der Bewegung, bei denen das ganze Volk gleichsam Tritt faßt für den Marsch in das nächste Jahr", nannte ein Geschichtsbuch des Jahres 1939 die Reichsparteitage in Nürnberg. Fanfarenchöre, Marschmusik, Standarten, Flaggen, Treueschwüre, stundenlange Vorbeimärsche der Parteigliederungen, ab 1934 auch der Wehrmacht, Fackelzüge bereiteten den Auftritt Hitlers auf erhobener Tribüne vor. Schlagworte wurden eingehämmert. In fast hysterischen „Heil"-Rufen antwortete die Masse, die in Reih und Glied angetreten war.

Inge Scholl berichtet, wie Propaganda auf sie und ihre Geschwister Hans und Sophie wirkte, die später im Widerstand ihr Leben ließen:

War das nicht etwas Überwältigendes, diese Gemeinschaft? . . . Wir waren mit Leib und Seele dabei, und wir konnten es nicht verstehen, daß unser Vater nicht glücklich und stolz ja dazu sagte. Im Gegenteil, er war sehr unwillig darüber . . . Und manchmal verglich er Hitler mit dem Rattenfänger von Hameln, der die Kinder mit seiner Flöte ins Verderben gelockt hatte.

(I. Scholl, Die Weiße Rose, Ffm. 1955, S. 12 ff.)

Auch die Olympischen Spiele 1936 in Berlin wurden von den Nazis propagandistisch ausgeschlachtet. Vor der Machtergreifung hatten sie eine rigoros ablehnende Haltung dazu eingenommen, weil ein sport-

96.1 *Maifeier*

96.2 *Bauerntag*

licher Wettkampf mit Angehörigen von „Feindvölkern" und „minderwertigen Rassen" gegen deutsches Ehrgefühl verstoße. Nachher jedoch unterstützte Hitler die Austragung der Olympischen Spiele in Berlin und Garmisch-Partenkirchen, weil er sich eine Werbung für das „neue" Deutschland erhoffte. Der Goebbelsche „Olympia-Propagandaausschuß" warb im In- und Ausland für die sportliche Großveranstaltung, um viele Ausländer von der „Friedensliebe" und hohen Kultur der Deutschen zu überzeugen. Tatsächlich stellten die Spiele eine Meisterleistung an Organisation dar. Selbst skeptische ausländische Besucher hatten der Ablauf der Spiele und die Erfolge der deutschen Teilnehmer sehr beeindruckt. Nur wenige beobachteten so scharf wie der amerikanische Dichter Thomas Wolfe bei der Berliner Olympiade:

Viele marschierende Männer gab es zu sehen: Regimenter von Braunhemden marschierten schwungvoll durch die Straßen, nicht immer bewaffnet, aber in gleichem Schritt und Tritt. Täglich zur Mittagszeit nahmen diese Truppen an allen Hauptzufahrtsstraßen zum Stadion Aufstellung, an allen flaggengeschmückten Straßen und Alleen, die der Führer entlangzufahren pflegte. Die jungen Leute standen bequem, lachten und unterhielten sich: die Leibwache des Führers, die Einheiten der SS und der SA. Dann plötzlich ein scharfes Kommando und das Zusammenknallen von zehntausend schweren Stiefeln. Es klang nach Krieg.

(C. Hagener, Deutschland..., Braunschweig 1966, S. 80)

1. Worin lag die Propagandawirkung der Großveranstaltungen?
2. Überleg, wo und warum es heute ähnliche Formen von Massenbeeinflussung und Massenwahn gibt.

97.1 Heldengedenktag

97.2 Eröffnung der Olympiade in Berlin, 1936

Die nationalsozialistische Rassenpolitik

Rassenlehre und Judenboykott

Wie sich die Rassenideologie am Beginn des „Dritten Reiches" auswirkte

Rassismus ist das Kernstück der nationalsozialistischen Weltanschauung. Hitler schrieb 1925 in „Mein Kampf":

... Was nicht gute Rasse ist auf dieser Welt, ist Spreu. Alles weltgeschichtliche Geschehen ist aber nur die Äußerung des Selbsterhaltungstriebs der Rassen im guten oder schlechten Sinne ... Die Blutsvermischung und das dadurch bedingte Senken des Rassenniveaus ist die alleinige Ursache des Absterbens aller Kulturen ...
Menschliche Kultur und Zivilisation sind auf diesem Erdteil unzertrennlich gebunden an das Vorhandensein des Ariers. Sein Aussterben oder Untergehen wird auf diesen Erdball wieder die dunklen Schleier einer kulturlosen Zeit senken ... Den gewaltigsten Gegensatz zum Arier bildet der Jude ... Er ist und bleibt der ewige Parasit, ein Schmarotzer, der wie ein schädlicher Bazillus sich immer mehr ausbreitet, sowie nur ein günstiger Nährboden dazu einlädt ... So glaube ich heute im Sinne des allmächtigen Schöpfers zu handeln: Indem ich mich des Juden erwehre, kämpfe ich für das Werk des Herrn ...

(Nach: Geschichte in Quellen, Weltkriege, S. 286–288)

Schon im Mittelalter wurden die Juden aus religiösen Gründen verfolgt. Im 19. Jahrhundert wuchs mit nationalistischen und völkischen Ideen in Europa auch der Judenhaß, der Antisemitismus. Die Parteiblätter der „Völkische Beobachter", Goebbels Zeitschrift „Angriff" und vor allem Julius Streichers Hetzblatt „Der Stürmer" betrieben antijüdische Hetze. Schon Ende März 1933 kam es zum „Judenboykott". SA- und SS-Männer machten ihren über Jahre aufgeputschten Haßgefühlen Luft. Sie mißhandelten jüdische Geschäftsleute und oft auch deren Kunden.

98.1 *Boykott eines Warenhauses in Berlin am 1. April 1933*

Die Münstersche Zeitung vom 30.3.1933 berichtete unter dem Schlagwort „Abwehrmaßnahmen":

In Verfolgung der Abwehrmaßnahmen gegen die Greuelpropaganda im Ausland nahmen auch in Münster am Mittwochmorgen zur Zeit der Geschäftseröffnung SA- und SS-Posten vor den Geschäften jüdischer Inhaber Aufstellung. Die Aktion wurde im Laufe des Vormittags einheitlich durchgeführt, nachdem zunächst noch einige der in Frage kommenden Geschäfte übergangen worden waren ... In den Mittagsstunden haben die meisten jüdischen Kaufhäuser ihr Personal nach Hause geschickt und ihre Geschäfte geschlossen ... Im Laufe des Vormittags wurde auch jüdischen Hochschullehrern das Betreten der Westfälischen Landesuniversität verwehrt. Für den Nachmittag war in Münster eine Aktion gegen die Praxis jüdischer Rechtsanwälte und Ärzte geplant.

(Geschichte original..., Heft 5, Blatt 6, Münster 1980)

Der Judenboykott wurde 1933 mit Rücksicht auf die noch nicht gesicherte Macht der NSDAP und auf das Ausland wieder abgebrochen, die Entrechtung der Juden jedoch ging weiter. Das Gesetz zur Wiederherstellung des Berufsbeamtentums vom 7.4.33 (vgl. S. 80) erzwang die Entlassung jüdischer Beamten; das Reichskulturkammergesetz vom 22.9.33 schaltete jüdische Schriftsteller und Künstler aus, das Schriftleitergesetz vom 4.10.33 (vgl. S. 82) jüdische Redakteure; das Gesetz gegen die Überfüllung deutscher Schulen und Hochschulen vom 25.4.34 schränkte den Hochschulbesuch jüdischer Bürger ein.

1. Womit wurde der Judenboykott 1933 begründet?
2. Vergleiche das Grundgesetz, Artikel 1–3, mit dem Hitlertext.
3. Wodurch machen Neo-Nazis heute auf sich aufmerksam? Nimm Stellung zum Verbot solcher Vereinigungen.

99.1 Diffamierung jüdischer Schüler vor der Klasse, 1933

Wie der Kampf gegen die Juden verschärft wurde

Von den Nürnberger Gesetzen zur „Reichskristallnacht"
Ihren ersten Höhepunkt erreichte die Entrechtung der Juden in den „Nürnberger Gesetzen", die auf dem „Parteitag der Freiheit" am 15. September 1935 vom Reichstag beschlossen wurden. Sie bestanden aus einem „Reichsbürgergesetz" und einem „Gesetz zum Schutze des deutschen Blutes und der deutschen Ehre":

1. Reichsbürgergesetz: § 2.1 Reichsbürger ist nur der Staatsangehörige deutschen oder artverwandten Blutes, der durch sein Verhalten beweist, daß er gewillt und geeignet ist, in Treue dem deutschen Volk und Reich zu dienen.
2. Gesetz zum Schutze des deutschen Blutes und der deutschen Ehre: Durchdrungen von der Erkenntnis, daß die Reinheit des deutschen Blutes die Voraussetzung für den Fortbestand des deutschen Volkes ist, und beseelt von dem unbeugsamen Willen, die deutsche Nation für alle Zukunft zu sichern, hat der Reichstag einstimmig das folgende Gesetz beschlossen, das hiermit verkündet wird.
§ 1 Eheschließungen zwischen Juden und Staatsangehörigen deutschen oder artverwandten Blutes sind verboten. Trotzdem geschlossene Ehen sind nichtig, auch wenn sie ... im Auslande geschlossen sind ...
§ 2 Außerehelicher Verkehr zwischen Juden und Staatsangehörigen deutschen oder artverwandten Blutes ist verboten.
§ 3 Juden dürfen weibliche Staatsangehörige deutschen oder artverwandten Blutes unter 45 Jahren nicht in ihrem Haushalt beschäftigen.

(Nach: W. Hofer, Nationalsozialismus, S. 284/285)

Viele Juden, die Deutschland als ihr Vaterland ansahen und liebten, verließen das Land. Viele andere aber glaubten nicht an ihre neue Rolle als Volksfeinde und blieben trotz allem in ihrem Heimatort. Als am 7. November 1938 der Jude Herschel Grünspan in Paris den Angestellten der Deutschen Botschaft, Ernst vom Rath, erschossen hatte, ergriff Goebbels diese Gelegenheit, den Volkszorn zu entflammen. In der Nazipresse hieß es: Der Tod vom Raths löst im ganzen Reich spontan judenfeindliche Kundgebungen aus. In einer Zeitung hieß es:

Auch in Münster löste die Nachricht ... am Mittwoch abend flammende Empörung aus, die von Stunde zu Stunde wuchs und sich schließlich im

Jüdische Emigration aus dem Deutschen Reich (Grenzen 1937), geschätzt

Jüdische Bevölkerung 1933
562 000

Auswanderung 1933–1938
220 000

Auswanderung 1939–1941
100 000

Auswanderung 1942–1945
10 000

Auswanderung insgesamt
330 000

Sterbeüberschuß 1933–1945
72 000

Deportiert ab 1942
135 000

Jüdische Bevölkerung in Deutschland 1945
25 000

1937		1941	
Palästina	ca. 39 000	USA	ca. 100 000
USA	ca. 26 000	Palästina	ca. 55 000
England	ca. 8 000	Argentinien	ca. 40 000
Frankreich	ca. 7 000	England	ca. 32 000
Niederlande	ca. 7 000	vom Dt. Reich besetztes Westeuropa und Südfrankreich	ca. 25 000
Italien	ca. 6 000	Brasilien	ca. 20 000
Belgien	ca. 5 000	Chile	ca. 10 000

100.1 Jüdische Emigration in die wichtigsten Aufnahmeländer

Laufe der Nacht Luft machte. Die empörte Volksmenge zündete die Synagoge auf der Klosterstraße an, die dann bis auf die Umfassungsmauern ein Raub der Flammen wurde... Große Trupps... empörter Volksgenossen zogen dann auch zu den noch in Münster befindlichen Geschäften, zertrümmerten die Schaufensterscheiben und dann schließlich auch die Inneneinrichtung... SS-Posten vor den betroffenen Geschäften hielten auch die Neugierigen etwas zurück, die zuweilen in dichten Massen an die zersplitterten Fenster herandrängten...
Ähnliche Nachrichten liegen wie aus dem ganzen Reich auch aus allen Orten des Münsterlandes vor. Überall wurden die jüdischen Geschäfte gestürmt. In Borghorst brannte die Synagoge ebenfalls bis auf die Umfassungsmauern nieder. Aus Rheine erreicht uns die gleiche Meldung. In Burgsteinfurt drang die empörte Menge in die Synagoge ein und zerstörte die gesamte Einrichtung, ebenso in Warendorf... Greven ist heute besonders stolz darauf, seit 1913 judenfrei zu sein.
(Geschichte original..., Heft 5, Blatt 7, Münster 1980)

Die sogenannten spontanen Aktionen waren in Wirklichkeit aber ein gezieltes Vorgehen von SA- und SS-Einheiten, die zudem von der Polizei gedeckt wurden. Der Chef der Gestapo in Berlin sandte am 9. November 1938 ein geheimes Fernschreiben an alle Stapo-Stellen und Stapo-Leitstellen, in dem es hieß:

1. Es werden in kürzester Frist in ganz Deutschland Aktionen gegen Juden, insbesondere gegen deren Synagogen, stattfinden. Sie sind nicht zu stören. (...)
3. Es ist vorzubereiten die Festnahme von etwa 20000–30000 Juden im Reiche. Es sind auszuwählen vor allem vermögende Juden. Nähere Anordnungen ergehen noch im Laufe dieser Nacht.
(Deutsche Geschichte, Bd. 11, Hrsg. H. Pleticha, Gütersloh 1984, S. 306)

Der Gesamtschaden der Verwüstungen wurde vom Gestapo- und SD-Chef Reinhard Heydrich auf mehrere hundert Millionen Reichsmark geschätzt. Vom Beauftragten für den Vierjahresplan Hermann Göring wurde zudem als weitere Maßnahme den Juden die Zahlung einer Kontribution (Sühnegeld) von 1 000 000 000 Reichsmark auferlegt. Er begründete das mit der feindlichen Haltung des Judentums gegenüber dem deutschen Volk und Reich, die auch vor feigen Mordtaten nicht zurückschrecke. Weiterhin wurden die aus den Zerstörungen resultierenden Versicherungsansprüche von Juden zugunsten des Reiches beschlagnahmt. Alle Kosten für die Beseitigung der Schäden, „welche durch die Empörung des Volkes über die Hetze des internationalen Judentums gegen das nationalsozialistische Deutschland am 8., 9. und 10. Nov. 1938... entstanden sind", mußten die jüdischen Inhaber der zerstörten Geschäfte und Wohnungen mithin selbst tragen. Das bedeutete für Tausende von jüdischen Familien wirtschaftlichen Ruin und den Verlust der Existenzgrundlage.

1. Warum kann man vom „bürgerlichen Tod der Juden" in Deutschland sprechen?
2. Welchen Eindruck will der Zeitungsbericht bei den Lesern erwecken?
3. Wie wird die Schuld der Juden an dem Geschehen begründet?

101.1 Brennende Synagoge

Wie die „Ausmerzung fremdartigen und lebensunwerten" Lebens begann

Radikalisierung der Herrenmoral

Trotz wachsender außenpolitischer Spannungen in den Jahren 1938/39, trotz Ausbruchs des Zweiten Weltkrieges ging die Unterdrückung und Verfolgung „nichtarischen Volkstums" und „minderwertigen Lebens" weiter. Ab Dezember 1938 wurden durch Erlaß Himmlers alle Zigeuner im Reichsgebiet und nach Kriegsbeginn im gesamten NS-Machtbereich „systematisch" erfaßt und einer „Sonderbehandlung" zugeführt. Das bedeutete für die Sinti und Roma Sterilisierung, Einweisung in ein Konzentrationslager oder Deportation. Die Schätzungen zur Zahl der ermordeten Zigeuner reichen von 220 000 bis 500 000.

Mit einem auf den 1. September 1939 datierten Ermächtigungsschreiben leitete Hitler die „Vernichtung lebensunwerten Lebens" ein. Von der „Kanzlei des Führers" ausgesuchte Ärzte und andere Personen organisierten unter Tarnnamen wie z. B. „Reichsarbeitsgemeinschaft Heil- und Pflegeanstalten" die Ermordung von etwa 70 000 Geisteskranken und Mißgebildeten. Nach Protesten katholischer Bischöfe und evangelischer Kirchenführer wurde die Aktion im August 1941 eingestellt. Keineswegs „unheilbar kranke" Häftlinge der Konzentrationslager wurden jedoch weiterhin „ausgemustert" und vergast.

Der Bischof von Limburg schrieb über das Geschehen in der Pflegeanstalt Hadamar im Westerwald an den Reichsjustizminister:

... Alle gottesfürchtigen Menschen empfinden diese Vernichtung hilfloser Wesen als himmelschreiendes Unrecht. Und wenn dabei ausgesprochen wird, Deutschland könne den Krieg nicht gewinnen, wenn es einen gerechten Gott gibt, so kommen diese Äußerungen nicht etwa aus Mangel an Vaterlandsliebe, sondern aus einer um unser Volk tief besorgten Gesinnung. Es ist der Bevölkerung unfaßlich, daß planmäßig Handlungen vollzogen werden, die nach § 211 StGB mit dem Tode zu bestrafen sind!

(Nach: Geschichte in Quellen, Weltkriege, S. 543)

Mit immer neuen Erlassen wurden auch die Juden weiter verfolgt:

1939
21. 2. Juden müssen Schmuck und Edelmetalle abliefern.
30. 4. Juden müssen „arische" Wohnhäuser räumen und werden in „Judenhäuser" eingewiesen.
20. 9. Juden müssen Radios abliefern.

1940
23. 1. Juden erhalten keine Reichskleiderkarte.
28. 7. Juden wird das Telefon genommen.

1941
1. 9. Juden ab 6 Jahre müssen einen gelben Stern tragen.
18. 9. Juden dürfen öffentliche Verkehrsmittel nur mit Erlaubnis benutzen.
23.10. Westeuropäischen Juden wird die Auswanderung verboten.

1942
11. 6. Juden erhalten keine Raucher- und Eierkarten.
19. 9. Juden erhalten keine Fleisch- und Milchmarken.

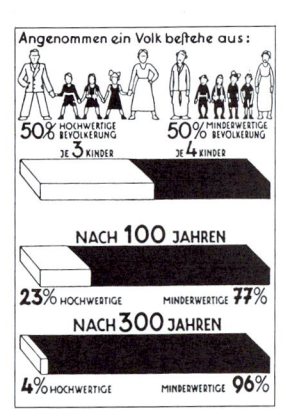

102.1 Dieses Schema soll die Notwendigkeit der Ausschaltung „minderwertigen Lebens" verdeutlichen.

Dies ist eines der erschütterndsten Selbstporträts unserer Zeit, das die ganze Not der Verfolgten im NS-Machtbereich widerspiegelt. Felix Nussbaum war von Osnabrück nach Belgien geflohen. Dort hielt er sich fünf Jahre in Verstecken auf, wurde verhaftet und nach Frankreich abgeschoben. Aus dem Internierungslager konnte er unter schwersten Gefahren nach Brüssel fliehen. Weitere vier Jahre konnte er sich vor der Gestapo verstecken. Im Frühjahr 1944 wurde er verhaftet, im Juli nach Mechelen in ein Sammellager verschleppt, im August nach Auschwitz deportiert und ermordet, Schicksal so vieler Juden, Intellektueller, Andersdenkender.

103.1 Gemälde von Felix Nussbaum: „Selbstbildnis mit Judenpaß"

Es gab allerdings einige Deutsche, wenn auch nur wenige, die den Bedrängten und Verfolgten halfen:

Frau Dr. Gertrud Luckner baute ... in Freiburg in den Jahren nach 1940 ein über ganz Deutschland verzweigtes Netz von Informations- und Hilfsdiensten auf, die Juden vor drohender Verhaftung warnten, Paket- und Geldsendungen für Juden im KZ organisierten, bedrohten Juden Fluchtmöglichkeiten ins Ausland verschafften. Frau Luckner wurde von der Gestapo beschattet, 1943 verhaftet und in das Frauen-KZ Ravensbrück eingeliefert. Sie überlebte. Vom Staat Israel erhielt sie die „Medaille der Gerechtigkeit", die höchste Auszeichnung für Nichtjuden.
(Nach: Fiedler/Rech/Minz, Lernprozeß Christen–Juden, Bd. 4, Freiburg 1984, S. 209f.)

1. Welches Recht maßten sich die Verfechter der „Herrenmoral" an? Beurteile die Einstellung.
2. Auch heute wird vom Recht auf den „Gnadentod" gesprochen. Wo liegt der Unterschied? Nimm Stellung zu der Frage.
3. Beschreibe im einzelnen, was Felix Nussbaums Bild ausdrückt.

Wie die Völkervernichtung fabrikmäßig organisiert wurde

Völkermord und die „Endlösung der Judenfrage"

Gegen Ende des Jahres 1941 waren große Teile Europas von deutschen Soldaten besetzt (vgl. Abb. 123.1). Hitler und seine Anhänger sahen sich als die neuen Herren Europas. Zur „Neuordnung" Europas im Sinne der nationalsozialistischen Rassenideologie verfolgten sie vor allem zwei Ziele: Ausrottung der Juden und Unterwerfung, Ausbeutung und Versklavung der als „Untermenschen" bezeichneten slawischen Völker Osteuropas. In Polen hatten Einsatzgruppen der Sicherheitspolizei und des Sicherheitsdienstes der SS bereits Teile der jüdischen Bevölkerung hingemordet. Sie folgten auch den drei Heeresgruppen, die im Juni 1941 in die Sowjetunion eindrangen. Ihre „wichtigste Aufgabe" waren Massenerschießungen von Juden, kommunistischen Funktionären, Zigeunern und anderen „unerwünschten Elementen". Über eine Million meist jüdischer Menschen fielen 1941/42 den Einsatzgruppen der SS zum Opfer. Am 20. Januar 1942 tagten hohe Parteifunktionäre und Beamte am Berliner Wannsee, um Maßnahmen zur „Endlösung der Judenfrage" zu beraten. Der Chef der Sicherheitspolizei und des SD, Heydrich, war vom Reichsmarschall Göring zum „Beauftragten für die Vorbereitung der Endlösung der europäischen Judenfrage" bestellt worden. Im Protokoll der „Wannseekonferenz" heißt es:

An Stelle der Auswanderung ist nunmehr als weitere Lösungsmöglichkeit ... die Evakuierung der Juden nach dem Osten getreten ... Unter entsprechender Leitung sollen im Zuge der Endlösung die Juden in geeigneter Weise im Osten zum Arbeitseinsatz kommen. In großen Arbeitskolonnen, unter Trennung der Geschlechter, werden die arbeitsfähigen Juden straßenbauend in diese Gebiete geführt, wobei zweifellos ein Großteil durch natürliche Verminderung ausfallen wird.
Der allfällig endlich verbleibende Restbestand wird, ... entsprechend behandelt werden müssen, da dieser ... bei Freilassung als Keimzelle eines neuen jüdischen Aufbaues anzusprechen ist ...
Im Zuge der praktischen Durchführung der Endlösung wird Europa von Westen nach Osten durchgekämmt ...

(Nach: W. Hofer, Nationalsozialismus, S. 304)

Aus dem gesamten NS-Machtbereich setzten ab Februar 1942 die Deportationen in die Vernichtungslager des Ostens ein: aus Holland, Belgien, Frankreich, Deutschland, Österreich, aus Norwegen, Ungarn und den südosteuropäischen Ländern. Technokratisch kalt wurden die Menschen fabrikmäßig gemordet, nur weil sie „blutmäßig-rassisch" als minderwertig galten. Der Kommandant des Lagers Auschwitz, Rudolf Höß, sagte vor dem Internationalen Militärgerichtshof in Nürnberg 1946/47 dazu aus:

Die „Endlösung" der Jüdischen Frage bedeutete die vollständige Ausrottung der Juden in Europa. Ich hatte den Befehl, Ausrottungserleichterungen in Auschwitz im Juni 1942 zu schaffen ... Ich besuchte Treblinka, um festzustellen, wie die Vernichtungen ausgeführt wurden. Der Lagerkommandant von Treblinka sagte mir, daß er 80 000 im Laufe eines halben Jahres liquidiert hätte ... Er wandte Monoxyd-Gas an, und nach seiner Ansicht waren seine Methoden nicht sehr wirksam. Als ich das Vernichtungsgebäude in Auschwitz errichtete, gebrauchte ich also Zy-

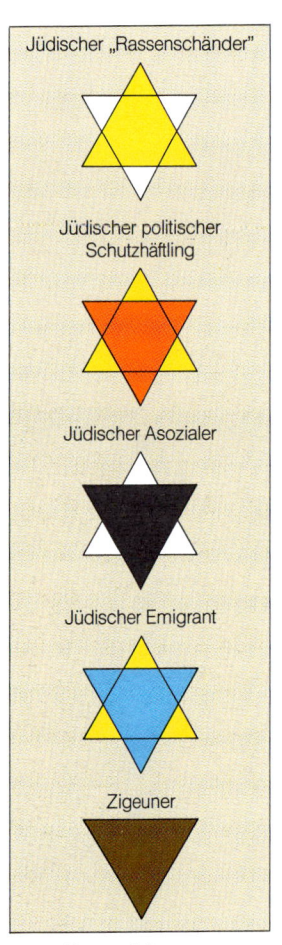

104.1 *Kennzeichnung der KZ-Häftlinge (Auswahl)*

- Jüdischer „Rassenschänder"
- Jüdischer politischer Schutzhäftling
- Jüdischer Asozialer
- Jüdischer Emigrant
- Zigeuner

klon B, eine kristallisierte Blausäure, die wir in die Todeskammer durch eine Öffnung einwarfen. Es dauerte 3–15 Minuten, je nach den klimatischen Verhältnissen, um die Menschen in der Todeskammer zu töten. Wir wußten, wann die Menschen tot waren, weil ihr Kreischen aufhörte. Wir warteten gewöhnlich eine halbe Stunde, bevor wir die Türen öffneten und die Leichen entfernten. Nachdem die Leichen fortgebracht waren, nahmen unsere Sonderkommandos die Ringe ab und zogen das Gold aus den Zähnen der Körper. Eine andere Verbesserung ... war, daß wir Gaskammern bauten, die 2000 Menschen auf einmal fassen konnten.
(Nach: W. Scheffler, Judenverfolgung im Dritten Reich, Berlin 1964, S. 77)

Nach den Angaben von Höß wurden in Auschwitz-Birkenau bei Krakau 2 500 000 Menschen durch Vergasung und Verbrennen vernichtet, mindestens eine weitere halbe Million starb durch Hunger und Krankheit.

1933 lebten in Münster 700 Juden, 260 von ihnen konnten bis 1939 auswandern. Diejenigen, die in der Stadt geblieben waren, wurden bis März 1944 in Arbeits- und Vernichtungslager deportiert. Als letzte wiesen die Nazis 1944 noch die Mischehepartner und Mischlinge in Gestapo-Lager ein. Nur wenige Juden kehrten nach 1945 ins Münsterland zurück.

1. Was haben die Teilnehmer der „Wannseekonferenz" mit „Endlösung der Judenfrage" gemeint?
2. Wer hätte nach deiner Meinung protestieren sollen oder können?
3. Erkundigt euch nach dem Schicksal jüdischer Bürger eurer Stadt oder Gemeinde.
4. Vergleiche Judenverfolgung und Apartheid-Politik der Republik Südafrika.

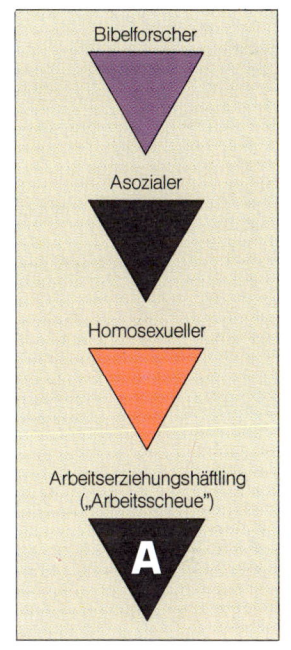

105.1 Kennzeichnung der KZ-Häftlinge (Auswahl)

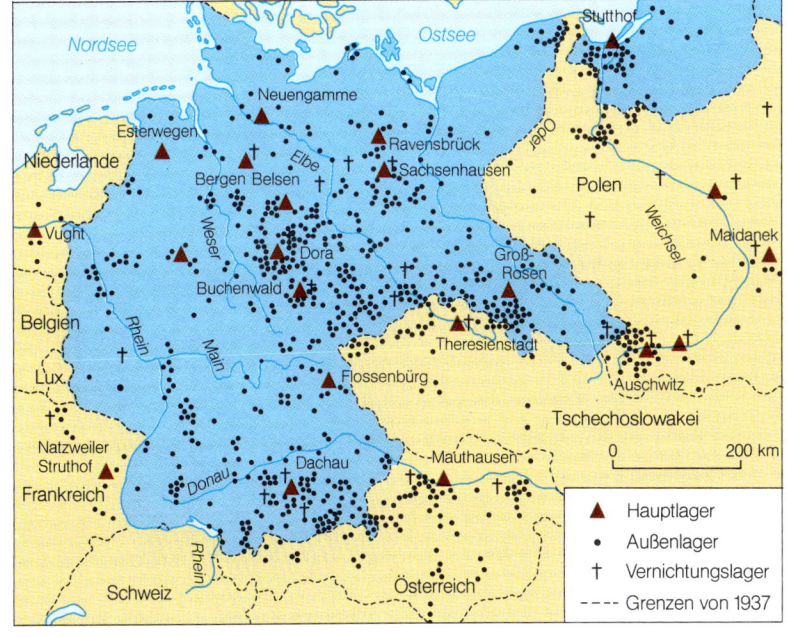

105.2 Konzentrationslager 1933–1945

105.3 Selektion in Auschwitz

Welche Bedeutung die nationalsozialistischen Greuel für uns haben

Am 10. September 1952 hat die Bundesrepublik Deutschland mit dem Staat Israel ein Wiedergutmachungsabkommen abgeschlossen. Darin verpflichtete sie sich, innerhalb von zwölf Jahren unentgeltlich Waren im Wert von 3 Milliarden Deutschen Mark an Israel zu liefern, die dem Aufbau jenes Staates dienen sollten. So geschah es.

Von jungen Menschen kann man oft hören, sie hätten mit den Greueln des Nationalsozialismus überhaupt nichts zu tun; Bundeskanzler Helmut Kohl sprach einmal von der „Gnade der späten Geburt". Ein Historiker meinte tadelnd, wir würden „unablässig nur an die zwölf Jahre erinnert, auf die sich kein patriotisches Selbstwertgefühl gründen" lasse. 1986 brach ein Streit unter Wissenschaftlern aus, ob die nationalsozialistischen Greueltaten einmalig seien oder ob vergleichbare Untaten auch anderen Völkern zur Last gelegt werden könnten. Bundespräsident Richard von Weizsäcker sagte in seiner Ansprache zum 40. Jahrestag des Endes der nationalsozialistischen Herrschaft:

Am Anfang ... hatte der abgrundtiefe Haß Hitlers gegen unsere jüdischen Mitmenschen gestanden. Hitler hatte ihn nie vor der Öffentlichkeit verschwiegen, sondern das ganze Volk zum Werkzeug dieses Hasses gemacht. Noch am Tag vor seinem Ende, am 30. April 1945, hatte er sein sogenanntes Testament mit den Worten abgeschlossen: „Vor allem verpflichte ich die Führung der Nation und die Gefolgschaft zur peinlichen Einhaltung der Rassengesetze und zum unbarmherzigen Widerstand gegen den Weltvergifter aller Völker, das internationale Judentum."

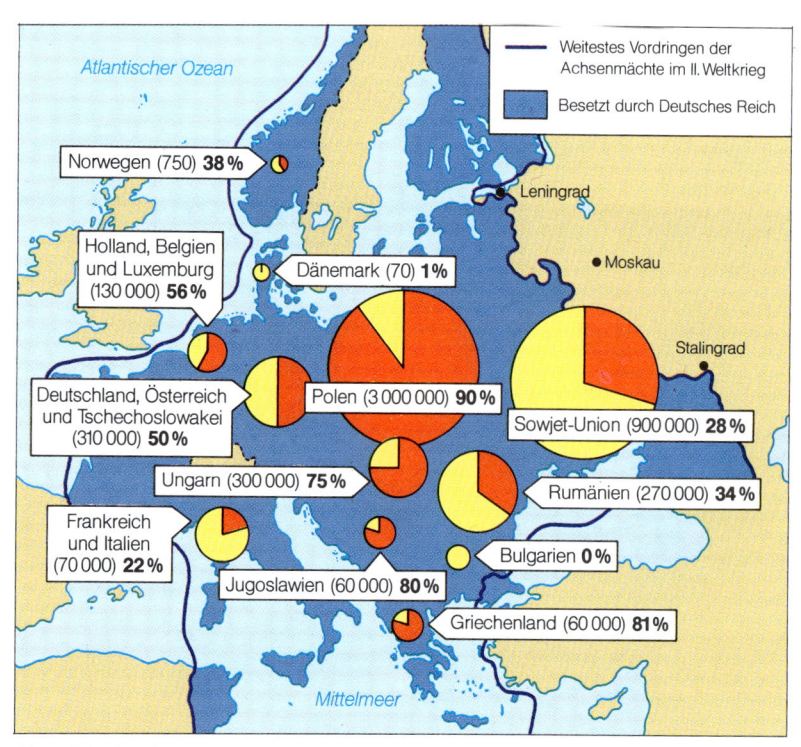

106.1 Die Vernichtung der Juden Europas

107.1 Ein deutsches KZ nach der Befreiung, 1945

Gewiß, es gibt kaum einen Staat, der in seiner Geschichte immer frei blieb von schuldhafter Verstrickung in Krieg und Gewalt. Der Völkermord an den Juden jedoch ist beispiellos in der Geschichte. Die Ausführung des Verbrechens lag in der Hand weniger. Vor den Augen der Öffentlichkeit wurde es abgeschirmt. Aber jeder Deutsche konnte miterleben, was jüdische Mitbürger erleiden mußten, von kalter Gleichgültigkeit über versteckte Intoleranz bis zu offenem Haß.

Wer konnte arglos bleiben nach den Bränden der Synagogen, den Plünderungen, der Stigmatisierung mit dem Judenstern, dem Rechtsentzug, den unaufhörlichen Schändungen der menschlichen Würde?

Wer seine Augen und Ohren aufmachte, wer sich informieren wollte, dem konnte nicht entgehen, daß Deportationszüge rollten. Die Phantasie der Menschen mochte für Art und Ausmaß der Vernichtung nicht ausreichen. Aber in Wirklichkeit trat zu den Verbrechen selbst der Versuch allzu vieler, auch in meiner Generation, die wir jung und an der Planung und Ausführung der Ereignisse unbeteiligt waren, nicht zur Kenntnis zu nehmen, was geschah.

Es gab viele Formen, das Gewissen ablenken zu lassen, nicht zuständig zu sein, wegzuschauen, zu schweigen. Als dann am Ende des Krieges die ganze unsagbare Wahrheit des Holocaust herauskam, beriefen sich allzu viele von uns darauf, nichts gewußt oder auch nur geahnt zu haben ... Wir alle, ob schuldig oder nicht, ob alt oder jung, müssen die Vergangenheit annehmen. Wir alle sind von ihren Folgen betroffen und für sie in Haftung genommen.

Stigmatisierung: diskriminierende Kennzeichnung

(Sonderdruck des Deutschen Bundestags, S. 4 f.)

1. Wer trug die Schuld an den Greueln? Gibt es Kollektivschuld?
2. Was haben die damals noch nicht Geborenen mit den ungeheuerlichen Verbrechen zu tun?

Die nationalsozialistische Wirtschaftspolitik

Arbeitsbeschaffungsprogramm und staatliche Kontrolle

Wie die Nationalsozialisten die Arbeitslosigkeit beseitigten und die Wirtschaft organisierten

Bei Hitlers Machtergreifung im Januar 1933 gab es in Deutschland 6 Millionen Arbeitslose; das waren 30% aller Erwerbstätigen. Seit 1929 hatten die Nationalsozialisten dem Volk „Arbeit und Brot für alle" versprochen. Daran mußte sich das neue Regime nun messen lassen.

Die Beseitigung der Arbeitslosigkeit durch Arbeitsbeschaffung war deshalb Hitlers erstes Ziel. Tatsächlich gelang es auch, die Arbeitslosigkeit innerhalb von vier Jahren zu beseitigen. Ab 1937 herrschte sogar teilweise Arbeitskräftemangel. In den Augen vieler Deutscher und im Ausland zählte dies zu den größten Leistungen der Nationalsozialisten. Vielen blieben jedoch nicht nur die langfristigen Ziele, sondern auch die günstigen Umstände verborgen, die zum Gelingen des schnellen Abbaus der Arbeitslosigkeit beigetragen hatten. Anfang 1933 war nämlich der Höhepunkt der Weltwirtschaftskrise bereits überschritten; in Europa und Übersee belebten sich Handel und Produktion wieder. Im übrigen wurden Arbeitsbeschaffungsprogramme (z. B. Bau von Autobahnen und Wohnungen) jetzt durchgeführt und weiter ausgestaltet, die schon in der Weimarer Republik geplant worden waren.

Mit großem propagandistischem Aufwand wurde so im März 1934 das Programm „Reichsautobahnen" als „Großkampftag der Arbeitsschlacht" begonnen. Viele junge Männer folgten dem Aufruf, in den damals noch freiwilligen Arbeitsdienst einzutreten. Mit der Einführung der Allgemeinen Wehrpflicht im März 1935 und der Arbeitsdienstpflicht im Juni 1935 sank die Zahl der Arbeitsuchenden noch weiter. Frauen, die

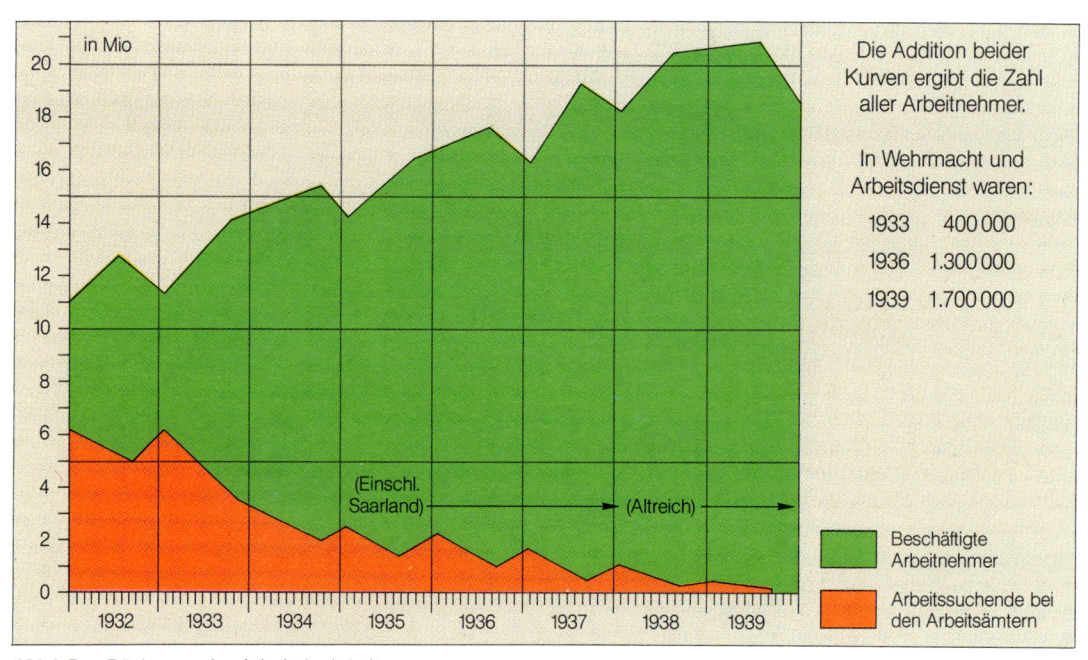

108.1 Wahlplakat der NSDAP zur Wahl am 12.11.1933

108.2 Der Rückgang der Arbeitslosigkeit

Die Addition beider Kurven ergibt die Zahl aller Arbeitnehmer.

In Wehrmacht und Arbeitsdienst waren:
- 1933   400 000
- 1936   1.300 000
- 1939   1.700 000

	1933	1934	1935	1936	1937	1938	1939	1940	1941	1942	1943	1944
Reallöhne je Woche (Arbeiter: 1928 = 100)	91	94	95	97	101	105	108	108	113	111	109	106
Durchschnittliche Wochenarbeitszeit (verarbeitende Industrie)	42,9	44,6	44,4	45,6	46,1	46,5	47,0	–	–	49,2	–	–
Arbeitslose (in % der abhängig Beschäftigten)	25,9	13,5	10,3	7,4	4,1	1,9	0,5	0,2	–	–	–	–

109.1 *Arbeitslöhne, Arbeitszeit, Arbeitslosigkeit 1933–1944*

durch Heirat ihren Arbeitsplatz freigaben, erhielten ein „Ehestandsdarlehen". Die Autoindustrie wurde dadurch gefördert, daß dem Käufer eines neuen Autos Steuern erlassen wurden. Die wirtschaftlichen Erfolge und deren propagandistische Vermarktung ermutigten die Unternehmer zu investieren. Ihr Besitz war durch die Nationalsozialisten nicht angetastet worden, obwohl dies einige Parteigenossen als Verrat am sozialistischen Anspruch der NSDAP mißbilligt hatten. Die Nationalsozialisten strebten zunächst vielmehr eine Verbindung von unternehmerischer Freiheit und staatlicher Wirtschaftslenkung an. Durch das Gesetz zur Ordnung der nationalen Arbeit vom 20.1.1934 wurde das „Führerprinzip" auch in den Betrieben eingeführt. Der Unternehmer war nun „Betriebsführer", die Angestellten und Arbeiter waren seine „Gefolgschaft"; alle hatten ihre ganze Kraft gemeinsam zum „Nutzen von Volk und Staat" einzusetzen (vgl. S. 80 f.).

Zwar stärkte dieses Gesetz die Stellung des Unternehmers im Betrieb, gleichzeitig gewann der NS-Staat aber auch einen direkten Zugriff auf den Betriebsführer. Dieser mußte sich der Partei möglichst ergeben und treu erweisen. Zudem wurde die gesamte gewerbliche Wirtschaft in die sogenannten „Reichsstände" Industrie, Handwerk, Handel, Banken, Versicherungen und Energiewirtschaft eingeordnet und der „Reichswirtschaftskammer" unterstellt. Die Eigentumsverhältnisse und der freie Wettbewerb wurden bis zum Kriegsbeginn 1939 zwar nicht angetastet, doch auch so geriet die Wirtschaft insgesamt in den Sog des Nationalsozialismus, der die Ziele der Produktion bestimmte.

Am deutlichsten spürten das die Bauern. Zunächst wurden tatsächlich zahlreiche bäuerliche Betriebe durch ein staatliches Hilfsprogramm vor dem finanziellen Ruin bewahrt. Jeder Landwirt mit einem Besitz von 7,5 bis 125 Hektar erhielt zudem den Ehrentitel „Bauer". Bauern galten entsprechend der Rasseideologie der Nationalsozialisten ganz besonders als „Garanten völkischer Arterhaltung" und sollten darum besonders geschützt werden. Nach dem Erbhofgesetz durfte der bäuerliche Besitz nicht geteilt werden und war – auch bei schlechter Ertragslage – unverkäuflich. Preise für landwirtschaftliche Produkte wurden staatlich festgesetzt, Vorschriften für den Anbau, die Ablieferung und die Qualität der Erzeugnisse erlassen. Landwirtschaft, Nahrungsmittelgewerbe und -handel waren im „Reichsnährstand" zwangsorganisiert.

1. Was sagt die Tabelle über die Lage der Arbeiter aus?
2. Warum enteigneten die Nationalsozialisten die Unternehmer nicht?

Worauf die Wirtschaftspolitik der Nationalsozialisten ausgerichtet war

Die Wirtschaft im Dienst der Kriegsvorbereitung

Die Ziele aller wirtschaftlichen Anstrengungen nannte Hitler in einer geheimen Denkschrift über den Vierjahresplan (1936):

... Wir sind übervölkert und können uns auf der eigenen Grundlage nicht ernähren.
... Die endgültige Lösung liegt in einer Erweiterung des Lebensraumes bzw. der Rohstoff- und Ernährungsbasis unseres Volkes. Es ist die Aufgabe der politischen Führung, diese Frage dereinst zu lösen ... Es sind jetzt fast 4 kostbare Jahre vergangen. Es gibt keinen Zweifel, daß wir schon heute auf dem Gebiet der Brennstoff-, der Gummi- und zum Teil auch in der Eisenerzversorgung vom Ausland restlos unabhängig sein könnten. Genauso wie wir zur Zeit 700 000 oder 800 000 t Benzin produzieren, könnten wir 3 Millionen t produzieren. Genauso wie wir heute einige 1000 t Gummi fabrizieren, könnten wir schon jährlich 70 000 und 80 000 t erzeugen. Genauso wie wir von 2½ Millionen t Eisenerz-Erzeugung auf 7 Millionen t stiegen, könnten wir 20 oder 25 Millionen t deutsches Eisenerz verarbeiten und, wenn notwendig, auch 30. Man hat nun Zeit genug gehabt, in 4 Jahren festzustellen, was wir nicht können. Es ist jetzt notwendig, auszuführen das, was wir können. Ich stelle damit folgende Aufgabe:
I. Die deutsche Armee muß in 4 Jahren einsatzfähig sein.
II. Die deutsche Wirtschaft muß in 4 Jahren kriegsfähig sein.

(Nach: W. Hofer, Nationalsozialismus, S. 86)

Hitler beauftragte Göring mit der Durchführung des Vierjahresplanes. Damit verstärkte Hitler den Vorrang der politischen Führung vor der bisher unabhängigen Wirtschaft. Zunächst sollte Deutschland „ohne Rücksicht auf die Kosten" vom Ausland wirtschaftlich unabhängig oder autark werden. Benzin, Buna (künstlicher Kautschuk) und industrielle Fette sollten aus Kohle, Textilien aus Holzfasern hergestellt werden. Zur wirtschaftlichen Rentabilität äußerten sich Göring und Hitler 1936:

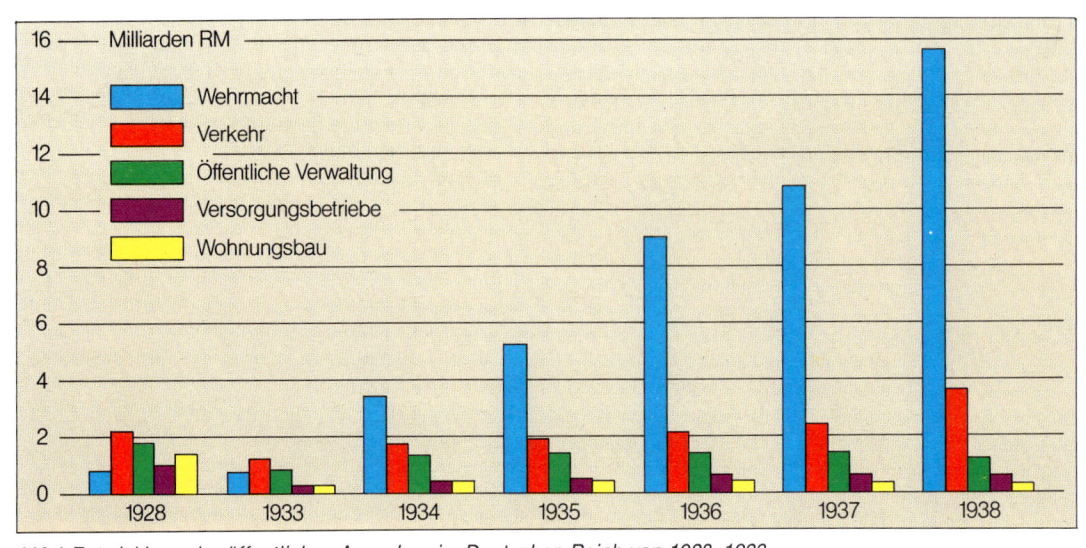

Staatsschulden

1933	15 Mrd RM
1939	50 Mrd RM
1945	400 Mrd RM

110.1 Entwicklung der öffentlichen Ausgaben im Deutschen Reich von 1928–1933

[Göring:] Man kann hier nicht richten nach buchmäßiger Gewinnrechnung, sondern nur nach den Bedürfnissen der Politik. Es darf nicht kalkuliert werden, was es kostet.
[Hitler:] Das Wirtschaftsministerium hat nur die nationalwirtschaftlichen Aufgaben zu stellen, und die Privatwirtschaft hat sie zu erfüllen. Wenn aber die Privatwirtschaft glaubt, dazu nicht fähig zu sein, dann wird der nationalsozialistische Staat aus sich heraus diese Aufgaben zu lösen wissen.
(Nach: Tenbrock u. a., Hrsg., Politik, Gesellschaft, Wirtschaft im 20. Jh., Paderborn 1982, S. 137)

Sowohl die Ausgaben für die Arbeitsbeschaffung als auch für die wirtschaftlich unrentable Autarkie und für die Aufrüstung konnten nicht aus Steuereinnahmen gedeckt werden. Einen Teil der Kosten bezahlte der Staat den Unternehmern auf Vorschlag des Reichsbankpräsidenten Hjalmar Schacht mit „Wechseln", die nach fünf Jahren bei der Reichsbank eingelöst werden konnten. Banken, Sparkassen und Versicherungen wurden angewiesen, angesammelte Gelder dem Staat als Kredit zur Verfügung zu stellen. Indirekt flossen damit Spargelder in die Rüstung. Die Schulden des Staates sollten durch höhere Steuereinnahmen aus der aufblühenden Wirtschaft abgetragen werden. Tatsächlich stiegen die Einnahmen des Staates erheblich an. Noch stärker aber stiegen seine Ausgaben, besonders für die Rüstung. Die Verschuldung des Staates erreichte bedrohliche Ausmaße. Das Reichsbankdirektorium schrieb am 9.1.1939 an Hitler:

In entscheidendem Maße wird die Währung von der hemmungslosen Ausgabewirtschaft der öffentlichen Hand bedroht. Das unbegrenzte Anschwellen der Staatsausgaben... bringt trotz ungeheurer Anspannung der Steuerschraube die Staatsfinanzen an den Rand des Zusammenbruchs und zerrüttet von hier aus die Notenbank und die Währung... Keine Notenbank ist imstande, die Währung aufrechtzuerhalten gegen eine inflationistische Ausgabenpolitik des Staates.
(Nach: Geschichte in Quellen, Weltkriege, S. 323)

Als Schacht die Staatsverschuldung Anfang 1939 als „Betrug an den Sparern" bezeichnete, wurde er von Hitler entlassen. Dieser unterstellte die Reichsbank seiner persönlichen Befehlsgewalt. Sie hatte für die Ziele der Nationalsozialisten nun jede Geldsumme auszuliefern. Die Kriegsvorbereitungen hatten die deutsche Wirtschaft 1939 an den Rand des Zusammenbruchs geführt. Diese Lage wurde nur durch den Kriegsbeginn verschleiert. Hitler hoffte, durch einen erfolgreichen Krieg die Staatsschulden abdecken zu können. 1942 rechnete er aus, daß die Ausbeutung von 20 Millionen ausländischer Arbeiter in den besetzten Gebieten einen jährlichen Gewinn von 20 Milliarden Reichsmark erbringen könnte.

1. Welche Aufgaben stellte Hitler in seiner Denkschrift zum Vierjahresplan? Wie begründete er sie?
2. Wie griffen die Nationalsozialisten lenkend in die Wirtschaft ein? Warum dirigierten sie die Wirtschaft?
3. Nimm Stellung zu dem Satz: Das Aufblühen der Wirtschaft 1933–1939 war eine Scheinblüte.

Grad der Selbstversorgung im Deutschen Reich 1938/39

Nahrungsmittel

Brotgetreide	115%
Kartoffeln	100%
Zucker	101%
Fleisch	97%
Fett	57%

Rohstoffe

Textilrohstoffe	65%
Eisenerze	55%
Blei	50%
Mineralöl	33%
Kupfer	30%
Kautschuk	20%

Produktion im Deutschen Reich in den Grenzen von 1937 (in 1000 Tonnen)

	1928	1936	1939
Eisenerz	2087	2259	3928
Aluminium	33	95	194
Buna	0	1	22
Zellwolle	0	43	192
Flugbenzin	0	43	302
Motorenbenzin	0	1214	1633

Der Weg in den Zweiten Weltkrieg

Die scheinbare Friedenspolitik

Wie die Nationalsozialisten der Welt Friedenswillen vorgaukelten

Der Versailler Vertrag hatte das Deutsche Reich zu hohen Reparationsleistungen verpflichtet. Über 50 Mrd. Mark waren nach deutscher Rechnung bis 1931 auch gezahlt worden. Am 20. Juni 1931 setzte der sogenannte Hoover-Zahlungsaufschub alle internationalen Zahlungsverpflichtungen wegen der Weltwirtschaftskrise für ein Jahr aus. Ein Jahr später legte die Konferenz von Lausanne (16.6.–9.7.1932) die weiteren deutschen Reparationszahlungen auf einen Rest von 3 Mrd. Mark fest, die aber niemals gezahlt wurden. Die Reparationsfrage war also seit 1931 erledigt. Aber im Bewußtsein der deutschen Bevölkerung blieben diese und die anderen Belastungen durch Versailles als ungerechte Behandlung Deutschlands bestehen: Die Abtretungen ehemals zum Reich gehöriger Gebiete, die Entmilitarisierung des Rheinlandes, die Beschränkung der Reichswehr, der Verlust der Kolonien, die Treuhandschaft des Völkerbundes über das Saargebiet für 15 Jahre, der Übergang der Saar-Kohlegruben in französisches Eigentum, der Einbezug dieser Region in das französische Zollgebiet 1925.

Konkordat:
Staatsvertrag mit dem Vatikan

Kurie:
päpstliche Zentralbehörden

Deshalb erschien die Außenpolitik der Nationalsozialisten zunächst friedlich. Am 20. Juli 1933 schloß die Reichsregierung das lange umstrittene Konkordat mit der Kurie. Am 26. Januar 1934 kam es zu einem Nichtangriffs- und Freundschaftspakt mit Polen, an das nach dem Ersten Weltkrieg Ostoberschlesien sowie die Provinzen Posen und Westpreußen nach Volksabstimmungen abgetreten werden mußten. Am 13. Januar 1935 stimmte die Saarbevölkerung mit rund 91% für die Rückgliederung ins Reich. Nur rund 9% waren für die Beibehaltung des in Versailles geschaffenen Zustandes, und nur 0,4% befürworteten den Anschluß an Frankreich.

Selbst die Lösung aus bestimmten Verträgen oder deren Verletzung mußte nicht als unfriedlich gedeutet werden: Am 14. Oktober 1933 verließ Deutschland die seit Februar tagende Abrüstungskonferenz und trat aus dem Völkerbund aus. Dies ließ sich damit rechtfertigen, daß der beabsichtigte allgemeine Rüstungsausgleich um vier Jahre verschoben werden sollte. Auch die Wiedereinführung der Allgemeinen Wehrpflicht am 16. März 1935 konnte in diesem Sinne noch auf Verständnis stoßen, obwohl es sich um einen glatten Bruch des Vertrags von Versailles handelte. Großbritannien, Frankreich und Italien wandten sich zwar gegen die „einseitige Aufkündigung von Verträgen" (Konferenz von Stresa 11. bis 14.4.1935), aber schon am 18. Juni 1935 schloß Großbritannien trotzdem mit dem Reich ein Flottenabkommen. Darin wurde bestimmt, daß die deutsche Kriegsflotte bis auf 35% der Stärke der britischen ausgebaut werden dürfe, was ebenfalls gegen Versailles verstieß. Am 7. März 1936 besetzten deutsche Truppen das entmilitarisierte Rheinland. Die Reichsregierung erklärte diesen Vertragsbruch als eine Reaktion auf das französisch-sowjetische Bündnis vom Mai 1935, das ein Bruch des Vertrags von Locarno sei.

All dies geschah, wenn man das Stillhalten des Auslands verstehen will, vor dem Hintergrund der großen Friedensrede, die Hitler im Reichstag am 21. Mai 1935 hielt:

Das nationalsozialistische Deutschland will den Frieden aus tiefinnersten weltanschaulichen Überzeugungen. Es will ihn weiter aus der einfachen primitiven Erkenntnis, daß kein Krieg geeignet sein würde, das Wesen unserer allgemeinen europäischen Not zu beheben, wohl aber diese zu vermehren ... Keines unserer Projekte sachlicher Natur wird vor zehn bis zwanzig Jahren vollendet sein ... Was könnte ich anders wünschen als Ruhe und Frieden? Wenn man aber sagt, daß dies nur der Wunsch der Führung sei, so muß ich darauf folgende Antwort geben: Wenn nur die Führung und die Regierenden den Frieden wollen, die Völker selbst haben sich noch nie den Krieg gewünscht! Deutschland braucht den Frieden, und es will den Frieden! ...

(W. Hofer, Nationalsozialismus..., Frankfurt 1957, S. 179)

Nur zweieinhalb Jahre nach dieser Rede, am 10. November 1937, heißt es in einer Niederschrift über eine Besprechung Hitlers mit dem Reichskriegsminister, den Oberbefehlshabern von Heer, Kriegsmarine und Luftwaffe sowie dem Reichsaußenminister, Hitler habe erklärt:

Seine nachfolgenden Ausführungen seien das Ergebnis eingehender Überlegungen und der Erfahrungen seiner 4½jährigen Regierungszeit; ... Zur Lösung der deutschen Frage [gemeint ist „Gewinnung eines größeren Lebensraumes"] könne es nur den Weg der Gewalt geben, ... [Es sei] sein unabänderlicher Entschluß, spätestens 1943/45 die deutsche Raumfrage zu lösen ...

(Hofer, Nationalsozialismus, S. 193 ff.)

1. Inwiefern konnte man trotz Austritt aus dem Völkerbund usw. an Hitlers Friedenswillen glauben?
2. Was wollte Hitler wirklich? Vergleiche seine Äußerungen.

113.2 Plakat, Heimkehr der Saar

113.1 Deutsche Truppen marschieren ins Rheinland, 7.3.1936

Wie das Großdeutsche Reich entstand

Die deutsche Politik des Jahres 1938 ließ sich von den Ereignissen nach dem Ende des Ersten Weltkriegs rechtfertigen. Nach 1918 war das Habsburger Reich aufgelöst worden, und die früher zu ihm gehörenden einzelnen Völkerschaften hatten ihre eigenen Staaten gebildet. So kam es, daß die Deutschen in Österreich und im Sudetenland den Anschluß an das Deutsche Reich beschlossen. Auch die Weimarer Verfassung ging davon in Art. 61,2 ganz selbstverständlich aus. Aber die Siegermächte verboten dieses Unterfangen und erklärten den entsprechenden Verfassungspassus für nichtig. 1931 erlaubten sie es auch nicht, eine Zollunion zwischen dem Deutschen Reich und Österreich zu schaffen. Sie verpflichteten Österreich 1932, bis 1952 keinerlei wirtschaftliche oder politische Union mit dem Deutschen Reich einzugehen.

Diese Politik erregte viele Österreicher. Die nationalsozialistische Bewegung wuchs dort beträchtlich an. Der österreichische Bundeskanzler Dollfuß hob, um der Unruhe zu begegnen, die Verfassung auf. Er regierte mit einem Ermächtigungsgesetz und verbot schließlich alle Parteien außer seiner „Vaterländischen Front" (Austrofaschistische Diktatur). Es kam zu ständigen blutigen Auseinandersetzungen und am 25. Juli 1934 zu einem nationalsozialistischen Putsch. Dabei wurde Dollfuß ermordet. Ein Eingreifen des Deutschen Reiches wurde dadurch verhindert, daß Italien Truppen an der österreichischen Grenze zusammenzog. Vorübergehend beruhigte sich die Lage. Als aber der neue Bundeskanzler Schuschnigg geneigt zu sein schien, die Habsburger wieder ins Land zu rufen, wuchsen die Spannungen erneut. Schließlich, am 12. März 1938, marschierten deutsche Truppen ein, und der Anschluß an das Deutsche Reich wurde proklamiert. Die anderen Mächte nahmen dies hin, zumal es auf der Linie des 1918 proklamierten Selbstbestimmungsrechts der Völker lag. Großbritannien setzte seine Politik der Entspannung in Europa fort, aber auch die bereits 1934 begonnene Aufrüstung.

Hitler betrieb nunmehr den Anschluß des Sudetenlandes an das Reich. Großbritannien und Frankreich wünschten eine friedliche Beilegung des Konflikts. Es kam zu Verhandlungen. Hitler erklärte am 26.9.1938 in einer großen Rede, es handele sich um die letzte Gebietsforderung des Reiches. Auf der Konferenz von München am 29.9.1938 wurde dann beschlossen, daß die deutsch besiedelten Randgebiete der Tschechoslowakei an das Reich abgetreten werden sollten. So geschah es. Am 23.3.1939 kam es aufgrund eines Vertrages mit Litauen auch zur Rückgliederung des Memellandes an das Deutsche Reich.

Am 30. September 1938 hatte Hitler eine Erklärung unterschrieben, die ihm der britische Premierminister Chamberlain vorgelegt hatte. Es hieß darin, beide Völker seien sich in dem Wunsch einig, niemals Krieg gegeneinander zu führen, und beide Regierungen verpflichteten sich, Meinungsverschiedenheiten durch Konsultationen aus dem Weg zu räumen. Als Chamberlain bei seiner Rückkehr nach London aus dem Flugzeug stieg, rief er freudig: „Peace for our time."

1. Wie ließen sich die beiden Anschlüsse an das Reich rechtfertigen?
2. Auf welche Gebiete verzichtete Hitler in seiner Rede vom 26.9.1938 scheinbar?

Nationalsozialistische Gewaltherrschaft und der Zweite Weltkrieg 115

Anfang **1937** 470 714,06 km², 67 587 000 Einw.

Okt. **1938** 583 279,61 km², 78 790 000 Einw. mit Österr. u. Sudetenland

Mai **1940** 680 747,62 km², 90 030 765 Einw. mit Memelland, Danzig, ehemals poln. Gebiete, Eupen, Malmedy, Moresnet

115.1 Die Erweiterung des deutschen Machtbereichs von 1935–1939

115.2 Jubelnde Österreicher, 1938

115.3 Chamberlains Rückkehr, Oktober 1938

Wie Deutschland und Italien zusammenfanden

Die Achse Berlin – Rom
Im Ersten Weltkrieg war Italien der Verbündete der Gegner Deutschlands und Österreichs gewesen. Es war aber erst auf deren Seite getreten, nachdem diese ihm Erweiterung seines Kolonialbesitzes zugesagt hatten. Einer der nachdrücklichsten Befürworter des Kriegseintritts war der Sozialist Benito Mussolini. Im Laufe der Zeit rückte er immer mehr von seiner sozialistischen Einstellung ab und orientierte sich politisch stärker nach rechts. Italien war mit dem Ergebnis des Friedensvertrages, den Gebietsgewinnen in Südtirol und an der nördlichen Adriaküste nicht zufrieden. Die Nationalisten sprachen von einem „verstümmelten Sieg". Die nationale und soziale Unruhe nahm stark zu, und die Regierungen wurden der Krise nicht Herr.

Nationalist: starke Betonung des eigenen Staates

fasces: Rutenbündel der altrömischen Liktoren = Amtssymbol der damaligen Magistrate

Mussolini hatte 1919 seine ersten faschistischen Kampfverbände gegründet, die bald zu einer Massenbewegung wurden. 1922 marschierte er mit ihnen auf Rom und erzwang ohne Blutvergießen seine Ernennung zum italienischen Ministerpräsidenten. Ende 1926 hatte er seine Macht gefestigt und Italien zu einem faschistischen Einparteienstaat umgewandelt. Sein politisches Ziel war ein neues „imperium romanum".

Noch 1934 hatte er bei den damaligen Unruhen in Österreich Truppen an dessen Grenze zusammengezogen, um ein Eingreifen des Deutschen Reiches zu verhindern, obwohl er sich kurz zuvor in Venedig erstmalig mit Hitler getroffen hatte. Im April 1935 hatte er sich zusammen mit Großbritannien und Frankreich auf der Konferenz von Stresa gegen Deutschland gestellt (vgl. S. 112). Aber schon Ende 1935 begann sich das Blatt zu wenden.

116.1 Abfahrt italienischer Truppen nach Äthiopien

116.2 Äthiopische Stammestruppen

117.1 Startvorbereitung einer Bomberbesatzung der „Legion Condor"

Bereits 1925 hatten Großbritannien und Italien über die Aufteilung Äthiopiens (Abessiniens) in wirtschaftliche Interessensphären verhandelt. Anfang Oktober 1935 bis Anfang Mai 1936 eroberten italienische Truppen das Land. Vom Völkerbund beschlossene Wirtschaftssanktionen gegen Italien waren nicht streng eingehalten worden und deshalb unwirksam geblieben. Deutschland unterstützte Italien mit Rohstofflieferungen. Die Zusammenarbeit wurde, nachdem im Juli 1936 in Spanien ein Bürgerkrieg ausgebrochen war, noch enger. Beide Staaten halfen den Aufständischen unter General Franco. Das Deutsche Reich entsandte die „Legion Condor", die hier zum erstenmal ihre später gefürchteten Sturzkampfbomber (Stukas) einsetzte. Dabei erregte die totale Zerstörung der Stadt Guernica Spanien und die Welt. Italienische U-Boote beschossen sowjetische Frachter im Mittelmeer, die Kriegsmaterial für die Gegner Francos an Bord hatten. Am 25. Oktober 1936 kam es zu einem deutsch-italienischen Vertrag, in dem u. a. ein einheitliches Vorgehen in der spanischen Frage vereinbart wurde. Mussolini sprach 7 Tage später von diesem Abkommen als von einer europäischen Achse, um die sich alle friedliebenden und zur Zusammenarbeit bereiten europäischen Staaten sammeln könnten.

Sanktionen: Strafmaßnahmen, um einen anderen Staat zu eingegangenen Verpflichtungen zu zwingen

Ende 1937 trat Italien dem deutsch-japanischen Antikominternpakt bei und aus dem Völkerbund aus. Aber erst am 22. Mai 1939 schloß Mussolini den sogenannten Stahlpakt. Dies war ein Freundschafts- und Bündnisvertrag, der Absprachen in allen Fragen von gemeinsamem politischem Interesse sowie gegenseitige politische, diplomatische und militärische Unterstützung vorsah.

1. Nenne Gründe, die zur Annäherung zwischen Deutschland und Italien führten.
2. Welche Ziele stecken im Vorbild des „imperium romanum"?

Das „Dreieck Berlin–Rom–Tokio"

Warum es zur Zusammenarbeit mit Japan kam

Bis zur Mitte des 19. Jahrhunderts, mehr als 200 Jahre lang, hatte sich Japan streng gegenüber allen ausländischen Einflüssen abgeschlossen. 1868 übernahm der Kaiser wieder selbst die Regierung. Bis dahin hatten rund 700 Jahre lang die Kronfeldherren (Schogune) die Herrschaft ausgeübt. Mit diesem Jahre 1868 begann in Japan ein rasanter Reform- und Modernisierungsprozeß, der zahlreiche europäische Errungenschaften in Politik, Wirtschaft und Verkehr einführte. Dadurch kam es zu einer bedeutenden Stärkung des Staates. 1894 brach ein chinesisch-japanischer Krieg aus, den die japanische Armee innerhalb von 8 Monaten siegreich beenden konnte. Formosa (Taiwan) und die Pescadores-Inseln mußten von China abgetreten, die Selbständigkeit Koreas anerkannt werden. 1904 kam es wegen der Abgrenzung der beiderseitigen Interessengebiete in Korea und der Mandschurei zu einem russisch-japanischen Krieg, den Japan ebenfalls gewann. Rußland mußte die Mandschurei räumen, Südsachalin an Japan abtreten und die japanische Hegemonie in Korea anerkennen. 1910 annektierte Japan Korea. Im Ersten Weltkrieg stand es auf der Seite Großbritanniens und besetzte die deutschen Südseekolonien.

Hegemonie: Vorherrschaft

Seit 1915 versuchte Japan, China politisch und wirtschaftlich von sich abhängig zu machen. Aber 1922 verpflichtete es sich trotzdem zur Anerkennung der Unabhängigkeit Chinas. 1931 jedoch provozierten radikale Militärkreise Japans einen Zwischenfall, der zum Anlaß wurde, die Mandschurei zu besetzen und 1932 zum selbständigen Staat Mandschukuo zu machen. Er war faktisch ein japanisches Protektorat. Die Auseinandersetzung mit China ging weiter. Der Völkerbund hatte 1931 eine Kommission zur Untersuchung des japanisch-chinesischen Konflikts gebildet. Das Ergebnis dieser Untersuchung, der Lytton-Bericht, entsprach nicht den japanischen Vorstellungen. Als er dennoch 1933 vom Völkerbund angenommen wurde, trat Japan aus. 1937 brach dann wieder ein offener japanisch-chinesischer Krieg aus, der bis 1945 andauerte. Bei der Besetzung der Stadt Nanking 1937 kam es zu blutigen Ausschreitungen, die große Empörung hervorriefen. Die japanischen Soldaten entglitten weithin der Führung andersgesinnter Offiziere. Viele Angehörige der chinesischen Zivilbevölkerung, selbst Kinder, wurden hingeschlachtet, viele Frauen vergewaltigt. Plünderungen und willkürliche Zerstörungen waren üblich. Aus einer Proklamation vom 22. Dezember 1937 wird deutlich, daß es Japan um die „Neue Ordnung Ostasiens" ging. Damit waren die ostasiatischen Besitzungen und Interessen Rußlands, Frankreichs, Großbritanniens und der USA bedroht. In einer Rede verwarf Präsident Roosevelt die Neutralitätspolitik der USA und erklärte, Aggressoren – hier insbesondere Japan – müßten politisch isoliert werden.

Japan schloß bereits am 25. November 1936 den „Antikominternpakt" mit dem Deutschen Reich. Dieser Pakt war offiziell gegen die „Dritte Internationale", den Zusammenschluß aller kommunistischen Parteien unter der Führung der UdSSR, gerichtet. Die beiden Artikel des Grundvertrags vereinbaren dementsprechend Zusammenarbeit bei der Abwehr kommunistischer Aktivitäten sowie die Aufforderung an andere Staaten, sich diesem Pakt anzuschließen. Ein geheimes Zusatzabkommen enthüllt aber den eigentlichen Sinn des Paktes:

Art. 1: Sollte einer der ... (beiden) ... Staaten Gegenstand eines nicht provozierten Angriffs oder einer nicht provozierten Angriffsdrohung durch die Union der Sozialistischen Sowjetrepubliken werden, so verpflichtet sich der andere ... Staat, keinerlei Maßnahmen zu treffen, die in ihrer Wirkung die Lage der Union der Sozialistischen Sowjetrepubliken zu entlasten geeignet sein würden.
Sollte der in Absatz 1 bezeichnete Fall eintreten, so werden sich die ... (beiden) ... Staaten sofort darüber beraten, welche Maßnahmen sie zur Wahrung der gemeinsamen Interessen ergreifen werden.
Art. 2: Die ... (beiden) ... Staaten werden während der Dauer dieses Abkommens ohne gegenseitige Zustimmung mit der Union der Sozialistischen Sowjetrepubliken keinerlei politische Verträge schließen, die mit dem Geiste dieses Abkommens nicht übereinstimmen.

(H. K. G. Rönnefarth/H. Euler, Konferenzen und Verträge, II, Würzburg 1959, S. 149)

Am 27. September 1940, als allmählich die Auflösung der alten Parteien und die Ausbildung eines totalitären Regimes in Japan begann, kam es schließlich zum „Dreimächtepakt" zwischen Deutschland, Italien und Japan. Darin bejahte Japan eine deutsch-italienische Neuordnung Europas, Deutschland und Italien stimmten einer solchen im großasiatischen Raum durch Japan zu. Politische, wirtschaftliche und militärische Zusammenarbeit wurde für den Fall des Angriffs einer weiteren Macht (gemeint sind die USA) auf einen der drei Partner vereinbart. Gemeinsame Kommissionen zur Durchführung des Vertrags wurden verabredet.

totalitär: alle Bereiche des öffentlichen Lebens und Teile des privaten Lebens erfassend und sich unterwerfend

Ende 1938 hatte der deutsche Außenminister Ribbentrop bereits bemerkt, die Achse Berlin–Rom sei in Europa ausschlaggebend und das Dreieck Berlin–Rom–Tokio in der Welt bestimmend.

1. Nenne Gründe für die Annäherung Japans an die Achsenmächte.
2. Welche Berechtigung hatte der Ausspruch Ribbentrops bereits 1938?

119.1 Besetzung der Stadt Nanking durch Japaner, 1937

Wie Deutschland den Krieg begann

Konsultation: gemeinsame Beratung

Das Jahr 1939
Am 26. September 1938 hatte Hitler behauptet, nach dem Anschluß des Sudetenlandes gebe es für Deutschland in Europa „kein territoriales Problem mehr". Am 29. September war die tschechische Frage im Münchener Abkommen geregelt worden. Am 30. September hatte Hitler eine Erklärung unterschrieben, deutsch-britische Meinungsverschiedenheiten durch Konsultationen zu bereinigen. Aber am 21. Oktober 1938 erhielt die Wehrmacht den Befehl, sich auf die Zerschlagung der Tschechoslowakei vorzubereiten. Bereits am 30. Mai 1938 hatte Hitler eine Anweisung ausgegeben, daß es sein „unabänderlicher Entschluß sei, die Tschechoslowakei in absehbarer Zeit zu zerschlagen".

Als es Anfang März 1939 zu Spannungen zwischen der Prager Regierung und den Slowaken kam, sah Hitler die Gelegenheit gekommen. Am 14. März erklärte die Slowakei ihre Unabhängigkeit und stellte sich unter deutschen Schutz. Am 15. März verhandelten der tschechoslowakische Staatspräsident und der Außenminister mit Hitler in Berlin. Hitler erzwang von beiden das Zugeständnis, das Schicksal ihres Staates in seine Hände zu legen. Göring drohte bei Verweigerung mit einem Luftangriff auf Prag. Deutsche Truppen rückten ein, am 16. März wurde das „Reichsprotektorat Böhmen und Mähren" proklamiert. Einen Tag später erklärte der britische Premierminister in einer Rede in Birmingham, dies sei ein deutlicher Bruch aller getroffenen Absprachen. Er wies darauf hin, daß nunmehr das deutsche Ausgreifen begrenzt werden müsse. Das britische Außenministerium sandte am 18. März eine Note folgenden Inhalts an die Reichsregierung:

Die britische Regierung wünscht „der deutschen Regierung ganz klar zu machen ..., daß sie nicht umhin kann, die Ereignisse der vergangenen Tage als eine vollständige Verwerfung des Münchener Abkommens zu betrachten und als eine Absage an den Geist, in dem die Unterhändler dieses Vertrages sich verpflichtet haben, für ein friedliches Übereinkommen zusammenzuarbeiten".
Die britische Regierung protestiert ferner „gegen die in der Tschechoslowakei durch die deutschen militärischen Aktionen verursachten Veränderungen, die in ihrer Sicht jeder rechtlichen Grundlage entbehren".
(Akten zur deutschen auswärtigen Politik, Serie D, Bd. 6, S. 22 f.)

Aber für Hitler gab es kein Halten mehr. Am 21. März 1939 forderte er Polen auf, Danzig dem Reich zurückzugeben. Seit Oktober 1938 war diese Forderung bereits dreimal erhoben worden. Außerdem solle durch den Korridor von Danzig ins Reich eine deutsche Autobahn und Eisenbahnlinie geführt werden. Die deutsch-polnische Grenze werde dann garantiert. Polen lehnte jedoch ab. Am 31. März gab Großbritannien eine Garantieerklärung für Polen ab, die bald auf Rumänien und Griechenland ausgeweitet wurde. Im April führte Großbritannien die allgemeine Wehrpflicht ein. Britisch-französisch-sowjetische Verhandlungen über einen Beistandspakt wurden aufgenommen, scheiterten aber Ende Juli 1939. Demgegenüber brachten parallellaufende deutsch-sowjetische Verhandlungen am 23. August 1939 einen Nichtangriffspakt zustande. Die britische Regierung befahl die Mobilmachung und schloß am 25. August 1939 ein förmliches Bündnis mit Polen. Am 1. September 1939 begann der deutsche Angriff auf Polen, am 3. September erklär-

120.1 *Tschechische Bevölkerung beim Einmarsch deutscher Truppen in Prag, 1939*

ten Großbritannien und Frankreich dem Deutschen Reich den Krieg. Am 17. September marschierten sowjetische Truppen in Ostpolen ein. Dies geschah auf der Grundlage des „Geheimen Zusatzprotokolls zum deutsch-sowjetischen Nichtangriffspakt":

1. Für den Fall einer territorial-politischen Umgestaltung in den zu den baltischen Staaten [Finnland, Estland, Lettland, Litauen] gehörenden Gebieten bildet die nördliche Grenze Litauens zugleich die Grenze der Interessensphären Deutschlands und der UdSSR ...
2. Für den Fall einer territorial-politischen Umgestaltung der zum polnischen Staate gehörenden Gebiete werden die Interessensphären Deutschlands und der UdSSR ungefähr durch die Linie der Flüsse Narew, Weichsel und San abgegrenzt. Die Frage, ob die beiderseitigen Interessen die Erhaltung eines unabhängigen polnischen Staates erwünscht erscheinen lassen und wie dieser Staat abzugrenzen wäre, kann endgültig erst im Laufe der weiteren politischen Entwicklung geklärt werden ...
3. Hinsichtlich des Südostens Europas wird von sowjetischer Seite das Interesse an Bessarabien betont. Von deutscher Seite wird das völlige politische Desinteressement an diesen Gebieten erklärt.
(Rönnefahrt/Euler, Konferenzen und Verträge, II, S. 176)

Bessarabien: nordöstliche Region Rumäniens

Im deutsch-sowjetischen Grenz- und Freundschaftsvertrag vom 28. September 1939 wurde Litauen im Austausch gegen Teile Polens der UdSSR zugeschlagen.

1. Wie und warum hat sich die britische Politik geändert?
2. Was bedeutete das Zusatzprotokoll für Osteuropa?

121.1 „Begrüßung der Diktatoren", Karikatur von D. Low anläßlich des sowjetischen Vertrages

Der Zweite Weltkrieg

Der europäische Kriegsschauplatz

Wie das Deutsche Reich Europa unterwarf, aber schließlich selbst zerschlagen wurde

In knapp fünf Wochen hatte die deutsche Wehrmacht Polen niedergeworfen. Westpreußen, Posen, Danzig und einige kleinere Gebiete wurden dem Großdeutschen Reich eingegliedert; aus dem Rest Polens wurde das „Generalgouvernement für die besetzten polnischen Gebiete" gebildet. Die Sowjetunion verleibte sich Ostpolen ein und begann mit der schrittweisen Inbesitznahme von Estland, Lettland und Litauen. Von Ende November 1939 bis März 1940 führte sie mit Finnland Krieg, um die geforderten Abtretungen zu erhalten.

Auf den Polenfeldzug folgte im April 1940 die deutsche Besetzung von Dänemark und Norwegen. In Norwegen kam das Reich den Briten nur um wenige Tage zuvor. Auf deutscher Seite ging es vor allem darum, die schwedische Erzzufuhr zu sichern, auf britischer, gerade diese zu unterbrechen. So kam es um den norwegischen Hafen Narvik, in dem die schwedische Erzbahn endete, zu besonders schweren Kämpfen.

Im Mai und Juni 1940 wurden im Westfeldzug Holland, Belgien und Frankreich besiegt und besetzt. Wie schon nach dem Polenfeldzug machte Hitler wiederum ein Friedensangebot, das aber erneut abgelehnt wurde. Die Invasion Großbritanniens wurde jetzt vorbereitet und mit der Luftschlacht um England begonnen. Nach ungefähr einem halben Jahr war die deutsche Niederlage sichtbar. Darum wurde die Invasion verschoben.

Um die Herrschaft im Mittelmeerraum zu gewinnen, wurde Anfang 1941 zur Unterstützung der Italiener das deutsche Afrika-Korps gebildet und in Libyen eingesetzt. Aus dem gleichen Grunde wurde im April/Mai 1941 der Balkanfeldzug gegen Jugoslawien und Griechenland geführt.

Rüstungsausgaben der Großmächte (in Mrd Dollar)

USA	GB	UdSSR	D
	1939		
0,6	1,0	3,3	3,4
	1940		
1,5	3,5	5,0	6,0
	1941		
4,5	6,5	8,5	6,0
	1943		
37,5	11,1	13,9	13,8

Am 22. Juni 1941 begann der Rußlandfeldzug. Ein ganzes Bündel von Gründen hatte Hitler bewogen, die Sowjetunion anzugreifen. Einmal um durch weitere Machtsteigerung Großbritannien indirekt zu treffen. Zum anderen stand sicher der alte Haß gegen die sogenannte „jüdisch-bolschewistische Weltverschwörung" dahinter. Hinzu trat eine weltanschauliche Vorstellung, die Hitler in seinem Buch „Mein Kampf" bereits entwickelt hatte:

Damit ziehen wir Nationalsozialisten bewußt einen Strich unter die außenpolitische Richtung unserer Vorkriegszeit. Wir setzen dort an, wo man vor sechs Jahrhunderten endete. Wir stoppen den ewigen Germanenzug nach dem Süden und Westen Europas und weisen den Blick nach dem Land im Osten. Wir schließen endlich ab die Kolonial- und Handelspolitik der Vorkriegszeit und gehen über zur Bodenpolitik der Zukunft. Wenn wir aber heute in Europa von einem neuen Grund und Boden reden, können wir in erster Linie nur an Rußland und die ihm untertanen Randstaaten denken ...

(Hofer, Nationalsozialismus, S. 175)

1. Warum nahmen die Westmächte Hitlers Friedensangebot nicht an?
2. Welche deutschen Ziele offenbart der Kriegsverlauf (vgl. die Karten)?

Nationalsozialistische Gewaltherrschaft und der Zweite Weltkrieg

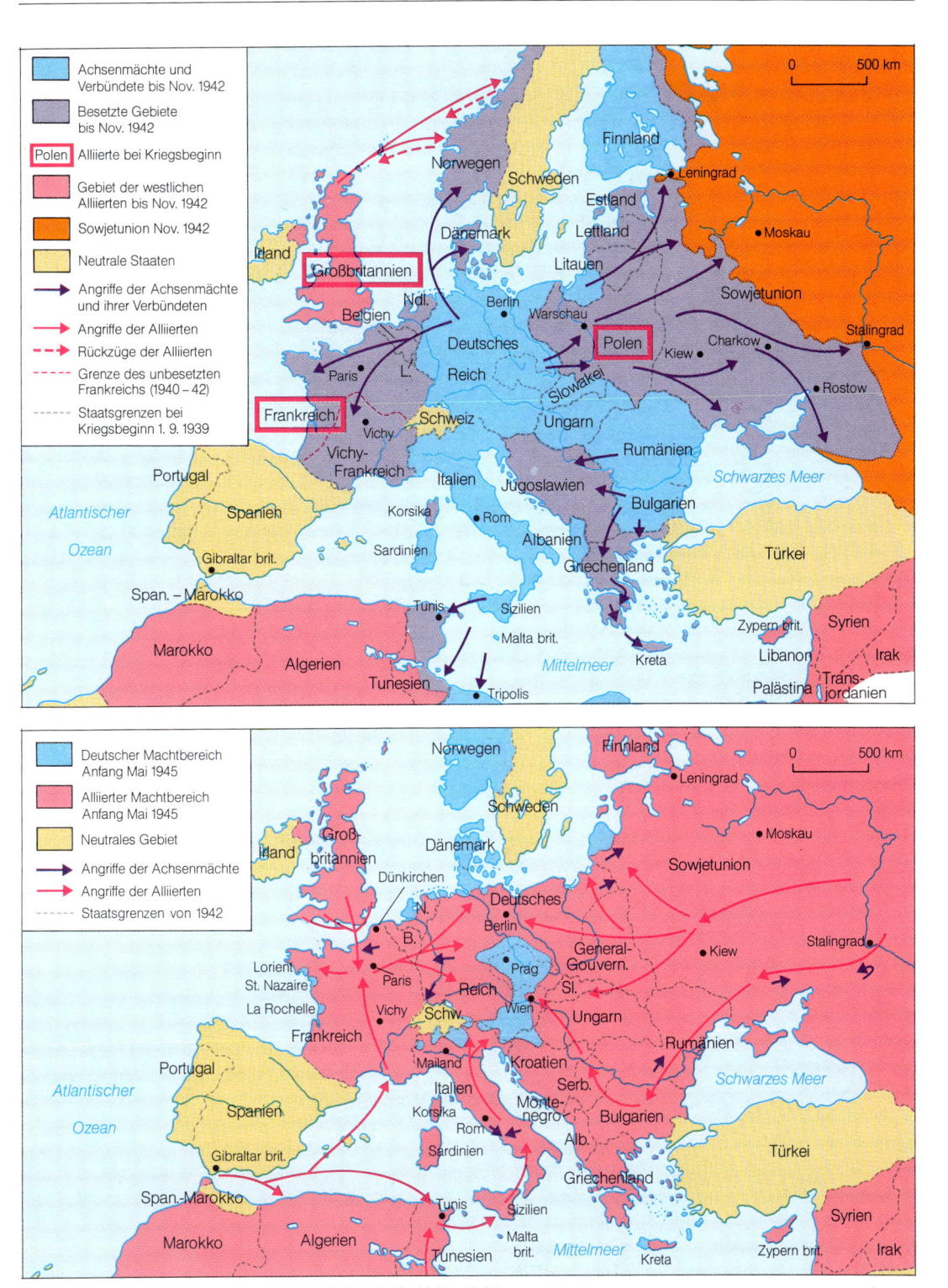

Legende (obere Karte):
- Achsenmächte und Verbündete bis Nov. 1942
- Besetzte Gebiete bis Nov. 1942
- Polen Alliierte bei Kriegsbeginn
- Gebiet der westlichen Alliierten bis Nov. 1942
- Sowjetunion Nov. 1942
- Neutrale Staaten
- Angriffe der Achsenmächte und ihrer Verbündeten
- Angriffe der Alliierten
- Rückzüge der Alliierten
- Grenze des unbesetzten Frankreichs (1940–42)
- Staatsgrenzen bei Kriegsbeginn 1.9.1939

Legende (untere Karte):
- Deutscher Machtbereich Anfang Mai 1945
- Alliierter Machtbereich Anfang Mai 1945
- Neutrales Gebiet
- Angriffe der Achsenmächte
- Angriffe der Alliierten
- Staatsgrenzen von 1942

123.1 Der Zweite Weltkrieg in Europa: 1939–1942, 1943–1945

Der ostasiatische Kriegsschauplatz

Wie Japans imperialistisches Ausgreifen schließlich scheiterte

Im Frühjahr 1941 verlangten die USA den Verzicht Japans auf seine Eroberungen auf dem chinesischen Festland. Es kam zu japanisch-amerikanischen Verhandlungen über eine Abgrenzung der Interessensphären in Ostasien. Nachdem aber die Japaner Ende Juli 1941 auch in Südindochina eingerückt waren und dort Stützpunkte anlegten, verhängten die USA ein Ölembargo gegen Japan, das dieses empfindlich traf. Dennoch wurden die Verhandlungen fortgeführt. Ende November 1941 brachen die USA sie aber doch ab, indem sie Japan eine Note mit 10 unannehmbaren Forderungen übermittelten. Der japanische Kronrat nahm daraufhin am 1. Dezember 1941 einen zunächst ausgesetzten Beschluß vom 6. September 1941 wieder auf und entschied sich für einen Krieg gegen die USA, Großbritannien und die Niederlande.

Embargo: Ausfuhrverbot

Der japanische Kriegsplan vom 5. November 1941 sah vor, in einer ersten Etappe zunächst Britisch-Malaya, die Philippinen, Hongkong und die Inseln Guam und Wake zu erobern. In einer zweiten Etappe sollten dann Burma und Niederländisch-Indien besetzt werden. Danach sollten die Kämpfe am Rande dieses Gebietes zur Ermattung und Abnutzung der Gegner führen. Diese sollten schließlich dazu gezwungen werden, Ost- und Südostasien als japanischen Herrschaftsraum anzuerkennen.

Am 7. Dezember 1941 überfiel Japan in einem Überraschungsluftangriff den amerikanischen Flottenstützpunkt Pearl Harbour auf Hawai. 19 schwere amerikanische Kriegsschiffe wurden zerstört, unter ihnen 5 Schlachtschiffe. Die Flugzeugträger der USA wurden aber nicht beschädigt, weil sie sich auf See befanden. Danach gelang es den Japanern auch sehr schnell, die Philippinen, Hongkong und Singapur zu erobern. Mit Unterstützung ihres thailändischen Satellitenstaates marschierten sie dann in Burma ein. Auf Neuguinea standen japanische Truppen zum Sprung nach Australien bereit. Mitte 1942 sah es so aus, als habe Japan seine Kriegsziele erreicht.

Rüstungsausgaben Japans in Mrd Dollar

1940	1,0
1941	2,0
1943	4,5

Aber Anfang Juni 1942 verlor es gegen die Amerikaner die mehrtägige See-Luft-Schlacht bei den Midway-Inseln und dabei vier seiner besten und modernsten Flugzeugträger. Anfang Februar 1943 mußte es die Insel Guadalcanal räumen, auf der die Amerikaner Anfang August 1942 gelandet waren. Im Dezember 1943 begannen britische Truppen Burma zurückzuerobern. Die Amerikaner schoben sich von Inselgruppe zu Inselgruppe vor. Ein japanischer Gegenstoß war nach der Niederlage in der Flugzeugträgerschlacht von Saipan Mitte Juni 1944 nicht mehr möglich. Schließlich, im Februar 1945, landeten die Amerikaner auch auf den Inseln des japanischen Mutterlandes. Nach dem Atombombenabwurf auf Hiroshima am 6. August 1945 und am 9. August auf Nagasaki kapitulierte Japan am 2. September 1945.

1. Suche die erwähnten Orte auf den Karten und erkläre ihre Bedeutung.
2. Worin sind Unterschiede zwischen dem Krieg in Europa und dem in Ostasien zu erkennen?
3. Inwiefern kann man von einer Folgerichtigkeit der japanischen Politik seit der zweiten Hälfte des 19. Jahrhunderts reden? Inwiefern gilt das nicht für die deutsche?

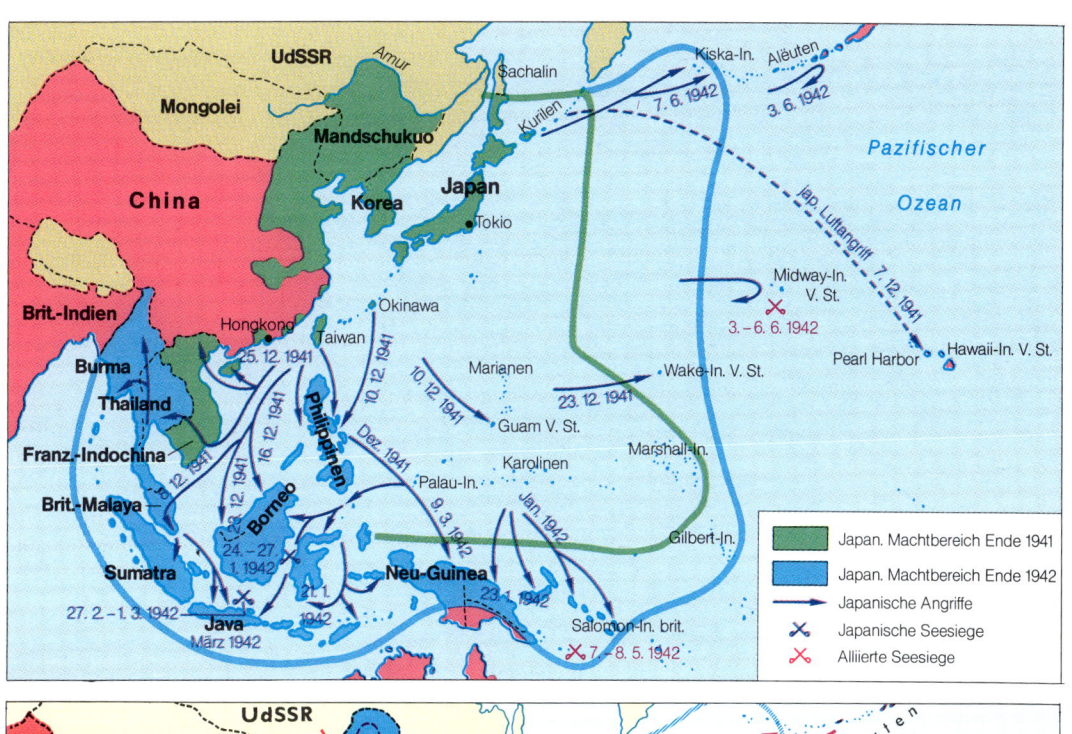

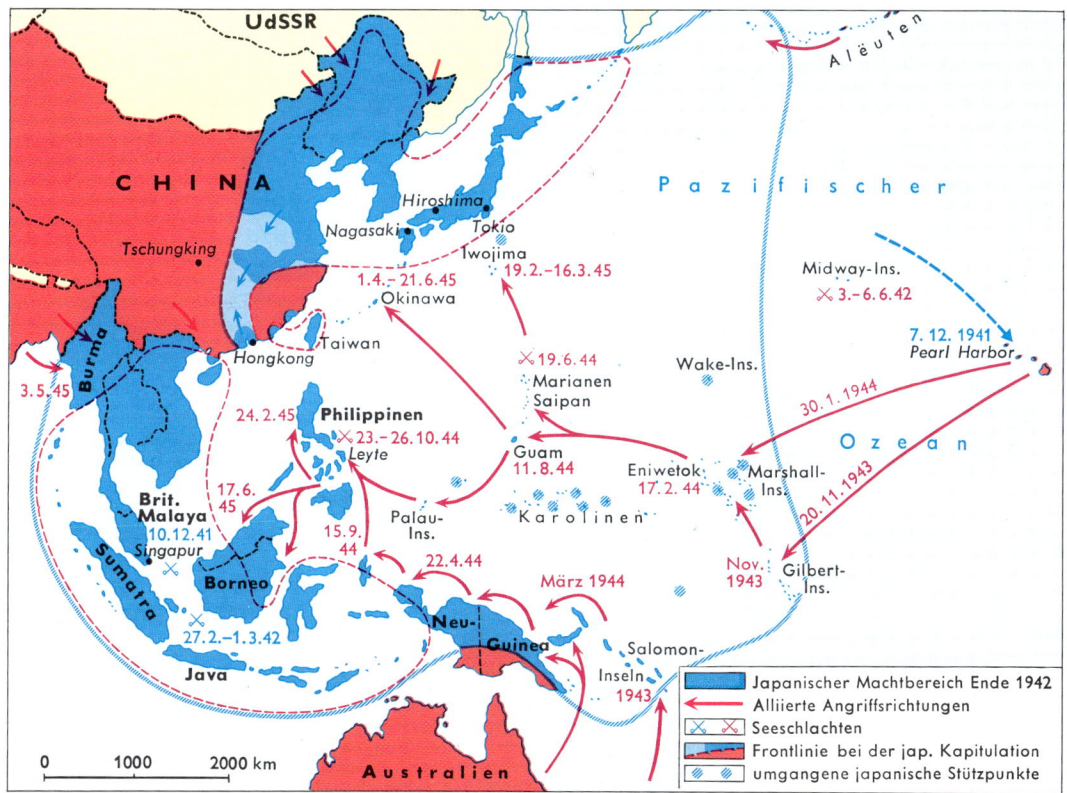

Nationalsozialistische Gewaltherrschaft und der Zweite Weltkrieg 125

125.1 *Der Krieg in Ostasien 1941–1942, 1942–1945*

Der totale Krieg

Wie der Krieg ein bisher nicht gekanntes Ausmaß gewann

Ab 1943 verschlechterte sich die Kriegslage für Deutschland deutlich. Im nationalsozialistischen Denken gab es aber nur Sieg oder Untergang. Deshalb hielt der Reichspropagandaminister Dr. Joseph Goebbels am 18. Februar 1943 eine große Rede, in der er den „totalen Krieg" verkündete. In zehn rhetorischen Fragen sprach er seine Zuhörer an:

> Ich frage euch: Wollt ihr den totalen Krieg? Wollt ihr ihn, wenn nötig, totaler und radikaler, als wir ihn uns heute überhaupt noch vorstellen können? ...
> Ich frage euch achtens: Wollt ihr, insbesondere ihr Frauen selbst, daß die Regierung dafür sorgt, daß auch die deutsche Frau ihre ganze Kraft der Kriegführung zur Verfügung stellt und überall da, wo es nur möglich ist, einspringt, um Männer für die Front frei zu machen und damit ihren Männern an der Front zu helfen? ...
> Ich frage euch zehntens und zuletzt: Wollt ihr, daß, wie das nationalsozialistische Parteiprogramm es gebietet, gerade im Kriege gleiche Rechte und gleiche Pflichten vorherrschen, daß die Heimat die schweren Belastungen des Krieges solidarisch auf ihre Schultern nimmt und daß sie für hoch und niedrig und arm und reich in gleicher Menge verteilt werden?

(Hofer, Nationalsozialismus, S. 251 f.)

Deutsche Rüstung

	Panzer	Flugzeuge
1940	1459	10826
1941	3256	11776
1942	4098	15556
1943	6083	25527
1944	8466	39807

Menschenverluste

F	S	250000
	Z	350000
D	S	3500000
	Z	700000
I	S	330000
	Z	80000
J	S	1200000
	Z	260000
GB	S	326000
	Z	62000
USA	S	300000
	Z	–
UdSSR	S	6500000
	Z	10000000

S = Soldaten
Z = Zivilisten

Begeisterung und ein jubelndes „Ja" waren Goebbels auf seine Fragen entgegengeschallt. So wurden Lehrlinge z. B. zum SHD (Sicherheits- und Hilfsdienst) für den Einsatz nach Luftangriffen sowie zur „Heimatflak" (nächtlicher Dienst bei der Luftabwehr) verpflichtet. Fünfzehnjährige Oberschüler wurden als Luftwaffenhelfer eingezogen und mußten an Stelle von Soldaten Kanonen und Ortungsgeräte der Flugabwehrtruppe (Flak) bedienen. Die meisten Frauen mußten in Industrie- und Verkehrsbetrieben arbeiten, junge auch bei den Wehrmachtsdienststellen. Sie wurden sogar in Scheinwerferbatterien der Flak eingesetzt. Die Rüstungsproduktion wurde gewaltig gesteigert.

Aber auch die Alliierten verschärften den Krieg. Der britische Premierminister Churchill äußerte sich in dem Sinne, wenn Deutschland den totalen Krieg wolle, solle es ihn haben. Luftmarschall Harris vertrat die Auffassung, nicht durch die Bombardierung von Rüstungsindustrie und Verkehrswegen könne das Kriegsende herbeigeführt werden. Vielmehr müsse die Zivilbevölkerung durch großflächige Bombardements der Wohngebiete mürbe gemacht und von der Unterstützung des Nationalsozialismus abgebracht werden. Der Plan wurde durchgeführt. Die amerikanische Regierung förderte die Entwicklung der Atombombe und setzte diese schließlich auch ein, nachdem Japan die Aufforderung zur bedingungslosen Kapitulation vom 26. Juli 1945 abgelehnt hatte. Es gab zuletzt keinen Unterschied mehr zwischen Soldaten und Zivilisten.

Der Einsatz der Atombombe macht diese Tatsache besonders deutlich:

> Plötzlich leuchtete ein Blitz auf, ... Als ich mich hinwarf, mit dem Gesicht nach unten, kam eine ungeheuerliche Explosion ... Wie lange ich halb ohnmächtig auf der Straße lag, weiß ich nicht, aber als ich die Augen wieder öffnete, war es rings um mich her so dunkel, daß ich

nichts sehen konnte. Es war, als sei es in der Hitze des Morgens plötzlich Mitternacht geworden... [S]päter... sah ich unzählige verkohlte Leichen in den Straßen und in den Aschenhaufen liegen, die früher einmal Häuser gewesen waren. Eine Leiche war vom Gürtel abwärts bis auf die kahlen Knochen verbrannt. Am Oberkörper war noch einiges schwarzgebranntes Fleisch zu sehen, aber das Herz und die anderen Organe lagen frei. Sie waren verkohlt und deutlich erkennbar...
Ich hatte fürchterliche Schmerzen.
(Jacobsen/Dollinger, Der Zweite Weltkrieg, Bd. 3, München 1962, S. 434)

Der britische Historiker R.A.C. Parker hat den Entschluß zum Einsatz der Atombombe folgendermaßen erklärt:

[Diese Waffe] kam genau in dem Moment, als man nach einem Mittel suchte, um die japanische Regierung davon zu überzeugen, daß Japan den Krieg bereits verloren habe. Die kleine Gruppe von Wissenschaftlern und Politikern, die von der Bombe wußten, erörterte, wie man sie am besten zu diesem Zweck einsetzen könnte. Einige waren dafür, mit ihrem Einsatz zu drohen, andere für eine öffentliche Zündung der Bombe auf einer unbewohnten Insel... Der vernünftigste Vorschlag, die Bombe auf unbesiedeltes Waldgebiet in Japan abzuwerfen, wurde gar nicht ernsthaft in Betracht gezogen. Obwohl das Argument vorgetragen wurde, die Vereinigten Staaten würden jeden moralischen Anspruch auf die Forderung nach einer internationalen Kontrolle über die Atomenergie verlieren, wenn sie die Bombe einsetzten, entschied man sich dafür, die Bombe auf eine unversehrte japanische Stadt abzuwerfen, um... die außer jedem Zweifel stehende Macht der Vereinigten Staaten zu demonstrieren...
(Fischer Weltgeschichte, Bd. 34, S. 349)

Hiroschima nach dem Atombombenangriff

80% zerstört
90 000 Tote
40 000 Verletzte mit langfristigen Nachwirkungen

1. Nenne Gründe, warum der Krieg „total" wurde.
2. Worin besteht das neue Ausmaß, das Krieg heute gewonnen hat?

127.1 *Köln, 1945*

127.2 *Hiroschima, 1945*

Der Widerstand gegen die nationalsozialistische Diktatur

Konservativer und kirchlicher Widerstand

Wie die national-konservative Opposition und die Kirchen dachten

Wenn wir von Widerstand reden, dann denken wir meist an offene und gewaltsame Widersetzlichkeit. So sind das gescheiterte Attentat auf Hitler vom 20. Juli 1944 und der damit verbundene Umsturzversuch sehr viel stärker in den Vordergrund getreten als Versuche, nicht gewalttätig Widerstand zu leisten. Es sind vor allem „nationalkonservative" Kreise gewesen, die im näheren und weiteren Umkreis hinter dem Geschehen vom 20. Juli 1944 standen. Viele dieser Beteiligten hatten zunächst das 1933 anscheinend beginnende Wiedererstarken des Deutschen Reiches mit Wohlgefallen gesehen. Sie hatten mit den Nationalsozialisten zusammengearbeitet. Im Laufe der Jahre wurden sie aber zunehmend von den Praktiken der Nationalsozialisten abgestoßen.

Wie national diese Kreise gesinnt waren, geht wohl am besten aus den Vorstellungen des langjährigen Leipziger Oberbürgermeisters (1930 bis 1937) Carl Friedrich Goerdeler hervor. Obwohl es sehr unterschiedliche Auffassungen in diesen nationalkonservativen Kreisen gab, sind seine doch typisch. Er forderte noch im Mai 1941 in einer Denkschrift von den Kriegsgegnern, daß nach einem Umsturz Österreich, das Sudetenland und das Memelland beim Reich bleiben sollten. Darüber hinaus sollten die Grenzen von 1914 gegenüber Belgien, Frankreich und Polen wiederhergestellt werden. Alle ehemaligen deutschen Kolonien sollten zurückgegeben werden. 1944 scheint Stauffenberg dieselben Vorstellungen in nur geringfügig abgemilderter Form vertreten zu haben.

Goerdelers Pläne für die künftige Reichsverfassung zeigen, wie konservativ diese Kreise gesinnt waren. Sie lassen sich so zusammenfassen:

128.1 Carl Friedrich Goerdeler (1884–1945)

örtliche Vertreterschaft: z. B. Stadträte

Um ... den Reichstag zu verantwortlichem Handeln zu befähigen, schlug Goerdeler eine Beschränkung auf drei Parteien [sowie relatives Mehrheitswahlrecht und Persönlichkeitswahl] vor. Jedoch sollte nur die eine Hälfte der Volksvertretung direkt auf der Grundlage des allgemeinen Stimmrechts gewählt werden; für die andere Hälfte sah Goerdeler indirekte Wahlen in einer Stufenfolge vor, die von den örtlichen Vertreterschaften über Gemeinden, Kreise und Gaue aufstieg. Reichstagsabgeordnete mußten wenigstens 35 Jahre alt und fünf Jahre in der örtlichen Selbstverwaltung tätig gewesen sein ... Fernerhin plante Goerdeler ein Oberhaus, das aus Vertretern der größeren Berufsgruppen, der Unternehmervereinigungen, der einen umfassenden Gewerkschaftsorganisation sowie der Kirchen und Universitäten bestehen sollte. Neben diesen ständischen Vertretern wurde die freie Berufung von 50 „angesehenen Deutschen" aller Klassen vorgeschlagen.

(H. Rothfels, Die deutsche Opposition..., Frankfurt 1958, S. 112 f.)

128.2 Claus Graf Schenk von Stauffenberg (1907–1944), Oberst

Ähnlich konservativ geprägt waren die Kirchen. Gewiß haben einige tausend entschiedene Christen evangelischer und katholischer Konfession gegen den Nationalsozialismus aktiven Widerstand geleistet. Sie sind in die Konzentrationslager gebracht, dort bestialisch gequält und schließlich zum Teil hingerichtet worden. Die große Mehrzahl aber hat sich schweigend verhalten. Andere haben Hitler sogar gehuldigt. Kardinal Bertram hat ihm noch 1945 ein Glückwunschtelegramm zum

Geburtstag gesandt. Die evangelischen Deutschen Christen standen ganz auf der Seite der Nationalsozialisten, viele von ihnen betrachteten Hitler gar als einen Gesandten Gottes.

Die Kirchen als Institutionen wehrten sich zwar gegen eine derartige Verkennung der Religion, aber sie wandten sich nicht ausdrücklich gegen den nationalsozialistisch geprägten Staat, sondern erklärten sich ihm gegenüber als loyal. So steht auch der Name des späteren Regimegegners Martin Niemöller unter einem Telegramm, das im Zusammenhang des Austritts Deutschlands aus dem Völkerbund am 15. Oktober 1933 an Hitler geschickt wurde. In ihm wurden „treue Gefolgschaft und fürbittendes Gedenken" gelobt.

Ebenso entschieden wandten sich Niemöller und die Bekennende Kirche aber gegen eine Verfälschung des Bekenntnisses. Ähnlich äußerte sich Papst Pius XI. am 14. März 1937 in seiner Enzyklika „Mit brennender Sorge".

Zusammenfassend kann man vielleicht von beiden Kirchen sagen, was ein Historiker bezüglich der evangelischen betont hat:

Zu einem politischen Widerstand ist die Kirche als Ganzes nicht vorgedrungen, nur in einzelnen ihrer Mitglieder. Da Staat und Partei aber aus ihrem Selbstverständnis den kirchlichen Widerspruch so verstanden, kann man von einem politischen Widerstand der Kirche gegen ihren Willen sprechen.

(G. von Norden, in: K.-J. Müller (Hrsg.), Der dt. Widerstand, Paderborn 1968, S. 134)

1. Vergleiche Goerdelers Vorstellungen mit den politischen Verhältnissen in der Bundesrepublik Deutschland.
2. Was meint „Widerstand der Kirche gegen ihren Willen"?

teneo quia teneor = ich halte fest, weil ich gehalten werde

129.1 Siegel der Deutschen Christen   *129.2 Siegel der Bekennenden Kirche*

Wie Angehörige der alten Gewerkschaften und Linksparteien Widerstand leisteten

Sozialistischer Widerstand

Gleich zu Beginn der nationalsozialistischen Herrschaft (vgl. S. 80) waren die KPD, die SPD und die Gewerkschaften aufgelöst und viele ihrer Mitglieder verfolgt, verhaftet und in die „wilden" Konzentrationslager gesteckt worden. Dazu gehörte z. B. Kemna an der Wuppertaler Straße von Oberbarmen nach Beyenburg (vgl. S. 78 f.). Andere konnten noch rechtzeitig emigrieren. Es bildete sich eine doppelpolige Widerstandsbewegung heraus. Die Emigranten versuchten vom Ausland her durch Schriften und Flugblätter, die nach Deutschland hineingeschmuggelt wurden, das Regime zu unterhöhlen. Im Innern bildeten sich oppositionelle Gruppen, die dieses Material und auch selbst hergestelltes verbreiteten. In den Betrieben fanden sich kleine Zellen von Regimegegnern zusammen. Bis Ende der dreißiger Jahre agierten sie alle noch recht unbekümmert und wurden daher meist schnell unschädlich gemacht. Daraufhin wurden sie vorsichtiger und hielten sich mehr zurück. Erst im Krieg, seit ungefähr 1942, begannen sie sich wieder stärker zu rühren.

Der Gewerkschaftler Hans Gottfurcht wurde Mitte 1937 vorübergehend verhaftet. Er berichtet über seine Tätigkeit, die Kontakte mit Gesinnungsgenossen im In- und Ausland und den „Geist des Widerstandes" aufrechtzuerhalten. Er erzählt u. a.:

Wir saßen an kleinen Tischen [im Restaurant des Lehrer-Vereinshauses am Alexanderplatz in Berlin] und sangen Lieder, die jedem Unbeteiligten den Eindruck vermitteln mußten, daß wir Anhänger eines Kegelklubs oder Fußball-Freunde seien. Das Unternehmen war nicht ganz ungefährlich, denn mehrere Kellner kannten uns aus Versammlungen, die wir in den Sälen des Hauses früher abgehalten hatten. Die meisten Teilnehmer waren Berliner, aber es war auch gelungen, Kollegen aus dem Reich einzubeziehen ...
Nach der Entlassung aus der Gestapo-Haft setzten wir unsere Arbeit mit erhöhter Vorsicht fort. Am 10. Juli 1938 verließ ich Deutschland und emigrierte nach London ...
(Nach: Löwenthal/von zur Mühlen, Widerstand..., Berlin 1982, S. 53 f.)

Der Sozialdemokrat Ludwig Linsert wurde 1938 verhaftet, blieb zwei Jahre im Gefängnis und wurde anschließend in das Strafbataillon 999 gesteckt. Über seine Untergrundarbeit berichtet er:

Inzwischen hatten wir angefangen, selbst Flugblätter herzustellen. Dazu eine Schreibmaschine mit auswechselbaren Typen, einen Abziehapparat und schließlich viel Papier, das vorsichtig und in kleinen Mengen in verschiedenen Läden gekauft wurde. Die ersten Flugblätter, deren Inhalt mir im einzelnen nicht mehr erinnerlich ist, steckten wir in die Briefkästen, vornehmlich in Arbeitervierteln, und zwar weitab von der eigenen Wohngegend ... Inzwischen gab es jedoch den NSDAP-Hauswart, den Blockwart und immer mehr stramme Nazis, die die Flugblätter sofort zur Polizei brachten.
(Löwenthal/von zur Mühlen, Widerstand, S. 78)

In der Darstellung der Anfang 1934 verhafteten und bis 1945 in Haft gehaltenen Kommunistin Berta Carola Karg heißt es:

130.1 Flugblatt, 1941

Ich erhielt den Auftrag, den sehr gefährdeten Bezirksleiter des KJVD [Kommunistischer Jugendverband Deutschlands] am Niederrhein, Fritz Reuter, abzulösen und den Bezirk zu übernehmen. Als ich nach Düsseldorf kam, fand ich eine ähnliche Situation wie im Juli in Mannheim vor. Eine große Verhaftungswelle war angelaufen. Fritz Reuter und mit ihm eine Reihe führender Jugendfunktionäre waren in Düsseldorf, Solingen, Remscheid, Hagen und anderen Orten festgenommen worden. ... Mit Hilfe des späteren westdeutschen KPD-Vorsitzenden Max Reimann baute ich wieder die Organisation auf, schuf arbeitsfähige Unterbezirksleitungen und organisierte die illegale Arbeit wie in Thüringen und Baden-Pfalz. Der Niederrhein war ein Industriegebiet, und das Hauptgewicht unserer Tätigkeit lag in den Betrieben. In einer Reihe von Großbetrieben in Düsseldorf, Solingen, Remscheid, Hagen, Wuppertal, am linken Niederrhein Mönchen-Gladbach–Rheydt und in der Textilindustrie in Rheine an der holländischen Grenze aktivierten wir die noch bestehenden Jugendbetriebszellen oder gründeten neue. Unsere Jugendgenossen in den Betrieben erfanden immer wieder neue illegale Methoden der Arbeit zur Aufklärung der Jungarbeiter und ihrer Einbeziehung in den antifaschistischen Widerstandskampf. Die Betriebszeitungen wurden auf Werkbänken, in den Toiletten, in den Kantinen ausgelegt. Aus den Diskussionen der Jugendlichen und der Arbeiterschaft erhielten wir neue Argumente und Anregungen, um den betrieblichen Kampf vor allem auch gegen die NS-Spitzel der „Arbeitsfront" zu organisieren.

(Widerstand, S. 104, 106 f.)

1. Worin unterscheiden sich die drei Arbeitsweisen der „illegalen" Gruppen?
2. Worauf wird im Bericht von Gottfurcht, worauf in denen von Linsert und Karg vertraut?
3. Versuche zu erklären, warum diese Arbeit im Grunde fruchtlos geblieben ist.

131.1 Aufkleber, 1944

131.2 Kopf einer illegalen Zeitung, 1933

Wie die Jugend sich verweigerte und in den Widerstand geriet

Indoktrination: Beeinflussen und Einhämmern im Sinn einer politischen Lehre

Jugendwiderstand

Nach einigen Anfangsschwierigkeiten konnte die HJ (Hitlerjugend) zunächst viele Jugendliche in ihre Reihen ziehen. Ab 1938 mußten alle Jugendlichen zur HJ. Der Dienst wurde seitdem immer mehr zur vormilitärischen Ausbildung, verbunden mit nationalsozialistischer Indoktrination. Damit wuchs die Abneigung gegenüber der HJ, und viele Jungen und Mädchen kamen einfach nicht mehr zum Dienst. Dann wurde die Polizei eingesetzt, um sie von zu Hause abzuholen und zur Teilnahme zu zwingen. Es bildeten sich aber unterschiedliche Gruppen, die ihre Freizeit auf andere Weise miteinander verbrachten. Die Reichsjugendführung sah diese Probleme 1942 so:

Seit dem Frühjahr 1942 wurde in allen Bannen des HJ-Gebietes Düsseldorf die Feststellung gemacht, daß sich Jugendliche beiderlei Geschlechts wieder in erhöhtem Maße zu Cliquen zusammenschließen, Fahrtenbetrieb machen, vielfach gegen die HJ offen Stellung nehmen ... Ein Beobachtungsgroßeinsatz am 3.5.1942 hatte folgendes Ergebnis: In 8 Ausflugsorten des Gebietsbereichs wurden insgesamt 55 Gruppen in Stärke von durchschnittlich 7–15 Beteiligten festgestellt. Meist waren Jungen und Mädel gemischt. Fast alle Gruppen trugen nachgeahmte bündische Tracht, Klampfen und Balaleikas wurden mitgeführt. Bei den Kontrollen entwickelten sich teilweise Schlägereien ...

(A. Klönne, in: K.-J. Müller, Der deutsche Widerstand ..., Paderborn 1986, S. 201 f.)

Die HJ bildete einen eigenen HJ-Streifendienst, um diese Gruppen auszuschalten. Schließlich wurde nicht nur die normale Polizei, sondern auch die Gestapo gegen sie eingesetzt. Aber all diese Bemühungen konnten die Aufmüpfigen nicht niederringen. Sie fanden sich immer wieder zusammen und pflegten ihr bündisches Leben. Im Laufe des Krieges politisierten sich die Cliquen immer mehr und machten schließlich auch Überfälle auf HJ- und Gestapo-Dienststellen, so

132.1 Flugblatt von Wuppertaler Edelweißpiraten

In Junger's Kneipe
bei Wein und Pfeife
da saßen wir beisammen.
Ein guter Tropfen von Malz und Hopfen
der Teufel führt uns an.
Hei, wo die Burschen singen
und die Klampfen klingen
und die Mädel fallen ein.
Was kann das Leben Hitlers uns geben,
wir wollen frei von Hitler sein.

132.2 Lied der Edelweißpiraten

z. B. in Köln. Insbesondere taten sich in diesem Sinne des aktiven Widerstandes die sogenannten „Edelweißpiraten" hervor.

Auch unter der Studentenschaft regte sich Opposition. Die sich seit 1942 andeutende deutsche Niederlage im Krieg ließ einige junge Menschen nachdenklich werden. An der Universität München bildete sich z. B. eine Gruppe um die Geschwister Scholl. Unter dem Decknamen „Die weiße Rose" verteilte sie in München und anderen Städten Flugblätter gegen das nationalsozialistische Regime:

Erschüttert steht unser Volk vor dem Untergang der Männer von Stalingrad ... Der Tag der Abrechnung ist gekommen, der Abrechnung der deutschen Jugend mit der verabscheuungswürdigsten Tyrannis, die unser Volk je erduldet hat. Im Namen der deutschen Jugend fordern wir vom Staat Adolf Hitlers die persönliche Freiheit ... Der deutsche Name bleibt für immer geschändet, wenn nicht die deutsche Jugend ... aufsteht ... Studentinnen, Studenten: Auf uns sieht das deutsche Volk! Von uns erwartet es, wie 1813 die Brechung des napoleonischen, so 1943 die Brechung des nationalsozialistischen Terrors aus der Macht des Geistes.
(Hofer, der Nationalsozialismus, S. 328 ff.)

Bald wurden die Mitglieder der Gruppe gefaßt, angeklagt, verurteilt und hingerichtet.

All diese Aktivitäten darf man freilich nicht überschätzen. Ein deutscher Historiker hat dazu geschrieben:

Die Geschichte des deutschen Widerstands gegen Hitler stellt eine Kette von Bestrebungen dar, mit unzulänglichen Mitteln und unter höchst ungünstigen äußeren Bedingungen den Amoklauf des nationalsozialistischen Regimes zu beenden und Deutschland vor dem vollständigen inneren und äußeren Zusammenbruch zu bewahren. ...
Eine Gesamtbilanz des deutschen Widerstands gegen Hitler führt zu dem Resultat, daß er von einer ... bemerkenswerten Minderheit der Bevölkerung getragen war. Andererseits ließen die Bedingungen der nationalsozialistischen Herrschaft und die mangelnde politische Kritikfähigkeit breiter Kreise der Bevölkerung es nicht zu, daß die zahllosen Impulse, die gegen das Regime oder einzelne seiner Träger gerichtet waren, in eine geschlossene Bewegung einmündeten. Wer Widerstand gegen das Regime leistete, mußte es hinnehmen, von der Masse der verblendeten „Volksgenossen" als Verräter an der Nation betrachtet zu werden.
(H. Mommsen, in: K.-J. Müller, Deutscher Widerstand, Paderborn 1986, S. 22, 38)

1. Welche Gründe führt Mommsen für die Erfolglosigkeit aller Verweigerungsversuche sowie des passiven und aktiven Widerstands der Bevölkerung an? Schreibe sie auf.
2. Suche nach Belegen dafür auf den vorhergehenden Seiten und ordne sie zu.
3. Beschreibe die unterschiedlichen Formen von Ablehnung des nationalsozialistischen Regimes, die du kennengelernt hast. Benenne und bewerte sie.
4. Überlege, ob man die hier dargestellten Oppositionsformen wegen ihrer Fruchtlosigkeit als sinnlos bezeichnen kann.

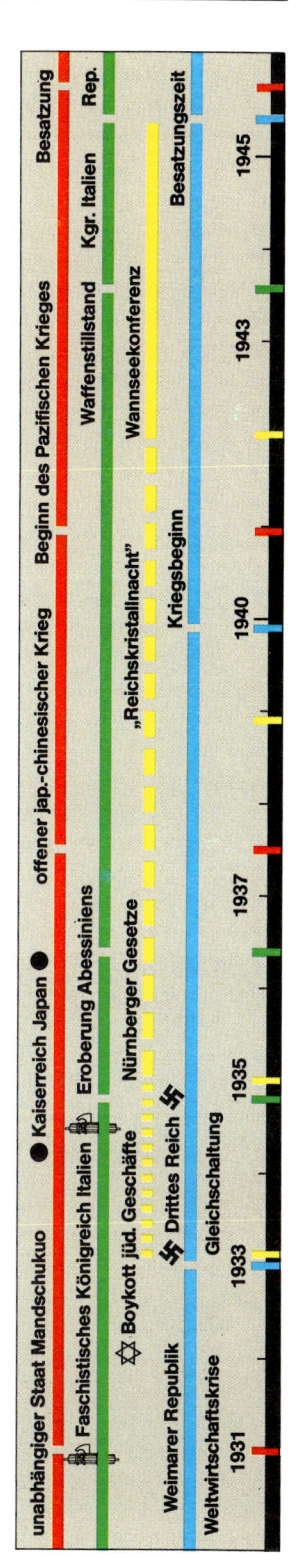

Nachkriegszeit, Wiederaufbau und Blockbildung

Vom Zusammenbruch des „Dritten Reiches" zur Bildung zweier deutscher Staaten

Die Lage in Deutschland 1945

Wie Heer und Staat sich in Deutschland auflösten

Am Ende des Zweiten Weltkrieges folgte für die Deutschen auf den totalen Krieg die totale Niederlage. Ein amerikanischer Kriegsberichterstatter schrieb im Mai 1945 über die Lage in Deutschland:

Nichts ist übriggeblieben ... Es gibt keine Wohnstätten, keine Läden, keine Transportmittel ... Nur ein paar Mauern ... sind das Erbe, das die Nazis der Bevölkerung ... hinterlassen haben.

(Deutsche Geschichte, Bd. 12, Hrsg. H. Pleticha, Gütersloh 1984, S. 138)

Verwaltung und Militär hatten sich aufgelöst. Die Siegermächte hatten das Land besetzt.

In die Auflösung der Wehrmacht versuchte man, noch Ordnung zu bringen. Aber das war ein vergebliches Unterfangen. Ein Leutnant entließ die ihm unterstellten Soldaten damals auf folgende Weise. Er riß aus seinem Notizbuch freie Seiten heraus und schrieb darauf: „Der Panzergrenadier ... wird hiermit aus der deutschen Wehrmacht entlassen. – Unterschrift: Pohl, Ltn. – In Ermangelung eines Stempels: Pohl, Ltn." Der Panzergrenadier machte sich mit diesem Entlassungsschein gutgläubig auf den Weg nach Hause, aber der erste britische Soldat, auf den er traf, zerriß den Zettel und nahm den Siebzehnjährigen gefangen. Diejenigen, die in den Konzentrationslagern der Nationalsozialisten

134.1 Suche nach Angehörigen

134.2 Eine Straße in Münster, 1945

überlebt hatten, wurden befreit, ebenso die Soldaten, die in deutsche Kriegsgefangenschaft geraten waren. Auch die Lager der Zwangsarbeiter, die von den Deutschen aus ihrer Heimat verschleppt worden waren, wurden geöffnet. Die meisten stammten aus Rußland. Die von ihren Bewachern oft unmenschlich behandelten Zwangsarbeiter rotteten sich vielfach zusammen und rächten sich nun an den Deutschen. Andere überfielen Bauernhöfe, um ihren Hunger zu stillen. Häufig kam es zu Mord und Totschlag. Weder konnten die alliierten Truppen all diese Menschen ernähren, noch konnten sie für Sicherheit und Ordnung sorgen.

Die deutsche Bevölkerung verbrannte, vergrub oder versteckte beim Heranrücken der Alliierten die Hakenkreuzfahnen, Uniformen und nationalsozialistischen Bücher, die in jedem Haushalt vorhanden waren. Niemand wollte mehr Nationalsozialist gewesen sein. Zurückgebliebene Verpflegungslager der Wehrmacht wurden geplündert; aus den Trümmern der zerstörten und verlassenen Häuser wurde alles Brauchbare zusammengesucht, zerbeulte Töpfe zum Kochen, zersplitterte Möbel und Balken als Brennholz. Jeder sorgte nur für sich und seine Familie. Vereinzelt bildeten sich auch gefährliche Banden von Plünderern.

Seit dem Ende des Dreißigjährigen Krieges waren Elend und Zerstörung in Deutschland nie mehr so groß gewesen. Die Siegermächte hatten zunächst kaum Verständnis für die Lage der Deutschen. Sie meinten, die Deutschen müßten jetzt für ihre furchtbaren Verbrechen büßen und erlitten ein selbstverdientes Schicksal. Der britische Feldmarschall Montgomery schrieb in einer Botschaft an die deutsche Bevölkerung der britischen Besatzungszone:

Jedes Volk ist für seine Führung verantwortlich, und solange sie Erfolg hatte, habt ihr gejubelt und gelacht ...
(Kieler Nachrichtenblatt der Militärregierung, 11. Juni 1945, S. 1)

Der Philosoph Karl Jaspers dachte über die Situation der Deutschen Mitte 1945 so:

Haben wir wirklich alles verloren? Nein, wir Überlebenden sind ja noch da. Wohl haben wir keinen Besitz ... Doch daß wir am Leben sind, soll einen Sinn haben ... Eindeutig ist nur das äußere Geschehen: das wortlose Verschwinden der Gewalthaber, das Ende selbständiger deutscher Staatlichkeit, die Abhängigkeit unseres gesamten Tuns von dem Willen der Besatzungsmächte, die uns befreit haben vom nationalsozialistischen Joch. Unsere Initiative ist beschränkt auf den Spielraum, den sie uns gewähren ... Wir dürfen öffentlich miteinander reden. Sehen wir zu, was wir einander zu sagen haben.
(K. Jaspers, Lebensfragen der deutschen Politik, München 1963, S. 23)

1. Inwiefern kann man von einer totalen Niederlage Deutschlands sprechen?
2. Wer wurde von den Alliierten befreit?
3. Nimm Stellung zu der Behauptung Montgomerys.
4. Erkläre am Beispiel von Köln den Unterschied der Bevölkerungszahlen zwischen 1939 und 1946.

Einwohnerzahlen westdeutscher Städte (in Prozentzahlen: Wohnungsverluste)

Essen (50,5%)
1939 665 000
1945 285 000
1968 704 900

Köln (70%)
1939 768 000
1945   40 000
1946 400 000
1968 855 800

135.1 Junger Soldat nach Kriegsende, 1945

Die Politik der Siegermächte

Welche Pläne die Alliierten vor Kriegsende entwickelten

Schon während des Krieges trafen die Regierungen der USA, Großbritanniens und der UdSSR auf mehreren Konferenzen Absprachen, die das Zusammenleben der Völker nach dem Krieg ordnen sollten. Sie legten aber auch teilweise schon fest, was mit einem besiegten Deutschland geschehen sollte.

Bei den Beratungen tat sich besonders der Präsident der USA, Franklin Delano Roosevelt, hervor. Viermal hintereinander wurde er zum Präsidenten gewählt, so daß er von 1933 bis zu seinem Tode im April 1945 die Politik der USA entscheidend bestimmte. Roosevelt lenkte also die Politik der USA genau zur Zeit der Hitlerdiktatur in Deutschland und fast auf den Tag genau ebensolange, wie das „Dritte Reich" bestand.

Am 5. Oktober 1937 hielt Roosevelt in Chicago eine berühmte Rede, die sogenannte Quarantänerede. Sie richtete sich vor allem gegen Japan, das gegen China militärisch vorging, bezog aber alle „Angreiferstaaten" ein. Diese müßten von den anderen Staaten der Welt isoliert werden. Sie sollten in Quarantäne gesteckt werden, wie man es mit Kranken mache, die an einer gefährlichen Krankheit litten. Es gebe eine „unüberbrückbare Kluft zwischen Nazi-Tyrannei und demokratischem politischem System". Er konnte aber die amerikanische Öffentlichkeit und den Kongreß nur langsam dazu bewegen, den europäischen Gegnern Hitlers Waffenhilfe zu gewähren. Der Kongreß hatte noch 1935/36 Neutralitätsgesetze beschlossen, die die Lieferung von Kriegsgeräten und die Gewährung von Krediten an kriegführende Staaten verboten.

14. April 1939
Roosevelts Friedensappell an Hitler und Mussolini

2. Oktober 1939
Aufweichung der Neutralitätsgesetzgebung der USA zugunsten von Waffenlieferungen an Großbritannien (Cash and Carry).

11. März 1941
Waffenlieferungen der USA an Großbritannien. Nach Beginn des Rußlandfeldzuges auch an Rußland (Lend and Lease).

April bis Juni 1941
Besetzung Islands und Grönlands durch die USA, um Deutschland zuvorzukommen.

11. Dezember 1941
Deutschland und Italien erklären den USA den Krieg.

Seit 1940 unterstützten die USA Großbritannien im Krieg gegen Deutschland, 1942 trafen sich Roosevelt und der damalige englische Premierminister Churchill auf dem US-Schlachtschiff „Augusta" im Nordatlantik. In einer gemeinsamen Erklärung stellten sie ein Programm vor, das eine Bedrohung des Weltfriedens in Zukunft verhindern sollte. In dieser Atlantik-Charta vom 14. August 1941 erklärten sie:

1. [Unsere] Länder streben nach keiner Vergrößerung, weder auf territorialem Gebiet noch anderer Art.
2. [Wir] wünschen keine territorialen Änderungen, die nicht mit dem frei zum Ausdruck gebrachten Wunsch der betreffenden Völker übereinstimmen.
3. [Wir] achten das Recht aller Völker, sich die Regierungsform zu wählen, unter der sie leben wollen. [Wir] wünschen ... die Selbstregierung der Völker wieder hergestellt zu sehen, denen sie mit Gewalt genommen [wurde]. (...)
8. [Wir] glauben, daß alle Nationen der Welt, sowohl aus praktischen wie aus sittlichen Gründen, dazu kommen werden, auf Gewaltanwendung zu verzichten.

(R. Steininger, Deutsche Geschichte..., Bd. 1, Ffm. 1983, S. 37)

Bis Kriegsende schlossen sich 43 Nationen der Charta an. Diese wurde so zur Keimzelle der Vereinten Nationen (UNO). Roosevelt, Churchill und Stalin hatten sich im Laufe des Jahres 1943 geeinigt, daß die Atlantik-Charta nicht für ein besiegtes Deutschland gültig sein könne. Die 1943 gegründete Europäische Beratende Kommission beschloß im November

Zeit/Ort	Teilnehmer	Ergebnisse
Jan. 1943 Casablanca	Roosevelt Churchill	Forderung nach bedingungsloser Kapitulation der Feindmächte
Okt. 1943 Moskau	Außenminister der USA (Hull), GB (Eden), UdSSR (Molotow)	Gründung einer Europäischen Beratenden Kommission (EAC) mit Sitz in London; Aufgabe: Absprachen über die Behandlung Deutschlands nach dem Krieg
Nov. 1943 Teheran	Roosevelt, Stalin, Churchill	Übereinkunft: Westverschiebung Polens, Aufteilung Deutschlands in mehrere Staaten
Febr. 1945 Jalta (Krim)	Roosevelt, Stalin, Churchill	Beschlüsse: Westverschiebung Polens, Errichtung von Besatzungszonen in Deutschland

137.1 Kriegskonferenzen der Alliierten

1944 in zwei Abkommen, wie die Siegermächte ihre Besatzungsherrschaft über Deutschland organisieren sollten. Das erste Abkommen sah vor, Deutschland in drei Besatzungszonen aufzuteilen. Der Grenzverlauf zwischen den Zonen wurde festgelegt. Das zweite Abkommen sah eine zentrale Verwaltung vor, die von den Siegern kontrolliert werden sollte. Oberstes Kontrollorgan sollte ein Alliierter Kontrollrat sein.

1. Vergleiche die hohen Ziele der Atlantik-Charta mit den Entwicklungen bis heute. Nenne Beispiele, wo sie nicht eingehalten wurden.
2. Welche Beschlüsse der Kriegskonferenzen widersprachen den Prinzipien der Atlantik-Charta?

Hinter Roosevelt steht der Stabschef des Präsidenten, Admiral Leahy, hinter Churchill Admiral Cunningham, Oberbefehlshaber der Mittelmeerflotte, und Luftmarschall Portal, Chef des britischen Luftwaffenstabes.

137.2 Die „Großen Drei" am 11.2.1945 in Jalta auf der Krim

Nachkriegszeit, Wiederaufbau und Blockbildung

Worauf sich die Alliierten im Potsdamer Abkommen einigten

Aufgrund der Beschlüsse der Europäischen Beratenden Kommission übernahmen die Alliierten Oberbefehlshaber gemeinsam die oberste Regierungsgewalt im Deutschen Reich innerhalb der Grenzen von 1937. Sie schufen zu diesem Zweck den Alliierten Kontrollrat und für die Regierung in Berlin eine Alliierte Kommandantur.

Vom 17. Juli bis 2. August 1945 tagte die letzte Konferenz der „Großen Drei" im Schloß Cäcilienhof in Potsdam. Das Ziel war es, die politische und wirtschaftliche Zukunft Deutschlands zu verabreden. Für Großbritannien nahm zunächst Churchill daran teil (bis zum 28. Juli), später der neue Premierminister Clement Attlee, weil die Konservative Partei die Wahlen verloren und die Labour Party sie gewonnen hatte. Präsident Roosevelt war am 12. April 1945 gestorben, sein Nachfolger war der ehemalige Vizepräsident Truman. Marschall Stalin war als einziger von den führenden Männern der Kriegskoalition und der vorhergehenden Konferenzen übriggeblieben. Das war nicht ganz ohne Bedeutung für die Stärke der sowjetischen Position in den Verhandlungen.

Die 4 „D"
Demilitarisierung
Denazifizierung
Deindustrialisierung
Dezentralisation

Man einigte sich auf eine völlige Demilitarisierung und Entnazifizierung Deutschlands und die Umgestaltung des politischen Lebens auf demokratischer Grundlage. Deshalb sollten in Deutschland alle demokratischen Parteien erlaubt und gefördert werden. In der Wirtschaft sollte das Gewicht auf die Entwicklung der Landwirtschaft und der Friedensindustrie für den inneren Bedarf gelegt werden. Die Reparationsansprüche der UdSSR sollten durch Entnahmen aus der eigenen Besatzungszone und zu einem gewissen Teil aus denjenigen der anderen Mächte befriedigt werden. Die Reparationen sollten im wesentlichen durch die Demontage von Fabrikanlagen gedeckt werden.

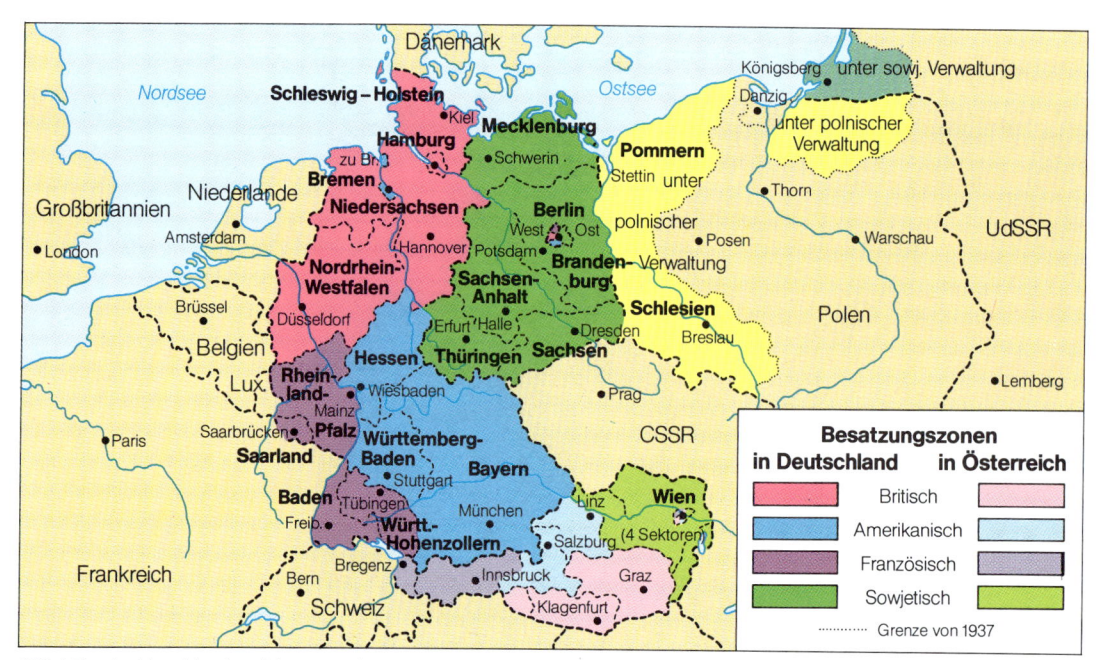

138.1 Deutschland in den Jahren nach dem Zusammenbruch

Von links nach rechts sitzend: Premierminister Attlee, Präsident Truman, Marschall Stalin, stehend: Admiral Leahy, Außenminister Bevin, Außenminister Byrnes, Außenminister Molotow

139.1 Während der Potsdamer Konferenz Juli/August 1945

Schon zu Beginn der Potsdamer Konferenz entstanden stärkere Spannungen. Die Sowjetunion hatte die Gebiete östlich der Oder-Neiße-Linie und das südliche Ostpreußen vor Konferenzbeginn an die prosowjetische polnische Regierung übergeben. Ebenso hatte sie die Ausweisung der deutschen Bevölkerung aus diesen Gebieten unterstützt. Das nördliche Ostpreußen und Ostpolen forderte sie für sich. Amerikaner und Briten akzeptierten notgedrungen das sowjetische Vorgehen in den deutschen Ostgebieten. Sie machten allerdings den Vorbehalt, daß ein zukünftiger Friedensvertrag diese Regelungen bestätigen müsse. Die Zoneneinteilung Deutschlands und Österreichs blieb bestehen. Frankreich trat diesem Abkommen nicht bei, wohl aber einigen ihm günstig erscheinenden Abmachungen.

Der amerikanische Diplomat G. F. Kennan urteilte 1968:

Ich kann mich an kein politisches Dokument erinnern, daß mich je so deprimiert hätte wie das von Truman unterzeichnete Kommuniqué ... Nicht nur, weil ich wußte, daß die Idee einer gemeinsamen Viermächtekontrolle [über Deutschland] ... undurchführbar sei ... Auch die unpräzise Ausdrucksweise, die Verwendung so dehnbarer Begriffe wie „demokratisch" ... in einem Abkommen mit den Russen lief allem ... zuwider, was siebzehn Jahre Rußlanderfahrung mich ... gelehrt hatten ... Jeder Mensch in Moskau hätte unseren Unterhändlern sagen können, was die sowjetische Führung unter „demokratischen Parteien" verstand.
(Nach: E. Kosthorst/K. Teppe, Die Teilung Deutschlands ..., Paderborn 1976, S. 18)

1. Wie sollte nach dem Potsdamer Abkommen ein zukünftiger deutscher Staat aussehen?
2. Welche Ursachen für die spätere Spaltung Deutschlands lassen sich erkennen?

Die Nürnberger Prozesse

Welches Ziel die Nürnberger Prozesse haben sollten

Die USA, die Sowjetunion, Großbritannien und Frankreich schlossen im August 1945 in London ein Abkommen über die Errichtung eines „Internationalen Gerichtshofes". Er tagte dann in Nürnberg. Zunächst wurde vom 20. November 1945 bis zum 30. September 1946 gegen 22 führende Persönlichkeiten des „Dritten Reiches" verhandelt. 12 von ihnen erhielten die Todesstrafe, 7 langjährige Freiheitsstrafen, 3 wurden freigesprochen. Auf diesen Hauptprozeß folgten noch zwölf weitere gegen weniger hochstehende Personen wie Ministerialbeamte, Offiziere, SS-Vernichtungskommandos und Wirtschaftsführer.

Als Hauptstraftatbestände wurden im Statut des Gerichtshofes genannt:

a) Verbrechen gegen den Frieden: nämlich Planung, Vorbereitung, Einleitung oder Führung eines Angriffskrieges oder eines Krieges unter Verletzung internationaler Verträge. (...)
b) Kriegsverbrechen: nämlich Verletzungen des Kriegsrechts und der Kriegsbräuche. Solche Verletzungen umfassen, ohne jedoch darauf beschränkt zu sein, Ermordung, Mißhandlung oder Verschleppung zur Zwangsarbeit oder zu irgendeinem anderen Zwecke der entweder aus einem besetzten Gebiet stammenden oder dort befindlichen Zivilbevölkerung, Ermordung oder Mißhandlung von Kriegsgefangenen oder Personen auf hoher See, Tötung von Geiseln, Raub öffentlichen oder privaten Eigentums, mutwillige Zerstörung von Städten, Märkten und Dörfern oder jede durch militärische Notwendigkeit nicht gerechtfertigte Verwüstung;

140.1 Wache vor der Zelle Görings

c) Verbrechen gegen die Menschlichkeit: nämlich Ermordung, Ausrottung, Versklavung, Verschleppung oder andere an der Zivilbevölkerung vor Beginn oder während des Krieges begangene unmenschliche Handlungen; oder Verfolgung aus politischen, rassischen oder religiösen Gründen in Ausführung eines Verbrechens oder in Verbindung mit einem Verbrechen, für das der Gerichtshof zuständig ist [nämlich für die Untaten der Nationalsozialisten], unabhängig davon, ob die Handlung gegen das Recht des Landes, in dem sie begangen wurde, verstieß oder nicht.

(Das Urteil von Nürnberg 1946, München 1961, S. 21)

Kurz nach dem ersten Prozeß charakterisierte der amerikanische Hauptankläger Jackson die Bedeutung dieses neugesetzten Rechtes so:

Standard: Maßstab der Beurteilung

Die Anklage hat einen hohen Standard des Verhaltens gegenüber fremden Nationen und gegenüber dem eigenen Volke als Grundlage der Verurteilung der Deutschen vorgeschlagen ... an dem ihr eigenes Benehmen in Zukunft gemessen wird. Keines der anklagenden Völker kann lange in seiner eigenen Praxis von diesem Standard abweichen, ohne die Verurteilung und die Verachtung der zivilisierten Welt herauszufordern.

(Das Urteil von Nürnberg, S. 8 f.)

Der deutsche Philosoph Karl Jaspers beurteilte 1962 die Nürnberger Prozesse so:

Die angelsächsische Idee war großartig. Es schien uns damals, daß schon etwas aus der Zukunft leuchtete, was die Menschheit verwandeln würde: Schaffen eines Weltrechts und eines Weltzustandes, in dem durch die

gemeinsame Kraft der größten Mächte die Verbrechen, die klar definiert waren, mit Gewißheit geahndet werden. Kein Politiker und kein Militär und kein Funktionär kann sich in Zukunft auf Staatsräson oder Befehl berufen. Alle Handlungen eines Staates geschehen durch menschliche Persönlichkeiten, sei es durch die Herrschenden oder die in verschiedenem Range Mitwirkenden. Früher wurde auf den Staat die Verantwortung abgewälzt, als ob er ein heiliges, übermenschliches Wesen sei. Jetzt hat jeder selbst zu verantworten, was er tut. Es gibt Verbrechen des Staates, die immer zugleich Verbrechen bestimmter einzelner Menschen sind ... Nirgends hört die persönliche Verantwortung auf ... Wo gerufen wird: „Deutschland erwache, Juda verrecke", „es werden Köpfe rollen", ... muß das Gewissen sprechen, auch wenn im Mitmachen noch kein Verbrechen durch eine Tat vollzogen ist ...
Jetzt sollte ein neues Zeitalter beginnen. Ein Gerichtshof wurde konstituiert [eingerichtet], dessen weitere Entwicklung wir erhofften. Die ewige Sehnsucht des Menschen begann einen Weg der Erfüllung zu sehen. Es war wohl sehr naiv.

(K. Jaspers, Lebensfragen der deutschen Politik, München 1963, S. 111 f.)

Staatsräson:
Das Interesse des Staates steht über allem.

Die Prozesse werden heute unterschiedlich beurteilt. Im Inland und im Ausland haben sie Kritik erfahren, weil keine neutralen Richter urteilten und nur über die Kriegsverbrechen einer Seite geurteilt wurde.

1. Viele Leute meinten, dies sei ein Prozeß nach dem Motto „Wehe den Besiegten" gewesen. Was hältst du von dieser Aussage?
2. Man hat gesagt, dieser Prozeß habe den alten Rechtsgrundsatz „Keine Strafe ohne vor der Tat bestehendes Gesetz" verletzt.
3. Welche Bedeutung hatten die Prozesse? Welche haben sie noch heute?
4. Woran mag es liegen, daß sich die Erwartungen von Jackson und Jaspers nicht erfüllt haben?

Angeklagt wurden u. a. Hermann Göring und Rudolf Heß aus dem engeren Kreis um Hitler, der Außenminister von Ribbentrop und Generalfeldmarschall Keitel als Chef des Oberkommandos der Wehrmacht (erste Reihe der Anklagebank von links nach rechts).

141.1 Verhandlung in Nürnberg, 1946

Wie die Lokalverwaltung wieder aufgebaut und die Parteien gegründet wurden

Entnazifizierung und Wiederaufbau des politischen Lebens

In den von ihnen eroberten Gebieten setzten die alliierten Ortskommandanten sogleich bekannte Gegner des Nationalsozialismus oder von ihm nicht betroffene Personen als Bürgermeister ein. Ehemalige Mitglieder aufgelöster Parteien und die im „Dritten Reich" politisch Verfolgten schlossen sich vielfach zu „Antifaschistischen Ausschüssen" zusammen. Sie übernahmen die Organisationsaufgaben, um Hunger, Wohnungsnot und andere Mißstände zu lindern, waren aber von der Besatzungsmacht abhängig. Bei der Säuberung der alten Verwaltungen von Anhängern des Nationalsozialismus halfen sie ebenso mit. In Wuppertal traf dies bis Ende 1946 48,2% der städtischen Beamten, 24,7% der städtischen Angestellten und 9,9% der städtischen Arbeiter.

In den ersten Tagen der Besetzung ergaben sich oft kuriose Verhältnisse. Am 16. April 1945 waren die Amerikaner beispielsweise in Wuppertal eingerückt. Diese bergische Großstadt war 1929 aus der Zusammenlegung mehrerer Städte gebildet worden. Es wird uns berichtet:

Als Nachfolger [des alten Stadtoberhauptes] ernannten die Amerikaner aber nicht etwa, wie in anderen besetzten Großstädten, einen kommissarischen Oberbürgermeister. Für sie existierte Wuppertal nicht. Nach ihrem aus den USA mitgebrachten Kartenmaterial, das offensichtlich aus der Zeit vor der Städtevereinigung stammte, waren Barmen und Elberfeld, Ronsdorf und Cronenberg selbständige Städte. So wurde Eugen Thomas Bürgermeister von Barmen, während Albrecht Landwehr als provisorisches Stadtoberhaupt in Elberfeld amtierte. In Ronsdorf wurde Heinrich Matthey mit dem Amt des Bürgermeisters betraut. Cronenbergs Bürgermeister hieß Alfred Hamm. Es dauerte einige Tage, bis sich die Besatzungsmacht davon überzeugen ließ, daß ihr Kartenmaterial ver-

142.1 Wahlplakat der SPD, Kommunalwahl in NRW, 1946

142.2 Wuppertaler Stadtverordnetenversammlung, 1946

altet war. Als Oberbürgermeister für Gesamt-Wuppertal wurde schließlich am 5. Mai Eugen Thomas ernannt.

(K. Schnöring, in: Goebel/Knieriem/Schnöring/Wittmütz, Geschichte der Stadt Wuppertal, Wuppertal 1977, S. 160)

Nachdem die Zoneneinteilung vollzogen war, übernahmen die Briten die Wuppertaler Region. Am 10. Juli 1945 trat mit Zustimmung der Besatzungsbehörde ein elfköpfiger „Beirat" des Oberbürgermeisters zusammen. Dieser wurde aus Mitgliedern der sich allmählich bildenden Parteien zusammengesetzt. Damit begann der Abstieg der „Antifaschistischen Ausschüsse", zumal auch die Militärregierung sie immer mißtrauischer beobachtete und sie für kommunistisch orientiert hielt. Ende Dezember 1945 wurde anstelle des „Beirats" eine Stadtvertretung ernannt, der zunächst 30, später 56 Personen angehörten. Fast ein Dreivierteljahr später fanden die ersten freien Wahlen statt, aus denen das erste demokratische Stadtparlament der Nachkriegszeit hervorging. Es hatte beratende Funktion. Ihm gehörten 34 Stadtverordnete der SPD, 8 der CDU, 2 der FDP, 2 der KPD und je einer von Zentrum und Deutscher Konservativer Partei an.

Im April 1945 hatte Kurt Schumacher von Hannover aus bereits mit dem Wiederaufbau der SPD begonnen. An verschiedenen Stellen in Nordrhein-Westfalen bildeten sich auch schon recht früh Keimzellen einer überkonfessionellen christlich-demokratischen Partei, so im Juni 1945 in Köln und Wuppertal, aus denen die heutige CDU entstand. In der zweiten Hälfte 1945 schlossen sich auch liberale Gruppen zusammen, schwerpunktmäßig in Wuppertal und Hagen, aus denen sich die FDP entwickelte. Ähnlich formierten sich auch andere Parteien.

1. Worin lagen die Schwierigkeiten des Aufbaus der Lokalverwaltung?
2. In welchem Verhältnis stand sie zu den Besatzungsmächten?

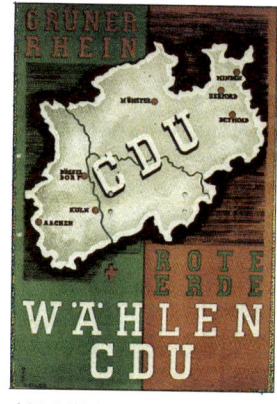

143.1 Wahlplakat der CDU, Kommunalwahl in NRW, 1946

143.2 Wuppertaler Stadtverordnetenversammlung, 1986

Wie das Land Nordrhein-Westfalen entstand

In der amerikanischen Zone wurden schon bis Ende 1945 auf der Grundlage der alten Ländergrenzen neue Länder errichtet: Bayern, Württemberg-Baden und Hessen. In der französischen und britischen Zone dauerte es länger, bis auch dort neue Länder entstanden. In der britischen Zone war es schwieriger, weil es ehemalige preußische Provinzen (vgl. Bd. 2, S. 119) waren, die neu gegliedert werden mußten. Preußen jedoch wurde als Symbol für deutschen Militarismus 1948 aufgelöst. Hier wurden zunächst die alten Verwaltungen wiederbelebt, z. B. für die Nordrheinprovinz und für Westfalen in unserem Gebiet.

Am 17. Juli 1946 aber teilten die Briten auf einer Pressekonferenz mit, daß aus der Nordrheinprovinz und der Provinz Westfalen das Land Nordrhein-Westfalen gebildet werde. Im Januar 1947 kam noch Lippe-Detmold hinzu. In Radio London hieß es dazu am 18. Juli 1946:

Ein Vertreter der britischen Behörde betonte, daß die Neuorganisierung nur wegen der Erhöhung der Leistungsfähigkeit und der Herabsetzung der Besatzungskosten durchgeführt wurde.

(W. Köhler, *Das Land aus dem Schmelztiegel*, Düsseldorf 1961, S. 135)

Am 30. Juli 1946 ernannten die Briten den ersten Ministerpräsidenten. Am 2. Oktober 1946 trat der erste, von der Militärregierung ernannte Landtag in Düsseldorf zusammen. Nach den Kommunalwahlergebnis-

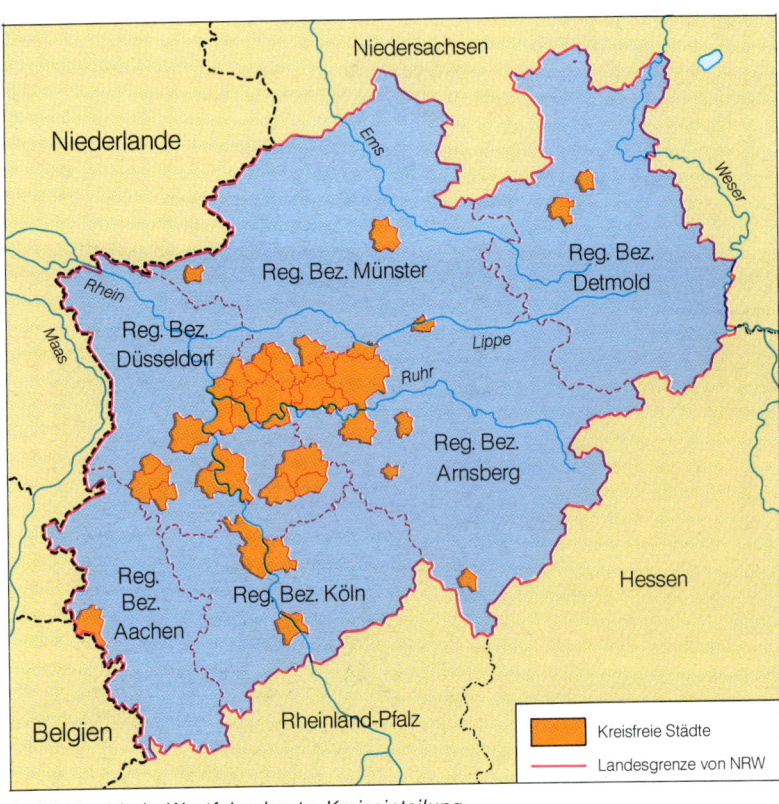

144.1 *Wappen von Nordrhein-Westfalen*

144.2 *Nordrhein-Westfalen heute, Kreiseinteilung*

sen vom Herbst wurden seine Sitze im Dezember 1946 neu verteilt; die erste Landtagswahl fand am 20. April 1947 statt. Bei wem die letzte Entscheidungsbefugnis aber weiterhin lag, zeigen Stellen aus dem Memorandum des britischen Landesbeauftragten vom 1. August 1946:

Ergebnisse der ersten Landtagswahl

CDU	92
SPD	64
KPD	28
Zentrum	20
FDP	12

insgesamt 216 Abgeordnete

Ich habe nunmehr die Stellung des Landesbeauftragten für Nordrhein und Westfalen angetreten. Sie und das von Ihnen gebildete Kabinett arbeiten unter meiner Leitung . . .
Das Kabinett wird nach Genehmigung und Bildung . . . das Ausführungsorgan der Regierung des Landes Nordrhein-Westfalen sein. Es ist für die . . . Durchführung der von mir oder meinen Vertretern erlassenen Regierungsgrundsätze verantwortlich.

(Köhler, Das Land aus dem Schmelztiegel, S. 210 f.)

Der Landtag erhielt zwar die gesetzgebende Gewalt, aber jedes Gesetz mußte der Militärregierung vorgelegt werden und konnte von ihr abgelehnt oder zur Abänderung zurückverwiesen werden. Erst am 28. Juni 1950 konnte sich das Land seine eigene Verfassung geben.

1. Warum griffen die Briten auf die alten Verwaltungen zurück?
2. Warum gründeten sie das Land Nordrhein-Westfalen?
3. Vergleiche die Artikel 52, 55, 66 und 67 der Verfassung von NRW mit den Regelungen der Militärregierung von 1946.

145.1 Sitz des Landtags ab 15. März 1949

Wie die Menschen sich über die Hungerzeit hinwegretteten

Die Kunst des Überlebens
Von der Kapitulation 1945 bis zur Währungsreform 1948 mußte die deutsche Bevölkerung eine Zeit bitterer Not durchstehen. Darüber wird uns berichtet:

In der Zeit vom 28. Mai bis zum 24. Juni [1945] waren in Wuppertal an Lebensmitteln ausgegeben worden: 400 Gramm Fleisch, 310 Gramm Fett, 4,5 Kilogramm Roggenbrot, 300 Gramm Erbsen, 125 Gramm Zucker und 125 Gramm Quark. Davon sollte der Normalverbraucher 28 Tage lang leben. Die Kalorienzahl sank auf 517 täglich.
In einem Bericht der Stadtverwaltung konnte man damals lesen: „Nun kam hinzu, daß die auf Karten zugeteilten Mengen zunächst nicht zur rechten Zeit, später nur zum Teil und schließlich gar nicht mehr vorhanden waren. Seit Monaten befindet sich die Stadt in einer Hungersnot." Das Ernährungsamt ergänzte: „Es gibt bereits Menschen, die täglich regelmäßig straßenweit um Kartoffelschalen betteln gehen. Die Hälfte der Bevölkerung dürfte täglich keine warme Mahlzeit, nicht einmal Kaffee aus Kaffee-Ersatz haben."

(K. Schnöring, in: Goebel u. a., Geschichte..., Wuppertal, S. 161)

Wer einen Garten besaß, konnte sich ein wenig besser helfen. Er konnte auch Tabakpflanzen anbauen und daraus selbst einen stinkenden Knaster herstellen. Eine amerikanische Zigarette kostete nämlich im günstigsten Fall 5,– RM, im ungünstigsten 15,– RM. Alles, was sie entbehren konnten, tauschten die Menschen auf den überall aufblühenden Schwarzmärkten gegen Lebensmittel ein. Für eine goldene Armbanduhr erhielt man dort oft nur ein halbes Pfund Butter. Man unternahm weite Hamsterfahrten in bäuerliche Gegenden. Gerd Gaiser erzählt:

„Wofür malt denn Herr Schlipf?" – Immer aufs Land. Er nimmt Eier, bis zu dreihundert das Gemälde.

146.1 Behelfswohnung in Nürnberg

146.2 „Organisieren" von Briketts

Als es wieder einmal schlimm mit uns stand, schnürte meine Frau die letzten Damasttücher auf den Gepäckträger und radelte zu den Garanten der Zukunft, den deutschen Bauern. Doch die waren inzwischen schon wertverwöhnt: Brücken und Teppiche, Körbe voll Familienschmuck waren ihnen, gegen Wurstringe und Schweineschmalz, in die dumpfen Stuben gebracht worden. Vergrämt packte meine Frau die sauren Johannisbeeren zu Hause aus.
(H. Rauschning [Hrsg.], 1945 – Ein Jahr ..., Frankfurt 1965, S. 117, 131 f.)

Auch Brennstoff war rar. Strom und Gas wurden stundenweise abgeschaltet. Wer kochen oder heizen wollte, mußte Kohlen und Holz teuer eintauschen. Glücklich war derjenige, der alte Stämme fällen und zu Brennholz zerkleinern konnte. Viele Menschen überlebten nur, weil sie es verstanden, das Notwendige zu „organisieren". Heute würden wir das als Stehlen bezeichnen.

Die Studenten mußten zunächst ein sogenanntes Bausemester ableisten, d. h. ein halbes Jahr als Hilfsarbeiter beim Wiederaufbau der Universitäten helfen, bevor sie ihr Studium aufnehmen konnten. Sie wohnten oft in halbzerstörten Häusern und Zimmern. In den Schulen fehlten Lehrer, Bücher, Räume und Heizmaterial. Ähnlich verhielt es sich bei den anderen Bildungseinrichtungen. Dennoch spielten Theater in Behelfssälen. Vorträge wurden gehalten, Kulturgruppen bildeten sich überall. Verlage brachten in geringer Auflage Bücher und lizensierte Zeitschriften heraus, um die man sich riß. Wie an den Lebensmittelgeschäften standen die Menschen auch an den Theaterkassen in langen Schlangen halbe Tage und länger an.

Kalorienzahl pro Kopf und Tag Anfang 1947:
Hamburg 800
Essen 740

Der Mensch benötigt an Kalorien

für leichte Arbeit:
Männer 2600
Frauen 2100

für schwere Arbeit:
Männer 4000
Frauen 3100

1. Warum sprach man von „Organisieren" statt von Stehlen?
2. Warum gab es auch einen so großen geistigen Hunger?
3. Wie erklärst du dir die Notlage?

147.1 Hungerdemonstration Düsseldorf

147.2 Hamsterzug

Was Flüchtlinge, Vertriebene und Kriegsgefangene auszuhalten hatten

Flüchtlinge, Vertriebene, Kriegsgefangene

Im Januar 1945 begannen die sowjetischen Truppen eine Großoffensive, durch die sie bald weite Teile des deutschen Ostens erobert hatten. Vor den heranrückenden Armeen flohen viele Bewohner jener Gebiete nach Westen. Sie fürchteten sich vor Verschleppung, Vergewaltigung und Tod. Alle Deutschen aus den Gebieten, die unter polnische Verwaltung kamen, aber auch z. B. aus der heutigen ČSSR wurden bald ausgewiesen. In ihrem Tagebuch aus Pommern aus den Jahren 1945/46 schildert Käthe von Normann, was sie erlebte:

Am Spätnachmittag fuhren Wagen vor, auf die wir unser Gepäck aufladen durften ... Wir selbst mußten zu Fuß ... gehen ... Wir kamen dichtgedrängt in ein Lager, in dem schon andere Transporte untergebracht waren. [Am anderen Morgen kam der Befehl zum Aufbruch.] Da erschien auch schon Miliz, die mit Gummiknüppeln auf die Nachzügler einschlug. ... Es folgte nun ... eine endlose Fahrt in Viehwaggons ... Am 26.4. kamen wir in Pöppendorf [bei Lübeck, in der britischen Zone] an. Vom Bahnhof zum Lager wurden wir auf Lastautos transportiert ... Das unbeschreiblichste der Gefühle, die auf uns einstürmten, war ... die Sicherheit. Wir waren wieder Menschen und wurden als Menschen geachtet ... Gewiß hat jeder von uns auch hier noch unendliche Schwierigkeiten gehabt und Not durchlebt. Gewiß stellen wir enttäuscht fest, daß wir in diesem überfüllten Lande nicht vorwärtskommen, aber wir können ruhig schlafen, brauchen keine Plünderung, keinen Terror zu fürchten. Wir wollen nicht bitter werden, wenn wir von „Einheimischen" nie ganz verstanden werden ...

(K. v. Normann, Ein Tagebuch ... 1945–1946, München 1962, S. 170 ff.)

Viel Schweres erlebten auch die Kriegsgefangenen. Insbesondere diejenigen, die von den Russen gefangenommen worden waren. Sie mußten unter harten Bedingungen bei schlechter Verpflegung oft

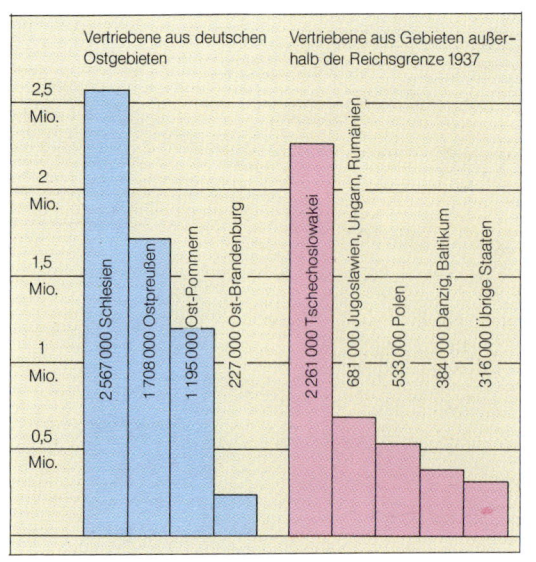

148.1 Vertriebene nach Herkunft und Anzahl

148.2 Kriegsgefangenenlager Sinzig

149.1 Polnischer Ausweisungsbefehl

149.2 Flüchtlingstreck

jahrelang Zwangsarbeit leisten. Tausende starben in den Lagern. Die letzten 10000 kamen erst 1955 wieder nach Hause.

Aber auch die westlichen Alliierten gingen mit der von ihnen gefangengenommenen gewaltigen Masse deutscher Soldaten nicht gerade sanft um. In riesigen Camps wurden sie auf den Uferwiesen des Rheins bei Wesel, Remagen, Sinzig, Andernach und Koblenz zusammengepfercht. Im Lager Sinzig z. B. gab es nur minimale Verpflegung, in den ersten Tagen überhaupt kein Wasser, dann lange Zeit nur gechlortes aus dem Rhein. Unterkünfte waren nicht vorhanden. Die Gefangenen kratzten sich mit Dosendeckeln einfachste Wohngruben in die Erde, die bei Regen voll Wasser liefen, aber wenigstens den Wind abhielten. Als Toilette dienten lange Gräben ganz unten am Rheinufer, unmittelbar am Stacheldraht, über die man sich hocken mußte. Ruhr und andere Krankheiten grassierten; die Menschen starben dahin wie Fliegen. Aber schon nach wenigen Wochen begannen die Entlassungen. Im Juli 1945 übernahmen die Franzosen von den Amerikanern das Lager. Sie transportierten alle diejenigen, die vor dem 1. Oktober 1927 geboren waren, zur Zwangsarbeit nach Frankreich, von wo sie meist erst 1948 zurückkehrten. Die Jüngeren wurden gegen Ende August 1945 nach Hause entlassen.

1. Warum wiesen die Polen die deutsche Zivilbevölkerung aus?
2. Warum versorgten unmittelbar nach Kriegsende auch die westlichen Alliierten ihre Kriegsgefangenen so schlecht?

Wie die Deutschen umerzogen werden sollten

Die Absage an den Nationalsozialismus

Sehr bald nach dem Zusammenbruch tauchten die hart umstrittenen Fragen auf, wer die Schuld an den Verbrechen des Nationalsozialismus trage, ob er eine Folge der ganzen bisherigen deutschen Geschichte sei und wie man die Deutschen am besten umerziehen könne. Die Kirchen gingen mit allgemeinen Stellungnahmen voran. In einem Hirtenbrief der Katholischen Bischofskonferenz in Fulda vom 23. August 1945 heißt es:

Wir wissen, daß es für viele von euch nicht gefahrlos war, immer wieder Hirtenworte von uns zu vernehmen, die den Zeitirrtümern und Zeitverbrechen entgegentraten ... Viele Deutsche, auch aus unseren Reihen, haben sich von den falschen Lehren des Nationalsozialismus betören lassen, sind bei den Verbrechen gegen menschliche Freiheit und menschliche Würde gleichgültig geblieben; viele leisteten durch ihre Haltung den Verbrechen Vorschub, viele sind selber Verbrecher geworden ...

(Chr. Kleßmann, Die doppelte Staatsgründung ..., Göttingen 1982, S. 377)

Der Rat der Evangelischen Kirche in Deutschland erklärte am 19. Oktober 1945 in Stuttgart:

... [wir wissen] uns mit unserem Volk nicht nur in einer großen Gemeinschaft der Leiden ..., sondern auch in einer Solidarität der Schuld. Mit großem Schmerz sagen wir: Durch uns ist unendliches Leid über viele Völker und Länder gebracht worden. Was wir unseren Gemeinden oft bezeugt haben, das sprechen wir jetzt im Namen der ganzen Kirche aus: Wohl haben wir lange Jahre hindurch im Namen Jesu Christi gegen den Geist gekämpft, der im nationalsozialistischen Gewaltregiment seinen furchtbaren Ausdruck gefunden hat; aber wir klagen uns an, daß wir nicht mutiger bekannt, nicht treuer gebetet, nicht fröhlicher geglaubt und nicht brennender geliebt haben ...

(Kleßmann, Staatsgründung ..., Göttingen 1982, S. 378)

Die alliierte Militärregierung versuchte eine großangelegte Umerziehung der Deutschen. Ihr Ziel war es, die Überlegenheit der westlichen Demokratie herauszustellen und fest im Bewußtsein der Deutschen zu verankern. Sie vergab Lizenzen für Zeitungen nur an Leute, die von den Nationalsozialisten verfolgt worden waren oder sich von ihnen und ihren Machenschaften ferngehalten hatten. Aber auch diese Zeitungen wurden ebenso wie der Rundfunk von den Alliierten kontrolliert. Lehrer und Professoren, die sich mit den Nationalsozialisten eingelassen hatten, wurden aus dem Dienst entfernt, Schulbücher aus der Zeit des „Dritten Reiches" verboten. Die Deutschen sollten nach ihrer Einstellung zum Nationalsozialismus in fünf Gruppen eingeteilt werden: Hauptschuldige, Belastete, Minderbelastete, Mitläufer, Entlastete. Zu diesem Zweck wurden Fragebogen entwickelt und Spruchkammern (Spezialgerichte, die mit Unbetroffenen besetzt waren) eingerichtet.

Die Verfahren wurden nicht in allen Zonen gleichmäßig scharf und auch innerhalb der Zonen unterschiedlich streng durchgeführt. Im Frühjahr 1949 wurden sie überstürzt beendet. In der Bevölkerung hatte sich die Überzeugung durchgesetzt, daß die „Kleinen" als Mitläufer des Nationalsozialismus bestraft wurden, die „Großen" aber meist ungeschoren

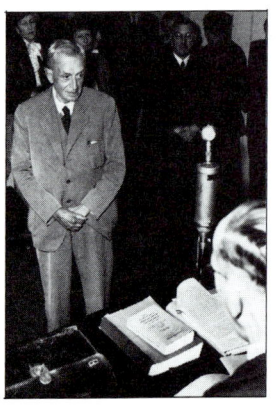

150.1 Fritz Thyssen vor der Spruchkammer

davongekommen seien. Der Historiker Julius H. Schoeps hat in einem Zeitungsartikel darauf hingewiesen,

... daß von den Parlamentariern im ersten frei gewählten Bundestag 1949 wenigstens 53 Mitglieder der NSDAP gewesen waren. Ein Achtel aller Parlamentssitze wurde also von Abgeordneten eingenommen, von denen man nicht gerade behaupten kann, daß sie Gegner des NS-Systems gewesen waren. Drei Abgeordnete waren sogar einstige Mitglieder der SS, einer ehemaliger Angehöriger der SA. Bis auf zehn gehörten sie alle den Regierungsparteien CDU/CSU, FDP und DP an.
(Die Zeit, Nr. 28/1986, vom 4. Juli 1986, S. 7)

1951 wurden Personen, die 1945 aus dem öffentlichen Dienst entfernt worden waren, ihre Pensionen wieder zuerkannt.

Der englische Historiker Michael Balfour hat die sogenannte Entnazifizierung später so beurteilt:

Der erste sichtbare Fehler war, daß sie sich zu lange hinschleppte... Zweitens war das Programm zu umfangreich. Das besagt, daß man einige der kleineren Fische entweder aus der Mühle hätte heraushalten oder ihnen eine Chance hätte geben müssen, sich mit einem Minimum von Formalitäten durchzuwinden... Drittens haftete dem ganzen Verfahren zu sehr Strafcharakter an; es ließ der Aussicht, die Gesinnung der Betroffenen zu ändern, zu wenig Raum...
(H.-A. Jacobsen/A. Dollinger, Hundert Jahre..., München 1969, S. 273)

1. Welche Unterschiede gibt es zwischen den kirchlichen Erklärungen?
2. Besprecht, ob die sogenannte Umerziehung erfolgreich war.

151.1 Kopf des Fragebogens der US-Militärregierung

Wie sich die Spaltung Deutschlands vorbereitete

Zonenpolitik und Byrnes' Stuttgarter Rede

Die Siegermächte hatten durch den Alliierten Kontrollrat die oberste Regierungsgewalt in Deutschland übernommen (vgl. S. 138). Der Kontrollrat erließ zwar von Ende Juni 1945 bis März 1948 62 Gesetze, zahlreiche Proklamationen, Direktiven und Befehle. Er erreichte jedoch nur in begrenztem Umfang in Einzelfragen Einigung, z. B. bei der Wohnraumbewirtschaftung und bei der Verteilung von Flüchtlingen. In so wichtigen Punkten wie die zukünftige Gestaltung der Wirtschaft und die Behebung der allgemeinen Not der Menschen in den Besatzungszonen konnten sich die Alliierten nicht einigen.

So hatte die Sowjetunion ihre Zone von Anfang an tiefgreifend politisch umgewandelt (vgl. S. 164 ff.). Aber nicht allein ideologische Auseinandersetzungen verhinderten eine gemeinsame Deutschlandpolitik. Die Sowjetunion und Frankreich waren von Deutschland überfallen und ausgeplündert worden. Sie versuchten jetzt, die erlittenen Schäden auszugleichen. So begannen sie unverzüglich einerseits mit Demontagen, andererseits mit der Wiederbelebung der deutschen Wirtschaft. 1947 hieß es in einem amtlichen französischen Bericht:

Die deutsche Bevölkerung ist in den interessantesten Wirtschaftszweigen wiederbeschäftigt worden, besonders in den Produktionsbetrieben, die für die Ankurbelung der französischen Wirtschaft wichtig sind.

(A. Grosser, Geschichte Deutschlands, München 1976, S. 93 f.)

Da die französische und die sowjetische Besatzungszone hauptsächlich aus landwirtschaftlichen Gebieten bestanden, konnten sich die Truppen aus dem Land selbst ernähren. Ganz anders war das alles in der englischen und amerikanischen Besatzungszone. Diese waren städtisch und industriell bestimmt. Aus einer Stellungnahme der britischen Regierung vom Dezember 1946 geht hervor, welche Schwierigkeiten sich daraus für die Besatzungsmächte ergaben:

Während Amerika und wir Lebensmittel und andere lebenswichtige Güter in unsere Zonen in Deutschland eingeführt und bezahlt haben, sind die Erträge aus Exporten der russischen und französischen Zone nicht für eine gemeinschaftliche Verwendung bereitgestellt worden ... Der britische Steuerzahler hat genug bezahlen müssen, um den Zusammenbruch unserer Zone zu verhindern ... Deutschland [soll] selbst die Kosten tragen ... In der britisch-amerikanischen Zone [soll] die Industrie so schnell wie möglich wieder in Gang gebracht werden ...

(Europa-Archiv 1956/47, S. 550)

Deshalb verlangten Großbritannien und die USA, die bis dahin insgesamt 700 Millionen Dollar für ihre Besatzungszonen aufgebracht hatten, die Aufstellung eines Export-Import-Programms für alle vier Besatzungszonen. Als ein solches Programm nicht zustande kam, stellten die Amerikaner die Reparationslieferungen aus ihrer Zone an Frankreich und an die UdSSR ein. Die UdSSR entnahm nun aus ihrer Zone die Güter, die von ganz Deutschland geschuldet wurden. Der amerikanische Außenminister Byrnes, der nach Deutschland gekommen war, um sich über den wirtschaftlichen Wiederaufbau zu informieren, stellte am 6. September 1946 in Stuttgart in einer Rede fest:

152.1 Das einzige Weihnachtsgeschenk

Die gerechte Verteilung der lebenswichtigen Güter zwischen den einzelnen Zonen mit dem Ziel, eine ausgeglichene Wirtschaft in ganz Deutschland herbeizuführen und den Einfuhrbedarf zu verringern, ist nicht in die Wege geleitet worden, obgleich die Potsdamer Beschlüsse auch dies ausdrücklich verlangten ... Die Vereinigten Staaten sind der festen Überzeugung, daß Deutschland als Wirtschaftseinheit verwaltet werden muß und daß die Zonenschranken, soweit sie das Wirtschaftsleben und die wirtschaftliche Betätigung in Deutschland betreffen, vollständig fallen müssen ... Es ist klar, daß wir ... nicht weiterhin den freien Austausch von Waren, Personen und Ideen innerhalb Deutschlands einschränken können. Die Schranken zwischen den vier Zonen Deutschlands sind weit schwieriger zu überwinden als die zwischen normalen unabhängigen Staaten. Die Zeit ist gekommen, wo die Zonengrenzen nur als Kennzeichnung der Gebiete angesehen werden sollten, die aus Sicherheitsgründen von den Streitkräften der Besatzungsmächte besetzt gehalten werden, und nicht als eine Kennzeichnung für in sich abgeschlossene wirtschaftliche oder politische Einheiten ... [D]ie amerikanische Regierung ... hat offiziell ihre Absicht ausgedrückt, die Wirtschaft ihrer eigenen Zone mit einer oder mit allen anderen zu vereinigen, die hierzu bereit sind.
Bis jetzt hat sich nur die britische Regierung bereit erklärt, mit ihrer Zone daran teilzunehmen. Wir begrüßen diese Zusammenarbeit aufs wärmste. Selbstverständlich soll diese Vereinigungspolitik nicht jene Regierungen ausschließen, die heute noch nicht zum Beitritt bereit sind, die Vereinigung steht ihnen zu jeder Zeit frei.
Wir treten für eine wirtschaftliche Vereinigung Deutschlands ein. Wenn eine völlige Vereinigung nicht erreicht werden kann, werden wir alles tun, was in unseren Kräften steht, um eine größtmögliche Vereinigung zu sichern ...

(E. Kosthorst/K. Teppe, Teilung Deutschlands, S. 36)

Am 2.12.1946 schlossen die Außenminister der USA und Großbritanniens, Byrnes und Bevin, ein Abkommen, in dem ihre Zonen zur Bizone zusammengefaßt wurden. Im „Vereinigten Wirtschaftsrat" wurden nach dem Inkrafttreten des Abkommens am 1.1.1947 wirtschaftliche Angelegenheiten gemeinsam geregelt. Ziel der Vereinigung sollte es sein, die wirtschaftliche Selbständigkeit der Bizone bis Ende 1949 zu erreichen.

Im Juni 1947 wählten die Abgeordneten in den acht Landtagen der Bizone Vertreter für einen Wirtschaftsrat. Dieser arbeitete gemeinsam mit den Vertretern der Siegermächte im Zweizonenamt in Frankfurt. Es bestand aus fünf Verwaltungsabteilungen (Wirtschaft, Verkehr, Ernährung, Post und Finanzen).

Als Antwort auf die Einrichtung eines Wirtschaftsrats in der Bizone berief die Sowjetunion in ihrer Zone eine „Deutsche Wirtschaftskommission".

1. Stelle die unterschiedliche Zonenpolitik der Siegermächte gegenüber.
2. Wie konnte die UdSSR die Gründung der Bizone auffassen?
3. Welche Interessengegensätze bestanden in der Politik der Besatzungsmächte?

Wie der Wiederaufbau eingeleitet wurde

Trumandoktrin und Marshallplan
Nach Beendigung des Krieges hatten sowjetische Truppen nicht nur die östlichen Teile Deutschlands, sondern auch Polen, die Tschechoslowakei, Ungarn, Rumänien und Bulgarien besetzt. Den nordöstlichen Teil Jugoslawiens mit Belgrad hatten sie aber aufgrund einer Abmachung mit der jugoslawischen Regierung wieder geräumt. Die westlichen Alliierten standen nun vor der Frage, wie sie die von ihnen besetzten Teile Deutschlands sichern sollten. Der amerikanische Diplomat in Moskau, Kennan, sah die zukünftigen Aufgaben so:

Totalitarismus: Der Staat beherrscht alle Bereiche des öffentlichen und teilweise auch des privaten Lebens. Der einzelne ist dem Staat völlig untergeordnet.

Wir [müssen] ... unseren Teil von Deutschland ... einer Form von Unabhängigkeit zuführen, die so befriedigend, so gesichert, so überlegen ist, daß der Osten sie nicht gefährden kann ... Zugegeben, daß das Zerstückelung bedeutet ... Besser ein zerstückeltes Deutschland, von dem wenigstens der westliche Teil als Prellbock für die Kräfte des Totalitarismus wirkt, als ein geeintes Deutschland, das diese Kräfte wieder bis an die Nordsee vorläßt.

(Kosthorst/Teppe, Teilung Deutschlands, S. 17 f.)

Die nationalen kommunistischen Parteien der osteuropäischen Länder begannen schon 1945 mit Hilfe der sowjetischen „Befreier" sogenannte Volksdemokratien zu errichten. Die sozialdemokratischen Parteien wurden in die kommunistischen Parteien übernommen. Die bürgerlichen Parteien mußten sich dem Führungsanspruch der kommunistischen Parteien unterordnen. Oppositionelle Politiker wurden in Schauprozessen abgeurteilt. Die Regierungen schlossen mit der Sowjetunion Freundschaftsverträge. Als 1947 Kommunisten im griechischen Bürgerkrieg Unterstützung aus Jugoslawien und Bulgarien erhielten, entschloß sich der amerikanische Präsident Truman zu einer neuen Politik. Er begründete sie mit der „Trumandoktrin" am 12. März 1947 vor dem amerikanischen Kongreß:

Integrität: Grundsatz der Unverletzlichkeit des Staatsgebietes

Eines der ersten Ziele der Außenpolitik der Vereinigten Staaten ist es, Bedingungen zu schaffen, unter denen wir und andere Nationen uns ein Leben aufbauen können, das frei von Zwang ist ... Wir werden unser Ziel jedoch nicht verwirklichen, wenn wir nicht bereit sind, den freien Völkern zu helfen, ihre freien Einrichtungen und ihre nationale Integrität gegenüber aggressiven Bewegungen zu erhalten ... In einer Anzahl von Ländern waren den Völkern kürzlich gegen ihren Willen totalitäre Regimes aufgezwungen worden ... Im gegenwärtigen Abschnitt der Weltgeschichte muß fast jede Nation ihre Wahl in bezug auf ihre Lebensweise treffen ... **Die eine Lebensweise gründet sich auf den Willen der Mehrheit und zeichnet sich durch freie Einrichtungen, freie Wahlen, Garantie der individuellen Freiheit, Rede- und Religionsfreiheit und Freiheit vor politischer Unterdrückung aus. Die zweite Lebensweise gründet sich auf den Willen einer Minderheit, der der Mehrheit aufgezwungen wird. Terror und Unterdrückung, kontrollierte Presse und Rundfunk, fingierte Wahlen und Unterdrückung der persönlichen Freiheiten sind ihre Kennzeichen** ... Ich glaube, daß wir den freien Völkern helfen müssen, sich ihr eigenes Geschick ... zu gestalten ... unsere Hilfe [muß] in ... in Form wirtschaftlicher und finanzieller Unterstützung gegeben werden ...

(Kosthorst/Teppe, Teilung Deutschlands, S. 39)

154.1 Werbeplakat für den Marshallplan

Der neue amerikanische Außenminister Marshall stellte am 5. Juni 1947 die Grundzüge eines finanziellen Hilfsprogramms für Europa vor:

... Es ist nur logisch, daß die Vereinigten Staaten alles tun ..., um die Wiederherstellung gesunder wirtschaftlicher Verhältnisse in der Welt zu fördern, ohne die es keine politische Stabilität und keinen sicheren Frieden geben kann. Unsere Politik richtet sich nicht gegen irgendein Land oder irgendeine Doktrin, sondern gegen Hunger, Armut, Verzweiflung und Chaos. Ihr Zweck ist die Wiederbelebung einer funktionierenden Weltwirtschaft, damit die Entstehung politischer und sozialer Bedingungen ermöglicht wird, unter denen freie Institutionen existieren können ... Es wäre weder angebracht noch zweckmäßig, wenn die Regierung der Vereinigten Staaten von sich aus ein Programm entwerfen würde. Das ist Sache der Europäer selbst ...

(Teilung Deutschlands, S. 40)

Am 27. Juni 1947 trafen sich die Außenminister der UdSSR, Großbritanniens und Frankreichs in Paris, um über das amerikanische Hilfsangebot zu verhandeln. Der Außenminister der UdSSR brach am 2. Juli die Verhandlungen ab. Er erklärte, der Marshallplan führe zur wirtschaftlichen Abhängigkeit der europäischen Länder von den USA. Am 16. April 1948 gründeten Vertreter von 16 westeuropäischen Staaten die OEEC. Die OEEC sorgte zusammen mit der amerikanischen Marshallplanverwaltung für die Verteilung der Geldmittel.

1. Nimm Stellung zu der Befürchtung der UdSSR.
2. Welche Folgen hatte die Blockbildung in Europa?

Aus den Mitteln des Marshallplans erhielten von 1948 bis 1952:

Großbritannien	3,6 Mrd Dollar
Frankreich	3,1 Mrd Dollar
Deutschland (West)	1,5 Mrd Dollar
Italien	1,6 Mrd Dollar
Niederlande	1,0 Mrd Dollar
Österreich	0,7 Mrd Dollar
Griechenland	0,8 Mrd Dollar

Doktrin (Lehre): Politische Grundsatzerklärung, die von ihren Befürwortern als unumstößlich und unveränderbar angesehen wird.

COMECON: (Council of Mutual Economic Aid)

OEEC: (Organization for Economic Cooperation and Development)

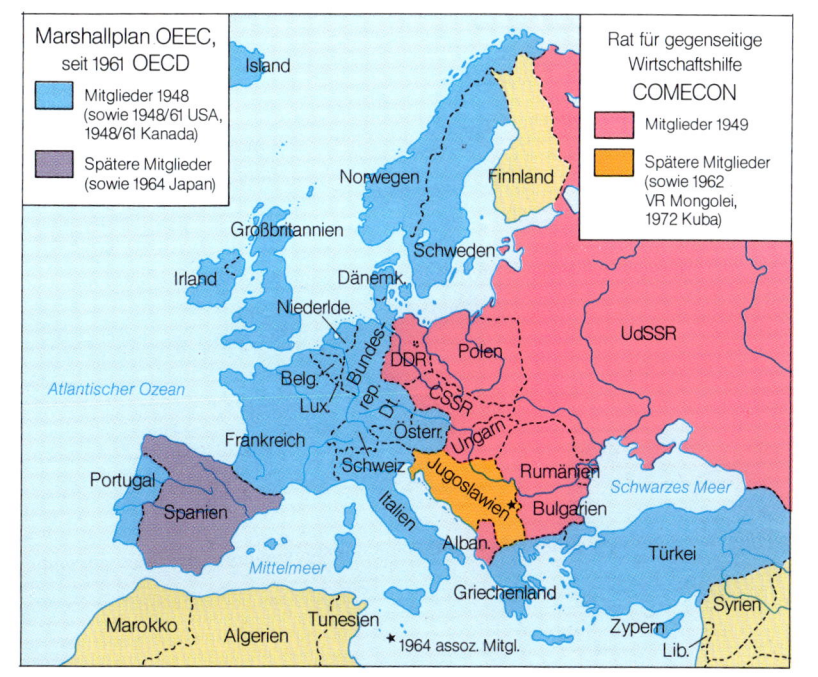

155.1 *Marshallplan OEEC – COMECON*

Die Währungsreform

Unter welchen Bedingungen es zur Währungsreform kam und was sie bewirkte

Ende 1947 fand eine Außenministerkonferenz der vier Siegermächte über Deutschland in London statt. Dort wurde die Unvereinbarkeit der Standpunkte von Ost und West noch einmal deutlich, so daß das Zusammentreffen Mitte Dezember abgebrochen werden mußte. Daraufhin erklärte sich Frankreich bereit, an Verhandlungen über die Gründung eines westdeutschen Staates teilzunehmen. Im Februar 1948 einigten sich die USA, Großbritannien, Frankreich und die Beneluxländer, die drei Westzonen in einen eigenständigen Staat umzubilden. Die UdSSR protestierte gegen die Beschlüsse der Londoner Konferenz. Als der Alliierte Kontrollrat im März 1948 zusammentrat, verließ der sowjetische Vertreter die Sitzung. Er erklärte, die Londoner Beschlüsse verstießen gegen das Potsdamer Abkommen (vgl. S. 136f.). Die gemeinsame Verwaltung der Siegermächte über Deutschland hörte damit auf. Der Kontrollrat trat nie mehr zusammen, obwohl er nicht aufgelöst worden war. Die politische Spaltung war vollzogen worden. Fast gleichzeitig waren wirtschaftliche Probleme aufgetaucht, die eine schnelle Lösung verlangten. Das in den Zonen umlaufende Geld hatte nur eine geringe Kaufkraft. Es galt die Zigarettenwährung. Eine Zigarette kostete 6 Mark, ein Brot 60 Mark. Besatzungssoldaten tauschten Zigaretten gegen Schmuck usw. Ähnliche Geschäfte machten die Bauern, die z. B. Kartoffeln gegen Teppiche, Silber etc. eintauschten. Der angestrebte Wirtschaftsaufbau verlangte aber eine neue stabile Währung. Der Journalist Thilo Koch schrieb 1969:

Die Währungsreform war Teil der neuen amerikanischen Europa- und Deutschlandpolitik. In den Plänen Washingtons nahm die wirtschaftliche Gesundung Westdeutschlands einen zentralen Platz ein. Der Marshallplan konnte nur gelingen, wenn die deutsche Währung in Ordnung gebracht wurde.

(Th. Koch, Fünf Jahre der Entscheidung, Frankfurt 1969, S. 108)

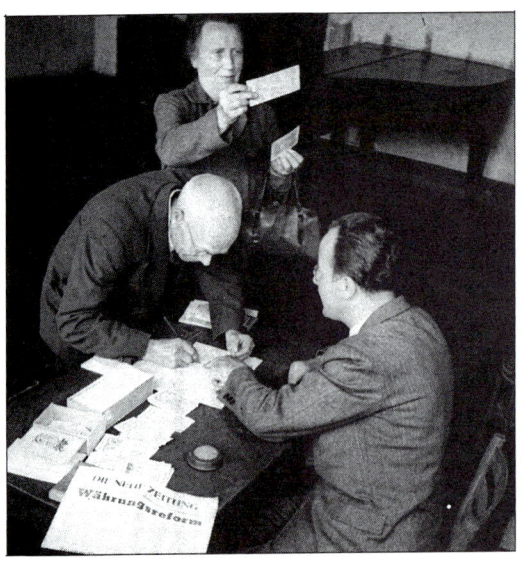

156.1 Umtauschstelle

156.2 Schaufenster nach der Währungsreform

Deshalb ordneten am 18. Juni 1948 die drei westlichen Militärgouverneure eine Währungsreform an, die am 20. Juni in Kraft trat. Mit ihr wurden auch die letzten Reste der wirtschaftlichen Einheit zerstört. Die neue Währung erhielt den Namen „Deutsche Mark" (DM), und die alte Reichsmark wurde abgewertet. Die „Bank deutscher Länder", die am 1. März 1948 gegründet worden war, war für die Verteilung der Banknoten zuständig, die in den USA gedruckt worden waren.

Der französische Politikwissenschaftler Alfred Grosser beschreibt die Ergebnisse der Währungsreform:

Ihr sichtbarer Erfolg konnte als eine Art Wunder erscheinen. Von einem Tag zum anderen zeigten die Läden volle Schaufenster, die Fabriken öffneten ihre Tore oder beschleunigten ihr Produktionstempo ... Man stellte fest, daß Westdeutschland nicht so grenzenlos verarmt war, wie man geglaubt hatte, und daß Bauernhöfe, Läden und Fabriken in Erwartung einer gesunden Währung sorgfältig Vorräte an Lebensmitteln, Grundstoffen und Waren zurückgelegt hatten ... Die Bauern, Fabrikbesitzer und Kaufleute, die heimlich Vorratslager angelegt hatten, wurden dafür belohnt, daß sie die gesetzlichen Vorschriften mißachtet hatten ... Man leitete eine brutale Deflation ein, ohne aber die Opfer, die sie kostete, gleichmäßig zu verteilen ... Die Geburt der DM war nicht nur das Aufbruchssignal eines wirtschaftlichen Aufschwungs: noch mehr war sie ein entscheidender Abschnitt auf dem Weg zur Teilung Deutschlands.

(A. Grosser, Geschichte Deutschlands..., München 1976, S. 101 f.)

Der Publizist K. Pritzkoleit bewertete 1963 die Währungsreform so:

Natürlich war die Behandlung der kleinen Leute, die die Masse der Geldsparer stellten, ob sie nun ihre Reichsmark im Sparstrumpf verborgen oder sie bei Banken, Sparkassen oder Genossenschaften angelegt hatten, so ungerecht wie nur möglich. Danach fragten die Militärgouverneure nicht. Sie hatten eine harte Währungsreform gemacht, um die alte Ordnung der Dinge, die freie Marktwirtschaft, die der Vorstellungswelt der westlichen Welt entsprechende kapitalistische Wirtschaft wiederherzustellen. Deshalb waren die Sachwertbesitzer, die Produzenten industrieller und landwirtschaftlicher Güter, im Übermaß begünstigt worden: sie waren ungeschmälert im Besitz ihres Sachkapitals geblieben ... der ganzen Fülle der produktiven Besitztümer, die durch Kriegsschäden viel weniger gelitten hatten, als man damals noch ahnte; sie würden es bald erleben, daß der Wert ihrer Fabriken ... wesentlich anstieg ... Erst später würde man übersehen können, mit welchen Gewinnen diese Herren ... aus der Währungsreform hervorgegangen waren, und gleichzeitig feststellen, daß die Sparer, die es einfach nicht lassen können, aufs neue begonnen hatten, Groschen für Groschen auf die hohe Kante zu legen. Das war genau der gewollte Effekt der alliierten Maßnahmen: harte Reform für die Sparer, Erleichterung jeder Art für die Produzenten.

(K. Pritzkoleit, Gott erhält die Mächtigen, Düsseldorf 1963, S. 169)

1. Wen traf die Währungsreform hart, wer waren die Gewinner?
2. Begründe die Aussage Grossers, die Währungsreform sei ein entscheidender Abschnitt auf dem Weg zur Teilung Deutschlands gewesen.

Westzonen

Kopfgeld
60 RM pro Person werden 1:1 in DM-West umgetauscht.
Weiteres Bargeld wird im Verhältnis 10:1 umgetauscht.
Sparguthaben im Verhältnis 10:0,65

Sowjetische Besatzungszone

Kopfgeld
70 RM pro Person werden 1:1 in DM-Ost umgetauscht.
Weiteres Bargeld wird im Verhältnis 10:1 umgetauscht.
Sparguthaben bis 100 RM im Verhältnis 1:1,
bis 1000 RM 5:1,
über 1000 RM 10:1

Was die Blockade für die weitere Entwicklung Deutschlands bewirkte

Die Berlin-Blockade

Als die Währungsreform auch in den Westzonen Berlins durchgeführt wurde, nahm die Sowjetunion dies zum Anlaß, die Verbindungswege nach Berlin zu Wasser und zu Lande zu sperren. Sie verhängte eine Wirtschaftsblockade über den westlichen Teil Berlins, um die Bewohner auszuhungern. Die Bedeutung einer Bedrohung Berlins war den Amerikanern schon länger bewußt. Am 16. April 1948 hatte General Clay, der Befehlshaber der US-Landstreitkräfte in Europa, hervorgehoben:

> Die Tschechoslowakei haben wir verloren. Norwegen schwebt in Gefahr. Wir geben Berlin auf. Wenn Berlin fällt, folgt Westdeutschland als nächstes. Wenn wir beabsichtigen, Europa gegen den Kommunismus zu halten, dürfen wir uns nicht von der Stelle rühren. Wir können Demütigungen und Druck, die nicht zum Kriege führen, in Berlin einstecken, ohne das Gesicht zu verlieren. Wenn wir fortgehen, gefährden wir unsere europäische Position.

(L. Clay, Entscheidung in Deutschland, Frankfurt 1950, S. 400)

General Clay organisierte auch die Luftbrücke nach Berlin. Amerikaner, Engländer und Franzosen versorgten vom 27. Juni 1948 bis zum 11. Mai 1949 2,2 Millionen Berliner aus der Luft mit allen notwendigen Gütern. Der Journalist Erich Kuby berichtet von einem abendlichen Gang durch die Stadt, in der nach 18 Uhr keine Bahn mehr fuhr:

> Es war ein Weg von Stunden, er führte mich durch helle und dunkle Plangruppen. Die einen hatten gerade Strom-Zeit, die anderen Sperrzeit. Die Leute stellten ihre Radiogeräte auf Betrieb, um zu merken, wann der Strom kam. Dann standen sie auf, mitten in der Nacht, um die Trockenmilch für die Kinder zu kochen und für sich selbst vielleicht ein halbes Pfund jener Erbsen, die so vornehm auf den Sitzen einer Passagiermaschine nach Berlin geflogen waren.

(E. Kuby, Das ist des Deutschen Vaterland, Hamburg 1979, S. 28 f.)

Auf dem Höhepunkt der Krise landeten Flugzeuge im Abstand von nur wenigen Minuten auf den drei Flugplätzen in Westberlin. Sie transportierten nicht nur Lebensmittel, sondern auch Kohle, Maschinen und Ersatzteile. Während der Luftbrücke kamen 31 Amerikaner, 39 Briten und 8 Angehörige des Deutschen Hilfspersonals ums Leben.

Die Amerikaner verhängten eine Gegenblockade über die Sowjetzone. Im Februar 1949 verhandelten Amerikaner und Russen, um die Krise zu lösen. Am 5. Mai 1949 kamen die Sowjetunion und die USA überein, alle Verkehrsbeschränkungen über Berlin und über die Sowjetzone aufzuheben.

Über die Ursache der Blockade schrieb der amerikanische Botschafter in Moskau:

> Die westdeutschen Vertreter waren zu jener Zeit im Begriff, in Bonn die Beratungen über eine westdeutsche Bundesverfassung aufzunehmen. Stalin war entschlossen, dies, wenn irgend möglich, hinauszuschieben. Wenn ihm das gelang, war das Vertrauen der Deutschen in den Westen ein für allemal erschüttert. Die westlichen Alliierten waren nur mit

158.1 Blockade der Elbe

159.1 Amerikanische Transportflugzeuge werden in Berlin entladen, 1948

159.2 Das Ende der Blockade: Der erste Bus aus Berlin trifft in Hannover ein, 1949

erheblichen Schwierigkeiten zu einer Einigung hinsichtlich des westdeutschen Staates gelangt ... Verzichtete man auf dieses Abkommen, so konnte seine Verwirklichung für lange Zeit unmöglich werden ... Während der ganzen Dauer unserer Verhandlungen war ich restlos davon überzeugt, daß wir jederzeit innerhalb 15 Minuten zu einer Vereinbarung hätten gelangen können, wenn wir die Außerkraftsetzung der Londoner Beschlüsse (vgl. S. 154/155) angeboten hätten. Dies war natürlich von unserem Standpunkt aus völlig ausgeschlossen.

(W. B. Smith, Meine 3 Jahre in Moskau, Hamburg 1950, S. 334)

Die unmittelbare Bedeutung und langfristige Auswirkung der Berliner Blockade und der Luftbrücke hat der deutschstämmige französische Politikwissenschaftler A. Grosser so gesehen:

Die Luftbrücke hat Berlin gerettet. Die Luftbrücke hat überdies die Politik Westdeutschlands auf Dauer orientiert. Vor allem die Außenpolitik. Im Winter 1948/49 hat sich die deutsch-amerikanische Solidarität herausgebildet. Sicher hatten sich nicht nur amerikanische Flugzeuge am Lufttransport von Kohle und Lebensmitteln beteiligt. Niemand anderer als die Washingtoner Regierung und General Clay aber haben die Luftbrücke organisiert und die in der Hauptsache amerikanischen Hilfsquellen aufgetan. Von nun an wird jede deutsche Außenpolitik, die nicht von dem Gedanken ausgehen würde, daß der weitere Schutz Berlins und Westdeutschlands einzig und allein von dem Vertrauen der Amerikaner in die deutsche Politik abhängig sei, unannehmbar erscheinen.

(A. Grosser, Geschichte Deutschlands..., München 1976, S. 114 f.)

Die Leistungen der Luftbrücke:

212621 Flüge (insgesamt)
1736781 Tonnen Güter wurden transportiert,

davon
1092582 t Kohle
483726 t Lebensmittel
161473 t Industriegüter

1. Was wollte die Sowjetunion mit der Berliner Blockade erreichen? Was bewirkte die Blockade tatsächlich?
2. Warum gaben die Westmächte Westberlin nicht preis?

Die Gründung der Bundesrepublik Deutschland und der Deutschen Demokratischen Republik

Der Weg zur Gründung der Bundesrepublik Deutschland

Wie das Grundgesetz entstand

Während der Luftbrücke gingen die Vorbereitungen weiter, um entsprechend dem Londoner Abkommen (vgl. S. 154/155) die Westzonen in einen eigenständigen Staat umzubilden. Die Militärgouverneure der Westzonen bevollmächtigten am 1. Juli 1948 in Frankfurt die Ministerpräsidenten ihrer Zonen, eine Verfassungsgebende Versammlung einzuberufen. Diese sollte spätestens am 1. September 1948 zusammentreten. In den „Frankfurter Dokumenten" nannten sie als Aufgabe:

Die ... Versammlung wird eine demokratische Verfassung ausarbeiten, die für die beteiligten Länder eine Regierungsform des föderalistischen Typs schafft, die am besten geeignet ist, die gegenwärtig zerrissene deutsche Einheit schließlich wiederherzustellen und die Rechte der beteiligten Länder schützt, eine angemessene Zentralinstanz schafft und Garantien der individuellen Rechte und Freiheiten enthält. Wenn die Verfassung ... mit diesen ... Grundsätzen nicht im Widerspruch steht, werden die Militärgouverneure ihre Vorlage zur Ratifizierung genehmigen.

Ratifizierung: Bestätigung eines Vertrages (hier: Gesetzes) durch den Gesetzgeber

(E. Kosthorst/K. Teppe, Die Teilung Deutschlands, S. 56 f.)

Zur Annahme der Verfassung legten sie fest:

Referendum: Volksabstimmung über Bestätigung oder Nichtbestätigung eines Beschlusses der gesetzgebenden Körperschaft

Die Ratifizierung in jedem beteiligten Land erfolgt durch ein Referendum, das eine einfache Mehrheit der Abstimmenden in jedem Land erfordert ... Sobald die Verfassung von zwei Dritteln der Länder ratifiziert ist, tritt sie in Kraft und ist für alle Länder bindend. Jede Abänderung ... muß künftig von einer gleichen Mehrheit der Länder ratifiziert werden.

(Kosthorst/Teppe, S. 57)

Über die Beziehungen zwischen einer zukünftigen deutschen Regierung und den Militärgouverneuren wurde gesagt:

1. ... Die Militärgouverneure werden den deutschen Regierungen Befugnisse der Gesetzgebung, der Verwaltung und der Rechtsprechung gewähren ... [Sie werden aber] a) Deutschlands auswärtige Beziehungen vorläufig wahr[zu]nehmen und ... leiten; b) das Mindestmaß der notwendigen Kontrollen über den deutschen Außenhandel [ausüben], um zu gewährleisten, daß die Verpflichtungen, welche die Besatzungsmächte in bezug auf Deutschland eingegangen sind, geachtet werden und daß die ... verfügbar gemachten Mittel zweckmäßig verwendet werden ...

Zusammensetzung des Parlamentarischen Rates (1.9.48–23.5.1949)

65 stimmberechtigte Mitglieder, davon:

CDU/CSU	27
SPD	27
FDP	5
DP	2
Zentrum	2
KPD	2

außerdem: 5 nicht stimmberechtigte Berliner Mitglieder

2. Die Militärgouverneure werden ... ihre vollen Machtbefugnisse wieder aufnehmen, falls ein Notstand die Sicherheit bedroht und um nötigenfalls die Beachtung der Verfassungen und des Besatzungsstatus zu sichern.

(Kosthorst/Teppe, S. 57)

Die Ministerpräsidenten nahmen am 8. Juli 1948 in Koblenz zu den Frankfurter Dokumenten Stellung:

Die Ministerpräsidenten glauben ..., daß ... alles vermieden werden müßte, was dem zu schaffenden Gebilde den Charakter eines Staates verleihen würde; sie sind darum der Ansicht, daß auch durch das hier-

161.1 Der Parlamentarische Rat

161.2 Unterzeichnung des Grundgesetzes am 23. 5. 49

für einzuschlagende Verfahren zum Ausdruck kommen müßte, daß es sich lediglich um ein Provisorium handelt ... (das seine) Entstehung ... dem augenblicklichen Stand ... verdankt ... Ein Volksentscheid würde dem Grundgesetz ein Gewicht verleihen, das nur einer endgültigen Verfassung zukommen sollte. Die Ministerpräsidenten möchten an dieser Stelle noch einmal betonen, daß ihrer Meinung nach eine deutsche Verfassung erst dann geschaffen werden kann, wenn das gesamte deutsche Volk die Möglichkeit besitzt, sich in freier Selbstbestimmung zu konstituieren.

(Kosthorst/Teppe, S. 58 f.)

Am 26. Juli 1948 einigten sich die Ministerpräsidenten auf ein Gesetz über die Wahl eines Parlamentarischen Rates. Die Mitglieder des Rates sollten von den Landtagen gewählt werden. Je 750 000 Einwohner sollten von einem Delegierten vertreten werden.

Der Parlamentarische Rat trat am 1. September 1948 zusammen. Konrad Adenauer, der Vorsitzende der CDU in der britischen Zone, wurde zu seinem Präsidenten gewählt. Die entscheidende Formulierungsarbeit leistete der Hauptausschuß mit Prof. Dr. Carlo Schmid (SPD). Am 8. Mai 1949 nahm der Parlamentarische Rat in dritter Lesung mit 53 gegen 12 Stimmen (KPD, DP, CSU) den Grundgesetzentwurf für einen zukünftigen deutschen Staat an. Nachdem die Militärgouverneure zugestimmt hatten, wurde das Grundgesetz den Landtagen vorgelegt. Außer dem bayerischen stimmten alle zu. Am 24. Mai 1949 trat das Grundgesetz in Kraft.

1. Warum lehnten die Ministerpräsidenten den Volksentscheid ab?
2. War die Bundesrepublik nach ihrer Gründung kein souveräner Staat?

Die Verfassung der Bundesrepublik Deutschland

An welche demokratischen Traditionen unsere Verfassung anknüpft und welche demokratischen Prinzipien sie enthält

Die Abgeordneten im Parlamentarischen Rat hatten bei der Erarbeitung des Grundgesetzes auf drei Dinge besonders geachtet. Zum einen sollte das neue Grundgesetz die Errichtung jeglicher Diktatur unmöglich machen. Zum anderen sollte es an die deutschen Verfassungen von 1849 und 1919 anknüpfen. Darüber hinaus aber sollten die Schwächen und Mängel der Weimarer Verfassung (vgl. S. 36 f.) vermieden werden.

Der Parlamentarische Rat hob im Grundgesetz die besondere Bedeutung der Grundrechte für den Schutz der Menschenwürde hervor (Artikel 1–19). Er knüpfte damit an die Verfassung der Frankfurter Paulskirche von 1849 an (Artikel 130–189). Wie diese Verfassung fast genau 100 Jahre zuvor, legte er die Unbeschränkbarkeit der Grundrechte fest, um so die bürgerlichen Freiheiten zu schützen.

Anders als in der Weimarer Verfassung wurden die Grundrechte den anderen Artikeln des Grundgesetzes bewußt vorangestellt. C. Schmid begründete dies in einer Sitzung des Rates am 8.9.1948 so:

> In den modernen Verfassungen finden wir überall Kataloge von Grundrechten, in denen das Recht der Personen, der Individuen, gegen die Ansprüche der Staatsraison geschützt wird. Der Staat soll nicht alles tun können, was ihm gerade bequem ist, wenn er nur einen willfährigen Gesetzgeber findet, sondern der Mensch soll Rechte haben, über die auch der Staat nicht verfügen können soll. Die Grundrechte müssen das Grundgesetz regieren. Diese Grundrechte sollen ... unmittelbar geltendes Bundesrecht [sein], aufgrund dessen jeder einzelne Deutsche, jeder einzelne Bewohner unseres Landes vor den Gerichten soll Klage erheben können.

(H. J. Franz, Grundrechte in Deutschland, Ulm 1973, S. 120)

Weimarer Reichsverfassung

Präsident
– Volkswahl
– Oberbefehl über die Reichswehr
– Notverordnungsrechte

Parlament und Regierung
– Verhältniswahlrecht
– Reichspräsident ernennt Reichskanzler
– einfaches Mißtrauensvotum

In den Grundrechten werden aber auch die gesellschaftlichen Bindungen des einzelnen (z. B. in Artikel 2) und seine sozialen Verpflichtungen (z. B. in Art. 14) beschrieben. Im Gegensatz zur Weimarer Verfassung können Bürger oder Parteien, die Grundrechte mißbrauchen, diese in Teilen verwirken (Art. 18).

Das Bundesverfassungsgericht ist das oberste Verfassungsgericht. Es kann aber von jedem Bürger angerufen werden, wenn er meint, daß eines seiner Grundrechte (Art. 93, 4a) verletzt sei. Ähnlich war es auch durch das Reichsgericht der Verfassung von 1849 (Art. 126) geregelt. Ebenso hat die parlamentarische Opposition die Möglichkeit, die Gesetzgebung durch das Bundesverfassungsgericht überprüfen zu lassen (Art. 93,2).

Die Teile des Grundgesetzes, die die Ämter des Bundespräsidenten (Art. 54–61) und des Bundeskanzlers (Art. 62–69) betreffen, erweisen sich „als eine Art von Anti-Verfassung zu Weimar". Die Rechte des Bundespräsidenten wurden gegenüber denen des Reichspräsidenten deutlich eingeschränkt, er hat hauptsächlich repräsentative Pflichten. Die Stellung des Bundeskanzlers wurde gegenüber der des Reichskanzlers gestärkt. Er kann durch den Bundestag nur im Wege eines „konstruktiven Mißtrauensvotums" abgelöst werden, d.h. durch die

Wahl eines Nachfolgers. So soll eine handlungsfähige Regierung, die im Parlament über eine Mehrheit verfügt, gesichert werden.

... negative Mehrheiten, die sich lediglich in der Ablehnung der Regierung einig sind, haben damit die politische Funktion, die in der Weimarer Republik den Übergang von der parlamentarischen zur autoritären Regierungsform ... ermöglichte, verloren.
(Fragen an die deutsche Geschichte, Bonn o. J., 2., erw. Aufl., S. 216)

Die Aufgaben der politischen Parteien werden im Grundgesetz hervorgehoben: Sie „wirken bei der politischen Willensbildung des Volkes mit" und treten für die freiheitlich demokratische Grundordnung ein:

Während das parlamentarische System der Weimarer Republik durch eine Fülle auseinanderstrebender, oft antiparlamentarischer Parteien paralysiert werden konnte, hat die Verpflichtung der im Bundestag vertretenen Parteien auf demokratische Grundsätze mit der stabilisierenden Wirkung der Fünfprozentklausel günstige Voraussetzungen für die Weiterentwicklung der Bundesrepublik im Sinne des demokratischen und sozialen Rechtsstaates geschaffen.
(Fragen an die deutsche Geschichte, S. 216)

paralysieren: lähmen

1. Nimm Stellung zu der Aussage, das Grundgesetz sei eine eigenständige deutsche Verfassung.
2. Erkläre, was damit gemeint ist, daß das Grundgesetz sich zur streitbaren Demokratie bekennt.
3. Bonn ist nicht Weimar! Begründe dies.

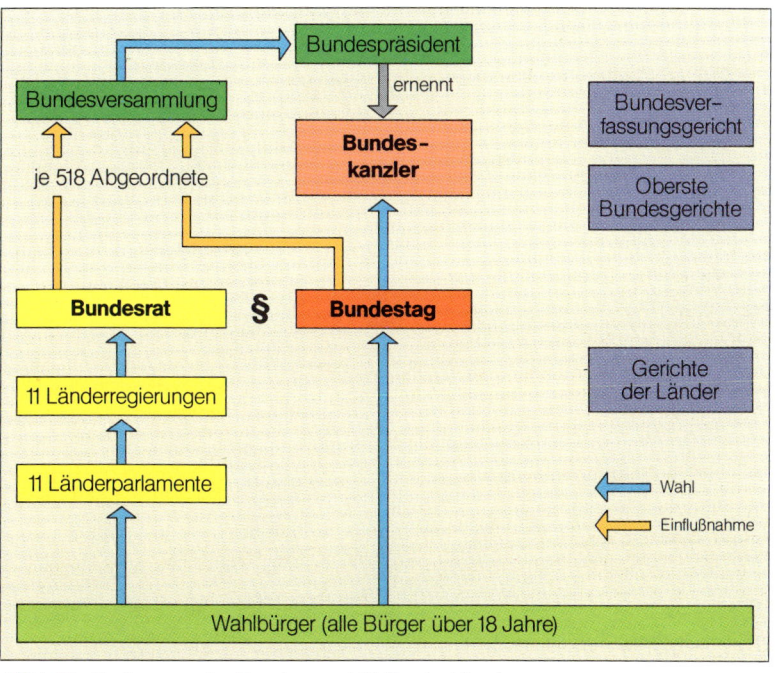

163.1 Die Verfassung der Bundesrepublik Deutschland

Grundgesetz für die Bundesrepublik Deutschland

Präsident
– Wahl durch Bundesversammlung
– kein Oberbefehl über die Bundeswehr
– keine Notverordnungsrechte

Parlament und Regierung
– Verhältniswahlrecht, 5%-Sperrklausel
– Bundeskanzler vom Bundestag gewählt
– konstruktives Mißtrauensvotum

Oberste Gerichte
– GG, Art 94.1
– GG, Art. 95.1 und 3, 96.1 und 2
– GG, Art. 98.4 (vgl. Verf. NRW, Art.76)

Die Gründung der Deutschen Demokratischen Republik

Wie die politische Entwicklung bis 1949 verlief

Die Sowjetunion hatte schon vor Kriegsende in Moskau eine „Gruppe Ulbricht" aus deutschen Kommunisten gebildet. Sie sollte den sowjetischen Behörden bei der Verwaltung ihrer Zone helfen, war aber gehalten, höchstens ein Drittel aller Posten an Kommunisten zu vergeben. Diese Gruppe traf am gleichen Tage, an dem Hitler Selbstmord beging, am 30. April 1945, in Deutschland ein. Am 9. Juni 1945 wurde die Sowjetische Militäradministration Deutschlands (SMAD) gegründet; einen Tag später genehmigte diese bereits die Bildung antifaschistischer Parteien und freier Gewerkschaften. Wiederum einen Tag später erließ die KPD schon ihren ersten Aufruf, in dem ein eigener deutscher Weg zum Kommunismus propagiert wurde. Am 15. Juni 1945 wurde die SPD in Berlin neu gegründet sowie der FDGB (Freier Deutscher Gewerkschaftsbund) ins Leben gerufen; am 26. Juni wurde die CDU zugelassen, am 5. Juli die LDPD (Liberaldemokratische Partei Deutschlands). KPD, SPD, CDU und LDPD schlossen sich am 14. Juli 1945 zum „Antifaschistischen Block" zusammen. Bereits am 27. Juli wurden elf „Deutsche Zentralverwaltungen" in Berlin geschaffen. Sie sollten die Keimzelle einer künftigen Zentralregierung sein, aber auch die Entwicklung der einen Monat zuvor gegründeten fünf Länder der sowjetischen Besatzungszone (Brandenburg, Mecklenburg, Sachsen, Sachsen-Anhalt, Thüringen) koordinieren.

Im Juli 1945 begannen die Länderregierungen mit Unterstützung durch die SMAD im Bereich der Wirtschaft mit ersten Enteignungsmaßnahmen. Banken wurden entschädigungslos verstaatlicht, Grundbesitz über 100 ha wurde an Neubauern aufgeteilt. Im Rahmen der Demontage baute die Sowjetunion bis 1946 rund 1000 Betriebe ab und wandelte rund 200 in sowjetische Aktiengesellschaften um. Mitte 1946 begann

164.1 Die DDR und ihre Länder

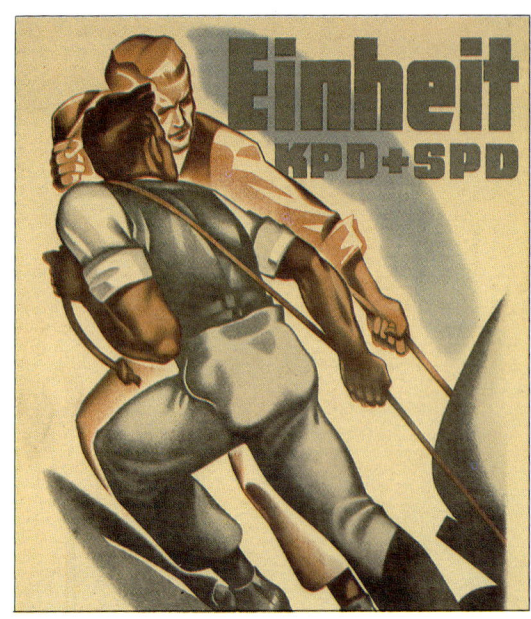

164.2 Werbeplakat, 1946

165.1 Wilhelm Pieck, Otto Grotewohl und Walter Ulbricht (v. l. n. r.) auf dem Vereinigungsparteitag der SED am 21./22. April 1946 in Ost-Berlin

Anzahl der Mitglieder bei der Gründung der SED am 21./22.4.1946

KPD	600 000
SPD	680 000

Mitte 1948
SED ca. 2 Mio
(Sozialistische Einheitspartei Deutschlands)

auch die Verstaatlichung der Großbetriebe, zunächst derjenigen, die „Kriegsverbrechern und Nationalsozialisten" gehörten.

Die Bodenreformmaßnahmen fanden nicht die Zustimmung von CDU und LDPD. Beide zogen sich aus dem „Antifaschistischen Block" zurück. Um so stärker betrieb jetzt die KPD die Vereinigung mit der SPD, für die in beiden Parteien starke Kräfte eintraten. Diese führten den Sieg des Nationalsozialismus 1933 zu einem großen Teil auf die damalige Uneinigkeit von SPD und KPD zurück. So wurde am 21./22.4.1946 die SED durch den Zusammenschluß von SPD und KPD gegründet. Gegner der Vereinigung in der SPD wurden mundtot gemacht und einige auch verhaftet. Nur in West-Berlin fand eine Abstimmung statt, wobei sich 82% gegen eine Vereinigung mit der KPD aussprachen. Dort blieb eine unabhängige SPD bestehen.

Der britische Journalist Isaac Deutscher berichtete im Oktober 1945:

Ein halbes Jahr ist erst vergangen, seit ... die letzten Schüsse abgefeuert wurden und die russische Invasion Ostdeutschlands beendet war. Innerhalb dieser kurzen Periode hat sich die gesamte soziale und wirtschaftliche Struktur Ostdeutschlands fast bis zur Unkenntlichkeit verändert ... Was bei der [SMAD] bis jetzt bemerkenswert war, ist vielleicht nicht das Ausmaß, in dem sie russische totalitäre Methoden nach Deutschland verpflanzt hat, sondern der Umfang, in dem sie sich dessen enthalten hat.
(Kleßmann, Doppelte Staatsgründung, S. 374 f.)

1. Wie beurteilt Deutscher die ersten Monate in der SBZ?
2. Beurteile die Gründe für den Zusammenschluß von SPD und KPD.

165.2 Eine Parteiveranstaltung der SED

Wie die DDR gegründet wurde

Als die SED bei Gemeindewahlen im September 1946 nicht die erwartete Zustimmung der Bevölkerung erhielt, bemängelte der Parteivorstand Reste faschistischer und reaktionärer Elemente in CDU und LDPD. Nach Landtagswahlen im Oktober 1946, die der SED auch nicht das erwünschte Ergebnis brachten, lehnte die Partei auf einer Kulturkonferenz Ende Januar 1947 den von der CDU propagierten ,,christlichen Sozialismus" als ein ,,Betäubungsmittel" ab. Nur 14 Tage später schlug der Parteivorstand die Bildung eines demokratischen Einheitsstaates mit zentraler Verwaltung vor (14. Februar 1947). Am 14. Juni 1947 genehmigte die SMAD ,,Deutsche Wirtschaftskommissionen" als erste zentrale Verwaltung der sowjetischen Besatzungszone. Auf dem 2. Parteitag der SED vom 20. bis 24. September 1947 forderte Walter Ulbricht die Einführung der Planwirtschaft nach sowjetischem Muster (vgl. S. 22f.).

Am 12. Februar 1948 wurden die Vollmachten der Deutschen Wirtschaftskommissionen erweitert; ihre Führungspositionen wurden mit Funktionären der SED besetzt. Am 23. Juni 1948, drei Tage später als in den Westzonen, wurde auch in der sowjetischen Besatzungszone eine Währungsreform durchgeführt. Anfang Juli 1948 begann der Aufbau der kasernierten Volkspolizei. Am Ende desselben Monats erklärte Walter Ulbricht die Planwirtschaft zum Gesetz und forderte die Sicherstellung der absoluten Führungsrolle der SED im Staatsapparat sowie die Säuberung der Partei von Mitgliedern, die sich dem neuen Kurs nicht anschließen könnten. Der ursprüngliche Ansatz eines ,,besonderen deutschen Wegs zum Sozialismus" wurde am 24. September 1948 widerrufen. Der auf Anregung der SED Anfang Dezember 1947 in Berlin zusammengetretene 1. Deutsche Volkskongreß (ca. 2000 Delegierte)

166.1 *Karikatur von H. Beyer*

166.2 *Das neue Reichswappen*

hatte am 18. März 1948 einen 1. Deutschen Volksrat als sein Exekutivorgan gewählt. Er billigte die inzwischen ausgearbeitete Verfassung für eine „Deutsche Demokratische Republik" mit folgender Entschließung:

[Der Deutsche Volksrat] legt hiermit dem deutschen Volk den Entwurf einer Verfassung für die Deutsche Demokratische Republik vor und stellt ihn zur freien Diskussion ... Im Gegensatz zu dieser Ausübung des Selbstbestimmungsrechtes des deutschen Volkes zeigen die Verhandlungen des sogenannten Parlamentarischen Rates in Bonn, daß hier nicht nur die Einheit der deutschen Nation, sondern auch die Demokratie preisgegeben werden. Die in Bonn ausgearbeitete Verfassung für den westdeutschen Staat dient dem Versuch, das deutsche Volk unter die Macht zu beugen, die sich die westlichen Besatzungsmächte entgegen den Verpflichtungen von Jalta und Potsdam angeeignet haben.
(R. Steininger, Deutsche Geschichte ..., Bd. 2, Frankfurt 1983, S. 351 f.)

Mit „Deutscher Demokratischer Republik" war in dieser Entschließung nicht etwa nur die spätere DDR gemeint, sondern das gesamte damals besetzte ehemalige Reichsgebiet, also die heutige DDR einschließlich der heutigen Bundesrepublik Deutschland. Aber die Westdeutschen gingen auf dieses Angebot nicht ein. Am 23. Mai wurde das Grundgesetz der Bundesrepublik verkündet; daraufhin nahm ein im Mai neugewählter Volkskongreß am 29. Mai 1949 für die Ostzone die Verfassung einer Deutschen Demokratischen Republik an. Am 7. Oktober 1949 wurde auf dieser Basis die heutige DDR gegründet.

167.1 Staatswappen und Staatsflagge der DDR

1. Wie entwickelten sich die politischen Verhältnisse in der SBZ?
2. Vergleiche mit den Westzonen und erkläre das Auseinanderdriften.

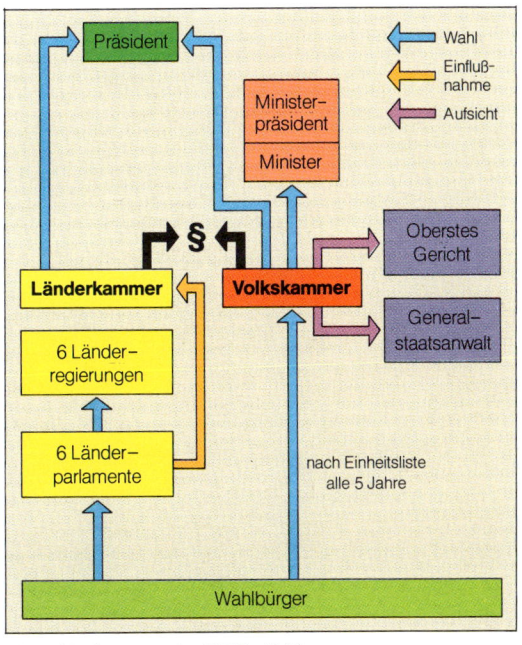

167.2 Verfassung der DDR, 1949

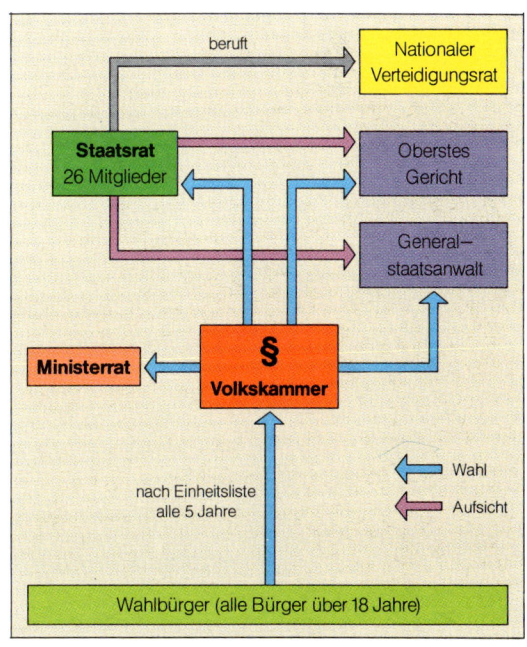

167.3 Verfassung der DDR, ab 1968

Die Entwicklung der Bundesrepublik Deutschland bis zur großen Koalition

Montanunion und EWG

Wie die Europäische Gemeinschaft vorbereitet wurde

Nachdem das Grundgesetz in Kraft getreten war, begann der Wahlkampf für die erste Bundestagswahl. Sie fand am 14. August 1949 statt. Die Bundesversammlung wählte am 12. September 1949 den FDP-Vorsitzenden, Prof. Th. Heuss, zum ersten Bundespräsidenten. Am 15. September wählte der Bundestag den Vorsitzenden der CDU, Dr. K. Adenauer, zum ersten Bundeskanzler. Adenauer war es gelungen, die FDP und die DP (Deutsche Partei) für die Bildung einer „kleinen Koalition" zu gewinnen. Als die neue Regierung vereidigt worden war, gaben die Westmächte einen Tag später das Ende ihrer Militärregierung über die Westzonen bekannt. Gleichzeitig übertrugen sie die Regierungsgewalt auf den neuen Staat. Sie setzten allerdings ein Besatzungsstatut in Kraft, das sie im April 1949 beschlossen hatten (vgl. S. 172).

In seiner ersten Regierungserklärung hob Adenauer hervor, daß die Bundesrepublik ein Teil der westlichen Welt sei. Es sei nur möglich, in Übereinstimmung mit Frankreich, Großbritannien und den USA die außenpolitische und wirtschaftliche Gleichberechtigung zu erringen. Adenauers Ziel war es, die Bundesrepublik allmählich in die Gemeinschaft der westeuropäischen Völker einzugliedern.

Die westeuropäische Integration der Bundesrepublik konnte nur gelingen, wenn die Beziehungen zu Frankreich neu geordnet wurden, die im Frühjahr 1950 auf dem Nullpunkt angelangt waren. In der Bundesrepublik hatte dazu die Saarfrage beigetragen (vgl. S. 178 f.). In Frankreich dagegen beobachtete man mit Sorge die wirtschaftliche Entwicklung in Westdeutschland. Während in Frankreich die Gefahr einer Überproduktion in der Stahlindustrie bestand, drängten Amerikaner und Briten die Franzosen, einer Erhöhung der deutschen Stahlproduktion zuzustimmen. Es schien so, als ob die deutsche Wirtschaft in naher Zukunft wieder ein Übergewicht über die französische erlangen könnte.

Europäische Gemeinschaft für Kohle und Stahl (EGKS-Montanunion)
18.4.51 gegründet. Ziel: gemeinsamer Markt für die Kohle, Eisen und Stahl erzeugende Industrie

Europäische Wirtschaftsgemeinschaft (EWG)
25.3.57 gegründet. Ziel: gemeinsamer europäischer Markt für alle Waren und Dienstleistungen

Europäische Atomgemeinschaft (EURATOM)
25.3.57 gegründet. Ziel: gemeinsame Entwicklung von Techniken zur friedlichen Nutzung der Kernenergie

Europäische Gemeinschaft (EG)
Bezeichnung für die 1967 zusammengefaßten Einrichtungen (EGKS, EWG, EURATOM)

Zur Beilegung der Stahlkrise und zur zukünftigen Zusammenarbeit legte der französische Außenminister Schuman am 9. Mai 1950 einen Plan des französischen Industrieplaners Jean Monnet vor. Schuman, der als Elsaß-Lothringer im Ersten Weltkrieg deutscher Soldat war, sagte:

Die Vereinigung der europäischen Nationen erfordert, daß der jahrhundertealte Gegensatz zwischen Frankreich und Deutschland ausgelöscht wird ... Die französische Regierung schlägt vor, die Gesamtheit der französisch-deutschen Kohlen- und Stahlproduktion unter eine gemeinsame Hohe Behörde zu stellen, in einer Organisation, die den anderen europäischen Ländern zum Beitritt offensteht. Die Zusammenlegung der Kohle- und Stahlproduktion wird sofort die Schaffung gemeinsamer Grundlagen für die wirtschaftliche Entwicklung sichern – die erste Etappe der europäischen Föderation – ...
Die Gemeinsamkeit der Produktion, die so hergestellt wird, bekundet, daß jeder Krieg zwischen Frankreich und Deutschland nicht nur undenkbar, sondern materiell unmöglich ist.

(Europa, Dokumente, Bonn 1953, S. 302)

Adenauer stimmte dem Vorschlag Schumans noch am selben Tag zu. Am 18. April 1951 unterzeichneten Vertreter der Bundesrepublik, Frankreichs, Italiens und der Beneluxstaaten einen Vertrag über die Europäische Gemeinschaft für Kohle und Stahl (EGKS). Bei Inkrafttreten des Vertrages am 24./25.7.1952 wurden sämtliche alliierten Kontrollen und Beschränkungen im Montanbereich aufgehoben. Adenauer stellte am 12. Juli 1951 die Bedeutung des Vertrages heraus:

Das Gesetz, das Ihnen zur Beratung und zur Beschlußfassung vorgelegt wird, ist sehr kurz, aber seine Bedeutung ... ist außerordentlich groß ... Ich bin der festen Überzeugung, daß, wenn dieser Anfang einmal gemacht worden ist, wenn hier sechs europäische Länder ... freiwillig ... einen Teil ihrer Souveränität auf ein übergeordnetes Organ übertragen, man dann auch auf anderen Gebieten diesem Vorgang folgen wird, und daß damit wirklich der Nationalismus, der Krebsschaden Europas, einen tödlichen Stoß bekommen wird ... Sosehr ich auch die wirtschaftliche Bedeutung bejahe, ... scheint mir die politische Bedeutung noch unendlich viel größer zu sein.
Als im Mai des Jahres 1950 Herr Schuman diesen Vorschlag machte, ging es ihm in erster Linie darum, die althergebrachten Gegensätze zwischen Frankreich und Deutschland dadurch aus der Welt zu schaffen, daß auf dem Gebiete der Grundstoffindustrien zusammengearbeitet und daß dadurch jeder Gedanke, einer wolle gegen den anderen rüsten, unmöglich würde ... [Franzosen befürchten immer noch] ... daß Deutschland ein eventueller zukünftiger Gegner sein würde ... die Frage der Beruhigung solcher Befürchtungen ... und die Erweckung des Gefühls der Zusammengehörigkeit zwischen Deutschland und Frankreich waren die politischen Gründe, die Herrn Schuman damals geleitet haben ... [Es] hat sich im Laufe der Entwicklung gezeigt, daß in diesem Vorschlag eine solche lebendige Kraft lag, daß man über den ursprünglichen Zweck jetzt schon weit hinausgekommen ist. Man hat seit dem Mai 1950 erkannt, daß die Integration Europas für alle europäischen Länder eine absolute Notwendigkeit ist, wenn sie überhaupt am Leben bleiben wollen ...
Etwas weiteres hat sich im Laufe der Verhandlungen ergeben. Ich glaube, daß wohl zum erstenmal in der Geschichte, sicher der Geschichte der letzten Jahrhunderte, Länder freiwillig und ohne Zwang auf einen Teil ihrer Souveränität verzichten wollen, um die Souveränität einem supranationalen Gebilde zu übertragen. Das ist ... ein Vorgang von welthistorischer Bedeutung ...

(1. Deutscher Bundestag, 161. Sitzung vom 12.7.1951, S. 6499 f.)

Nach dem Vorbild der Montanunion einigten sich die Regierungschefs der „Sechsergemeinschaft" am 25. März 1957 in Rom auf die Gründung einer Europäischen Wirtschaftsgemeinschaft (EWG) und einer Europäischen Atomgemeinschaft (EURATOM). Schon im Januar 1958 wurde der Staatssekretär im Auswärtigen Amt, Walter Hallstein, Präsident der obersten Verwaltungseinrichtung der EWG.

1. Erkläre, warum EGKS und EWG den wirtschaftlichen und politischen Interessen Frankreichs und der Bundesrepublik entgegenkamen.
2. Welches war das politische Hauptziel Konrad Adenauers? Wie versuchte er, es zu verwirklichen?
3. Welchen Problemen sieht sich die EG heute gegenüber?

*Die Tätigkeit der Gemeinschaft ... umfaßt ...
a) die Abschaffung der Zölle und mengenmäßigen Beschränkungen bei der Ein- und Ausfuhr von Waren ...;
b) die Einführung eines gemeinsamen Zolltarifs und einer gemeinsamen Handelspolitik gegenüber dritten Ländern;
c) die Beseitigung der Hindernisse für den freien Personen-, Dienstleistungs- und Kapitalverkehr zwischen den Mitgliedstaaten;
d) die Einführung einer gemeinsamen Politik auf dem Gebiet der Landwirtschaft;
e) die Einführung einer gemeinsamen Politik auf dem Gebiet des Verkehrs;
(...)
k) die Assoziierung der überseeischen Länder und Hoheitsgebiete, um den Handelsverkehr zu steigern ...*

(Artikel 3 des EWG-Vertrags)

169.1 Die Europaflagge

Wie es zum NATO-Beitritt der Bundesrepublik kam

Wiederbewaffnung und Bündnispolitik

Am 17. März 1948 schlossen sich Frankreich, England und die Beneluxstaaten in Brüssel in einem regionalen Wirtschafts- und Verteidigungspakt zusammen. Der „Brüsseler Pakt" sollte vor allem die Sicherheit der Vertragspartner gegen eine deutsche Aggression garantieren. Die Berlin-Blockade (vgl. S. 158) zeigte, daß die USA der Sowjetunion keine zahlenmäßig ebenbürtigen Landstreitkräfte entgegenstellen konnten. Deshalb bemühten sich die Amerikaner, ein den Nordatlantik umfassenden Militärbündnis zu schaffen. Am 4. April 1949 unterzeichneten 12 Staaten, darunter auch die „Brüsseler-Pakt"-Staaten, den Vertrag zur Gründung der North Atlantic Treaty Organization (NATO). Sie erklärten:

> Sie sind entschlossen, die Freiheit, das gemeinsame Erbe und die Zivilisation ihrer Völker, die auf den Grundsätzen der Demokratie, der Freiheit der Person und der Herrschaft des Rechts beruht, zu gewährleisten ... [sowie] ... ihre Bemühungen für die gemeinsame Verteidigung und für die Erhaltung des Friedens und der Sicherheit zu vereinigen ...

(Weißbuch 1983, Hrsg. Bundesminister der Verteidigung, Bonn 1983, S. 139)

Die Mitgliedstaaten verpflichteten sich, ihre Truppen einem gemeinsamen Oberbefehl zu unterstellen und militärisch zusammenzuarbeiten.

Wenige Tage vor Unterzeichnung des Vertrages hatte die Sowjetunion in einer Denkschrift für die Westmächte festgestellt:

> Der Nordatlantikvertrag hat mit den Zielen der Selbstverteidigung der am Vertrag teilnehmenden Staaten, die niemand bedroht und niemand anzugreifen beabsichtigt, nichts gemein. Im Gegenteil, dieser Vertrag hat offensichtlich aggressiven Charakter und ist gegen die UdSSR gerichtet, was nicht einmal von den offiziellen Vertretern der am Vertrag teilnehmenden Staaten in ihren öffentlichen Erklärungen verheimlicht wird.

(Materialien für den Geschichtsunterricht, Bd. VI, Frankfurt, S. 182)

Zur Frage einer deutschen Beteiligung an der NATO äußerte sich der französische Außenminister Schuman 1949 in der Nationalversammlung:

> Was Deutschland betrifft, so ist mir diese Frage mehrmals gestellt worden: „Kann man es zulassen, daß Deutschland dem Atlantikpakt beitritt?" Es ist eine Frage, die gegenstandslos ist, nicht nur jetzt, sondern auch später ... es erscheint für Frankreich und seine Alliierten undenkbar, daß Deutschland dem Atlantikpakt beitreten könnte als eine Nation, die fähig sei, sich zu verteidigen ... oder die Verteidigung der anderen Nationen zu unterstützen.

(Grosser, Geschichte Deutschlands, S. 439 f.)

Im Juni 1950 brach der Koreakrieg aus (vgl. S. 204). Die Amerikaner schlugen den anderen Mitgliedern der NATO vor, die Bundesrepublik wieder zu bewaffnen. Der amerikanische Vorschlag fand die Zustimmung aller Bündnispartner außer Frankreich. Er ging auf ein Angebot Adenauers zurück, das er am 29. August 1950 den Amerikanern gemacht hatte, nachdem er schon am 18. August 1950 in einem Presseinterview erklärt hatte:

170.1 *Adenauer vor Truppen der Bundeswehr am 20.5.1955 in Andernach*

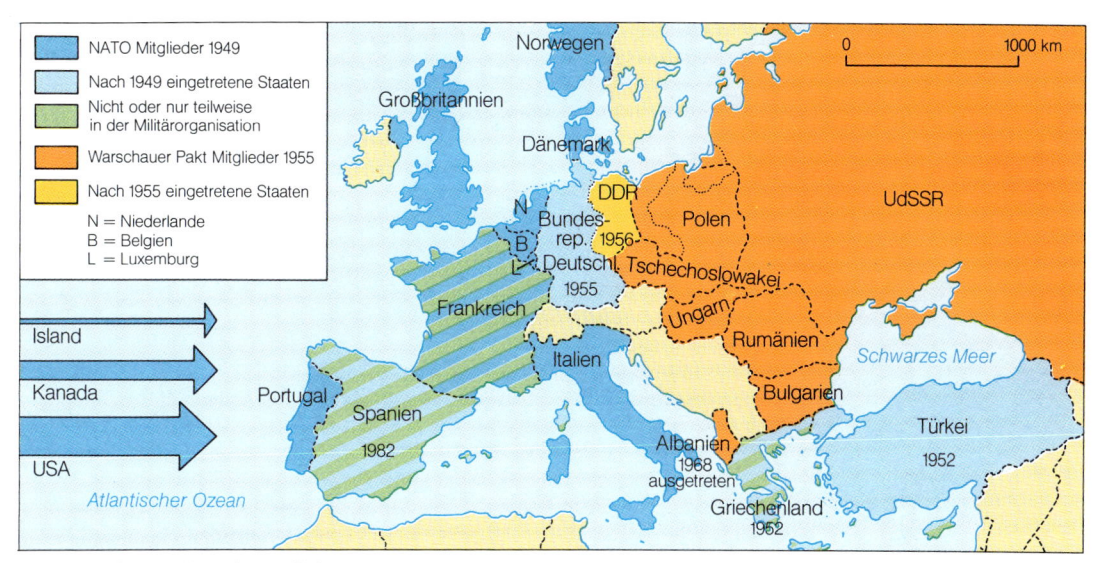

171.1 NATO und Warschauer Pakt

Bis jetzt hat das deutsche Volk seine Haltung gegen die Drohung des Kommunismus durch sein Vertrauen auf die bewaffneten Streitkräfte der Vereinigten Staaten bewahrt. Die Ereignisse in Korea haben aber eine merkliche Auswirkung gehabt, und es besteht ein Gefühl der Hilflosigkeit, daß die Russen eines Tages die Macht ergreifen werden ... Wir müssen die Notwendigkeit einer starken deutschen Verteidigungskraft erkennen.
(Hohlfeld, Dokumente, Bd. 6, Nr. 76, S. 531 f.)

Alfred Grosser beurteilt Adenauers Angebot so:

Der Kanzler glaubte gewiß an eine sowjetische Bedrohung. Er sah in der deutschen Beteiligung auch und vor allem einen entscheidenen Schritt vorwärts auf dem Weg zur Gleichberechtigung.
(Grosser, Geschichte Deutschlands, S. 440)

Der französische Verteidigungsminister René Pleven schlug im Oktober 1950 die Bildung einer Europäischen Verteidigungsgemeinschaft (EVG) mit deutscher Beteiligung vor. Sie sollte supranational organisiert und einem europäischen Verteidigungsministerium unterstellt werden. Doch der EVG-Vertrag, der im Mai 1952 von Frankreich, Italien, den Beneluxstaaten und der Bundesrepublik unterzeichnet worden war, scheiterte am Widerstand der französischen Nationalversammlung. Innerhalb weniger Wochen fand sich aber auf Vermittlung Großbritanniens eine andere Lösung. Am 23.10.1954 wurden die „Pariser Verträge" unterzeichnet. In ihnen wurde u. a. der Beitritt der Bundesrepublik zur NATO vereinbart. Am 9.5.1955 wurde die Bundesrepublik Mitglied der NATO, im Januar 1956 begann der Aufbau der Bundeswehr.

1. Warum müssen sich nach Meinung der Sowjetunion Wiedervereinigung und NATO-Beitritt der Bundesrepublik ausschließen?
2. Welche nichtmilitärische Bedeutung hatte der NATO-Beitritt?

Wie die Bundesrepublik souverän wurde

Die Souveränität der Bundesrepublik Deutschland

1954 erklärte Bundeskanzler Adenauer rückblickend auf das Jahr 1949:

Als die Bundesregierung ihre Arbeit aufnahm, ergaben sich folgende ... Probleme:
1. Die Herstellung der Unabhängigkeit und Selbstbestimmung der Bundesrepublik.
2. Die Wiedervereinigung Deutschlands.
3. Der Zusammenschluß des freien Europas und die Eingliederung Deutschlands in die europäische Gemeinschaft.

(Aus: Bulletin vom 6.10.1954, Nr. 188, S. 1637)

Im Besatzungsstatut, das am 10. April 1949 von den Außenministern der drei Westmächte beschlossen worden war, hieß es:

I. Die Regierungen Frankreichs, der Vereinigten Staaten und des Vereinigten Königreiches [beabsichtigen]: daß dem deutschen Volke Selbstregierung in dem höchstmöglichen Maße ... zuteil werden soll. Der Bundesstaat ... [soll], lediglich durch die Bestimmungen dieses Statuts beschränkt, die volle gesetzgebende, vollziehende und rechtsprechende Gewalt gemäß dem Grundgesetz ... haben.
II. [Es] bleiben [den Alliierten als] Sonderbefugnisse ... vorbehalten:
a) Abrüstung und Entmilitarisierung ...,
b) Kontrollmaßnahmen hinsichtlich der Ruhr, ... Reparationen ...,
c) auswärtige Angelegenheiten ...,
e) Schutz ... und Sicherheit der alliierten Streitkräfte ...
f) Beachtung des Grundgesetzes und der Landesverfassungen,
g) Kontrolle über Außenhandel und Devisenwirtschaft ... (...)
III. ... Die Besatzungsbehörden behalten sich ... das Recht vor, auf Anweisung ihrer Regierungen die Ausübung der vollen Regierungsgewalt ganz oder teilweise wieder aufzunehmen, ... aus Sicherheitsgründen oder zur Aufrechterhaltung der demokratischen Regierungsform in Deutschland.

(Amtsblatt der Hohen Alliierten Kommission, 1949, S. 13)

Bezüglich der Kontrollmaßnahmen im Ruhrgebiet wurde in einem gesonderten Ruhrstatut vom 28. April 1949 bestimmt:

Da die internationale Sicherheit und die allgemeine wirtschaftliche Gesundung erfordern, daß die Hilfsquellen der Ruhr ... nicht für Angriffszwecke verwendet werden, sondern im Interesse des Friedens, [errichten Belgien, Frankreich, Luxemburg, die Niederlande, Großbritannien und die USA] eine internationale Behörde für die Ruhr ... [zur] Aufteilung der Kohle, des Kokses und des Stahls ... Sobald eine deutsche Regierung errichtet worden ist, kann sie dem vorliegenden Abkommen beitreten.

(Hohlfeld, Dokumente, S. 326 ff.)

Die gespannte internationale Lage im Sommer 1950 (vgl. 202) brachte die Amerikaner und die anderen Mitglieder des Atlantikpaktes mit Ausnahme von Frankreich dazu, den Besiegten allmählich als Partner zu sehen. Die Frage der Wiederaufrüstung der Bundesrepublik gab dann den entscheidenden Anstoß zur Aufhebung des Besatzungsstatuts.

172.1 Protestmarsch gegen die deutsche Wiederbewaffnung, 1955

Denn der geplante Beitritt der Bundesrepublik zur Westeuropäischen Union (WEU) und zur NATO (vgl. S. 170 f.) verlangte, die Beziehungen zwischen den Staaten der westlichen Gemeinschaft neu zu regeln. Dies geschah in vier Pariser Konferenzen (19.–23. 10. 1954).

Im Deutschlandvertrag (am 23. 10. 1954 unterschrieben) einigten sich die drei Westmächte und die Bundesrepublik:

Artikel 1: (1) Mit dem Inkrafttreten dieses Vertrages werden die [USA], Großbritannien ... und [Frankreich] ... das Besatzungsregime in der Bundesrepublik beenden [und] das Besatzungsstatut aufheben ... (2) Die Bundesrepublik wird demgemäß die volle Macht eines souveränen Staates über ihre inneren und äußeren Angelegenheiten haben.
Artikel 2: Im Hinblick auf die internationale Lage, die bisher die Wiedervereinigung Deutschlands und den Abschluß eines Friedensvertrages verhindert hat, behalten die drei Mächte [ihre] Rechte und Verantwortlichkeiten in bezug auf Berlin und auf Deutschland als Ganzes einschließlich der Wiedervereinigung Deutschlands ...
Artikel 5: ... (2) [Die bisherigen Rechte] der drei Mächte ... in bezug auf den Schutz der Sicherheit von in der Bundesrepublik stationierten Streitkräften ... erlöschen, sobald die ... deutschen Behörden entsprechende Vollmachten durch die deutsche Gesetzgebung erhalten haben und dadurch in den Stand gesetzt sind, wirksame Maßnahmen zum Schutz der Sicherheit dieser Streitkräfte zu treffen [sowie] einer ernstlichen Störung der öffentlichen Sicherheit und Ordnung zu begegnen.
(Aus: Bundesgesetzblatt 1955, II, S. 306–320)

Der Deutschlandvertrag trat am 5. 5. 1955 in Kraft. Bereits am 24./25. 7. 1952 waren die Bestimmungen des Ruhrstatuts mit dem Beitritt der Bundesrepublik zur Montanunion aufgehoben worden.

1. Erkläre, was mit Besatzungshoheit gemeint ist.
2. Wie ist die Einschränkung der Souveränität (Art. 2) zu bewerten?

173.1 Artikel in der Berliner Morgenpost vom 5. 5. 1955

Wie die Ostpolitik der Bundesrepublik zunächst aussah

Adenauers Ostpolitik und die Stalinnote

Die Regierung Adenauer protestierte schon am 7. Oktober 1949 gegen die Gründung der DDR (vgl. S. 167). Adenauer hob hervor, die Bundesrepublik sei „allein befugt, für das deutsche Volk zu sprechen". Das SED-Regime sei rechtswidrig, weil es nicht aus freien Wahlen hervorgegangen sei. Im März 1950 forderte die Bundesregierung erstmals öffentlich die Wiedervereinigung. Entsprechende Pläne wurden von der DDR-Regierung abgelehnt, wie umgekehrt DDR-Entwürfe von der Bundesregierung. Damit war das Problem der Ostpolitik insgesamt aufgeworfen. Als im Frühjahr 1952 die Verhandlungen über den EVG-Vertrag (vgl. S. 170 f.) vor dem Abschluß standen, wandte sich die Sowjetunion an die drei Westmächte. In der sog. Stalinnote forderte sie Verhandlungen über den Abschluß eines Friedensvertrages mit einem wiedervereinigten Deutschland. Der Note war ein Vertragsentwurf beigefügt u. a. mit folgenden Grundsätzen:

1. Deutschland wird als einheitlicher Staat wiederhergestellt . . .
2. Sämtliche Streitkräfte der Besatzungsmächte müssen spätestens ein Jahr nach Inkrafttreten des Friedensvertrages . . . abgezogen werden . . .
3. Dem deutschen Volk müssen die demokratischen Rechte gewährleistet sein . . .
4. In Deutschland muß den demokratischen Parteien und Organisationen freie Betätigung gewährleistet sein . . .
5. Auf dem Gebiet Deutschlands dürfen Organisationen, die der Demokratie und der Erhaltung des Friedens feindlich sind, nicht bestehen.
7. Deutschland verpflichtet sich, keinerlei Koalitionen oder Militärbündnisse einzugehen . . .

(Grosser, Geschichte Deutschlands, S. 457 f.)

Der Minister für Gesamtdeutsche Fragen, Jakob Kaiser, verlangte eine sorgfältige Prüfung des sowjetischen Angebots. Aber schon am 14. März 1952 erklärte Bundeskanzler Adenauer:

Ziel der deutschen Politik ist nach wie vor, daß der Westen . . . stark wird, um mit der Sowjetunion zu einem vernünftigen Gespräch zu kommen . . . Die letzte Note der Sowjetunion ist wieder ein Beweis dafür, daß . . . der Zeitpunkt [hierfür] nicht mehr allzu fern ist.

(Jacobsen/Stenzl, Deutschland und die Welt, München 1964, S. 106)

Der Abgeordnete der FDP, K. G. Pfleiderer, meinte dagegen am 6.6.1952:

Das Staatensystem der NATO und das der EVG bedeutet, . . . die Unfreiheit von achtzehn Millionen Deutschen verewigen, oder . . . den offenen Kampf. Beides wollen wir nicht, . . wir wollen die Wiedervereinigung.

(Jacobsen/Stenzl, Deutschland, S. 106)

Die Westmächte lehnten in ihrer Antwortnote vom 25.3.1952 den sowjetischen Vorschlag ab. Sie wollten über einen Friedensvertrag nur dann sprechen, wenn vorher freie gesamtdeutsche Wahlen stattgefunden hätten. Die New York Herald Tribune kommentierte:

Die westlichen Alliierten wollen die deutsche Einheit gar nicht oder doch nicht heute. Sie wollen so schnell und so eng wie möglich den

174.1 Empfang Adenauers in Moskau, 1955

Einbau Westdeutschlands in die westliche Gemeinschaft. Unzweifelhaft will dies auch Dr. Adenauer, aber jedesmal, wenn er es zu offen zeigt, verliert er die Unterstützung der Öffentlichkeit ...

Die Bedeutung der Stalinnote ist bis heute umstritten, ebenso die damalige Haltung der Bundesregierung. Ein Historiker urteilte 1984:

Wie fraglich auch immer das Ergebnis für Deutschland gewesen wäre ..., jedes Schwanken in Bonn hätte die europäische Einigung aufgerissen und damit deutsche Sicherheit und Wiederaufstieg in Gefahr gebracht. Alle westlichen Regierungen haben es deshalb vermieden, die Stalin-Noten durch Verhandlungen auf ihre Tragfähigkeit zu prüfen, und zur westeuropäischen Integration gedrängt.
(H. Boockmann u. a., Mitten in Europa, Berlin 1984, S. 385)

Ein französischer Politikwissenschaftler fragte 1974:

Hat die Sowjetunion Vorschläge gemacht, die nicht bloße Propaganda waren? Wenn die Antwort negativ ist, dann gab es kaum eine Alternative zu der Strategie des Kanzlers. Ist sie positiv, dann trägt er eine schwere Verantwortung gegenüber der deutschen Nation.
(Grosser, Geschichte Deutschlands, S. 456 f.)

Neue Hoffnungen auf die Wiedervereinigung wurden wach, als die Sowjetunion Bundeskanzler Adenauer im September 1955 nach Moskau einlud. Adenauer nahm das Angebot der sowjetischen Seite über die Aufnahme diplomatischer Beziehungen zwischen beiden Staaten an. Als Gegenleistung wurde ihm zugesagt, daß bald die letzten 10 000 Kriegsgefangenen freigelassen würden. Die Wiedervereinigung, die auch in Moskau verhandelt wurde, lehnten die Russen nunmehr entschieden ab.

Von nun an gab es zwei deutsche Botschafter in Moskau. Adenauer wollte dergleichen in anderen Hauptstädten verhindern. Deshalb erklärte er im Bundestag, die Bundesrepublik betrachte es als einen unfreundlichen Akt, wenn andere Staaten mit der sog. DDR diplomatische Beziehungen aufnehmen würden. Diese würden dazu beitragen, die Spaltung Deutschlands zu vertiefen. Kurz darauf schloß die UdSSR mit der DDR einen Vertrag über die Beziehungen dieser beiden Staaten zueinander. Dies kam einer Aufwertung der DDR gleich, doch sollten die Viermächteabkommen über Deutschland weiter gelten, was insbesondere den Berlin-Verkehr betraf.

Ende Dezember 1955 drohte der Außenminister der Bundesrepublik den Staaten, die diplomatische Beziehungen zur DDR aufnehmen würden, den Abbruch der diplomatischen Beziehungen an. Diese sog. „Hallstein-Doktrin" führte zum Abbruch der Beziehungen mit Jugoslawien (1957) und mit Kuba (1963).

1. Nimm Stellung zu der Behauptung, die Stalinnote sei nur ein Störmanöver.
2. Welche Vorbehalte hatten die Westmächte gegenüber der Stalinnote?

175.1 Einzug der gesamtdeutschen Mannschaft in Melbourne, 1956

Wiedervereinigung und Westintegration

Wie um die Wiedervereinigung gerungen wurde

Mit der beginnenden Westintegration der Bundesrepublik schob sich eine Frage in den Mittelpunkt politischer Diskussionen: Läßt sich die Westintegration der Bundesrepublik mit der Wiedervereinigung Deutschlands vereinbaren, wie sie vom Grundgesetz gefordert wird?

In der Bundestagsdebatte über den Beitritt der Bundesrepublik zur EVG (vgl. S. 171) am 9./10. Juli 1952 prallten unterschiedliche Meinungen über die Beantwortung dieser Frage aufeinander. Bundeskanzler Konrad Adenauer sagte in dieser Debatte:

Es ist behauptet worden, die Genehmigung der ... Verträge mache die Wiedervereinigung mit der Sowjetzone unmöglich ... Ich ... bin der umgekehrten Ansicht, daß wir mit dem Abschluß dieser Verträge einen bedeutenden Schritt vorwärts tun auf das Ziel, ...: Wiedervereinigung Deutschlands in Frieden und Freiheit ... Ich bin der Auffassung, daß es klug ist, wenn man sich für diese Politik die Hilfe von wenigstens drei von vieren zunächst sichert, wie wir das ... tun.

Ich glaube, daß es möglich sein wird, im richtigen Augenblick mit Sowjetrußland an den Verhandlungstisch zu kommen, wenn wir die Hilfe dieser drei Mächte dabei haben. Aber keiner ... glauben, daß die Sowjetunion aus sich heraus die Sowjetzone freigeben wird. Ich kann deswegen in keiner Weise einsehen, daß wir die Aussichten für die Wiedervereinigung Deutschlands in Freiheit dadurch, daß wir diese Verträge schließen, verschlechtern.

Vetorecht: Einspruchsrecht

... Ich bin überzeugt davon, daß Sowjetrußland, wenn es sieht, daß infolge des Abschlusses der Europäischen Verteidigungsgemeinschaft seine Politik im Wege des Kalten Krieges ... zur Neutralisierung der Bundesrepublik zu kommen, keinen Erfolg mehr verspricht, daß dann Sowjetrußland ... seine Politik dementsprechend einstellen wird.

(Verhandlungen des Dt. Bundestages, 221. Sitzung v. 9.7.52, S. 9791–9800)

Herbert Wehner vertrat für die SPD-Opposition die Auffassung:

Der Bundeskanzler mutet uns zu, zu glauben, nur bei Annahme der Verträge könne die Wiedervereinigung Deutschlands erreicht werden ... Es drängt sich einfach die Frage auf: Was wäre, wenn [er] den Bemühungen um die Wiederherstellung der deutschen Einheit mindestens soviel Kraft und Zeit geopfert hätte wie seinen Bemühungen um die sogenannte Integration?

Präambel zum Grundgesetz

Das deutsche Volk [hat] ... kraft seiner verfassunggebenden Gewalt dieses Grundgesetz der Bundesrepublik Deutschland beschlossen.

Es hat auch für jene Deutsche gehandelt, denen mitzuwirken versagt war.

Das gesamte deutsche Volk bleibt aufgefordert, in freier Selbstbestimmung die Einheit und Freiheit Deutschlands zu vollenden.

Die sogenannte Integration führt ja nicht automatisch zur Wiedervereinigung Deutschlands. Der Bundeskanzler begeht in dieser Beziehung zwei Rechenfehler. Erstens: er nimmt an, die Zusammenlegung des Wirtschafts- und Militärpotentials einer Gruppe westeuropäischer Länder werde zu einem gewissen Zeitpunkt die Verhandlungsbereitschaft der Sowjetunion erzwingen; zweitens: durch die Integrationsverträge seien die westlichen Vertragspartner eindeutig auf eine Politik der Wiedervereinigung Deutschlands festgelegt.

Zunächst zum ersten: ... Die deutsche Politik läuft Gefahr, daß ... Wiedervereinigung ... an so viele weltpolitische Voraussetzungen geknüpft, so vielen weltpolitischen Fragen untergeordnet wird, daß eine Regelung mit friedlichen Mitteln aus dem Bereich des Möglichen herausrücken könnte. Zum zweiten: Die westlichen Vertragspartner erlangen ein

Vetorecht gegen die Wiedervereinigung Deutschlands. Die Wiedervereinigung könnte ... nur noch in der Form des Anschlusses der ... sowjetischen Besatzungszone an das westliche Paktsystem denkbar sein.
(Verhandlungen des Dt. Bundestages, 222. Sitzung v. 10.7.52, S. 9871–9876)

Die Diskussion um diese Frage ist bis heute fortgeführt worden. Der französische Politologe Alfred Grosser schrieb 1974 dazu:

Die Grundlagen von Adenauers Politik waren solide und ihre Begründungen durchaus erklärbar. Ihre Hauptschwäche war, daß sie in Wirklichkeit den Begriff der Wiedervereinigung geradezu ausschlossen. In der angenommenen Perspektive hatte der letzte Artikel des Grundgesetzes keinen Sinn mehr: die Entstehung eines Gesamtdeutschland wäre nicht mehr möglich durch die Synthese der beiden verschiedenen Deutschlands ... die Wiedervereinigung wäre lediglich eine Ausweitung der Bundesrepublik nach Osten, was insbesondere eine grundlegende diplomatische Niederlage der Sowjetunion bedeuten würde.
(Grosser, Deutsche Geschichte, S. 456)

Im selben Jahr vertrat der Historiker Ernst Nolte folgende These:

Er [Konrad Adenauer] setzte sich ... dem Vorwurf aus, daß er die Wiedervereinigung „gar nicht wolle" ... und an diesem Vorwurf war soviel richtig, daß er die Wiedervereinigung unter den gegebenen Verhältnissen – den Verhältnissen des unentschiedenen Kalten Krieges – nicht für möglich hielt. Aber hätte eine deutsche Politik, die unter den Bedingungen des Kalten Krieges die Wiedervereinigung nicht nur zum obersten, sondern ersten Ziel erklärt und den Osten gegen den Westen auszuspielen versucht hätte, nicht mit höchster Wahrscheinlichkeit den Kalten Krieg in einen heißen Krieg verwandelt? Adenauer versuchte nicht, den Kalten Krieg zum Instrument einer deutschen Nationalpolitik zu machen; und deshalb zerriß der Kalte Krieg Deutschland, ohne sich zum heißen Krieg zu entwickeln.
(F. Nolte, Deutschland und der Kalte Krieg, München 1974, S. 315)

1. Beurteile die Argumentation Adenauers und ihre Bewertung.
2. Welche Rolle spielt die Frage der Wiedervereinigung heute?

177.1 Karikatur von Otto Köhler: „Oh, Bruder – wie sind wir doch souverän!"

Wie die alte Feindschaft zwischen Deutschland und Frankreich aufgehoben wurde

Die Saarfrage und der Tag von Reims

Ein wichtiger Entwicklungsprozeß nach dem Zweiten Weltkrieg war die Versöhnung zwischen Frankreich und der Bundesrepublik.

Frankreich war nach dem Ende des Zweiten Weltkrieges nicht nach Potsdam eingeladen worden. Als eine der vier Besatzungsmächte war es aber gezwungen, im Kontrollrat Mitverantwortung für das besetzte Deutschland zu übernehmen. Am 7. August 1945 teilte die französische Regierung den drei anderen Besatzungsmächten mit, daß sie zwar die Hauptabsichten des Potsdamer Abkommens akzeptiere, nicht aber die Wiederherstellung einer Zentralregierung in Deutschland.

Frankreichs Ziel, alle linksrheinischen Gebiete von Deutschland abzutrennen, war am Widerstand der anderen Alliierten gescheitert. Deshalb versuchte es, das Saargebiet, das zu seiner Besatzungszone gehörte, aus dem Territorium Deutschlands herauszulösen. So wurde im Dezember 1946 das an Kohle und Schwerindustrie reiche Saargebiet durch eine Zollgrenze von dem übrigen französischen Besatzungsgebiet und von den Westzonen abgetrennt. Im Dezember 1947 verabschiedete der saarländische Landtag, in dem nur von Frankreich zugelassene Parteien vertreten waren, eine Verfassung, die den wirtschaftlichen Anschluß des Landes an Frankreich hervorhob. Die Währungs- und Zolleinheit war im April 1948 abgeschlossen. Im März 1950 festigte Frankreich in einem Abkommen den wirtschaftlichen Anschluß des Saarlandes.

Adenauer protestierte vor dem Bundestag gegen dieses Abkommen, weil es auf eine versteckte Annexion des Saarlandes hinauslaufe. Er machte aber keine Einwände, als Frankreich die Vertretung des Saarlandes in der Montanunion (vgl. S. 168 f.) übernahm, denn der Schumanplan und Deutschlands Rückkehr in das europäische Konzert schienen ihm Konzessionen in der Saarfrage wert zu sein.

Am 23.10.1954 unterzeichneten der französische Ministerpräsident Mèndes-France und Bundeskanzler Adenauer im Rahmen der Pariser Verträge (vgl. S. 172 f.) das Saarstatut. Darin wurde die französisch-saarländische Währungs- und Zolleinheit festgelegt, wirtschaftliche Verbindungen zwischen dem Saarland und der Bundesrepublik wurden angestrebt. Außenpolitik und Verteidigung sollten durch eine europäische Kommission wahrgenommen werden, denn das Saargebiet sollte die Keimzelle einer europäischen Gemeinschaft werden. – Als das Saarstatut am 23.10.1955 einem Volksentscheid im Saarland unterworfen wurde, lehnten es fast 68 % der wahlberechtigten Bevölkerung ab. Daraufhin wurde im Saarvertrag (27.10.1956) die politische Eingliederung in die Bundesrepublik zum 1. Januar 1957 vereinbart.

Als die Sowjetunion im November 1958 das Viermächteabkommen über Berlin aufkündigen wollte, deuteten die USA ihre Bereitschaft zu Veränderungen dieses Vertrages an, weil sie zu diesem Zeitpunkt ihre militärische Überlegenheit gegenüber der Sowjetunion verloren hatten. In dieser Situation suchte Bundeskanzler Adenauer Unterstützung beim französischen Ministerpräsidenten de Gaulle. Adenauer seinerseits zeigte Verständnis für de Gaulles Ziele, die Großmachtstellung Frankreichs wiederherzustellen. De Gaulle versicherte, daß Frankreich gegen-

179.1 Staatsbesuch de Gaulles, 1962

179.2 Adenauer u. de Gaulle in der Kathedrale von Reims

über der Sowjetunion den Standpunkt der Bundesrepublik vertreten werde. Der Historiker Michael Stürmer bewertet Adenauers Politik so:

[Adenauer] mußte sich ... der alten Warnungen de Gaulles vor dem Egoismus der USA erinnern, und so steuerte er von nun an auf die engere Allianz mit Frankreich zu, ... zur Verstärkung des deutschen Gewichts in Europa und des europäischen Gewichts gegenüber den USA.

(H. Boockmann, Mitten in Europa, S. 395)

Die Absprachen zwischen Adenauer und de Gaulle verhinderten, daß auf dem Genfer Außenministertreffen 1959 Zugeständnisse an die Sowjetunion auf Kosten Berlins und der Bundesrepublik gemacht wurden.

Die Freundschaft und die enge Zusammenarbeit zwischen de Gaulle und Adenauer fand schließlich ihren Niederschlag im deutsch-französischen Vertrag, der im Januar 1963 unterzeichnet wurde. Die Zusammenarbeit beider Länder sollte ein Schritt auf dem Wege zu einem vereinten Europa sein. Der Vertrag verpflichtete die Partner zu einer engen Zusammenarbeit in der Außen-, Verteidigungs-, Bildungs- und Jugendpolitik. Zur praktischen Durchführung des Vertrages wurden regelmäßige Beratungen vereinbart: Die Regierungschefs müssen sich mindestens zweimal, die zuständigen Minister viermal im Jahr treffen.

In einem besonderen, am 5. Juli 1963 unterzeichneten Abkommen wurde das Deutsch-Französische Jugendwerk gegründet, Schul- und Städtepartnerschaften schlossen sich im Laufe der Zeit an.

1. Warum änderten sich allmählich die deutsch-französischen Beziehungen in der Zeit von 1945 bis 1963?
2. Einige Politiker meinten, das deutsch-französische Abkommen könnte die politische Einigung Europas erschweren.

Wie die wirtschaftliche Entwicklung der Bundesrepublik vorangetrieben wurde

Das Wirtschaftswunder

Mit der Währungsreform (vgl. S. 156f.) begann der wirtschaftliche Aufschwung in der Bundesrepublik. Dieser erfolgte zunächst langsam, führte dann aber zu einem sich immer mehr beschleunigenden Aufstieg. Man sprach vom „Deutschen Wirtschaftswunder".

Für dieses Wunder lassen sich allerdings auch nüchterne Erklärungen finden. Die Gelder aus dem Marshallplan (vgl. S. 154f.) erwiesen sich als eine entscheidende Starthilfe für die deutsche Wirtschaft. Der Koreakrieg (vgl. S. 154f.) löste in der westlichen Welt einen Wirtschaftsboom aus. Die Bundesrepublik profitierte davon, weil sie freie Kapazitäten in der Maschinenindustrie und bei Ausrüstungsgütern anbieten konnte. Hinzu kam:

... daß das Eintreffen von Millionen Enteigneten, die bereit waren, schwer zu arbeiten, sich ihr Leben wieder aufzubauen, an sich schon wirtschaftliche Vorteile bot. Mit einem Mal gab es billige Arbeitskräfte in Hülle und Fülle, die ebenso nützlich waren, um den Wiederaufbau zu beschleunigen, nachdem er einmal in Gang gekommen war, wie auch als Bremsvorrichtung bei Lohnforderungen zu wirken. Die Flüchtlinge ... waren eine wunderbare Entwicklungskraft für die deutsche Wirtschaft.

(Grosser, Geschichte Deutschlands, S. 270f.)

In dieser Zeit bestätigte sich auch das Konzept der „Sozialen Marktwirtschaft" von Wirtschaftsminister Prof. Dr. Ludwig Erhard (CDU). Wichtige Grundsätze sind:
– Die Produktionsmittel befinden sich in Privateigentum, staatliche Betriebe sind in der Minderheit.
– Die wirtschaftlichen Rahmenbedingungen werden vom Staat vorgegeben, der wirtschaftlich Schwächere wird geschützt.
– Jeder Betrieb plant und verkauft in eigener Verantwortung, orientiert an Angebot und Nachfrage.

Schon als Direktor des Frankfurter Wirtschaftsrats (vgl. S. 152f.) hatte er sich für eine Wirtschaftsreform eingesetzt. Seine wirtschaftspolitischen Vorstellungen waren auch in die „Düsseldorfer Leitsätze der CDU" von 1949 eingegangen und wurden so bestimmend für die Wirtschaftspolitik der Bundesregierung unter Bundeskanzler Konrad Adenauer:

Die „soziale Marktwirtschaft" steht im scharfen Gegensatz zum System der Planwirtschaft ... Die „soziale Marktwirtschaft" steht auch im Gegensatz zur sogenannten „freien Wirtschaft" ... Um einen Rückfall in die „freie Wirtschaft" zu vermeiden, ist zur Sicherung des Leistungswettbewerbs die unabhängige Monopolkontrolle [Monopol: Zusammenschluß mehrerer Firmen mit gleicher Produktion mit dem Ziel, den Markt zu beherrschen.] nötig ... Erst die Monopolkontrolle führt dazu, daß der Verbraucher mittelbar Art und Umfang der Produktion bestimmt und damit zum Herrn der Wirtschaft wird. Dadurch führt die von uns geforderte Wirtschaftsordnung ... zu wahrer Wirtschaftsdemokratie, und deshalb nennen wir sie die „soziale Marktwirtschaft".

Die „soziale Marktwirtschaft" verzichtet auf Planung und Lenkung von Produktion, Arbeitskraft und Absatz. Dadurch ist der Staat von der Sorge der zentralen Lenkung entlastet. Ihm bleibt die Aufgabe, das

1951 Industrieproduktion über Vorkriegsstand
1952 Ausfuhr erstmals höher als Einfuhr
1955 Bundesrep. Dt. größter Stahlproduzent Westeuropas
1959 Bundesrep. Dt. drittgrößtes Industrieland der Welt
1960 Bundesrep. Dt. zweitgrößtes Exportland
1968 Industrieproduktion viermal so groß wie 1949

180.1 Stationen des Erfolgs

Recht zu setzen und zu hüten, den Wettbewerb zu fördern und das Geldwesen zu ordnen ... Diese Wirtschaftspolitik führt in sinnvoller Kombination von Geld- und Kredit-, Handels- und Zoll-, Steuer-, Investitions- und Sozialpolitik sowie anderen Maßnahmen dazu, daß die Wirtschaft in Erfüllung ihrer letzten Zielsetzung der Wohlfahrt und der Bedarfsdeckung des ganzen Volkes dient.
(Dokumente zur parteipolit. Entwicklung ..., 2. Bd., [Hrsg.] O. K. Flechtheim, Berlin 1963, S. 59)

Erhards Rechnung ging auf. Das Interesse am eigenen Gewinn und der Wunsch nach wirtschaftlicher Macht erwiesen sich als Anreize zum Wiederaufbau. Unterstützt wurden die Unternehmer durch staatliche Maßnahmen, so z. B. durch die sogenannte „kleine Steuerreform" vom April 1950, durch die sie in den Genuß von beträchtlichen Steuersenkungen gelangten. Hohe Gewinne und Steuererleichterungen wurden zu Neuinvestitionen und zur Einfürung neuester Techniken genutzt.

Die SPD war nach dem Krieg zunächst für die Planung und Lenkung der Wirtschaft durch den Staat eingetreten. Die wirtschaftliche Entwicklung wurde aber 1959 im Godesberger Programm so berücksichtigt:

181.1 Zerstörung einer Figur am Kölner Dom durch Luftverschmutzung

Das Interesse der Gesamtheit muß über dem Einzelinteresse stehen. In der vom Gewinn- und Machtstreben bestimmten Wirtschaft und Gesellschaft sind Demokratie, soziale Sicherheit und freie Persönlichkeit gefährdet. Der demokratische Sozialismus erstrebt darum eine neue Wirtschafts- und Sozialordnung ...
Freie Konsumwahl und freie Arbeitsplatzwahl sind entscheidende Grundlagen, freier Wettbewerb und freie Unternehmerinitiative sind wichtige Elemente sozialdemokratischer Wirtschaftspolitik. Die Autonomie der Arbeitnehmer- und Arbeitgeberverbände beim Abschluß von Tarifverträgen ist ein wesentlicher Bestandteil freiheitlicher Ordnung. Deshalb bejaht die Sozialdemokratische Partei den freien Markt, wo immer wirklich Wettbewerb herrscht. Wo aber Märkte unter die Vorherrschaft von einzelnen oder von Gruppen geraten, bedarf es vielfältiger Maßnahmen, um die Freiheit in der Wirtschaft zu erhalten. Wettbewerb soweit wie möglich – Planung soweit wie nötig.
(Grundsatzprogramm der SPD, hrsg. vom Vorstand der SPD, Bonn 1959, S. 7, 13f.)

Die wirtschaftlichen Erfolge der Nachkriegszeit wurden aber auch kritisch gesehen. Zu ihren Kosten schreibt ein Fachmann:

Sie bedingen auch soziale und ökologische Folgekosten, die lange Zeit unberücksichtigt blieben: Verschmutzung von Luft und Wasser, ... Vergiftung von Nahrungsmitteln, psychische und physische Erkrankungen ..., Zersiedlung und Landschaftszerstörung.
(W. Benz, Die Bundesrepublik ..., Bd. 1, Frankfurt 1983, S. 241)

1. Inwieweit kann man von einem „Wirtschaftswunder" sprechen?
2. „Sozial" hat im Begriff der „sozialen Marktwirtschaft" eine doppelte Bedeutung. Welche?
3. Vergleiche das Godesberger Programm der SPD von 1959 mit den Düsseldorfer Leitsätzen der CDU von 1949.

181.2 Verschmutzter Fluß

Wie der wachsende Wohlstand verteilt ist und welche negativen Seiten er hat

Mit Hilfe der sozialen Marktwirtschaft sollte ein „Wohlstand für alle" geschaffen werden. Tatsächlich stiegen das durchschnittliche Einkommen und der Lebensstandard der Arbeitnehmer erheblich. Nach außen bot die Bundesrepublik das Bild einer Wohlstands- und Konsumgesellschaft. Doch muß rückblickend auch festgestellt werden:

... das Volksvermögen ist ungleichmäßig verteilt. Schon die Währungsreform hat die Sachwertbesitzer begünstigt. Die Wirtschaftsförderung und die Steuergesetzgebung der Folgejahre verstärken jene ungleiche Vermögensbildung. Staatliche Vermögensförderung für breite Schichten soll dieser Entwicklung Einhalt gebieten.

(Fragen an die deutsche Geschichte, S. 404 f.)

Das Wohnungsbauprämiengesetz von 1952, das Sparprämiengesetz von 1959 und das Vermögensbildungsgesetz von 1962 änderten aber nichts an der Tatsache, daß die Vermögensbildung in der Hand der Selbständigen mehr als zwanzigmal so hoch war wie die in der Hand der Arbeitnehmer. Dies ergab 1963 eine Untersuchung der Bundesregierung.

Der Aufschwung ermöglichte aber auch den Wohlfahrtsstaat. 1970 schrieb Otto Brenner, der damalige Vorsitzende der IG-Metall, über das Zustandekommen der großen Sozialreformen:

1. ... die **Rentenreform von 1957.** Sie ist hauptsächlich durch gewerkschaftlichen Druck zustande gekommen und brachte u. a. die sogenannte **Dynamisierung der Renten** ...
2. Im Bereich der **Krankenversicherung** führte der große Metallarbeiterstreik an der Jahreswende 1956/57 in Schleswig-Holstein zur Verabschiedung des ersten **Lohnfortzahlungsgesetzes** für Arbeiter ... Die endgültige Gleichstellung mit den Angestellten ist, nach jahrelangem Drängen der Gewerkschaften und gegen den hinhaltenden Widerstand der Arbeit-

***182.1** Wohnkultur in den 50er Jahren*

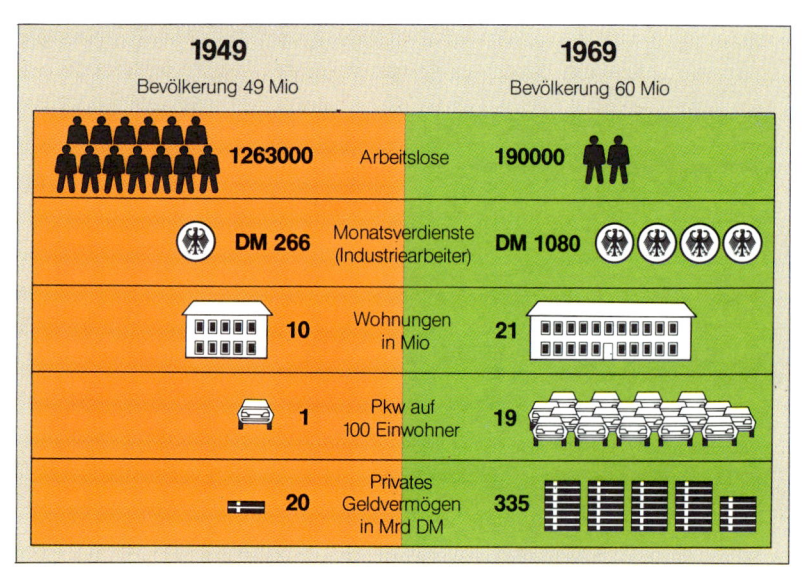

***182.2** Zwanzig Jahre Bundesrepublik Deutschland 1949–1969*

	1949 (Bevölkerung 49 Mio)	1969 (Bevölkerung 60 Mio)
Arbeitslose	1263000	190000
Monatsverdienste (Industriearbeiter)	DM 266	DM 1080
Wohnungen in Mio	10	21
Pkw auf 100 Einwohner	1	19
Privates Geldvermögen in Mrd DM	20	335

geber, nunmehr durch das Lohnfortzahlungsgesetz vom Juni 1969 erfolgt.
3. Die ebenfalls auf gewerkschaftlichen Druck erfolgte Reform der **gesetzlichen Unfallversicherung** [1963] verbesserte nicht nur die Geldleistungen, sondern rückte ... [die] Unfallverhütung in den Vordergrund ...
4. Die **Arbeitslosenversicherung** wurde 1957 den Bedürfnissen der Gegenwart angepaßt ...

(K. D. Bracher [Hrsg.], Nach 25 Jahren, München 1970, S. 122 f.)

Doch schon bald mußte man feststellen, daß dem steigenden Lebensstandard nicht automatisch eine erhöhte Lebensqualität entsprach:

Geistige Interessen schienen in der „Wirtschaftswunderzeit" allgemein zu verflachen; der grellbunte amerikanische Lebensstil, über den man sich mit hungrigem Magen noch mokiert hatte, breitete sich mehr und mehr aus; Schnulze und Kitsch beherrschten die Szene; das böse Wort von der „Gartenzwergkultur" machte die Runde. In bedenklicher Weise wurde jetzt materieller Besitz zum Wertmaßstab erhoben: Der Rang des einzelnen in der Gesellschaft ließ sich an seinen oft protzig zur Schau gestellten „Statussymbolen" ablesen – vom Luxuswagen bis zum kostbaren Pelzmantel der Ehefrau! – Mitte der 60er Jahre begann sich in die allgemeine Zufriedenheit der Zweifel zu mischen ... Nur wenige Bundesbürger freilich teilten dieses Unbehagen.

(H. Pleticha [Hrsg.], Deutsche Geschichte, Bd. 12, S. 157)

183.1 Randalierende Fußballfans

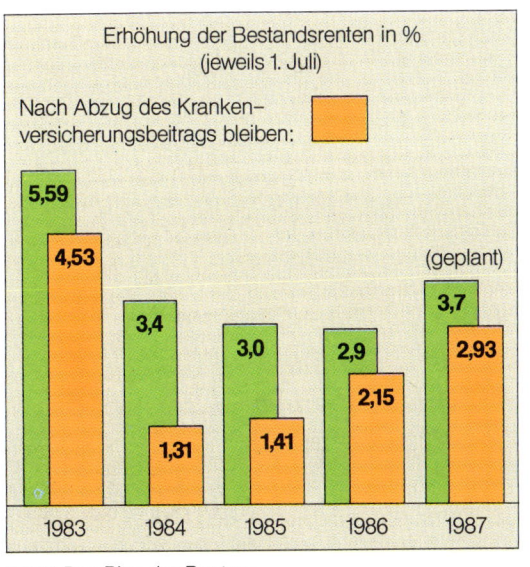

Die Licht- und die Schattenseiten einer Überflußgesellschaft haben sich allerdings bis heute noch deutlicher herausgebildet.

1. Welche Probleme bringt der Wohlfahrtsstaat mit sich?
2. Welche Wirkungen kann die Wohlfahrtsgesellschaft auf das Denken und Handeln der Menschen haben? Warum kann das so sein?

183.2 Das Plus der Rentner

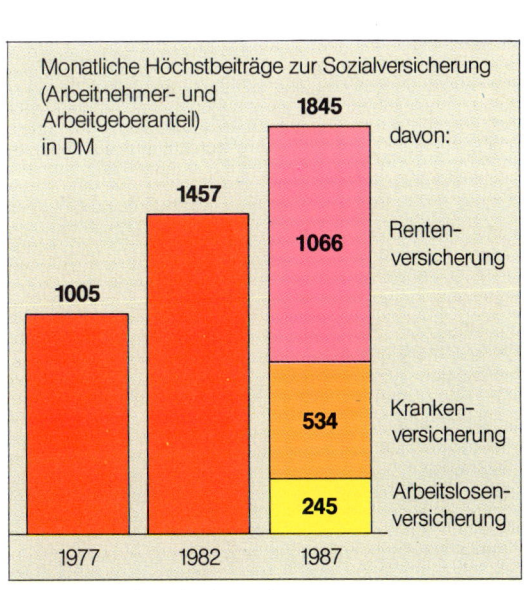

183.3 Der soziale Höchstpreis

Die Entwicklung der Deutschen Demokratischen Republik bis 1968

Die sozioökonomische Entwicklung

Wie die Gesellschaft umgeformt wurde

Bereits im September 1947 hatte die SED auf einer Tagung mit Dozenten der Berliner Hochschulen gefordert, der wissenschaftliche Marxismus müsse in jedem Fach in Forschung und Lehre eingebaut werden. In ihren Grundsätzen der Personalpolitik vom Juli 1948 heißt es:

1. Die leitenden Stellungen sollen von den politisch bewußtesten und der Demokratie ergebensten fortschrittlichen Kräften besetzt sein.
2. Um den Verwaltungsapparat wirklich zu stärken, sind vor allem Aktivisten aus den Reihen der Betriebsarbeiter, Angestellten, werktätigen Bauern und Angehörigen der fortschrittlichen Intelligenz zu schulen ...
3. In der Verwaltung ist deshalb kein Platz für
   a) Feinde der Demokratie, Agenten, Schumacherleute, Spione, Saboteure usw., die sich in den Verwaltungsapparat eingeschlichen haben;
   b) Bürokraten, jene „Beamten", die die besten Absichten zunichte machen, die die Arbeit hemmen, die Beschlüsse nicht durchführen und dadurch zu Saboteuren werden;
   c) bestechliche und korrupte Elemente.
   Alle diese Elemente müssen entlarvt und entlassen werden.

Schumacherleute: Anhänger des SPD-Vorsitzenden Schumacher in den Westzonen

(Kleßmann, Die doppelte Staatsgründung, S. 497 f.)

Was letztlich hinter diesen Aktivitäten steckte, machte die Entschließung der Ersten Parteikonferenz der SED vom 28. Januar 1949 klar:

Die Verschmelzung der KPD und SPD zur Sozialistischen Einheitspartei Deutschlands war das bedeutendste Ereignis in der jüngsten Geschichte der deutschen Arbeiterbewegung ... Es muß selbstkritisch festgestellt werden, daß der Kampf um die ideologische Klarheit in der Partei nach der Vereinigung nicht mit genügender Aktivität geführt wurde ... Auch gab es ernste Schwächen im ideologischen Kampf, die gewisse Elemente ermutigten, Versuche zu unternehmen, die SED zu einer opportunistischen Partei westlicher Prägung zu machen. Diese Versuche wurden dadurch gefördert, daß der Klassenfeind durch seine Schumacher-Agentur Spione und Agenten in die Reihen unserer Partei entsandte mit der Aufgabe, innerhalb der SED antisowjetische und nationalistische Tendenzen und Stimmungen zu erzeugen ...
Die Parteidiskussion hat zugleich Klarheit darüber geschaffen, daß wir auf dem Wege zu einer Partei neuen Typus, d. h. einer Kampfpartei des Marxismus-Leninismus sind.

*Die Partei, die hat immer recht!
Und Genossen, es bleibe dabei;
Denn wer kämpft für das Recht,
Der hat immer recht
Gegen Lügen und Ausbeuterei.
Wer das Leben beleidigt,
Ist dumm oder schlecht.
Wer die Menschheit verteidigt,
Hat immer recht.
So, aus Leninschem Geist,
Wächst, von Stalin geschweißt,
Die Partei, die Partei, die Partei.*

(Schluß des Gedichts von Louis Fürnberg zum 3. Parteitag der SED, 1950)

(Kleßmann, Staatsgründung, S. 498 f.)

Entsprechend entwickelten sich auch der bereits im Juni 1945 gegründete FDGB (Freier Deutscher Gewerkschaftsbund) und die im März 1946 ins Leben gerufene FDJ (Freie Deutsche Jugend), die sich beide ursprünglich als überparteilich verstanden hatten. In seiner Satzung von 1950 erkannte der FDGB nunmehr allein die SED als „bewußten organisierten Vortrupp der Arbeiterklasse" an. 1952 band sich die FDJ in ihrem Statut ähnlich einseitig und eng an die SED.

Die breite Bevölkerung konnte man für diese Linie nur gewinnen, wenn man sie frühzeitig möglichst schon in der Schule darauf vorbereitete. In den schulpolitischen Richtlinien des Parteivorstandes der SED vom August 1949 wird als wesentliches Ziel genannt:

Die Heranbildung einer neuen Intelligenz, besonders aus den Kreisen der Werktätigen. [Zu diesem Zweck sei] die deutsche demokratische Einheitsschule [zu entwickeln, die auch neue Lehrer brauche:] Die neue demokratische Schule fordert den politisch bewußten und wissenschaftlich gebildeten Lehrer. Es ist deshalb notwendig, daß sich jeder Lehrer neben einer guten Allgemeinbildung eine objektive Kenntnis des Marxismus-Leninismus und gründliches Wissen in seinem Unterrichtsfach und in der Erziehungswissenschaft aneignet ... Jeder Lehrer muß ein wahrhafter Freund der Sowjetunion sein und sich für die Entwicklung eines echten Freundschaftsverhältnisses zur Sowjetunion bei seinen Schülern, den Eltern seiner Schüler und in der Öffentlichkeit bewußt einsetzen.

(Kleßmann, Staatsgründung, S. 526 f.)

Die Durchsetzung dieser Ziele führte vorübergehend zu starken Spannungen im Funktionärskader der Partei, im Lande und insbesondere auch in den Schulen. Dort richtete sich der Kampf vor allem gegen die Mitglieder der evangelischen „Jungen Gemeinde", die als Schläger und Ketzer unter religiöser Maske bezeichnet wurde. Der Jungen Gemeinde als Organisation wurde der Vorwurf gemacht, sie sei eine „Tarnorganisation für Kriegshetzer, Sabotage und Spione im amerikanischen Auftrag". In diesem Zusammenhang wurden viele Schüler von der Schule gewiesen, vielen Menschen wurde der Prozeß gemacht. In der ersten Hälfte der fünfziger Jahre erreichte die Kampagne ihren Höhepunkt. Ab Mitte 1953 wurden derartige Aktionen aber abgebrochen, Schüler wieder zugelassen. Nach Stalins Tod (1953) kam es zu einer durchgehenden Milderung des Vorgehens. Das grundlegende Ziel der kommunistischen Einheitsgesellschaft mit einer Einheitsschule blieb aber stets im politisch-kulturellen Vordergrund.

Trotz aller Annäherungen heißt es in den Unterrichtshilfen für Geschichtslehrer der 10. Klasse aus dem Jahre 1971:

[Der Unterricht soll zu] ... parteilichen Entscheidungen ... beitragen ...
– ... für den von Lenin begründeten und von der Sowjetunion als Grundmodell verwirklichten Weg des sozialistischen Aufbaus;
– für die DDR, den ersten sozialistischen Staat deutscher Nation ...,
– für die feste Freundschaft zur Sowjetunion und zu den anderen Staaten der sozialistischen Staatengemeinschaft ...;
Die Schüler sollen in der Einsicht bestärkt werden: alles verbinde uns mit unserem sozialistischen deutschen Staat, nichts mit der imperialistischen Bundesrepublik ...

(Autorenkollektiv, Unterrichtshilfen, 1. Teil, Berlin-Ost 1971, S. 11)

1. Was beabsichtigte die SED, und wie suchte sie ihre Ziele durchzusetzen?
2. In welcher Hinsicht begannen sich die Verhältnisse 1953 zu wandeln?

Wie die Wirtschaftsform geändert wurde und welche Auswirkungen das hatte

Nach sowjetischem Vorbild vergesellschaftete die DDR ihre Wirtschaft zunehmend. In der Industrie wurde die Umwandlung der in Privatbesitz befindlichen Fabriken in volkseigene Betriebe (VEB) vorangetrieben. Diese Bezeichnung sollte zum Ausdruck bringen, daß die Unternehmen nicht oder nicht mehr Einzelpersonen oder privaten Gesellschaften, sondern der Bevölkerung der DDR gehörten. Den privaten Einzelhandel versuchte man durch die Gründung der staatlichen Handelsorganisation (HO-Läden) allmählich auszuschalten. Die selbständigen Handwerker wurden angehalten, sich genossenschaftlich zusammenzuschließen, nämlich zu Handwerker-Produktionsgenossenschaften (HPG). Besonders deutlich wurde dieser Trend aber in der Landwirtschaft.

Zunächst wurden zwischen 1945 und 1950 vor allem der Großgrundbesitz enteignet und rund ein Drittel der gesamten landwirtschaftlichen Anbaufläche umverteilt. In den Jahren zwischen 1952 und 1960 wurde die Kollektivierung der Landwirtschaft vorangetrieben. Es entstanden sogenannte volkseigene Güter (VEG), deren Beschäftigte staatliche Arbeiter und Angestellte sind. Diese volkseigenen Güter dienen als Mustergüter vor allem der Heranzüchtung besserer Viehrassen und ertragreicheren Saatguts. Vor allem aber wurden die Bauern zum Eintritt in sogenannte landwirtschaftliche Produktionsgenossenschaften (LPG) gedrängt. Es gibt davon unterschiedliche Arten, aber allen ist gemeinsam, daß sie eine Mischung von genossenschaftlichem und privatem Besitz darstellen. Der einzelne Landarbeiter hat privat in der Regel sein Haus, einen Garten und ein kleines Stück Land zum Anbau zur Verfügung, alles andere mußte er in die Genossenschaft einbringen.

186.1 Freiwillige Werbung für LPGs

Landwirtschaftliche Nutzfläche in der Hand der LPGs

1955	20 %
1959	45 %
1960	85 %
1968	ca. 100 %

Insbesondere aber wirkte sich die zentrale Planwirtschaft bedrückend aus. Ein Wirtschaftsplan wurde aufgestellt. Dieser legte fest, welche Wirtschaftszweige vorrangig ausgebaut werden sollten. Zunächst war dies die Schwerindustrie, so daß es hinsichtlich der Konsumgüter für die Bevölkerung immer wieder zu Engpässen kam. Überdies wurde im zentralen Wirtschaftsplan festgesetzt, was und im welcher Menge von den einzelnen Betrieben erzeugt werden mußte. Diejenigen Betriebe wurden gemaßregelt, die unter diesen Normen blieben, die Verantwortlichen hart bestraft, verhaftet und gerichtlich verurteilt.

Mitte Mai 1953 wurde eine Erhöhung der erwähnten Arbeitsnormen um 10 % beschlossen. Danach kam es am 16./17. Juni 1953 zunächst in Berlin zu Streiks und Demonstrationen, die sich schnell auf Halle, Erfurt und Magdeburg ausweiteten. Ein allgemeiner Aufstand gegen das Regime drohte. Aber die Unruhen wurden in kurzer Zeit mit Hilfe sowjetischer Truppen niedergeschlagen. Über die Zahl der Opfer dieses Aufstandes und die Orte, an denen er geschah, können wir noch heute keine ganz genauen Aussagen machen. Weder die westlichen Staaten noch diejenigen des Ostblocks sind daran interessiert, das Geschehen selbst und diejenigen Faktoren, durch die es im einzelnen ausgelöst wurde, genau und vollständig aufzuklären.

186.2 Hinweisschilder auf einer LPG

Im Anschluß an diesen Aufstand kam es zu Umbesetzungen in der Führungsspitze des Staates, Walter Ulbricht wurde der entscheidende Mann. Die Normen wurden wieder gesenkt, Maßnahmen zur besseren Versorgung der Bevölkerung wurden getroffen.

Ein Schulgeschichtsbuch der DDR erklärt das Geschehen so:

Am 17. Juni 1953 gelang es Agenten ..., in Berlin und einigen anderen Orten der Republik einen kleinen Teil der Werktätigen zu zeitweiligen Arbeitsniederlegungen und Demonstrationen zu veranlassen ... Gruppen von Provokateuren und Kriminellen ... legten Brände ... und forderten den Sturz der Arbeiter- und Bauern-Macht ... Durch das entschlossene Handeln der fortgeschrittenen Teile der Arbeiterklasse ... und gemeinsam mit sowjetischen Streitkräften und bewaffneten Organen der DDR brach der konterrevolutionäre Putsch innerhalb von 24 Stunden zusammen.
(Geschichte 10, 1. Teil, 1971, S. 169 f.)

Ein bundesrepublikanischer Historiker vertritt hingegen die Auffassung:

[Der] ... 17. Juni 1953 ist [bei uns] lange Zeit als „Volksaufstand" gegen das stalinistische Herrschaftssystem in der DDR gesehen worden. Für die ... DDR-Historiographie ist [er] von 1953 bis heute nahezu unverändert ein von westlichen Drahtziehern und faschistischen Provokateuren ausgelöster und gesteuerter konterrevolutionärer Putschversuch ... [Der] 17. Juni [war aber] von seinen auslösenden und tragenden Kräften her unzweifelhaft ein Arbeiteraufstand ..., der freilich in Ansätzen bereits einen möglichen Umschlag in einen politischen Volksaufstand erkennen ließ ...
(Kleßmann, Staatsgründung, S. 277–279)

1. Versuch, den Aufstand vom 17. Juni 1953 zu beurteilen.
2. Warum wird der 17. Juni weiterhin als nationaler Feiertag gefeiert?

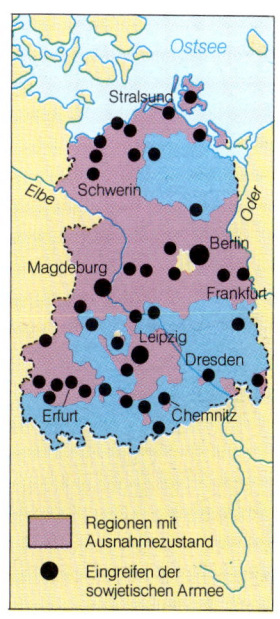

187.1 Sowjetische Panzer auf dem Potsdamer Platz, 17. Juni 1953

187.2 Aufstandszentren

Wie die Teilung Deutschlands voranschritt

Die Eingliederung der DDR in den Ostblock

Am 16. April 1948 wurde in Westeuropa einschließlich der drei westlichen Besatzungszonen Deutschlands die OEEC (vgl. S. 155) errichtet. Am 29. September 1950 trat die DDR offiziell dem Rat für gegenseitige Wirtschaftshilfe (RGW bzw. COMECON) bei. Am 27. Mai 1952 richtete sie an der Demarkationslinie zur Bundesrepublik Sperrzonen und Sicherheitsstreifen ein und hob den sogenannten kleinen Grenzverkehr auf. Dieser wurde erst Ende der 70er Jahre im Zuge einer schrittweisen Normalisierung wieder aufgenommen. Aber in Berlin konnte man immer noch ungehindert die Sektorengrenze überqueren.

Viele derjenigen Menschen, die mit den wirtschaftlichen Maßnahmen und dem politischen Druck in der DDR nicht einverstanden waren, flohen in den Westen. Meist nahmen sie den Weg über Berlin in die Bundesrepublik. Diese Fluchtbewegung wurde von Jahr zu Jahr stärker. Die Folge war, daß es der Wirtschaft der DDR immer mehr an qualifizierten Arbeitskräften mangelte. So entschloß sich die DDR-Führung mit Zustimmung der sowjetischen Regierung und in der Gewißheit des Stillhaltens der USA, das Berliner Fluchtloch zu schließen. Am 13. August 1961 wurde die Mauer gebaut und in den folgenden Monaten die Grenze zur Bundesrepublik zunehmend stärker abgeriegelt und bewacht.

Rückblickend auf den 13.8.1961 schrieb das „Neue Deutschland" 1977:

Planmäßig verfolgten unsere Gegner das Ziel, die DDR zu ruinieren und in die Knie zu zwingen. Sie mißachteten die Souveränität und die Grenzen unseres Staates, setzen alle Mittel der psychologischen Kriegführung und der Diversion [Sabotage] ein, versuchten durch Abwerbung von Fachkräften, Diebstahl von Sachwerten und Währungsspekulationen unsere Wirtschaft zu schwächen. Der kalte Krieg war auf seinen Höhepunkt hin getrieben, die Spannung in Europa nahm gefährlich zu. In der BRD gingen schon Phantasien vom Einzug der Bundeswehr durch das Brandenburger Tor um. Der 13. August machte Schluß damit ...

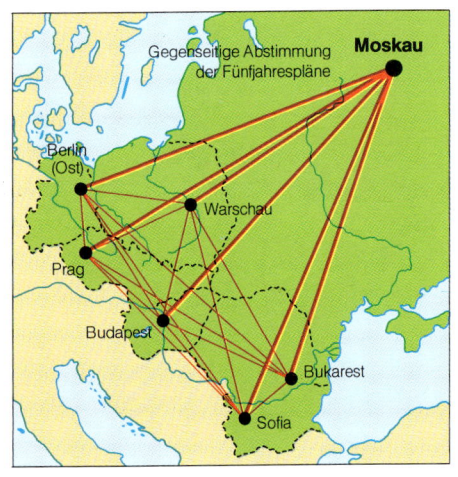

188.1 Rat für gegenseitige Wirtschaftshilfe

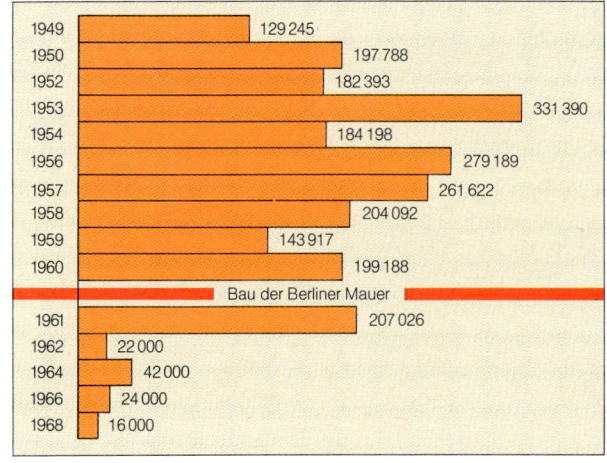

Jahr	Anzahl
1949	129 245
1950	197 788
1952	182 393
1953	331 390
1954	184 198
1956	279 189
1957	261 622
1958	204 092
1959	143 917
1960	199 188
Bau der Berliner Mauer	
1961	207 026
1962	22 000
1964	42 000
1966	24 000
1968	16 000

188.2 Flucht aus der DDR

189.1 Errichtung der Berliner Mauer am 13. August 1961   **189.2** Innerdeutsche Grenze

Viele begriffen erst jetzt: Es gibt zwei voneinander unabhängige deutsche Staaten, zwischen ihnen verläuft eine Staatsgrenze, wie es zwischen souveränen Staaten zu sein pflegt.
(Nach: R. Steininger, Deutsche Geschichte ..., Frankfurt/M. 1983, S. 512)

Willy Brandt beurteilte 1965 den Mauerbau vom 13. August 1961 so:

Die alliierten Kommandanten traten um neun Uhr zusammen.
Ich erörterte den eklatanten Rechtsbruch. Vor Verhandlungen der vier Mächte wurden hier durch die Sowjetunion weitreichende administrative [verwaltungsmäßige] Spaltungsmaßnahmen vollzogen.
Ich bat dringend um einen sofortigen und nachdrücklichen Schritt der Westmächte bei den Regierungen nicht nur der Sowjetunion, sondern auch der anderen Staaten des Warschauer Paktes. Aber es dauerte Tage, ehe Proteste in Ost-Berlin und in Moskau übermittelt wurden, und die Form dieser Proteste [fiel] nicht sehr aus dem üblichen Rahmen.
(W. Brandt, Begegnungen mit Kennedy, München 1964, S. 67 f.)

Dem Mauerbau waren wichtige Schritte zur politischen Selbständigkeit in beiden Staaten vorangegangen. Am 25. März 1954 hatte die UdSSR die DDR für souverän erklärt, am 5. Mai 1955 erlangte die Bundesrepublik Deutschland die Souveränität. Am 9. Mai 1955 wurde die Bundesrepublik Mitglied der NATO, am 14. Mai 1955 schlossen die Ostblockstaaten einschließlich der DDR den Warschauer Pakt, ein entsprechendes Militärbündnis. Am 1. Januar 1956 rückten die ersten freiwilligen Soldaten der Bundeswehr ein, am 18. Januar 1956 beschloß die DDR die Bildung der „Nationalen Volksarmee".

1. Welche Gründe der Spaltung Deutschlands kannst du erkennen?
2. Erörtert die Bedeutung der Tatsache, daß der Osten häufig im Westen gefallene Entscheidungen nur nachzuvollziehen scheint.

Die Politik der Bundesrepublik seit der Großen Koalition

Die Große Koalition

Bundeskanzler Adenauer trat gemäß der Absprache mit dem Koalitionspartner FDP, die bei der schwierigen Regierungsbildung nach den Wahlen von 1961 getroffen worden war, am 15.10.1963 vorzeitig zurück. Darauf wählte der Bundestag den bisherigen Wirtschaftsminister Erhard zum neuen Bundeskanzler. Bei den Bundestagswahlen 1965 errang die CDU unter Ludwig Erhard mehr Stimmen als bei den Bundestagswahlen 1961 unter Konrad Adenauer. In seiner Regierungserklärung forderte der „Vater des Wirtschaftswunders" und neue Bundeskanzler in einem „Programm ohne Überschwang und ohne Selbsttäuschung" eine stabile Wirtschafts- und Sozialpolitik. Er sprach weiter davon, daß die „Nachkriegszeit zu Ende" sei.

190.1 Bundeskanzler K.-G. Kiesinger (1966–1969)

1966 aber geriet die Bundesrepublik in die erste spürbare Wirtschaftskrise. Vor allem in der Stahlerzeugung und im Bergbau, aber auch im Maschinenbau und in der Elektroindustrie ging die Produktion deutlich zurück. Gleichzeitig stieg die Zahl der Arbeitslosen in einer Zeit weltweiter Konjunktur. Die Wirtschaftspolitik der Bundesregierung beschränkte sich aber hauptsächlich auf Appelle des Kanzlers zum Maßhalten. Die sinkenden Steuereinnahmen infolge der wirtschaftlichen Rezession und die sich verschärfende Lage des Bundeshaushaltes, nicht zuletzt auch Ludwig Erhards Unfähigkeit, klare Richtlinien der Kabinettsarbeit zu geben, lösten eine Regierungskrise aus. Die Wahlerfolge der nationalistischen NPD bei den Landtagswahlen in Hessen (7,9%) weckten Zweifel an der politischen Stabilität des Staates.

Ende Oktober 1966 zerbrach die „Kleine Koalition" (CDU, CSU, FDP) an der Frage, wie eine Haushaltslücke von 4 Milliarden DM für das Jahr 1967 zu schließen sei. Die CDU/CSU wollte dies durch Sparmaßnahmen und durch den Abbau von Steuervorteilen, aber auch durch Steuererhöhungen erreichen. Die FDP jedoch lehnte Steuererhöhungen ab. Am 27. Oktober 1966 traten deshalb die vier FDP-Minister zurück. Erich Mende, der Parteivorsitzende der FDP, war dafür, nunmehr in ein Regierungsbündnis mit den Sozialdemokraten einzutreten, aber denen waren die Liberalen politisch zu wankelmütig. Schon Ende 1966 einigten sich stattdessen CDU/CSU und die SPD auf die Bildung einer „Großen Koalition" unter Kurt Georg Kiesinger (CDU) als Kanzler.

190.2 Außenminister W. Brandt (1966–69) und SPD-Vorsitzender

Er wurde am 1.12.1966 zum Nachfolger Ludwig Erhards gewählt, der am 30.11.1966 zurückgetreten war. Erstmalig in der Geschichte der Bundesrepublik war damit die SPD an einer Bundesregierung beteiligt:

Das Amt des Außenministers und Vizekanzlers übernahm ihr Parteivorsitzender Willy Brandt; als einer von 9 SPD-Ministern (CDU/CSU 10) zog Herbert Wehner ins Kabinett. Damit saßen zwei Widerstandskämpfer, die von den Nazis aus Deutschland ausgebürgert worden waren, auf einer Regierungsbank mit einem Bundeskanzler, der ehemaliges – wenn auch nicht aktives – Mitglied der NSDAP war ... Zur SPD-Regierungsmannschaft zählte des weiteren ein ehemaliger CDU-Innenminister, der aus Protest gegen Adenauers Remilitarisierung sein Amt niedergelegt hatte und nach dem Scheitern der von ihm mitbegründeten „Gesamtdeutschen

190.3 Bundesminister für gesamtdt. Fragen H. Wehner (1966–69) und SPD-Fraktionsvorsitzender

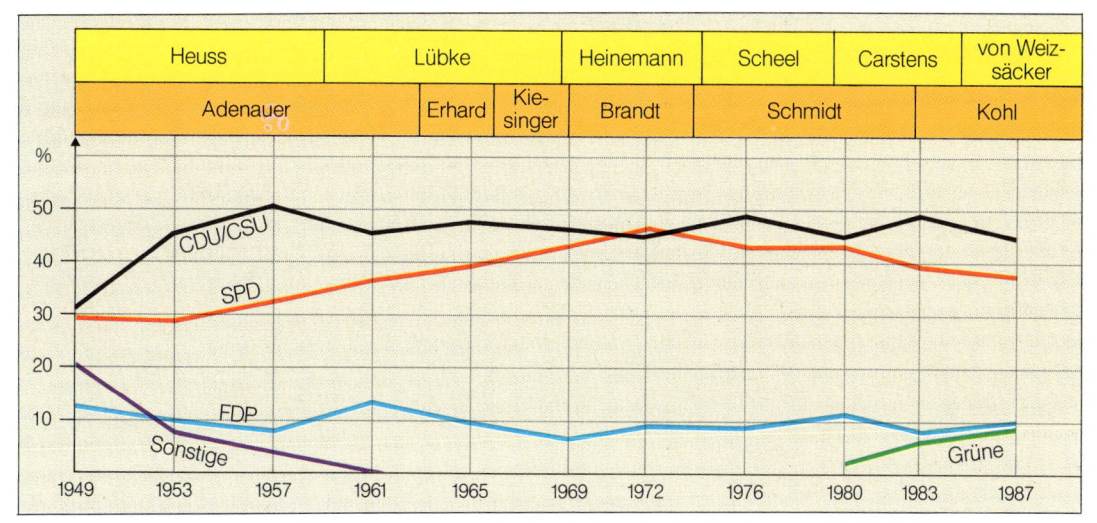

191.1 Präsidenten, Kanzler und Zusammensetzung der Bundestage in der Bundesrepublik (1949–1987)

Volkspartei" in die SPD eingetreten war: Justizminister Gustav Heinemann. Man sprach von einer Regierung der nationalen Versöhnung.
(Deutsche Geschichte, Bd. 12, Hrsg. H. Pleticha, S. 298)

Bundeskanzler Kiesinger hob hervor, daß die „Große Koalition" nur ein Regierungsbündnis auf Zeit sei, um den Ausgleich des Bundeshaushaltes und die Stabilisierung der Wirtschaft zu erreichen.

Wirtschaftsminister Karl Schiller (SPD) und Finanzminister Franz Josef Strauß (CSU) versuchten, den Staat als Helfer aus der ökonomischen Krise einzusetzen. Durch vermehrte Staatsaufträge und durch Steuersenkungen sollten die Wirtschaft und der Arbeitsmarkt wiederbelebt werden. Die dazu erforderlichen Geldmittel wurden durch eine Verschuldung des Staates aufgebracht. Um der schwierigen Lage Herr zu werden, trafen sich auch erstmals in der Geschichte der Bundesrepublik Vertreter des Staates, der Unternehmer, der Gewerkschaften und der Wissenschaft in der „Konzertierten Aktion", die Wirtschaftsminister Schiller angeregt hatte. In den Absprachen wurde vereinbart, daß die Gewerkschaften sich in Lohnfragen zurückhalten sollten, um die Gewinne und Neuanlagemöglichkeiten der Unternehmen zu erhöhen. Schon 1968 war wieder ein deutliches Wachstum zu sehen, und die Vollbeschäftigung wurde wiederhergestellt.

191.2 Justizminister G. Heinemann (1966–69) und Bundespräsident 1969–74

So hatte es den Anschein, als sei ein Wirtschaftswachstum machbar und nur eine Frage von geeigneten wirtschaftspolitischen Maßnahmen. In den kommenden Jahren aber wurde deutlich, wie trügerisch diese Hoffnung war.

1. Warum ist die „Große Koalition" ein „Markstein in der Geschichte der Bundesrepublik" gewesen?
2. Welche Ergebnisse hatte die zunehmende Staatsverschuldung bis heute?

Wie sich die neue Ostpolitik entwickelte

Die neue Ostpolitik

Im März 1969 wurde Gustav Heinemann (SPD) zum neuen Bundespräsidenten gewählt. Aus der Bundestagswahl im September gingen SPD und FDP mit einer knappen Mehrheit hervor und bildeten die „sozialliberale Koalition". Sie wählten am 21.10.1969 den Sozialdemokraten Willy Brandt zum Bundeskanzler. Erstmals in der Geschichte der Bundesrepublik war damit ein Sozialdemokrat in dieses Amt gelangt. Willy Brandt hob in seiner Regierungserklärung hervor: „Wir wollen ein Volk der guten Nachbarn werden, im Innern und nach außen." Im Vordergrund sollte ein Ausgleich mit den osteuropäischen Nachbarn stehen.

Brandt hatte als Oberbürgermeister West-Berlins die Unzulänglichkeiten der bisherigen Ostpolitik erkannt, die im wesentlichen nur aus Erklärungen der Abgrenzung zum Osten bestand. Während der Berlin-Krise von 1958 meinte er die Gefahr einer Isolierung zu erkennen, die der Bundesrepublik und West-Berlin drohen könnte. Es schien ihm ein eigener Beitrag zur Entspannungspolitik der Großmächte notwendig zu sein. Der Mauerbau in Berlin am 13.8.1961 bestärkte ihn in seiner Meinung. Deshalb sollte sich die neue Ostpolitik der sozialliberalen Regierung in die Entspannungspolitik der beiden Großmächte einfügen. Der amerikanische Außenminister Dean Rusk nannte „die neue Ostpolitik ... einen sinnvollen Versuch ... aus der zwanzig Jahre dauernden politischen Erstarrung herauszukommen".

Im Januar 1970 begannen deutsch-sowjetische Verhandlungen über ein „Gewaltverzichtabkommen". In dem am 12.8.1970 in Moskau unterzeichneten Vertrag erklärten die UdSSR und die Bundesrepublik:

Art. 1: Die Bundesrepublik Deutschland und die UdSSR betrachten es als wichtigstes Ziel ihrer Politik, den internationalen Frieden aufrechtzuerhalten und die Entspannung zu erreichen. Sie bekunden ihr Bestreben, die Normalisierung der Lage in Europa und die Entwicklung friedlicher Beziehungen zwischen allen europäischen Staaten zu fördern und gehen dabei von der in diesem Raum bestehenden wirklichen Lage aus. (...)
Art. 3: ... Sie verpflichten sich, die territoriale Integrität aller Staaten in Europa in ihren heutigen Grenzen uneingeschränkt zu achten, sie erklären, daß sie keine Gebietsansprüche gegen irgend jemand haben und solche in Zukunft auch nicht erheben werden; sie betrachten heute und künftig die Grenzen aller Staaten in Europa als unverletzlich, wie sie [heute] verlaufen, einschließlich der Oder-Neiße-Linie, die die Westgrenze der Volksrepublik Polen bildet, und der Grenze zwischen der Bundesrepublik Deutschland und der DDR.

(Presse- u. Info.-Amt der Bundesregierung, Der Vertrag v. 12.8.1970, S. 7 ff.)

Beide Vertragspartner vereinbarten auch eine intensive wirtschaftliche Zusammenarbeit. Vertreter der deutschen Industrie befürworteten deshalb diesen Vertrag.

Schon während der Verhandlungen war die Grenzfrage allerdings umstritten gewesen. Deshalb legte die Bundesregierung nach Vertragsabschluß noch einmal in einem „Brief zur deutschen Einheit" die deutsche Sicht dar: Die Bundesrepublik verzichte zwar auf eine gewaltsame Veränderung der Grenzen, schließe aber eine friedliche

192.1 Verleihung des Friedensnobelpreises an Willy Brandt am 10. Dezember 1971

Revision nicht aus. Dieser Vertrag stehe „nicht im Widerspruch zu dem politischen Ziel der Bundesrepublik Deutschland..., auf einen Zustand des Friedens in Europa hinzuwirken, in dem das deutsche Volk in freier Selbstbestimmung seine Einheit wiedererlangt." Die drei Westmächte und die Bundesrepublik stellten außerdem in einem Notenwechsel fest, daß der „Moskauer Vertrag" die Rechte und Verantwortlichkeiten der vier Siegermächte für Deutschland als Ganzes und für Berlin nicht berühre. Er nehme auch einen Friedensvertrag vorweg.

Im deutsch-polnischen Vertrag vom 7.12.1970 wurde die Unverletzlichkeit der Oder-Neiße-Grenze betont. Im Prager Vertrag vom 11.12.1973 erklärten die Bundesrepublik und die ČSSR, das Münchener Abkommen vom 29.9.1938 (vgl. S. 112 f.) für nichtig. Die Bundesrepublik nahm am 21.12.1973 ferner diplomatische Beziehungen zu Ungarn und zu Bulgarien auf. Damit waren mit allen osteuropäischen Staaten – mit Ausnahme von Albanien – Botschafter ausgetauscht worden.

Vertreter der CDU/CSU, so der heutige bayerische Ministerpräsident Franz Josef Strauß, übten heftige Kritik an den Ostverträgen:

[Sie] dienen nicht der Versöhnung mit den Völkern, sondern der Befriedigung der Wünsche ihrer Machthaber ... [S]ie bieten keine humanitären Erleichterungen, sondern bringen zunächst eine Verschärfung der Unterdrückung ... Die Verträge dienen nicht der Entspannung, wenn man unter „Entspannung" die Beseitigung der Spannungsursachen versteht ...

(Texte zur Deutschlandpolitik, Bd. 10, Bonn 1972, S. 309 f.)

1. Inwieweit kann man von einer „neuen Ostpolitik" sprechen?
2. Was bedeutet der Notenwechsel zwischen den Westmächten und der Bundesrepublik?

193.1 *Willy Brandt in Warschau, 1970*

193.2 *Demonstration in Bonn, 1972*

Die neue Deutschlandpolitik

Welche neuen Akzente zwischen beiden deutschen Staaten gesetzt wurden

In der Regierungserklärung vom 28.10.1969 sprach ein Bundeskanzler erstmals von „zwei deutschen Staaten in Deutschland". Er betonte aber: „Auch wenn zwei Staaten in Deutschland existieren, sind sie doch füreinander nicht Ausland, ihre Beziehungen zueinander können nur von besonderer Art sein." Der sozialliberalen Regierungskoalition ging es darum, die Einheit der deutschen Nation zu wahren. Deshalb bot Brandt der DDR Verhandlungen an, um über ein geregeltes „Nebeneinander" zu einem gutnachbarschaftlichen „Miteinander" der beiden deutsche Staaten zu gelangen. Die Regierung unter Bundeskanzler Brandt wandte sich damit deutlich von der Deutschlandpolitik Adenauers ab; sie setzte aber die Deutschlandpolitik der „Großen Koalition" fort. Denn schon im Frühjahr 1968 hatte sich Bundeskanzler Kiesinger bereit erklärt, mit der Regierung der DDR Verhandlungen aufzunehmen, die das Zusammenleben im geteilten Deutschland erleichtern sollten. Er hatte damit einen ersten Schritt zur Anerkennung der DDR getan.

Als sich die Regierungschefs der beiden deutschen Staaten, Brandt und Stoph, am 19.3.1970 erstmals in Erfurt und dann am 21.5.1970 in Kassel trafen, wurden die unterschiedlichen Zielsetzungen deutlich. Während die Vertreter der DDR die Aufnahme völkerrechtlicher Beziehungen zwischen der DDR und der Bundesrepublik forderten, verwies die Delegation der Bundesrepublik auf die „besonderen innerdeutschen Beziehungen" und auf die Einheit der deutschen Nation. Vertragliche Regelungen, auch über den Austausch von Bevollmächtigten beider Regierungen, konnten nach Auffassung Brandts erst als Schlußsteine von konkreten Entspannungsbemühungen gesehen werden. Der Verkehrsvertrag vom 26.5.1972 war der erste völkerrechtsverbindliche Vertrag zwischen den beiden deutschen Staaten. Damit wurde der gegenseitige Wechsel- und Transitverkehr von Personen und Gütern wesentlich erleichtert. Der Vertrag ermöglichte Touristenreisen und ließ die Ausreise von DDR-Bürgern in dringenden Familienangelegenheiten zu.

Im „Vertrag über die Grundlagen der Beziehungen zwischen der Bundesrepublik Deutschland und der Deutschen Demokratischen Republik" vom 21.12.1972 kamen beide Seiten überein:

Art. 1: Die Bundesrepublik Deutschland und die Deutsche Demokratische Republik entwickeln normale gutnachbarliche Beziehungen zueinander auf der Grundlage der Gleichberechtigung.
Art. 4: [Sie] gehen davon aus, daß keiner der beiden Staaten den anderen international vertreten oder in seinem Namen handeln kann.
Art. 6: [Sie] gehen von dem Grundsatz aus, daß die Hoheitsgewalt jedes der beiden Staaten sich auf sein Staatsgebiet beschränkt. Sie respektieren die Unabhängigkeit und Selbständigkeit jedes der beiden Staaten in seinen inneren Angelegenheiten.
Art. 7: [Sie] erklären ihre Bereitschaft, ... praktische und humanitäre Fragen zu regeln.
Art. 8: [Sie] werden ständige Vertretungen austauschen ...

(Verträge u. Vereinbarungen..., hrsg. v. Presse- und Info.-Amt, Bonn 1973, S. 18 ff.)

Am 11.5.1973 stimmte der Bundestag dem Grundlagenvertrag zu. Das Bundesverfassungsgericht, das von der bayerischen Staatsregierung angerufen worden war, entschied am 31.7.1973, daß dieser Vertrag mit dem Grundgesetz vereinbar sei. Es hielt am Wiedervereinigungsgebot fest, jedoch nicht am politischen Alleinvertretungsanspruch. Weiterhin zählte es die DDR als einen Teil Deutschlands zum Inland. Die innerdeutsche Grenze verglich es mit einer zwischen Bundesländern.

Zur Problematik der Deutschlandpolitik schrieb der Franzose A. Grosser:

Viele Jahre lang hat die Bundesrepublik nicht begreifen wollen, daß das engstirnige Beharren auf dem Rechtsstandpunkt dem Ziel entgegenarbeitet, das man angeblich anstrebte, nämlich die Aufrechterhaltung eines Minimums von Ähnlichkeit zwischen den beiden Deutschlands. Daß offizielle Kontakte abgelehnt wurden, trug dazu bei, auch andere Kontakte abzubrechen ... und da es keine Kontakte gab, wurden die beiden Staaten einander immer fremder.

(Grosser, Geschichte Deutschlands, S. 474)

Aus Protest gegen die Deutschland- und Ostpolitik der Bundesregierung hatten sich eine Reihe von Abgeordneten der FDP und der SPD der CDU/CSU angeschlossen. So hatte die sozialliberale Koalition ihre Mehrheit verloren. Bei den vorzeitigen Neuwahlen im November 1972 gewann die sozialliberale Koalition aber nicht nur ihre Mehrheit zurück, sondern sie vergrößerte sie noch. Die SPD wurde erstmals stärkste Partei vor der CDU/CSU. Der Wahlsieg wurde als persönlicher Erfolg von Bundeskanzler Brandt gewertet.

1. Wodurch unterscheiden sich die Deutschlandpolitik Brandts und Adenauers?
2. Welche Probleme bestimmen heute das Verhältnis zwischen den beiden Staaten?

*5.7.1973 Aufnahme eines grenznahen Besucherverkehrs,
25.4.1974 Abkommen auf dem Gebiet des Gesundheitswesens,
30.3.1976 Postabkommen,
16.11.1978 Vereinbarungen zum Bau einer Nordautobahn Berlin–Hamburg,
31.10.1979 Abkommen über die Zahlung von Straßenbenutzungsgebühren,
15.12.1979 Erweiterung des grenznahen Besucherverkehrs,
20.11.1982 Eröffnung der Nordautobahn*

195.1 Brandt und Stoph verabschieden sich am Zug, Kassel 1970

195.2 Schlußsitzung bei den KSZE-Schlußverhandlungen, 1975

Nachkriegszeit, Wiederaufbau und Blockbildung

Gesellschaftspolitik und Sozialreformen

Wie versucht wurde, die gesellschaftlichen Verhältnisse zu verbessern

Die zukünftige innenpolitische Arbeit stellte Bundeskanzler Brandt in seiner Regierungserklärung unter den Leitsatz: „Wir stehen nicht am Ende unserer Demokratie, wir fangen erst richtig an."

Mit dem Schlagwort „Mehr Demokratie wagen" wollte die sozialliberale Koalition versuchen, demokratische Strukturen über die staatlichen Einrichtungen hinaus in möglichst alle gesellschaftlichen Bereiche zu tragen. Unter diesem Reformprogramm verstand die neue Regierung auch ein liberales und moderneres Rechtssystem und den Ausbau des Netzes der sozialen Sicherung.

An der Spitze aller Reformvorhaben aber stand die Bildungsreform. Gymnasien und Hochschulen sollten allen Volksschichten geöffnet werden. Der Anteil der Arbeiterkinder unter den Studienanfängern wuchs beträchtlich. Die Umgestaltung der Bildungseinrichtungen (Gesamtschulen, reformierte Oberstufe der Gymnasien, Hochschulreform) blieb jedoch in der Öffentlichkeit umstritten. Sie konnte deshalb, aber auch wegen der Kulturhoheit der Länder, nur teilweise verwirklicht werden. Die vielen Jugendlichen mit höheren Bildungsabschlüssen strömten in die Universitäten und bewirkten so den Erlaß des „Numerus clausus", d. h. die zahlenmäßige Beschränkung der Zulassung für bestimmte Fächer an Universitäten. Akademikerschwemme und Jugendarbeitslosigkeit machten am Ende der siebziger Jahre deutlich, daß eine Bildungspolitik, die soziale Ungerechtigkeiten beseitigen wollte, neue soziale Konflikte geschaffen hatte.

Anteil der Arbeiterkinder unter den Studienanfängern an den wissenschaftlichen Hochschulen (ohne Fachhochschulen)

1960	ca. 5 %
1965	ca. 8 %
1975	12 %
1980	15 %
1985	16 %

Zahl der Studenten an den wissenschaftlichen Hochschulen

1960/61 (Wintersemester)	250 000
1986/87 (Wintersemester)	1 050 000

Die Gewerkschaften erwarteten von der sozialdemokratischen Bundesregierung, daß die Rechte der Betriebsräte gestärkt würden und die paritätische Mitbestimmung (uneingeschränkte Gleichberechtigung)

196.1 Hochschulneubauten – Bergische Universität Gesamthochschule Wuppertal (gebaut ab 1972)

ausgeweitet würde. Im Januar 1972 verstärkte die Reform des Betriebsverfassungsgesetzes die Mitbestimmungs- und Mitwirkungsrechte des Betriebsrats. Jetzt konnten auch jugendliche Arbeitnehmer eine Jugendvertretung wählen.

Der Aufsichtsrat wählt und kontrolliert u. a. die Leitung des Unternehmens

SPD und FDP hatten sehr unterschiedliche Auffassungen zur paritätischen Mitbestimmung. Erst im März 1976 stimmte der Bundestag, auch mit den Stimmen der CDU-Opposition, dem Gesetz über die paritätische Mitbestimmung zu. Danach müssen Unternehmen mit mehr als 2000 Beschäftigten die Aufsichtsräte je zur Hälfte mit Vertretern der Eigentümer und der Arbeitnehmer besetzen. Es legt aber auch fest, daß bei Stimmengleichheit der Vorsitzende des Aufsichtsrates entscheidet. Dieser ist aber in der Regel Vertreter der Eigentümer.

Die günstige wirtschaftliche Entwicklung zu Beginn der siebziger Jahre ermöglichte den Ausbau des Sozialstaates. Dazu gehörten die Ausbildungsförderung für Schüler und Studenten und die Leistungsverbesserungen in der Krankenversicherung und beim Kindergeld. Das Rentenreformgesetz vom September 1972 verbesserte die Lage der älteren Arbeitnehmer. Es führte die flexible Altersgrenze ein: Frauen und Arbeitslose konnten von nun an mit 60 Jahren Rente beziehen, Schwerbehinderte mit 62 Jahren, alle anderen Arbeitnehmer mit 63 Jahren statt wie bis dahin mit 65 Jahren.

In der Rechtspolitik setzte die sozialliberale Koalition die in der Zeit der Großen Koalition begonnenen Reformen fort. Der Schwangerschaftsabbruch (§ 218 STGB) wurde im Mai 1976 neu geregelt. Von seiten der katholischen Kirche ist diese Reform nicht angenommen worden. Abtreibung wurde aber unter den Voraussetzungen der medizinischen, kriminologischen und sozialen Indikation statthaft. Die Reform des Ehe- und Familienrechts, die am 1.7.1976 in Kraft trat, verbesserte die Stellung der Frau. So werden z. B. die während der Ehe erworbenen Rentenansprüche bei einer Scheidung aufgeteilt (Renten-Splitting).

Finanzkrise und weltweite Wirtschaftsschwierigkeiten verhinderten die Verwirklichung der kostspieligen Reformvorhaben in der Vermögens- und Steuerpolitik.

Auch die Mehrheit der CDU/CSU im Bundesrat begrenzte viele Reformvorhaben. Trotzdem muß festgestellt werden, daß

sich das Gesicht der Bundesrepublik in den Jahren der sozialliberalen Koalition gerade auch im innenpolitischen Bereich erheblich gewandelt [hat]. Als erfolgreiche Reforminitiativen sind neben den vielfach tief in die Lebensverhältnisse eingreifenden rechtspolitischen Maßnahmen insbesondere die erheblichen Leistungsverbesserungen in der Renten- und Krankenversicherung, die Verbreiterung der Bildungschancen und ... auch die Ausweitung der Mitbestimmung zu nennen.

(Fragen an die deutsche Geschichte, S. 413)

1. Erkundigt euch, wie es um die damals begonnenen Reformen heute steht.
2. Von welcher Bedeutung sind die vorgenommenen Änderungen?

Österreich

Wie Österreich aus dem Zusammenbruch hervorging

Schon im 19. Jahrhundert hatte es starke Kräfte unter den Deutschen in der Habsburger Monarchie gegeben, die ein Großdeutsches Reich und nach 1871 den Anschluß an das Deutsche Reich wollten. Das hätte freilich den Zerfall Österreich-Ungarns bedeutet, der nach dem Ersten Weltkrieg eintrat. Daraufhin erklärte sich die provisorische Nationalversammlung der deutschen Gebiete des ehemaligen Vielvölkerstaates zu einem Teil der deutschen Republik. Aber der Friedensvertrag von Saint Germain verbot den Anschluß an das Deutsche Reich und erzwang damit die Gründung der Republik Österreich. Als es 1931 darum ging, eine Zollunion zwischen beiden Staaten zu schaffen, womit ein erster Schritt auf eine Vereinigung hin getan worden wäre, wurde auch dies im Interesse der übrigen europäischen Staaten verhindert. Im März 1938 aber marschierte die Deutsche Wehrmacht in Österreich ein. Die Bevölkerung begrüßte sie begeistert. Das Deutsche Reich erzwang so den Anschluß Österreichs als Ostmark (vgl. S. 114 f.).

Die Entwicklung nach dem Zweiten Weltkrieg verlief ganz anders. Schon Ende 1943 hatten die Alliierten in einer Moskauer Deklaration die Wiedererrichtung einer selbständigen Republik Österreich beschlossen. 1945 wurde aber auch Österreich in vier Besatzungszonen und Wien – der Stadtkern ausgenommen – in vier Sektoren aufgeteilt. Es wurde jedoch geduldet, daß sich bereits am 27. April 1945 eine gesamtösterreichische Regierung bildete. Sie setzte schon am 1. Mai 1945 die österreichische Verfassung von 1929 wieder in Kraft. Vergeblich versuchte die KPÖ (Kommunistische Partei Österreichs), die Entwicklung in Richtung auf die Bildung einer Volksdemokratie zu lenken. 1950 war sie damit endgültig gescheitert.

Schon 1947 hatten die Verhandlungen über einen österreichischen Staatsvertrag begonnen. Nach zähem Ringen kam er schließlich am 15. Mai 1955 zustande. Österreich wurde ein unabhängiger Staat in den Grenzen vom 1. Januar 1938. Es verpflichtete sich, keine politische oder wirtschaftliche Vereinigung mit Deutschland mehr anzustreben oder gar einzugehen. Der Nationalrat (Parlament) beschloß am 26. Oktober die in den Verhandlungen über den Staatsvertrag angebotene „immerwährende Neutralität" Österreichs.

Mit diesem Staatsvertrag war das Besatzungsstatut aufgehoben. Am 27. Juli 1955 trat er in Kraft. Damit begann der Abzug aller Besatzungstruppen.

Der österreichische Historiker Adam Wandruska urteilte 1962:

Anders als nach 1918 bestand nach 1945 kein Zweifel mehr am politischen Lebenswillen und der wirtschaftlichen Lebensfähigkeit Österreichs.
(Weltgeschichte der Gegenwart, Bd. I, Bern 1962, S. 195)

1. Welchen Vorteil hatte Österreich gegenüber der DDR und den ost- bzw. südosteuropäischen Staaten?
2. Vergleiche die österreichische Verfassung mit denjenigen der Bundesrepublik und der DDR.

199.1 Nach der Unterzeichnung des Österreichischen Staatsvertrags vom 15. Mai 1955 stellten sich die Verhandlungspartner den Fotografen. Auf dem Balkon des Wiener Schlosses Belvedere sind – von links nach rechts – zu sehen:

Der britische Außenminister Harold MacMillan, der amerikanische Außenminister John Foster Dulles, der französische Außenminister Antoine Pinay, der österreichische Außenminister Leopold Figl, der sowjetische Außenminister Wjatscheslaw Michailowitsch Molotow und der österreichische Bundeskanzler Raab

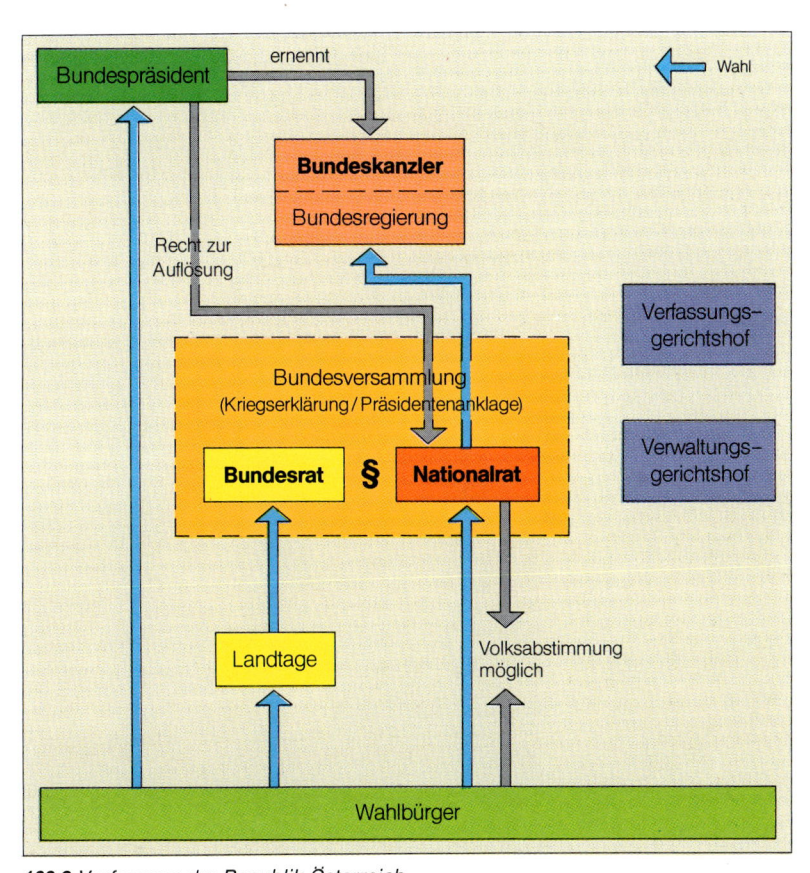

**Oberste Gerichte
Art. 137 ff.**

Art. 140 (1) Der Verfassungsgerichtshof erkennt über Verfassungswidrigkeit eines Bundes- oder Landesgesetzes auf Antrag des Obersten Gerichtshofes oder des Verwaltungsgerichtshofes (...); [...]

Art. 147 (1) Der Verfassungsgerichtshof besteht aus einem Präsidenten, einem Vizepräsidenten, zwölf weiteren Mitgliedern und sechs Ersatzmitgliedern. (...)

199.2 Verfassung der Republik Österreich

Berlin

Wie sich die besondere Lage Berlins entwickelte

Berlin entstand im 12. Jh. als kleiner Handelsort an einer Furt durch die Spree. Im 13. Jh. erhielt es Stadtrechte, im 15. Jh. wurden diese eingeschränkt, als es Residenz der brandenburgischen Kurfürsten wurde. Ab 1701 war es die Hauptstadt der Könige in Preußen, ab 1871–1945 war es die des Deutschen Reiches. Wegen dieser zentralen Bedeutung Berlins wurde in einem Abkommen zwischen den Regierungen der Alliierten vom 26. Juli 1945 folgender Sonderstatus für die Stadt beschlossen:

Das Berliner Gebiet ... wird gemeinsam von den bewaffneten Streitkräften der USA, Großbritanniens, der UdSSR und der Französischen Republik ... besetzt. Zu diesem Zweck wird das Gebiet ... in die folgenden vier Teile eingeteilt ... Eine interalliierte Regierungsbehörde [Kommandatura], bestehend aus vier Kommandanten, die jeweils von ihren entsprechenden Oberkommandierenden ernannt worden sind, wird gegründet, um eine gemeinsame Verwaltung ... zu errichten.

(Berlin – Im Überblick, Informationszentrum Berlin 1984, S. 24)

1946 wurde eine deutsche Stadtverordnetenversammlung gewählt und von dieser ein deutscher Magistrat (Stadtverwaltung) gebildet, die beide im Ostsektor Berlins residierten. Im Zuge des kalten Krieges, d. h. der wachsenden Spannungen zwischen der Sowjetunion und den westlichen Siegermächten, brach nun nicht nur die bereits erwähnte Berlin-Blockade (vgl. S. 158 f.) aus, sondern kam es auch zur Teilung Berlins in einen östlichen und einen westlichen Einflußbereich. Zunächst verließ der sowjetische Vertreter die Kommandatura. Anschließend begannen kommunistische Gruppen, die Sitzungen des Stadtrates zu stören, der dann in die Westsektoren umzog. Daraufhin wurde im Ostsektor eine „Außerordentliche Stadtverordnetenversamm-

200.1 Viersektorenstadt Berlin, 1945

200.2 Die alliierte Kommandatura in Berlin

Kommandatur ohne Sowjets
Die Westmächte führen die gemeinsame Verwaltung Berlins fort.

DPD Berlin, 1. Juli Der sowjetische Stabschef in der Alliierten Kommandatur Berlins, Oberst Kalinin, rief am Donnerstagmittag die Stabschefs der drei anderen Besatzungsmächte zu einer Sitzung zusammen, in der er die Erklärung abgab, daß die Viermächteverwaltung Berlins nicht mehr bestehe. Das „bekannte Betragen von Oberst Howley", das Ausbleiben einer Stellungnahme der britischen und französischen Vertreter zu dem hierzu erfolgten Protest der sowjetischen Behörden wie auch das gesonderte Vorgehen der Behörden der drei Westmächte bei der Einführung der Währungsreform der westlichen Zonen Deutschlands in Berlin habe dahin geführt, daß Viermächtesitzungen in der Alliierten Kommandatur nicht mehr stattfinden können. Die sowjetischen Vertreter würden nicht mehr an Sitzungen der zur Kommandatur gehörenden Körperschaften teilnehmen ...

„Die Kommandatur hat nicht zu bestehen aufgehört", erklärte Oberst Howley, der amerikanische Kommandant von Berlin, lediglich die Russen seien ausgeschieden. Es besteht kein Grund, warum die Arbeit nicht auf Dreimächtebasis fortgesetzt werden sollte.

201.1 Meldung in der Tageszeitung Telegraf vom 2.7.1948

lung" konstituiert, die am 30.11.1948 einen neuen Magistrat einsetzte; der alte Magistrat übersiedelte deshalb am 1. Dezember in den Westen Berlins. Die für den 5. Dezember vorgesehenen Neuwahlen fanden nun nur noch in den Westsektoren statt. Die Spaltung Berlins war vollzogen.

Die Beziehungen der Stadt zur Bundesrepublik und zur DDR wurden zunehmend ein schwieriges Problem. In Bundesrat und Bundestag sind zwar von der Stadtverordnetenversammlung gewählte Abgeordnete Westberlins vertreten, aber sie haben kein Stimmrecht. Ähnlich erhielten die Ostberliner Abgeordneten zur Volkskammer der DDR zunächst einen Sonderstatus, aber die DDR ging immer mehr dazu über, Berlin als die „Hauptstadt der DDR" zu bezeichnen und auszubauen.

Die Spannungen zwischen den beiden Teilen Berlins wuchsen mit denjenigen zwischen den beiden weltpolitischen Blöcken. Erst nach dem Moskauer Vertrag zwischen der Bundesrepublik und der UdSSR vom 12. August 1970 (vgl. S.192) und dem damit verbundenen Viermächteabkommen vom 3. September 1971 über Berlin wurden wieder erträgliche Verhältnisse hergestellt. Im Viermächteabkommen zwischen den USA, Großbritannien, der UdSSR und Frankreich gewährleistete die Sowjetunion den ungehinderten zivilen Verkehr von Personen und Gütern zwischen Westberlin und der Bundesrepublik. Die deutschen Behörden in West und Ost erhielten den Auftrag, gemeinsame Regelungen für den Reise- und Besuchsverkehr zwischen West- und Ostberlin, zwischen Westberlin und der DDR sowie für den Verkehr zwischen der Bundesrepublik und Westberlin auszuarbeiten. Dies geschah; viele Konflikte wurden auf diese Weise aus der Welt geschafft.

1. Warum erhielt Berlin einen Sonderstatus?
2. Warum ist die Lage Berlins ein so besonders schwieriges Problem? Überlege genau, für wen sie ein solches ist.

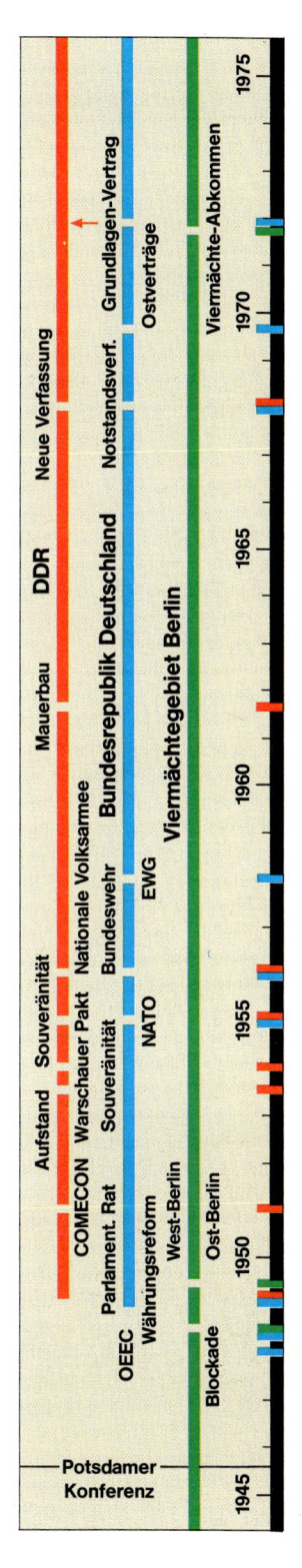

Krisenherde und Lösungsversuche in der Weltpolitik

Die Weltpolitik der Großmächte

Abgrenzung der Einflußgebiete

Welche Ursachen und Ergebnisse der „Kalte Krieg" hatte

Die Jahre von 1948 bis 1956 nennt man heute diejenigen des „Kalten Krieges". Damit meint man den Ausbruch schwerer Spannungen zwischen den Siegermächten des Zweiten Weltkrieges. Auf der einen Seite waren dies die Westmächte, allen voran die USA, auf der anderen Seite die Sowjetunion. Es ist die Zeit, in der beide Seiten versuchten, ohne direkten Waffeneinsatz, d. h. ohne heißen Krieg, die andere mit Drohungen, diplomatischen Schachzügen und Maßnahmen, wie beispielsweise die Berlin-Blockade (vgl. S. 158 f.), zurückzudrängen oder wenigstens in ihrem Machtbereich einzudämmen. Der deutsche Historiker Golo Mann schrieb 1964 darüber:

Zwischen [der] Welt des „Pluralismus" und der kommunistischen Welt besteht der immerwährende, wühlende Konflikt, der seit 1947 der „Kalte

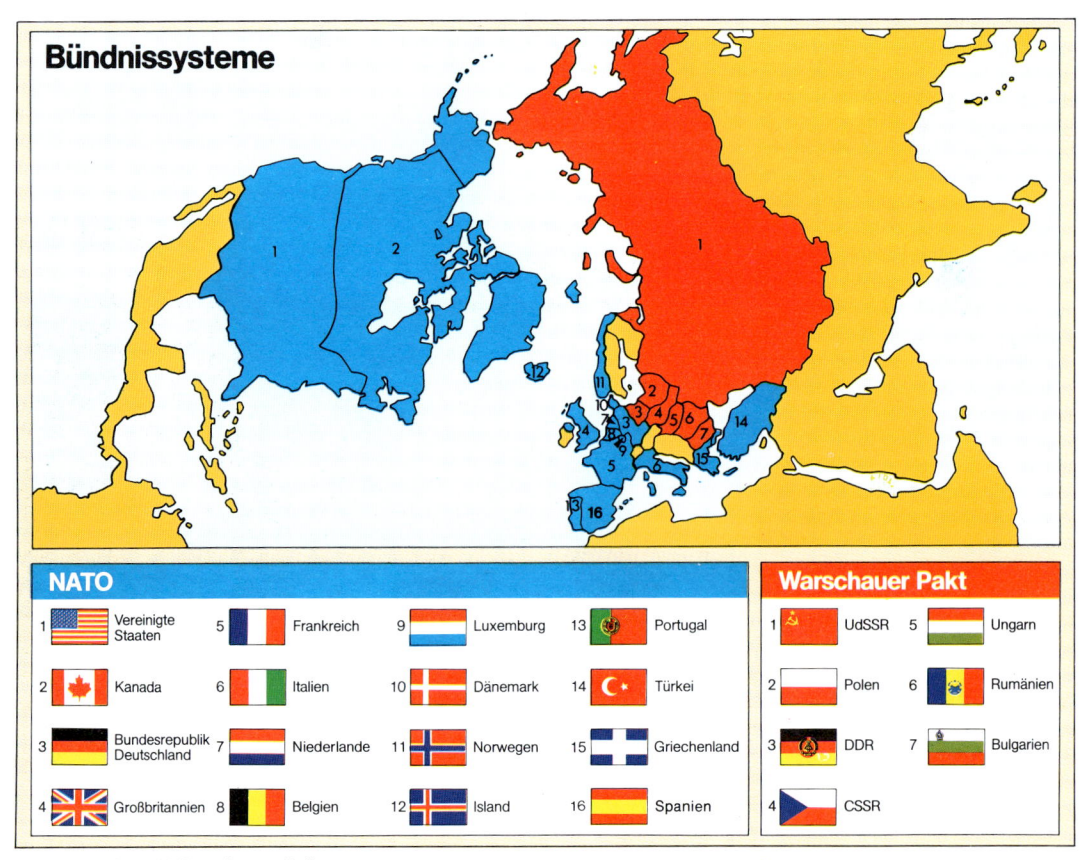

Bündnissysteme

NATO		Warschauer Pakt	
1 Vereinigte Staaten	9 Luxemburg	1 UdSSR	5 Ungarn
2 Kanada	10 Dänemark	2 Polen	6 Rumänien
3 Bundesrepublik Deutschland	11 Norwegen	3 DDR	7 Bulgarien
4 Großbritannien	12 Island	4 ČSSR	
5 Frankreich	13 Portugal		
6 Italien	14 Türkei		
7 Niederlande	15 Griechenland		
8 Belgien	16 Spanien		

202.1 NATO und Warschauer Pakt

Krieg" genannt wird. Das Paradoxe ist, daß er im Grunde einseitig geführt wird oder folgerichtigerweise einseitig geführt werden sollte. Denn wir, die „Pluralisten", die Bürger einer „freien Welt", wollen anderen Völkern nicht vorschreiben, unter welcher Staats- und Wirtschaftsform sie zu leben haben. Wir wollen nur unsere eigene behalten, welche die Kommunisten in ihrer arroganten Allwissenheit dem Untergang geweiht glauben. Liegt in dieser Ungleichheit der Ziele unsere Schwäche, so sollte auch unsere Stärke darin liegen. Denn der einzige Sieg im „kalten Krieg", den wir erstreben, ist der, zu bleiben, was wir sind, und die einzige Kapitulation des Gegners, die wir verlangen, ist, einzugestehen, daß seine Art, die Dinge zu tun, im 20. Jahrhundert eine berechtigte sein mag, aber nicht die einzig berechtigte.
(Unser Jahrhundert im Bild, Gütersloh 1964, S. 19)

Ein anderer deutscher Historiker, Wilfried Loth, urteilte dagegen:

Die Sowjetführung fürchtete seit 1943/44 mehr und mehr die Expansion des amerikanischen Kapitalismus in das geschwächte Europa und damit langfristig ... eine neue Bedrohung des eigenen Imperiums; in der amerikanischen Führung setzte sich 1945/46 die Überzeugung durch, der Sowjetkommunismus sei – wie der Faschismus – expansiver Natur und er werde – wie jener die Weltwirtschaftskrise – die wirtschaftliche Notlage Europas dazu zu nutzen versuchen, die gesamte europäische Region in seine Einflußsphäre zu bringen, und damit nicht nur den Wohlstand, sondern auch die Sicherheit der USA bedrohen ... [B]eide nahmen [darum] die Teilung Europas in Kauf und arbeiteten de facto auf sie hin.
(Fischer Weltgeschichte, Bd. 35, Frankfurt 1983, S. 30f.)

Was während des „kalten Krieges" im einzelnen geschah, braucht nicht alles aufgezählt zu werden. In den osteuropäischen Staaten wurden unter zunehmendem Druck der Sowjetunion überall moskautreue Regierungen eingesetzt. In den westeuropäischen Ländern teilte die große Mehrheit der Bevölkerungen die Furcht der Amerikaner vor einer Ausbreitung des sowjetischen Einflusses auf Westeuropa; die Regierungen trieben unter deutlicher Einflußnahme der USA nach innen wie außen betont antikommunistische Politik. Aber der „kalte Krieg" trat in Europa auch noch in anderer Weise in Erscheinung.

Als die jugoslawischen Kommunisten unter ihrem Führer Tito sich der sowjetischen Wirtschafts- und Außenpolitik nicht bedingungslos unterwerfen wollten, versuchte Stalin im Frühjahr 1948, den Sturz Titos herbeizuführen. Doch der Versuch mißlang. Westliche Staaten halfen mit Krediten, die USA leisteten sogar Militärhilfe für die Ausrüstung der jugoslawischen Truppen. In Griechenland hatte sich 1946/47 ein kommunistischer Aufstand entwickelt, der aus den Balkanstaaten des Sowjetblocks und indirekt aus der Sowjetunion unterstützt wurde. Die USA griffen mit massiver finanzieller und wirtschaftlicher Unterstützung sowie Waffenlieferungen ein. Im Oktober 1949 war der Bürgerkrieg mit der Niederlage der Kommunisten beendet.

1. Wie wirkte sich der „Kalte Krieg" in den Ländern West- und Osteuropas aus?
2. Worin unterscheiden sich die Auffassungen der beiden Historiker?

203.1 Tito als Widerstandskämpfer mit seinem Stab, 1944

Wie die heutige Lage in Ostasien entstand

Im 19. Jahrhundert war China zum Ausbeutungsobjekt der imperialistischen europäischen Mächte, der USA und schließlich auch Japans geworden. 1912 beseitigte eine Revolution das schwache Kaisertum. Die Reformkräfte aber waren untereinander sehr zerstritten, weil sie unterschiedliche politische Ziele hatten. Man kann ganz grob von einer großbürgerlich-kapitalistischen und einer kommunistischen Gruppe sprechen, die sich gegenüberstanden. Zunächst setzte sich die erstere unter Chiang Kai-shek weitgehend durch. Nach dem Zweiten Weltkrieg, von 1946 bis 1949, eroberten die Kommunisten unter Mao Tse-tung die Macht und gründeten die Volksrepublik China. Die Gegner, die sogenannten Nationalchinesen, zogen sich auf die Insel Taiwan zurück und schufen dort ihren eigenen Staat. Die Volksrepublik sah sich zunächst von beiden Weltmächten, den USA und der UdSSR, bedroht und stand in einem gespannten Verhältnis zu beiden. Taiwan schloß sich eng an die USA an. Nach dem Tode Maos 1976 begann aber auch in der Volksrepublik eine schon vorher vorsichtig eingeleitete Wandlung der Politik. 1971 wurden Kontakte geknüpft, dann diplomatische Beziehungen zu den USA aufgenommen. Seit Mitte der 80er Jahre scheint sich auch das Verhältnis zur UdSSR allmählich zu entspannen.

Zu blutigen Kriegen im Zuge der Abgrenzung der Einflußsphären kam es in Korea (1950–1953) und Vietnam (1946–1954 und 1959–1975).

Korea war seit 918 n. Chr. ein Königreich gewesen, das stark unter chinesischem Einfluß stand. Seit dem letzten Viertel des 19. Jahrhunderts geriet es stärker unter den Einfluß Japans. 1910 wurde Korea von Japan als Generalgouvernement annektiert. Während des Zweiten Weltkriegs versprachen die Alliierten Korea die Unabhängigkeit. So kam es – ähnlich wie in Deutschland – nach 1945 dazu, daß Korea zunächst in zwei Besatzungszonen aufgeteilt wurde. Ganz mechanisch wurde der 38. Breitengrad als Grenze festgesetzt. Nördlich davon lag die sowjetische, südlich die amerikanische Besatzungszone. Auch in Korea war aber wie in China die alte Opposition gegen Japan im wesentlichen in zwei Lager gespalten, ein großbürgerlich-kapitalistisches und ein kommunistisches. Letzteres baute seine Position vor allem im Norden aus, ersteres vor allem im Süden. So lebten sich beide Teile des Landes auseinander. Der Norden boykottierte 1947 von der UNO beschlossene allgemeine Wahlen, beide Teile trieben eine aggressive Wiedervereinigungspolitik. Schließlich kam es zu militärischen Konflikten an der Demarkationslinie. Daraus entstand 1950 der Koreakrieg. Den Truppen des Nordens, die in nur zwei Monaten den Süden überrannten, traten UN-Truppen unter amerikanischer Führung entgegen und drangen bis an die chinesische Grenze vor. Daraufhin griffen noch 200 000 chinesische Soldaten ein. Schließlich erstarrte die Front aber Anfang 1951 am 38. Breitengrad. Mitte des Jahres kam es zu einer Feuerpause und nach langwierigen Verhandlungen 1953 endlich zu einem Waffenstillstand. Südkorea schloß 1954 ein Verteidigungsbündnis mit den USA. Allmählich scheint sich heute auch das Verhältnis zwischen Nord- und Südkorea zu entspannen.

Das heutige Vietnam wurde ebenfalls im 10. Jahrhundert ein selbständiges Reich, nachdem es zuvor rund 800 Jahre lang ein chinesisches Protektorat gewesen war. In der zweiten Hälfte des 19. Jh. brachte

Annektion: Gewaltsame Einverleibung eines Gebietes

Protektorat: Schutzherrschaft über ein unterentwickeltes Gebiet oder Land

Frankreich es unter seine Herrschaft. 1945 rief Ho Chi Minh in Hanoi die Demokratische Republik Vietnam aus. Es sah zunächst so aus, als könne es zu einer Einigung mit Frankreich kommen, aber die Spannungen wuchsen, 1946 brachte der sogenannte Indochinakrieg aus. Um die Unabhängigkeitsbewegung zu spalten, richtete Frankreich 1948 in Saigon eine bürgerlich orientierte Gegenregierung ein. 1954 schlossen Frankreich und die Demokratische Republik Vietnam einen Vertrag über eine vorläufige Teilung des Landes entlang des 17. Breitengrades; gesamtvietnamesische Wahlen zielten 1956 auf die Wiedervereinigung. Diese lehnte der Süden jedoch ab, der Norden versuchte sie durch Guerilleros zu erzwingen. Ab 1959 herrschte offener Krieg. Die USA fürchteten ihren Einfluß in Ostasien Stück für Stück zu verlieren (Dominotheorie) und griffen ab 1964 auf seiten des Südens ein. Weite Teile der Weltöffentlichkeit, auch in den USA selbst, wandten sich gegen dieses Engagement. Insbesondere die Ende der 60er Jahre aufbrechende Studentenbewegung war in dieser Hinsicht sehr aktiv (vgl. S. 220). 1973 zogen sich die USA aus dem Kampf wieder zurück; 1975 schloß der Norden den Krieg siegreich ab. 1976 fand die Wiedervereinigung beider Landesteile als sozialistische Republik Vietnam ihren Abschluß. Seit dieser Zeit betreibt Vietnam eine Expansionspolitik mit dem Ziel, sich die Staaten Laos und Kambodscha einzuverleiben.

1. Wo liegen die heutigen Einflußbereiche der beiden Weltmächte?
2. Welche Unterschiede und welche Ähnlichkeiten erkennst du zwischen den Entwicklungen in China, Korea und Vietnam?

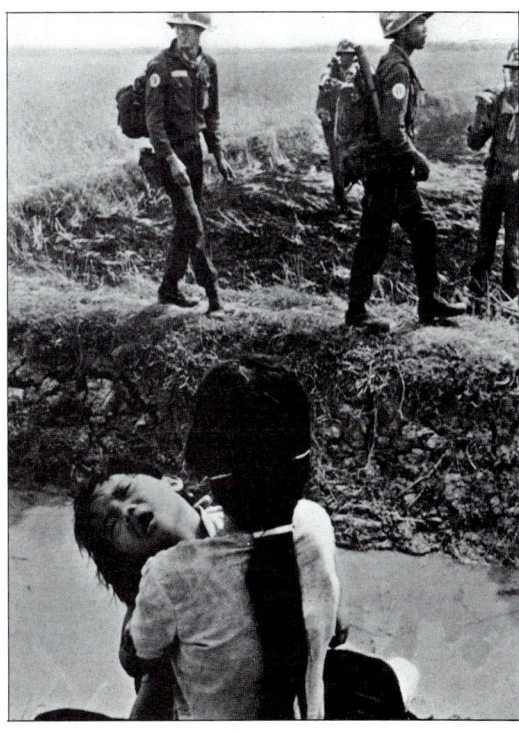

205.1 Ostasien mit Japan und Vietnam   *205.2 Vietnamkrieg, 1966*

*Wie Veränderung
sich anbahnte
und wie sie aussieht*

Ab Mitte der fünfziger Jahre begannen die beiden großen Weltmächte, ihre gegenseitigen Einflußbereiche zu respektieren und weltpolitisch gefährliche Krisen auf dem Wege diplomatischer Verhandlungen zu regeln. So mischten sich die USA nicht ein, als die UdSSR einen 1956 in Ungarn ausgebrochenen Aufstand, der zu einer größeren Selbständigkeit des Landes im kommunistischen Machtblock führen sollte, blutig niederschlugen. Entsprechend hielten sie sich zurück, als Truppen des Warschauer Paktes 1968 den Versuch der Tschechoslowaken, ihr System zu reformieren und zu liberalisieren, unterdrückten. Auch als die Solidarność-Bewegung (Versuch der Einrichtung freier Gewerkschaften) in Polen 1980/81 zu Spannungen führte, griffen sie nicht unmittelbar und wirksam ein. Der seit 1979 von der UdSSR unternommene Versuch, mit militärischen Mitteln in Afghanistan ein kommunistisches Regime einzurichten und zu stützen, wurde zwar von der westlichen Presse bis heute heftig angegriffen, geheime Unterstützung der Aufständischen fand statt, militärische Aktionen der USA jedoch unterblieben.

Umgekehrt gaben die Russen in der sogenannten Kubakrise von 1962 nach. Auf dieser Insel hatte 1959 Fidel Castro die Macht an sich gerissen, die Herrschaft der Großgrundbesitzer gebrochen, das amerikanische Eigentum zu verstaatlichen begonnen und angefangen, einen sozialistischen Staat aufzubauen. Er fand dabei nicht nur sowjetische Unterstützung, sondern die UdSSR baute dort auch Raketenstellungen, durch die die USA bedroht wurden. Präsident Kennedy verhängte daraufhin eine Seeblockade gegen Kuba und sperrte damit die Insel für sowjetische Materiallieferungen. Verhandlungen führten dazu, daß die Russen die Basen abbauten und ihre Schiffe, die mit Baustoffen und Raketen bereits unterwegs waren, zurückbeorderten. Ebensowenig mischten sie sich ein, als die USA 1983 Grenada besetzten, oder tun sie das im gegenwärtigen Konflikt in Nicaragua, das die USA wie ganz Mittel-, aber auch Südamerika als ihr Interessengebiet betrachten. Es kriselt dort ständig gefährlich, weil die Masse der Bevölkerung ganz erbärmlich lebt. Sozialistische Ideen haben hier einen fruchtbaren Nährboden. Die wenigen Reichen, die in verschwenderischem Luxus leben, versuchen in vielen dieser Länder, die Armen durch Militärdiktaturen niederzuhalten. Allenfalls indirekt, über ihre Satellitenstaaten, mischte sich die UdSSR hier vorsichtig ein.

In manchen Fällen entschärften die USA und die UdSSR gefährliche Situationen auch schon durch gemeinsames oder wenigstens koordiniertes Handeln, so in der Suezkrise 1956. Damals hatte der ägyptische Präsident Nasser den Suezkanal verstaatlicht, um mit Hilfe der Kanalgebühren die Finanzen seines Staates zu sanieren. Das bedeutete aber die Enteignung der britisch-französischen Kanalgesellschaft. Darum griffen Großbritannien und Frankreich militärisch ein und ließen durch ihre Truppen die Kanalzone besetzen. Aber russische und amerikanische Warnungen und Maßnahmen zwangen sie zu schneller Aufgabe des Unternehmens. UNO-Truppen rückten zur Sicherung des Kanals ein.

Natürlich kam es in der Mehrzahl der erwähnten Fälle auch immer wieder zu diplomatischen Protesten und Warnungen beider Weltmächte gegeneinander. Manchmal griffen sie auch zu gewissen Sanktionen, wie

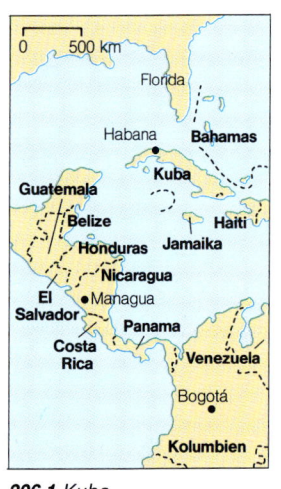

*206.1 Kuba
und Mittelamerika*

der Boykott der Olympischen Sommerspiele 1980 in Moskau eine war oder staatlich verordnete Handelsbeschränkungen, Kreditsperren und andere wirtschaftspolitische Maßnahmen es sind. Insbesondere seit Ronald Reagan Präsident der Vereinigten Staaten ist, seit 1981, wurden die politischen Reden schärfer und der amerikanische Machtanspruch in der Welt nachdrücklicher betont. Das Verhältnis zwischen den beiden Weltmächten kühlte sich zeitweise ab.

Der amerikanische Gelehrte und Diplomat George F. Kennan meinte dazu im Zusammenhang der Afghanistanfrage:

Wie dem auch sei – die undurchdachte Aktion [der Sowjetunion] mußte für die Welt unannehmbar sein, und die Vereinigten Staaten konnten gar nicht anders, als sich der Verurteilung durch die Vereinten Nationen anschließen. Darüber hinaus aber hat die offizielle amerikanische Reaktion einen beunruhigenden Mangel an Ausgeglichenheit gezeigt – sowohl was die Analyse des Problems betrifft als auch, kaum überraschend, dann dessen Behandlung.
(G. F. Kennan, Im Schatten der Atombombe . . ., Köln 1982, S. 244)

207.1 Afghanische Widerstandskämpfer

Und zum Verhalten der amerikanischen Regierung in der erwähnten Polenfrage stellte Kennan fest:

Die Sanktionen, die die Reagan-Administration verhängt hat, zeichnen sich leider dadurch aus, daß sie in der Frage, was man vom Sowjetregime erwartet, damit sie wieder aufgehoben werden können, außerordentlich vage bleiben.
(Kennan, Im Schatten der Atombombe, S. 254)

1. Welche Ähnlichkeiten bestehen zwischen den mittelamerikanischen Staaten im Verhältnis zur USA und Afghanistan im Verhältnis zur Sowjetunion?
2. Worin sieht Kennan Fehler der amerikanischen Politik, und welche Vorgehensweise empfiehlt er?

207.2 Sowjetischer Frachter mit Raketen vor Kuba, von einem US-Zerstörer begleitet

Krisenherde und Lösungsversuche in der Weltpolitik

Wie sich die Machtverhältnisse im Nahen Osten entwickelten

Was wir heute als den Nahen Osten oder Vorderen Orient bezeichnen, gehörte, ausgenommen Persien oder Iran, noch im 19. Jh. zum türkischen oder osmanischen Reich. Nach dem Ersten Weltkrieg wurden die Länder in diesem Gebiet den siegreichen alliierten Mächten als Mandate zugeordnet. Die heutigen Länder Syrien und Libanon kamen unter französische, Irak, Palästina und Jordanien unter britische Oberhoheit. Jordanien wurde aber 1922 als Transjordanien ein selbständiges Gebiet. Ägypten war schon Ende des 19. Jahrhunderts unter britische Oberhoheit gekommen. Saudi-Arabien, Jemen und die Scheichtümer wurden selbständig. Nach dem Zweiten Weltkrieg wurden auch die Mandatsgebiete selbständige Staaten; Palästina nahm eine Sonderentwicklung. Es umfaßte damals die heutigen Staaten Israel und Jordanien. Der ehemalige britische Außenminister Balfour hatte 1917 über dieses Gebiet eine sehr zwiespältige Erklärung abgegeben. An dieser Stelle der Welt sollte dem jüdischen Volk eine nationale Heimat geschaffen werden, und zwar unter Erhaltung der politischen und religiösen Rechte der dort vorhandenen nichtjüdischen Gemeinschaften.

Das schwierige Verhältnis zwischen Israel und den arabischen Staaten führte dazu, daß die beiden Weltmächte hineingezogen worden sind.

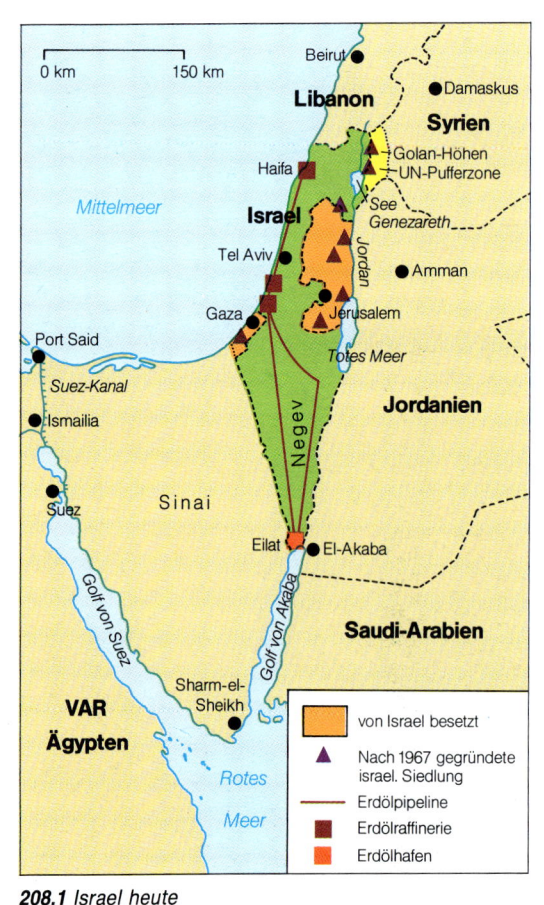

208.1 Israel heute

208.2 Krisengebiet Vorderer Orient

Nach dem Abzug der Briten riefen die Juden am 15. Mai 1948 in Palästina einen unabhängigen Staat Israel aus. Ägypten, Jordanien, damals noch Transjordanien genannt, Syrien, Libanon und Irak suchten diese Gründung sofort mit militärischen Mitteln rückgängig zu machen, wurden aber zurückgeschlagen. Israel gewann so ein erstes Staatsgebiet und wies dort rund 900 000 Araber aus, während bis 1950 mehr als 500 000 Juden neu einwanderten. Es kam mit Hilfe deutscher Wiedergutmachungszahlungen und Unterstützung durch die USA sowie durch die dortige breite proisraelische jüdische Bewegung zu einem rasanten Ausbau des Landes. Der israelisch-arabische Kleinkrieg an den langen, unübersichtlichen Grenzen kam aber nicht zur Ruhe. So nutzten die Israelis zunächst die Suezkrise von 1956 zu einem Vorstoß gegen Ägypten und eroberten 1967 im sogenannten „Sechstagekrieg" gegen Syrien die Golanhöhen, gegen Ägypten die Sinai-Halbinsel und schoben ihre Grenze gegenüber Jordanien an den Jordan vor. 1973 schlugen Ägypten und Syrien zurück und durchbrachen zunächst auch die israelischen Linien, wurden aber nach einigen Tagen doch wieder zurückgedrängt. Durch Vermittlung der USA kam es zu einem Waffenstillstand und 1975 zu einem Abkommen zwischen Israel und Ägypten, in dem die Sinai-Halbinsel an Ägypten zurückgegeben wurde.

Wegen der Unterstützung Israels durch die USA orientierten sich Syrien, Irak und Ägypten zunächst politisch auf Moskau hin, von wo sie unterstützt wurden. Der Irak löste aber bald dieses Verhältnis wieder, Ägypten band sich schließlich sogar recht eng an die USA.

Ein zweiter kritischer Punkt im Nahen Osten ist der Libanon mit seinen religiösen, ethnischen und sozialen Spannungen. Die Auseinandersetzungen zwischen den Interessen der herrschenden reichen Sippen und der religiösen Gruppen bedingen einen ständigen Kleinkrieg. Zweimal haben die USA militärisch eingegriffen, sich aber vor allem auf russischen Einspruch hin wieder zurückgezogen. Israel hat mit einem vorübergehenden Einmarsch ebenfalls keine Beruhigung erreichen können, ebensowenig wie der Einfluß Syriens mit Unterstützung durch die UdSSR dies bewirkt.

Ein dritter Punkt ist die Abhängigkeit der westlichen Welt vom arabischen Öl. Die USA haben eine Eingreiftruppe für den Fall aufgestellt, daß die UdSSR etwa von Afghanistan aus hier Sperrmaßnahmen versuchen sollte oder daß diese von anderen Kräften ausgehen.

Eine große Gefahr ist der radikale Islam des Ayatollah Khomeini. Der seit 1979 andauernde Krieg zwischen Iran und Irak wurzelt einerseits in Grenzstreitigkeiten, ist andererseits aber auch eine Art Religionskrieg. Der radikale Islam verunsichert alle islamischen Staaten und beunruhigt auch die südlichen Völkerschaften der UdSSR sowie die Türkei.

1. Worin liegt das Zwiespältige der Balfour-Deklaration von 1917?
2. Beschreibe, wie sich die beiden Weltmächte im Nahen Osten verhalten, und versuche eine Erklärung, warum sie das so tun.
3. Worin besteht die Gefahr der radikalen islamischen Glaubensanhänger?

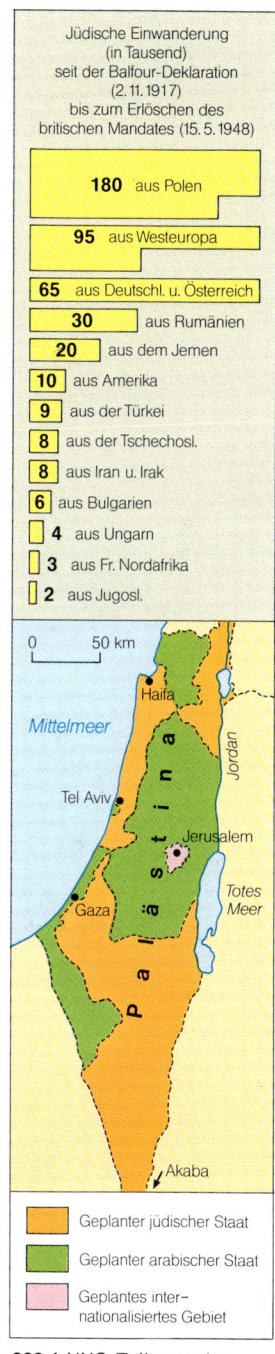

Jüdische Einwanderung (in Tausend) seit der Balfour-Deklaration (2.11.1917) bis zum Erlöschen des britischen Mandates (15.5.1948)

180	aus Polen
95	aus Westeuropa
65	aus Deutschl. u. Österreich
30	aus Rumänien
20	aus dem Jemen
10	aus Amerika
9	aus der Türkei
8	aus der Tschechosl.
8	aus Iran u. Irak
6	aus Bulgarien
4	aus Ungarn
3	aus Fr. Nordafrika
2	aus Jugosl.

Geplanter jüdischer Staat
Geplanter arabischer Staat
Geplantes internationalisiertes Gebiet

209.1 UNO-Teilungsplan. Beschluß vom 29.11.1947. Dieser wurde allein vom jüdischen Bevölkerungsteil anerkannt.

Welche Versuche der Entspannung zwischen den Weltmächten gemacht wurden

Annäherung und Verständigung?
Der deutsche Physiker und Philosoph Carl Friedrich von Weizsäcker schrieb 1976 über die Möglichkeit eines Dritten Weltkriegs:

Wer glaubt, die Konkurrenz der Großmächte werde nicht zum Kriege führen, traut entweder auf politische Entwicklungen oder auf die Abschreckung durch die großen Waffen.
... Politischer Bewußtseinswandel, Wandel sozialer Systeme und die Mittel klassischer Diplomatie sind zur Kriegsverhütung heute notwendig. Keines dieser Mittel ist heute hinreichend.
(C. F. v. Weizsäcker, Wege in der Gefahr, München 1981, S. 110)

Der deutsche Schriftsteller Hoimar von Ditfurth meinte 1985:

Vor dem Ausbruch eines Krieges à la 1939 schützt uns das Prinzip der „Abschreckung" wohl tatsächlich. Was wir fürchten ... ist etwas ganz anderes, nämlich der Ausbruch eines Krieges, den eigentlich niemand will: eines Krieges ... infolge einer instabil werdenden, den Verantwortlichen aus den Händen gleitenden Krise, bei welcher die Entscheidungsabläufe sich zu verselbständigen beginnen.
(H. v. Ditfurth, So laßt uns denn ..., Hamburg 1985, S. 165)

Ein erster Versuch, mit dem „Mittel klassischer Diplomatie" die Gefahr eines Weltuntergangs zu vermeiden, war das Teststoppabkommen von 1963 zwischen den USA, der UdSSR und Großbritannien. Es verbot Atomwaffenversuche unter Wasser und in der Atmosphäre. Ein zweiter war der Kernwaffensperrvertrag von 1968, der eine Weiterverbreitung von Kernwaffen verhindern sollte, sich aber als wenig wirksam erwies. Ein dritter schließlich waren die beiden „SALT-Abkommen" (Strategic

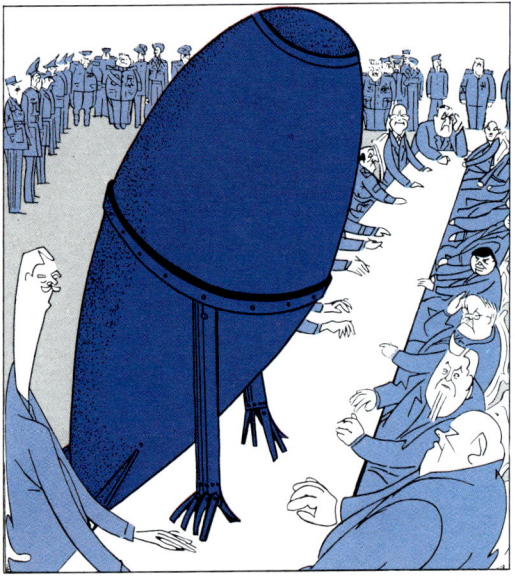

210.1 „Es wird hier dauernd von Frieden gesprochen – meine Herren, der Friede bin ich!"

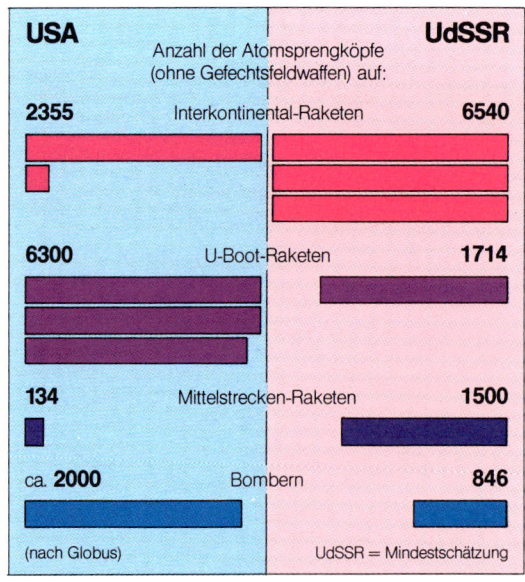

210.2 Atomwaffenarsenale der USA und der UdSSR, Stand 1980

	USA	UdSSR
Interkontinental-Raketen	2355	6540
U-Boot-Raketen	6300	1714
Mittelstrecken-Raketen	134	1500
Bombern	ca. 2000	846

(Anzahl der Atomsprengköpfe ohne Gefechtsfeldwaffen; nach Globus; UdSSR = Mindestschätzung)

Arms Limitation Talks) von 1972 und 1979 zwischen den USA und der UdSSR, in denen Abmachungen über interkontinentale Atomwaffen getroffen wurden. SALT II wurde allerdings nicht durch die Parlamente beschlossen (ratifiziert).

Im Jahre 1973 fand in Helsinki die erste KSZE-Konferenz (Konferenz über Sicherheit und Zusammenarbeit in Europa) statt und begannen in Wien die MBFR-Verhandlungen (Mutual and Balanced Force Reductions). Aber das politische Klima verschlechterte sich schließlich wieder. Im Januar 1984 konnte man aus den USA und der UdSSR sogar von hohen Regierungsstellen, z. B. beiden Außenministern, Äußerungen hören, wie sie im „Kalten Krieg" gang und gäbe waren. Der amerikanische Präsident versuchte mit aller Gewalt ein SDI-Programm (Strategic Defense Initiative) durchzusetzen, das einen undurchdringlichen Schutzschild gegen interkontinentale Waffen über den USA errichten sollte. Aber seitdem Michael Gorbatschow 1985 der entscheidende Mann in Moskau geworden ist, beginnen sich die verhärteten Fronten wieder aufzulockern. Ein Beispiel für Verständigung waren die KVAE-Verhandlungen (Konferenz für Verständigung und Abrüstung in Europa) vom August/September 1986 in Stockholm. West und Ost verpflichteten sich, militärische Maßnahmen wie Manöver und Truppenverlegungen vorher öffentlich anzumelden und eine entsprechende Inspektion durch die Gegenseite zu erlauben.

1. Inwiefern sind die von Carl Friedrich von Weizsäcker erwähnten Maßnahmen nicht hinreichend?
2. Was müßte nach Hoimar von Ditfurths Meinung geschehen?
3. Stellt unterschiedliche Meinungen zum SDI-Programm zusammen. Bewertet sie.

211.1 Verhandlungen über Atomwaffenkontrolle.
Karikatur aus der „New York Daily News"

Worin die Schwierigkeiten der Verständigung zwischen den Weltmächten bestehen

Hochrüstung und Abrüstung

Am 11./12. Oktober 1986 trafen sich Präsident Reagan und Generalsekretär Gorbatschow in der isländischen Hauptstadt Reykjavik, um die Abrüstungsverhandlungen voranzutreiben. Zunächst wurde eine erstaunlich weitgehende Übereinstimmung erzielt. Die USA und die UdSSR konnten sich darauf einigen, daß binnen 5 Jahren die beiderseitigen Interkontinentalwaffen (land- und seegestützte Raketen sowie Fernbomber) um 50% vermindert, daß alle Mittelstreckenraketen (SS 20, Pershing II und Cruise Missiles) aus Europa abgezogen und daß die Mittelstreckenwaffen unter 1000 km Reichweite eingefroren werden sollten. Die UdSSR erklärte sich ferner bereit, von der Forderung nach sofortiger Einstellung aller Atomwaffenversuche abzurücken und einer stufenweisen Reduzierung zuzustimmen. Die Verhandlungen scheiterten aber daran, daß die UdSSR am ABM-Vertrag von 1972 über die Begrenzung von landgestützten Raketenabwehrsystemen festhielt, was eine Raketenabwehr vom Weltraum aus verbot, während die USA auf diesem Plan (SDI) starr beharrte.

Auf einer Pressekonfrenz noch am Abend des letzten Verhandlungstages erklärte Generalsekretär Gorbatschow:

Wir sehen klar, daß wir wieder an eine neue Grenze gekommen sind, hinter der eine neue Runde des Wettrüstens unausweichlich ist, und zwar mit unvorhersagbaren Folgen in politischer und militärischer Hinsicht...
Wir haben ein ganzes Paket bedeutender Vorschläge mitgebracht, die, wenn sie angenommen würden, wirklich in kurzer Zeit, ich würde sagen, in allen Richtungen des Kampfes um Abrüstung und Begrenzung der Kernwaffen die Gefahr eines Kernwaffenkrieges real bannen könnten und es ermöglichen würden, den Weg in Richtung auf eine Welt ohne Kernwaffen einzuschlagen...
Vom militärischen Standpunkt aus muß man dafür sorgen, daß, während eine Seite das militärische Potential reduziert, die andere nicht insgeheim die Initiative ergreift und Überlegenheit in militärischem Sinne erlangt...
Wir kennen das Festhalten der amerikanischen Administration, des Präsidenten, an SDI... Der Präsident beharrte bis zuletzt darauf, daß Amerika das Recht hat, alles, was SDI betrifft, nicht nur in Laboratorien zu erforschen und zu testen, sondern auch außerhalb, unter anderem auch im Weltraum...
Wir haben uns am Rande des Abschlusses großer historischer Entscheidungen befunden. Da aber die amerikanische Administration, wie wir jetzt begriffen haben, durch SDI nach technologischer Überlegenheit strebt, ist sie sogar so weit gegangen, Vereinbarungen zu begraben, die wir bereits getroffen hatten...
Wir wollen aber nicht verzweifeln. Ich denke, dieses Treffen ... hat gezeigt, daß Vereinbarungen möglich sind. Ich bin überzeugt davon.
(*Frankfurter Rundschau vom 15.10.1986, S. 14*)

Am Montag nach dem Treffen äußerte sich Präsident Reagan in einer Fernsehansprache dazu so:

Davon überzeugt, daß eine Politik der gegenseitigen gesicherten Zerstörung und des Mordes an ihren und unseren Bürgern geradezu barbarisch

ist, habe ich unsere Streitkräfte vor einigen Jahren um Erforschung der Frage gebeten, ob es einen praktischen Weg gibt, Nuklearraketen nach ihrem Start und vor Erreichung ihres Ziels zu zerstören, damit keine Menschen getötet werden. Das ist das Ziel dessen, was wir SDI nennen ...
Hier setzte die Diskussion ein. Der Generalsekretär strebte nach Formulierungen, die uns letztlich davon abgehalten hätten, SDI weiterzuentwickeln, und wenn ich dem zugestimmt hätte, wären alle Bemühungen zur Abschaffung von Kernwaffen vergeblich gewesen ...
Wenn ich denn einen Eindruck von diesen Oktober-Gesprächen mit zurücknehme, so ist es der, daß wir jetzt – anders als in der Vergangenheit – aus einer Position der Stärke heraus verhandeln und daß es uns aus diesem Grund möglich ist, mit dem Sowjets bald noch mehr Durchbrüche zu erzielen.
(Frankfurter Rundschau vom 16.10.1986, S. 17)

Der deutsche Physiker und Philosoph C. F. von Weizsäcker urteilte:

Das Scheitern war zu erwarten. Echte, freiwillige Abrüstung entscheidender Waffensysteme zwischen zwei gegnerischen Großmächten hat es, ..., noch nie gegeben. Der Kampf um die Weltmacht ... ist eine uralte Figur der Menschheitsgeschichte ... Alle Großmächte der Weltgeschichte haben daran geglaubt, daß ihre Sicherheit durch ihre militärische Überlegenheit besser gesichert ist als durch militärisches Gleichgewicht mit einem Gegner, dem man mißtraut.
(Die Zeit vom 24.10.1986, S. 12)

1. Worin liegt die Ursache des Scheiterns?
2. Welche Bedingungen müßten erfüllt werden, um dennoch dem Frieden näherzukommen?
3. Welche Rolle spielen die Europäer bei den Abrüstungsverhandlungen?

213.1 Reagan und Gorbatschow im Gespräch in Reykjavik, 1986

Industrienationen und Dritte Welt

Von der Kolonie zum Staat

Woher die inneren Konflikte in den Staaten der „Dritten Welt" rühren

Spanier und Portugiesen hatten im 16. Jahrhundert in Mittel- und Südamerika, aber auch in Teilen Afrikas und Indiens ihre Macht gewaltsam errichtet und dabei alte Kulturen zerschlagen. In den ersten beiden Jahrzehnten des 19. Jahrhunderts wurden die mittel- und südamerikanischen Kolonien freie, selbständige Staaten, aber sie kamen seitdem trotzdem nicht zur Ruhe. Vor allem der Gegensatz zwischen einer kleinen, aber sehr reichen Herrenschicht und einer bitterarmen breiten Bevölkerung läßt fortwährend Aufruhr und Putsch ausbrechen. Die beiden großen Weltmächte ergreifen Partei und werden ständig hineinverwickelt (vgl. S. 206f.). Die USA befürchten, daß sie ihren politischen Einfluß auf Lateinamerika und die amerikanische Wirtschaft ihren Markt verlieren könnten. Deshalb unterstützen sie oft Regierungen, die die Interessen der USA vertreten, nicht aber die der breiten Masse des Volkes.

Auch die Kolonisation des 19. Jh. war nicht eine friedliche Inbesitznahme. Ein Redakteur der „Deutschen Kolonialzeitung" schrieb z. B. kurz nach 1900 über die damalige deutsche Kolonie Kamerun:

Wir erscheinen [den Eingeborenen] als unrechtmäßige und tyrannische Eindringlinge. Für die Farce der „Schutzverträge" und die „Segnungen" unserer Kultur hat die große Masse der Schwarzen keine Spur von Verständnis. Auf einige Zeit lassen sie sich wohl durch Waffengewalt und geistige Überlegenheit einschüchtern, und auf diesem „Imponieren" beruht die ganze deutsche Herrschaft.

(R. Hücking/E. Launer, Aus Menschen Neger machen, Hamburg 1986, S. 86)

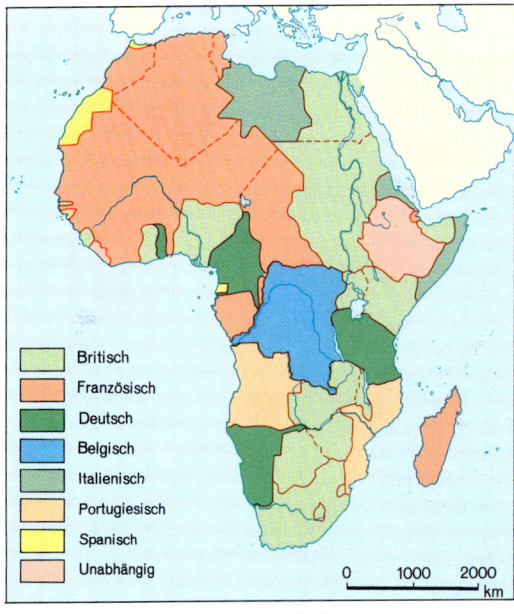

214.1 Afrika 1914: Wettlauf um Afrika

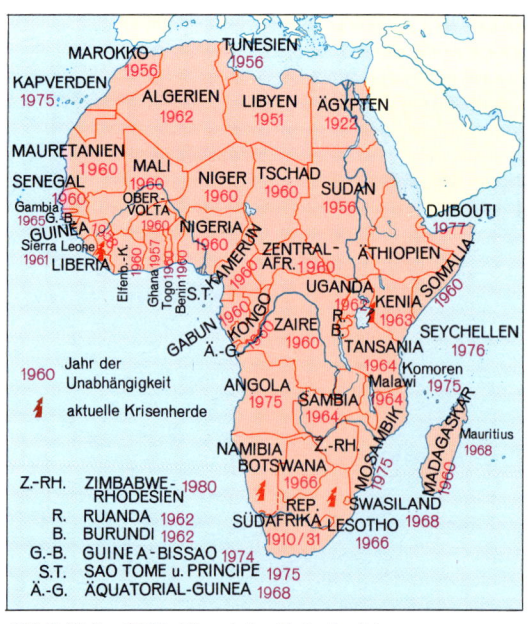

214.2 Afrika 1984: Stand der Entkolonisierung

Krisenherde und Lösungsversuche in der Weltpolitik

Die neuen Staaten Afrikas haben heute noch Grenzen, die im 19. Jh. von den imperialistischen Mächten festgelegt worden sind. Sie durchschneiden alte einheitliche Stammes- und Kulturgebiete und fassen einander fremde Stämme willkürlich zusammen. Dies hat immer wieder kriegerische Konflikte hervorgerufen. In Südasien ist z. B. das alte britische Herrschaftsgebiet in drei Staaten zerfallen: Pakistan, Indien und Bangladesch. Und in Indien bilden neuerdings die Auseinandersetzungen mit den Sikhs ein Problem für die Einheit des Staates.

In aller Regel haben die ehemaligen Kolonialherren nur eine dünne Oberschicht der Eingeborenen im europäischen Denken und Verwalten erzogen, die ihnen bei der Beherrschung der Masse der Bevölkerung helfen sollte.

Der Historiker I. Geiss hat hervorgehoben, daß die europäischen Kolonialherren keinerlei Interesse für die eigenständigen Bedingungen und Verhältnisse innerhalb ihrer Kolonien hatten. Sie hätten sich nur dem Auf- und Ausbau ihrer eigenen Macht dort gewidmet. Das bedeute,

daß die verschiedenen Konflikte in der einheimischen Gesellschaft und zwischen einheimischen Gesellschaften gleichsam nur auf Eis gelegt waren, dann aber bei Herannahen der nationalen Unabhängigkeit oder nach der Unabhängigkeit wieder auftauten und von neuem virulent (aktiv) wurden.

(Fischer Weltgeschichte, Bd. 36, Frankfurt/M. 1981, S. 55 f.)

1. Begründe, worin die Schwierigkeiten der „Dritten Welt" bestehen.
2. Kann man von einem Klassenkampf zwischen Nord und Süd reden?
3. Überlege Möglichkeiten, diese Spannungen zu beseitigen.

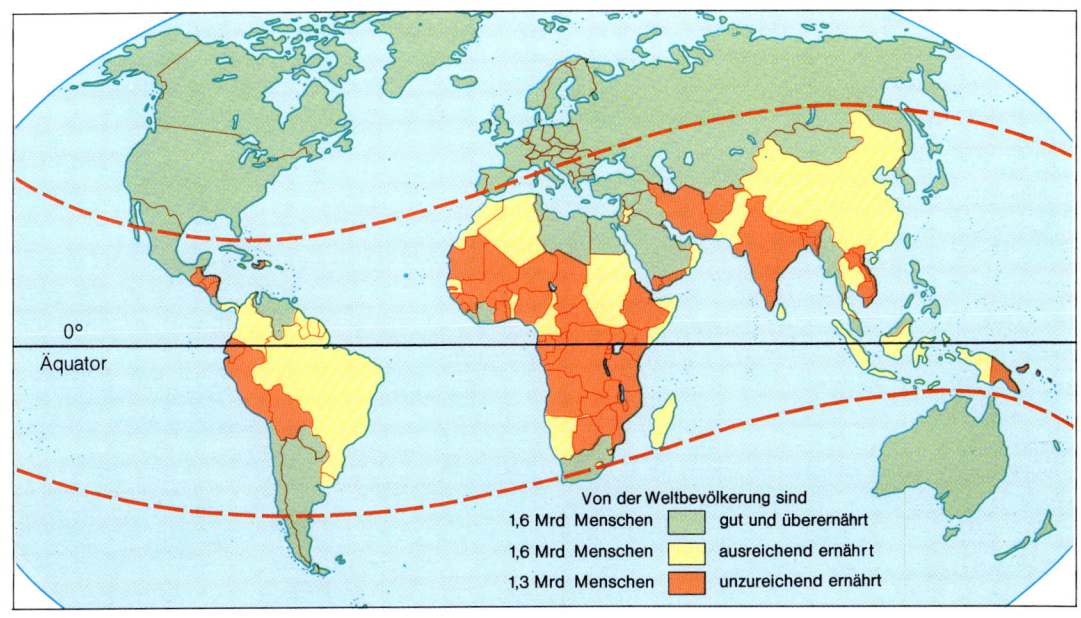

215.1 Hungergürtel in der Dritten Welt

Worin die besonderen Schwierigkeiten der Länder der „Dritten Welt" liegen, moderne Staaten zu werden

Die Frage der nationalen Identität
Bekümmert schrieb der deutsche Völkerkundler und Forschungsreisende Leo Frobenius 1933 in einem Buch:

Wir wollen es nicht vergessen, daß noch vor einem Menschenalter Afrika in der Vorstellung allgemeingebildeter Europäer ein trostloses Land, ein Erdteil der Fieber und nur geeignet für Abenteurer und Missionare war. Und seine Eingeborenen halbtierische Barbaren, eine Sklavenrasse, ein Volk, dessen rohe Verkommenheit nur ... Fetischismus [von Zauberei und Talismanen beherrschte Primitivreligion] produziert hatte und sonst nichts ...
(...)
Aus den Berichten der Seefahrer vom 15. bis zum 17. Jahrhundert geht ohne jeden Zweifel hervor, daß das vom Saharawüstengürtel gen Süden sich erstreckende Negerafrika damals noch in der vollen Schönheit harmonisch wohlgebildeter Kulturen blühte. Eine „Blüte", die europäische Konquistadoren, soweit sie vorzudringen vermochten, zerstörten. Denn das neue Land Amerika brauchte Sklaven; Afrika bot Sklaven. Sklaven zu Hunderten, Tausenden, schiffsladungsweise! Der Menschenhandel war jedoch niemals ein leicht zu verantwortendes Geschäft. Er erforderte eine Rechtfertigung. So wurde der Neger zu einem Halbtier „gemacht", zu einer Ware ...
[Wundervolle Kulturen haben in Gebieten bestanden] in denen der Besucher heute nur noch europäische Schundware, verelendete Hosennigger und schmarotzende Niggerclerks trifft.

(L. Frobenius, Kulturgeschichte Afrikas, 1933, S. 12f.)

So verloren die Afrikaner ihre eigenen hohen Kulturen, aber zu einer völligen Angleichung an Europa kam es trotzdem nicht. In der ehemaligen deutschen Kolonie Kamerun z. B., die nach dem Ersten Weltkrieg französisches Mandatsgebiet und nach dem Zweiten Welt-

216.1 Gebäude aus der deutschen Kolonialzeit, Windhuk

217.1 Dorf im tropischen Regenwald in Afrika

krieg ein selbständiger Staat geworden ist, leben mehr als 200 unterschiedliche Völkerschaften mit ebenso vielen verschiedenen Sprachen. Überdies ist der Süden christlich, der Norden aber moslemisch. Französisch ist die Sprache der europäisch Gebildeten geworden. Ähnliche Verhältnisse bestehen in vielen afrikanischen Staaten, aber auch in anderen Ländern der „Dritten Welt".

Um 1960 begrüßte der britische Journalist B. R. Davidson in einem seiner Afrika-Bücher den „Anfang einer afrikanischen Emanzipation" und den „Anschluß der Völker Afrikas an die gemeinsame und gleiche Familie der Menschen". Besorgt fragte er allerdings:

Der Imperialismus des 19. Jahrhunderts durchschnitt Grenzen und Völker und hinterließ für das spätere Afrika das Problem, die Grenzen von neuem auf einem vernünftigen Plan zu ziehen. Wenn diese Unabhängigkeit sich in den kommenden Jahren erweitern wird, wird dieser Plan vorzeitig mit der Schaffung von Nationalstaaten haltmachen und so das europäische Beispiel nachäffen? Werden sich diese Völker mit bloßem Kopieren zufriedengeben? Und dies in einer Zeit, in der der Nationalstaat seine Macht zu stimulieren verloren hat und so oft ein Hindernis für weiteres Wachstum wird? Muß Afrika die Wucherung der Nationen und der nationalen Streitigkeiten erneuern? . . .
Die afrikanischen Völker verfolgten in der Vergangenheit ihren eigenen Weg: Nichts spricht dagegen, daß sie dies nicht wieder konstruktiv und schöpferisch tun werden.
(B. Davidson, Urzeit und Geschichte Afrikas, Reinbek 1961, S. 267f.)

1. Überlege, welche Bedeutung die Zerstörung der alten afrikanischen Kulturen für das Selbstvertrauen der Afrikaner hat.
2. Erkläre, warum die anderen, bereits vorher angeführten Probleme eine Staatwerdung der ehemaligen Kolonialgebiete erschweren.
3. Vergleiche unter diesen Gesichtspunkten das Verhältnis zwischen der Bundesrepublik Deutschland und der Deutschen Demokratischen Republik.

Wie die Industrienationen der „Dritten Welt" zu helfen versuchen und worin die Schwierigkeiten bestehen

Nord-Süd-Konflikt und Entwicklungshilfe

Die Industrienationen versuchen, durch Entwicklungshilfe ihren Beitrag zur Lösung der Probleme der „Dritten Welt" zu leisten. Sie bemühen sich vor allem, die Wirtschaft jener Länder zu fördern. Anfangs haben sie den Regierungen Kredite gegeben und ihnen deren Verwendung selbst überlassen oder ihnen nur durch Berater dabei geholfen. In einigen Fällen haben sich Personen und Gruppen bereichert. Vor allem aber hat sich erwiesen, daß der Versuch, sofort eine moderne Industrie aufzubauen, zum Scheitern verurteilt war. Deshalb werden Gelder nur noch für klar umschriebene, zunächst durch Entwicklungshelfer geleitete Projekte ausgegeben. Außerdem setzt sich allmählich die Auffassung durch, zunächst ganz einfache Entwicklungen zu fördern.

Das Ministerium für Wirtschaftliche Zusammenarbeit (Entwicklungshilfeministerium) nannte 1969 folgende Gründe für die Hilfeleistung:

Das wirtschaftliche und soziale Gefälle zwischen den industrialisierten Zonen und den Entwicklungsgebieten der Erde erhält Abhängigkeiten und schafft Konflikte. Entwicklungspolitik soll Völkern helfen, sich selbst zu helfen, damit sie sozial und wirtschaftlich aufholen, ihre Gesellschaft nach eigenen Zielen modernisieren und in der weltweiten Interdependenz über die gemeinsame Zukunft mitbestimmen können. Entwicklungspolitik macht politische Kräfte, wirtschaftliche Interessen und solidarische Hilfsbereitschaft dem sozialen und politischen Ausgleich dienstbar und bringt sie zu optimaler Wirksamkeit. [Sie] fordert die Lernfähigkeit auch unserer Gesellschaft heraus, ... die Sorgen anderer Länder zu teilen und ihre Entscheidung ernst zu nehmen. Entwicklungspolitik ist Ansatz zu einer Weltinnenpolitik.

(Fischer Weltgeschichte, Bd. 26, Frankfurt/M. 1981, S. 443ff.)

218.1 „Ist dir klar, daß ich dich in der Hand habe?", Karikatur von H. Haitzinger

800 Mio Menschen hungern heute ständig
40000 Kinder sterben täglich an Hunger.

Der Historiker Rudolf von Albertini meint, daß uns die großen Krisen in der „Dritten Welt" noch bevorstünden und daß diese auch uns nicht ungeschoren lassen würden. Als Krisen sieht er an:

Einer Reihe armer Länder droht die nicht wiedergutzumachende Zerstörung ihres ökologischen Systems; weitaus mehr Länder noch stehen vor wachsenden Nahrungsmitteldefiziten und möglicherweise vor großen Hungersnöten. In der Weltwirtschaft drohen große Handelsbeschränkungen oder Abwertungen im Wettlauf der Länder gegeneinander; ein Zusammenbruch des Kreditsystems mit Zahlungsunfähigkeit großer Schuldner; Bankzusammenbrüche, eine fortschreitende Rezession als Folge möglicher Energieknappheit oder weiterer Fehlschläge in der internationalen Zusammenarbeit; verschärfter Kampf um Interessen- und Einflußbereiche oder um die Kontrolle von Ressourcen, der zu militärischen Konflikten führen kann. Die 80er Jahre könnten noch weit größere Katastrophen bringen als die Wirtschaftskrise der 30er Jahre.

Rezession: Phase des wirtschaftlichen Rückgangs

Ressourcen: hier: Rohstoffe, z. B. Öl

(Fischer Weltgeschichte, Bd. 36, Frankfurt/M. 1981, S. 471f.)

Eine Expertin und langjährige Beamtin im Bundesministerium für Wirtschaftliche Zusammenarbeit, Brigitte Erler, meint:

Immer wieder stieß ich auf das Phänomen, daß wir einen Mißstand zu beheben suchen und dadurch nichts als Unheil stiften, weil unsere Analyse soziale und vor allem politische Bedingungen außer acht läßt ... So wie die landwirtschaftlichen Projekte zur Vernichtung der Existenzen von Kleinbauern und damit zu ihrem Ruin führen, so bewirkt die Entwicklungshilfe auf dem industriellen Sektor Unselbständigkeit, Abhängigkeit und damit Manipulierbarkeit auf höherer Ebene ... Entwicklungshilfe schadet allen, denen sie angeblich nützen soll, ... Sie muß deshalb sofort beendet werden. Ohne Entwicklungshilfe ginge es den Menschen in den Ländern der Dritten Welt besser.

(B. Erler, Tödliche Hilfe, Freiburg 1985, S. 14/38/86/83/8)

Bruttosozialprodukt
(BSP/Kopf in $)
ausgewählter Länder, 1983

Äthiopien	120
Brasilien	1880
Indien	260
USA	14110
D	11430

Der Entwicklungsexperte Myrdal meint dagegen:

Ich rate gewiß nicht zu einer Verminderung der Bewilligung von Geldern, sondern fordere weiterhin mehr. Aber die einzige „Entwicklungshilfe", die ich unter den gegenwärtigen Umständen befürworten könnte, wäre auf die einfachsten und billigsten Maßnahmen gerichtet, die die Nahrungsmittelproduktion sowie die Einrichtung sanitärer Anlagen und deren Nutzbarmachung steigern würden, ... [die] die Gesundheitspflege, besonders bei armen Familien, verbessern und deren Kindern einen höheren Grad der Schulbildung ermöglichen würden.

(Dt. Bundestag, Drucksache 10/370, Bonn 1986, S. 198ff.)

1. Was macht eine sinnvolle Entwicklungshilfe so schwierig?
2. Welche Voraussetzungen hätte eine wirksame „Weltinnenpolitik"?
3. Warum fordern Länder der Dritten Welt Schuldenerlaß?

219.1 Industrialisierung verdrängt Arbeitsplätze im Gewerbe, z. B. Plastiksandalenfabrik in Afrika

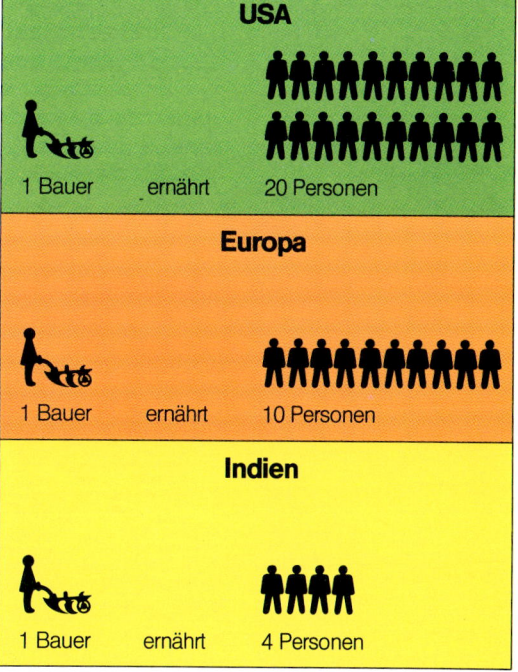

219.2 Ungleichheit in der landwirtschaftlichen Produktivität

Probleme der Zeit
in der Bundesrepublik Deutschland

Die Studentenunruhen 1968

Welche Kritik Studenten und andere Bürger an unserem Staat übten und welche Folgen dies hatte

Die zunehmende Kritik an den wirtschaftlichen und sozialen Verhältnissen dehnte sich bald auch auf das parlamentarische System aus. Das Bündnis der beiden großen Parteien und das Fehlen einer starken Opposition (50 oppositionelle FDP-Abgeordnete gegenüber 446 der Koalition) ließen eine außerparlamentarische Opposition (APO) entstehen. Sie sah ihre Meinungen nicht in den parlamentarischen Debatten vertreten. Deshalb trug sie ihren Protest auf die Straße.

Ausgangspunkt waren schlechte Studienbedingungen und Forderungen nach Mitbestimmung innerhalb der Hochschulen. Aber schon bald wurde die Veränderung und Demokratisierung aller Lebensbereiche gefordert. Heftige Kritik entzündete sich auch am Krieg der USA in Vietnam (vgl. S. 204f.).

Anfang Juni 1967 besuchte der persische Schah die Bundesrepublik. Am 2.6.1967 fand eine Demonstration in Berlin gegen ihn und seine diktatorische Herrschaft statt. Dabei wurde der Student Benno Ohnesorg von einem Kriminalkommissar erschossen. Studentenunruhen breiteten sich von Berlin schnell auf die gesamte Bundesrepublik aus. Es wurde nun deutlich, worin sich der radikale Teil der APO und die Anhänger einer Politik der Reformen unterschieden. Während eines Studentenkongresses in Hannover erklärte ein Vertreter des RCDS am 9.6.1967:

RCDS:
Ring Christlich-
Demokratischer Studenten

Man sollte davon ausgehen, daß unser demokratisches System in der Bundesrepublik zwar außerordentlich viele Mängel aufweist, ... daß gerade aber diese pluralistische, demokratische Gesellschaft ... uns hier zum Beispiel die Möglichkeit eröffnet, ... zur Lösung von Problemen

220.1 Vietnam-Demonstration, Berlin 1968

220.2 Demonstration gegen die Notstandsgesetze, 1968

beizutragen ... Diese Gesellschaft kann nur mit der Gesellschaft und nicht gegen die Gesellschaft verändert werden ...
(A. Baring, Machtwechsel, Stuttgart 1982, S. 83)

Wenige Tage vorher hatte Rudi Dutschke vom SDS gesagt:

SDS: Sozialistischer Deutscher Studentenbund

Wir sind in diesem System von Institutionen nicht mehr vertreten. Darum sind diese Institutionen nicht Ausdruck unseres Interesses. ... Unsere einzige Chance für eine wirkliche Demokratisierung von unten geht nicht über die etablierten Organisationen, geht allein über die von uns zu schaffenden Aktionszentren ... und Aktionen sind die einzige Voraussetzung der Demokratisierung von unten ...
(A. Baring, Machtwechsel, S. 84)

Am 11. April 1968 wurde Rudi Dutschke, der Führer des radikalen Teils der Protestbewegung, in Berlin durch mehrere Schüsse lebensgefährlich verletzt. Daraufhin kam es in vielen Städten der Bundesrepublik zu Demonstrationen und Krawallen. Bei Demonstrationen gegen die Springer-Presse, von der die APO häufig in gehässiger Weise angegriffen worden war, wurden in München ein Fotoreporter und ein Student getötet. In dieser kritischen Situation sprach Justizminister Heinemann am 14.4.1968 über alle Rundfunk- und Fernsehanstalten:

Sowohl der Attentäter, der Rudi Dutschke nach dem Leben trachtete, als auch die elftausend Studenten, die sich an den Demonstrationen vor Zeitungshäusern beteiligten, sind junge Menschen. Heißt das nicht, daß wir Älteren den Kontakt mit Teilen der Jugend verloren haben oder ihnen unglaubwürdig wurden? Heißt das nicht, daß wir Kritik ernst nehmen müssen, auch wenn sie aus der jungen Generation laut wird? ... Die Bewegtheit dieser Tage darf nicht ohne guten Gewinn bleiben.
(A. Baring, Machtwechsel, S. 70f.)

Im Mai 1968 – ein weiterer Anstoß der Unruhen – sollten die Notstandsgesetze verabschiedet werden, die das Grundgesetz ergänzen und Artikel 5, Abs. 2 des Deutschlandvertrags (vgl. S. 172f.) aufheben. Sie sollten Vorsorge für den Fall innerer Unruhe treffen und sahen u. a. den Einsatz der Bundeswehr und die Beschränkung des Brief-, Post- und Fernmeldegeheimnisses vor. Vor der zweiten Lesung kam es zu einer großen Demonstration von ca. 30000 Menschen in Bonn. Es nahmen daran Gewerkschaftsmitglieder, APO-Gruppen und andere Bürger teil, die befürchteten, daß eine Gefährdung des liberalen Rechtsstaates drohe. Auf viele Mitglieder der APO wirkte die Verabschiedung der Gesetze durch den Bundestag am 30.5.1968 wie ein Schock, weil ihr Protest scheinbar ohne Wirkung geblieben war; viele von ihnen gingen schließlich zur SPD, um so doch noch politischen Einfluß zu gewinnen. Das sollte ihre politischen Chancen, aber auch ihre Schwierigkeiten sehr vergrößern. Ein anderer Teil schloß sich kommunistischen Gruppen und Parteien an. Ein sehr kleiner Teil aber ging in den Untergrund und versuchte, durch Terror den Staat und seine Einrichtungen zu bekämpfen.

1. Warum nannten sich Teile der APO „Neue Opposition"?
2. Inwiefern wirken Ideen der APO bis heute weiter?

Die Frauenbewegung

Worum es in der Frauenbewegung geht

Mit dem Beginn der Großen Französischen Revolution gegen Ende des 18. Jahrhunderts entstand in Frankreich und Großbritannien eine erste Frauenbewegung. Es ging dabei um das aktive und passive Wahlrecht für Frauen sowie um deren Zulassung zu öffentlichen Ämtern. Bald meldeten sich auch in den deutschen Staaten vereinzelt Frauen zu Wort. 1865 wurde in Leipzig der Allgemeine Deutsche Frauenverein gegründet. Er strebte an, die Frauen zu selbständiger wirtschaftlicher und geistiger Arbeit im Dienste nationaler und sozialer Ideale zu erziehen. In den beiden letzten Jahrzehnten des 19. Jahrhunderts bildeten sich zahlreiche weitere Frauenvereine. Alle schlossen sich 1894 zum Bund Deutscher Frauenvereine zusammen. 1897 trat dieser dem Internationalen Frauenbund bei. Die radikalste Gruppe war die 1903 von Emmeline Pankhurst (1858–1928) in Großbritannien gegründete Women's Social and Political Union. Sie nannten sich Suffragetten (von suffrage = Stimmrecht). Frau Pankhurst wurde achtmal wegen Störung der öffentlichen Ordnung, Brandstiftung usw. zu Gefängnis verurteilt.

Weiber sollen schweigen in den Versammlungen, denn es ist ihnen nicht erlaubt zu reden, sondern unterwürfig zu sein, wie auch das Gesetz sagt.

(1. Kor. 14, 34)

Aber erst der Erste Weltkrieg brachte eine erste entscheidende Wandlung mit sich. Frauen hatten in dieser Zeit in den kriegführenden Staaten in den Fabriken und öffentlichen Ämtern die an der Front stehenden Männer ersetzen müssen. So kam es dazu, daß in Deutschland Frauen 1919 die politische Gleichberechtigung erhielten, in Großbritannien allerdings zunächst nur Frauen über 30 Jahren; erst 1928 bekamen dort auch die Frauen ab 21 Jahren das Wahlrecht. Trotz einer gleichen Inanspruchnahme der Frauen im Zweiten wie im Ersten Weltkrieg blieben aber auch nach 1945 viele Wünsche offen.

Leichtlohngruppen: Tariflich festgesetzte geringe Löhne für leichte Arbeiten, zu denen besonders Frauen herangezogen werden.

Es gibt noch immer Leichtlohngruppen und Berufe, in denen die Frauen für die gleiche Tätigkeit schlechter bezahlt werden als Männer. An den Universitäten als Hochschullehrer, in führenden Positionen der Wirtschaft und Politik, aber auch in den handwerklichen Berufen sind Frauen immer noch nicht dem Verhältnis ihrer Anzahl in der Bevölkerung entsprechend vertreten. Dennoch ist die Entwicklung vorangeschritten, auch die rechtliche Position der Frauen, z. B. im Scheidungsrecht, ist entschieden verbessert worden. In Frauenhäusern wird denjenigen geholfen, die von ihren Männern tyrannisiert werden. Aber die Chancen der Frauen sind immer noch nicht mit denen der Männer vergleichbar, obwohl ihre rechtliche Stellung deren angeglichen worden ist.

Bundesfamilienministerin Rita Süssmuth schrieb zur Lage der Frauen:

Frauen suchen nach einem neuen Rollenverständnis . . ., aber Lebensplanung von Frauen vollzieht sich in Auseinandersetzung mit widersprüchlichen Erwartungen. Das von ihnen erwartete Interesse an qualifizierter beruflicher Bildung und an beruflichem Engagement steht im Widerspruch zu jener anderen Erwartung, ihre Lebensführung mit der Geburt des ersten Kindes dem Familienzyklus anzupassen, sich für einen Lebensbereich zu entscheiden oder sich zwischen beiden aufzuteilen. Entscheidet sie sich für die Familie, muß sie damit rechnen, den Anschluß im Beruf nicht mehr oder nur unter sehr erschwerten Bedingungen zu finden. Entscheidet sie sich für Familie und Beruf, muß sie an sich selbst

222.1 E. Pankhurst (1858–1928) setzte sich zeitlebens für die Erringung des Frauenwahlrechts ein

den Anspruch stellen, leistungsfähiger als der Mann zu sein ... Mehr Frauen entscheiden sich für den Beruf, verzichten auf Ehe und Familie. Ohne eine auf seiten des Mannes und ohne Veränderungen in der Arbeitswelt ist das Problem nicht zu lösen.

(R. Süssmuth, in: Rheinischer Merkur v. 4.2.86)

Es gibt allerdings auch Frauengruppen, die ganz andere Vorstellungen haben. Eine amerikanische Schriftstellerin vertritt z. B. die Auffassung, die Frau gehöre ins Heim, an den Herd und ins Bett; das sei der ihr von Natur zugewiesene Platz. Sie offenbart damit eine Einstellung ähnlich derjenigen, die der Dichter Friedrich Schiller geschildert hat. In seinem 1800 veröffentlichten Gedicht „Das Lied von der Glocke" heißt es:

Der Mann muß hinaus
Ins feindliche Leben,
Muß wirken und streben
Und pflanzen und schaffen,
Erlisten, erraffen,
Muß wetten und wagen,
Das Glück zu erjagen.
Da strömet herbei die unendliche Gabe ...,
Die Räume wachsen, es dehnt sich das Haus.

Und drinnen waltet
Die züchtige Hausfrau,
Die Mutter der Kinder,
Und herrschet weise
Im häuslichen Kreise,
Und lehret die Mädchen
Und wehret den Knaben,
Und reget ohn' Ende
Die fleißigen Hände ...

223.1 Zeichen der emanzipierten Frau in der Zeitschrift Emma

1. Worin mögen die Gründe liegen, daß Frauen in unserer modernen Welt immer noch nicht gleichberechtigt sind?
2. Erkundigt euch, worum es der Frauenbewegung geht.
3. Worin liegen die Widerstände, und welche Berechtigung haben sie?
4. Was kommt in dem bei uns geläufigen Begriff der „Emanze" für eine Einstellung zum Ausdruck?
5. Worin liegen die Probleme der Frauenemanzipation? Denkt bei eurer Antwort vor allem an die Kinder.

223.2 Demonstration für Frauenrechte

Terrorismus von links und rechts

Wie sich der Terrorismus entwickelte und welche Ziele er verfolgt

Schon im April 1968 meinten einige wenige junge Menschen, daß der Staat mit friedlichen Mitteln nicht mehr zu verändern sei. Deshalb versuchten sie zunächst mit vereinzelten gewaltsamen Aktionen, später dann durch die systematische Anwendung von Gewalt, ihre Ziele zu erreichen. Durch Banküberfälle und Entführungen, durch Bombenanschläge und Morde wollten sie die Massen aufrütteln und dazu bringen, sich aus der „Unterdrückung durch den Kapitalismus" zu befreien.

In der Nacht zum 2. April 1968 wurden in der Frankfurter Innenstadt zwei Brandanschläge in Kaufhäusern verübt. Die Täter, unter ihnen die Studenten Gudrun Ensslin und Andreas Baader, stellten ihre Tat als Protest gegen den Vietnam-Krieg und gegen den „Konsumterror" dar. In der Hamburger Monatszeitschrift „Konkret" unterstützte die Journalistin Ulrike Meinhof diese Brandstiftungen und die Gewalttätigkeiten bei den Osterunruhen vom April 1968. Unter der Überschrift „Vom Protest zum Widerstand" stellte sie in der Maiausgabe von „Konkret" fest:

[Es] hat tatsächlich gebrannt. Die Grenze zwischen Protest und Widerstand wurde überschritten, dennoch ... Machtverhältnisse sind nicht verändert worden ...

(A. Baring, Machtwechsel, S. 377 f.)

Im Sommer 1969 ließ sich eine kleine Gruppe junger Menschen in jordanischen Lagern der palästinensischen Terrororganisation El Fatah mit der Handhabung von Waffen und den Grundregeln des Guerillakampfes vertraut machen. Bei vielen jungen politisch interessierten Menschen begannen sich auch Sprache und Denken rasch zu ändern. In einem Flugblatt zu einer Vietnam-Demonstration am 15.11.1969 hieß es:

Am Sonnabend werden wir kämpferische Solidarität mit den revolutionären Bewegungen der Dritten Welt: Vietcong, El Fatah, Tupamaros usw. üben. Denn der erste Kern der Stadtguerillas ... kann sich nur im Kampf entwickeln. ... nehmt den Kampf ... mit der Waffe in der Hand auf ... Kämpft am Sonnabend auf der Straße, macht ... massenhaft Terror.

(A. Baring, S. 380)

Am 14. Mai 1970 wurde Andreas Baader, der wegen des Frankfurter Brandanschlags zu drei Jahren Zuchthaus verurteilt worden war, aus der Haft befreit. Anschließend gingen mit ihm und Gudrun Ensslin auch Ulrike Meinhof und der Rechtsanwalt Horst Mahler in den Untergrund. Seit Anfang 1970 hatten sie begonnen, die Rote Armee Fraktion (RAF) aufzubauen.

Schon der Name deutete an, daß hier etwas ganz Neues beabsichtigt war: der Aufbau einer militärisch straffen, disziplinierten Kerntruppe, einer „Roten Armee", die den bewaffneten Kampf gegen das etablierte System und die bestehende Staatsgewalt aufnehmen sollte. Die Auseinandersetzung sollte nicht länger improvisiert werden, wie von den schweifenden, spontanen Rebellentruppen ..., sondern ernsthaft, nach allen Regeln militärischer Strategie und Taktik, auf der Grundlage sorgfältiger Planung und kalt kalkulierter Vorbereitung [geschehen].

(A. Baring, S. 381)

Die Zahl der terroristischen Anschläge wuchs ständig: Während 1968 erst 3 und 1969 noch 4 terroristische Aktionen registriert wurden, waren es 1970 schon 21 und 1971 sogar 29. Im Durchschnitt kam es jetzt alle 14 Tage zu einem Anschlag. Mit Gesetzesänderungen versuchte der Staat, den Terrorismus zu bekämpfen. Die geänderten Gesetze erleichterten es, Wohnungen zu durchsuchen und erlaubten die Überwachung der Strafverteidiger. Mit ihrer Hilfe konnte der Kontakt der Gefangenen untereinander und mit der Außenwelt verboten werden. Bis heute wird heftig diskutiert, wie der Staat dem Terrorismus wirksam begegnen kann.

Die Kritiker einer ausufernden Anti-Terror-Gesetzgebung befürchten, daß jede überzogene Reaktion den Rechtsstaat dem Zerrbild näherrückt, das Extremisten von ihm zeichnen, um ihn zu bekämpfen. Demgegenüber machen Verfechter eines „starken Staates" geltend, daß gerade eine freiheitliche Demokratie keine Skrupel besitzen dürfe, alle polizeilichen und rechtlichen Maßnahmen auszuschöpfen.

(Deutsche Geschichte, Bd. 12, Hrsg. H. Pleticha, S. 328)

Aber auch auf der politischen Rechten wuchs seit Ende der siebziger Jahre eine neue Gefahr heran. Ihre Ausländerfeindlichkeit zeigt sich in Gewalttaten. So ermordeten Rechtsextremisten im August 1980 vietnamesische Flüchtlinge. Im September 1980 zündete ein Mitglied der „Wehrsportgruppe Hoffmann" auf dem Münchener Oktoberfest eine Bombe. Sie tötete ihn und 12 Besucher, mehr als 200 Menschen wurden z.T. schwer verletzt. Bis heute nehmen die Terroranschläge aus neonazistischen Kreisen zu. Die Terroranschläge der Neonazis beginnen, jene aus linksextremistischen Gruppen zu überflügeln.

1. Welche Gefahren drohen einem Rechtsstaat durch den Terrorismus?
2. Welche links- und rechtsextremistischen Aktionen sind dir bekannt?

Juni 1972
Festnahme des damaligen Kerns der RAF

November 1974
Ermordung des Berliner Kammergerichtspräsidenten von Drenkmann

April 1975
Zerstörung der deutschen Botschaft in Stockholm, Tötung von 2 Geiseln

Mai 1976
Selbstmord Ulrike Meinhofs

April 1977
Mord am Vorstandsvorsitzenden der Dresdner Bank, Jürgen Ponto

September/Oktober 1977
Entführung und Ermordung des Arbeitgeberpräsidenten Hans Martin Schleyer

225.1 Tatort der Entführung des Arbeitgeberpräsidenten Schleyer

225.2 Bombenanschlag beim Münchener Oktoberfest, 1980

Worin die Ursachen der Krise liegen und was ihre Folgen sind

Rezession: Trend der Abschwächung in der Wirtschaft

Wirtschaftliche Strukturkrise und Arbeitslosigkeit
Am 4. November 1975 haben Wirtschaftswissenschaftler in Bonn ein Memorandum (Denkschrift) vorgelegt, in dem es hieß:

Die Bundesrepublik befindet sich gegenwärtig in der schwersten wirtschaftlichen Rezession seit ihrem Bestehen. Dabei treten – was erschwerend wirkt – die klassischen Erscheinungen der Wirtschaftskrise – Massenarbeitslosigkeit, Rückgang der Produktion, Mangel an Investitionen und Häufung von Zusammenbrüchen meist kleiner und mittlerer Unternehmen – gegenwärtig im Zusammenhang mit anhaltenden Preissteigerungen auf der Endstufe auf; durch diese Entwicklung werden die sozial schwächsten Schichten besonders hart getroffen, während marktbeherrschende Unternehmen sich durch ihre Preissetzungsmacht den Krisenfolgen leichter entziehen können.
(G. Fülberth, Geschichte der Bundesrepublik..., Köln 1982, S. 372 f.)

Wenige Jahre später wurden weitere Folgen deutlich. Im „Jahresgutachten des Sachverständigenrats 1981/82" wurde u. a. darauf hingewiesen, daß jüngere Arbeitskräfte, die eine Anfangsstelle suchten, und ausländische Arbeitnehmer von der schlechten Beschäftigungslage besonders betroffen würden.

Der Historiker Michael Stürmer erläuterte 1984 den fraglichen Prozeß so, indem er von der Ölkrise von 1973 ausging:

1973, als im Yom-Kippur-Krieg der Staat Israel um die Existenz kämpfte und die Vereinigten Staaten [ihm] ... mit Waffen, Dollars und Wirtschaftsgütern unter die Arme griffen, schlugen die ölproduzierenden Araberstaaten gegen die Industrienationen des Westens zurück ... Das Ölpreiskartell trieb binnen Wochen die Energiekosten in der ganzen Welt in schwindelnde Höhen. Das traf die Entwicklungsländer am härtesten, aber auch die Industrienationen, darunter die Bundesrepublik, deren Energieversorgung damals zur Hälfte vom Öl abhing. Zwanzig Jahre Nachkriegsboom endeten binnen Monatsfrist.

226.1 Ein Roboter legt im VW-Werk das Notrad ein

226.2 Computer im Büro

Arbeitslose 1950–1982
(Anzahl in 100000
Jahresdurchschnitt)

Jahr	Anzahl
1950	19
1954	14
1958	8
1960	3
1964	2
1968	3
1970	1
1972	2
1974	6
1975	11
1976	11
1978	10
1980	9
1982	18*
1984	23
1985	23

* durchschnittlich Januar–Juli

227.1 Warteschlange Arbeitsloser im Arbeitsamt

Investitionen, Zinssätze, Gewinne und Arbeitsmarkt haben sich bis heute von diesem Schlag nicht erholt. Die Verdoppelung und Verdreifachung des Energiepreises fielen mit einem neuen Stadium der industriellen Revolution zusammen: Mikroprozessoren und Roboter zogen in Fabrikhallen und Büros ein und ließen menschliche Arbeitskraft im Vergleich teurer und unzuverlässig erscheinen. Der Roboter kam, der Arbeiter ging. Seitdem haben alle Industriestaaten des Westens mit schrumpfendem Bedarf an Arbeitskraft auszukommen: Die Verteilungskämpfe haben seitdem eher Sicherung der Arbeitsplätze als steigenden Lohn zum Gegenstand ... Seit 1973 sollten in der Bundesrepublik, durch staatliche Konjunkturprogramme kaum gebremst, die Arbeitslosenzahlen steigen bis auf zwei Millionen zu Beginn der achtziger Jahre.
(H. Boockmann u. a., Mitten in Europa ..., Berlin 1984, S. 404 f.)

Verteilungskampf: Auseinandersetzung zwischen Gewerkschaften und Unternehmerverbänden

Mit einer Reihe von Vorschlägen und Maßnahmen versuchen Gewerkschaften, Bundesregierung, Parteien und zentrale Arbeitsverwaltung (Arbeitsämter), den Mangel an Arbeitsplätzen zu beheben. Aber dennoch liegt die Zahl der Arbeitslosen immer noch weit über der Zweimillionengrenze. Besonders betroffen sind die Jugendlichen, die keine Lehrstelle finden. Sie wissen nicht, wie sie ihre Zukunft gestalten sollen. Dies gilt auch für die arbeitslosen Lehrer, die nicht eingestellt werden, weil die staatlichen Kassen fast leer sind. Aber auch die anderen Arbeitslosen fühlen sich zum größten Teil von der Gesellschaft ausgestoßen und als nutzlose Menschen zweiter Klasse.

1. Welches sind die Ursachen der Krise?
2. Welche Maßnahmen werden ergriffen und überlegt?
3. Wie wird die zukünftige Entwicklung beurteilt? Vergleiche Stellungnahmen in Presse und Fernsehen?
4. Welche Gefahren für das gesellschaftliche Zusammenleben bringt die Massenarbeitslosigkeit mit sich?

Worin die Problematik besteht

Das „Gastarbeiter-Problem"
Der Bedarf an Arbeitskräften hat in unserem Jahrhundert dreimal dazu geführt, daß eine große Zahl von Ausländern nach Deutschland „importiert" wurde. Zwischen 1880 und 1914 handelte es sich dabei vor allem um Polen, die besonders im Ruhrgebiet eingesetzt wurden. Während des Zweiten Weltkriegs verschleppten die Nationalsozialisten ca. 6 Mio „Fremdarbeiter", insbesondere aus Osteuropa. Zwischen 1955 und 1960 begann die Anwerbung ausländischer Arbeitskräfte für die Wirtschaft der Bundesrepublik. Wir nennen diese Menschen „Gastarbeiter". Für die Anwerbung wurden in den Mittelmeerländern spezielle Kommissionen eingerichtet.

Viele Firmen errichteten für diese ausländischen Arbeitskräfte Barakkenlager. Ein Schlafplatz kostete zunächst 40,– DM, 1970 dann aber bereits 65,– DM. Im einzelnen wird darüber berichtet:

> In den Baracken gab es 13 Sechs-Bett-Zimmer. Ansonsten teilten sich vier Mann in die 12 bis 14 Quadratmeter, die man ihnen zugestand. Je zwei doppelstöckige Betten, pro Person ein Spind, ein Hocker, ein viertel Tisch ... Für die etwa 800 Menschen, die das Lager aufnehmen kann, standen 1971 nur 8 Duschen und 5 Warmwasserhähne zur Verfügung.

(F. Klee [Hrsg.], Gastarbeiter ..., Frankfurt 1972, S. 195)

Wer selbst eine Wohnung suchte, wurde meist noch mehr ausgebeutet. Ein Italiener erzählte etwa zur gleichen Zeit einem Interviewer, nachdem er zunächst berichtet hatte, wieviel besser es ihm in der Bundesrepublik gehe als daheim in Sizilien:

> Das Schlechte war die Wohnung. Das ist die einzige Schwierigkeit ... Ich habe viel eine Wohnung gesucht. Mein Schwager hat eine Holzbaracke gefunden, aber so alt, wo vorher Schweine und Kaninchen drin waren. Aber es war unsere einzige Möglichkeit ... Ich habe 500 Mark in diese Baracke gesteckt und habe verbessert. Tapezieren und saubergemacht. War so schrecklich. Wenn es regnete, floß das Wasser alles rein. Und war keine Toilette, kein Wasser, kein fließend Wasser, war nur im Hof ein kleiner Brunnen. Aber im Winter war Eis. Im Winter war es schrecklich: der viele Schnee, der Brunnen stand im Feld ...
> Wieviel Miete haben Sie bezahlt? 200 Mark.
> Und wieviel m² waren das? Ungefähr 15 m².

(Klee, Gastarbeiter, S. 166)

Bevölkerung in Wuppertal am 31.12.1985

Einwohner
376 600

davon Ausländer
37 100 (= 99 pro 1000 Ew.)

davon Türken
9900 = 26,6 %
Italiener
6800 = 18,4 %
Griechen
5600 = 15,1 %
Jugoslawen
4400 = 12,0 %

Die Prozentzahlen geben den jeweiligen Anteil an der Gesamtzahl der Ausländer in Wuppertal an.

Dies sind vielleicht zwei besonders krasse Beispiele, aber mancherlei Ausbeutung der ausländischen Arbeiter war an der Tagesordnung. Sie wurden in aller Regel als Hilfsarbeiter bei den schwersten, schmutzigsten und gefährlichsten Arbeiten eingesetzt, die kein Deutscher mehr leisten wollte. Freilich waren die meisten auch für Tätigkeiten, die höhere Anforderungen stellten, nicht geschult. Mietwucher war eine gängige Erscheinung. Die Kirchen, die Gewerkschaften und angesehene Persönlichkeiten setzten sich für eine Besserung der Zustände ein. Dennoch muß man sagen, daß sich bis heute immer noch nicht viel geändert hat. Beispielsweise kann man feststellen, daß die Ausländer in den schlechtesten Wohnungen leben, und das nicht nur, weil sie Geld sparen wollen.

Krisenherde und Lösungsversuche in der Weltpolitik

Es war ihnen im übrigen nicht möglich, selbst Abhilfe zu schaffen, denn im § 6 des Ausländergesetzes von 1965 heißt es:

Ausländer genießen alle Grundrechte, mit Ausnahme der Grundrechte der Versammlungsfreiheit (Art. 8 GG), der Vereinsfreiheit (Art. 9, Abs. 1 GG), der Freizügigkeit (Art. 11 GG), der freien Wahl von Beruf, Arbeitsplatz und Ausbildungsstätte (Art. 12, Abs. 1 GG) sowie des Schutzes vor Auslieferung an das Ausland (Art. 16, Abs. 2 Satz 1 GG) ...
Aus dem für Ausländer geltenden Grundrecht der freien Meinungsäußerung (Art. 5 GG) kann kein Recht auf uneingeschränkte politische Betätigung hergeleitet werden ...
(Klee, Gastarbeiter, S. 219)

Dieser § 6 gilt heute für Angehörige der EG-Staaten nicht mehr in dieser Schärfe. Im September 1980 hat das Land Nordrhein-Westfalen überdies Leitlinien herausgegeben, die auch den anderen Ausländern mehr Rechte zugestehen. Darin wird festgestellt und vorgeschlagen:

Eine angemessene Beteiligung ausländischer Arbeitnehmer und ihrer Familienangehörigen am kommunalpolitischen Geschehen ist jedoch unabdingbar ...
Mitwirkung auf kommunalpolitischer Ebene ist auf unterschiedliche Art und Weise möglich, so ... in Ausländerbeiräten und Arbeitskreisen für ausländische Einwohner ...
(Leitlinien ... zur Ausländerpolitik, Düsseldorf 1980, S. 18)

In Wuppertal z. B. dauerte es aber sechs Jahre, bis Wahlen für einen solchen Beirat ausgeschrieben wurden. Er wurde erst im Spätherbst 1986 gebildet.

1. Vergleicht die Aussagen über die Wohnsituation von 1970 mit eurer eigenen heute.
2. Begründet eure Ansicht darüber, ob die erwähnten Maßnahmen genügen, die erforderlichen Abhilfen zu schaffen.

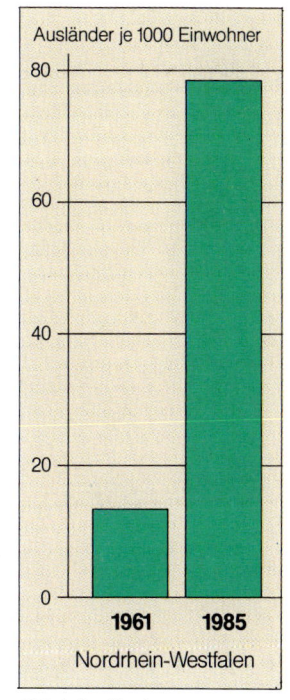

229.1 Ausländer in Nordrhein-Westfalen

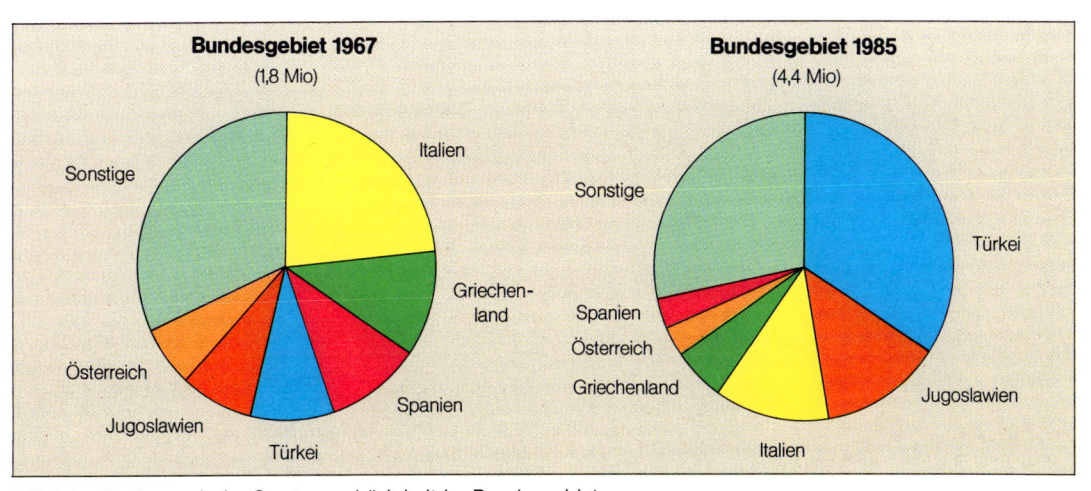

229.2 Ausländer nach der Staatsangehörigkeit im Bundesgebiet

Wie unterschiedliche Gruppen in der Bundesrepublik sich den Umgang mit Ausländern vorstellen

In den letzten Jahren ist die Ausländerfeindlichkeit in der Bundesrepublik angewachsen. Das hängt gewiß zu einem Teil mit dem wirtschaftlichen Abschwung, der hohen Arbeitslosigkeit und der Sorge um den eigenen Arbeitsplatz zusammen. Vor allem aber ist sie eine Erscheinungsform der mangelnden bzw. entschuldigenden Auseinandersetzung mit dem „Dritten Reich". Angesehene Historiker und auch führende Politiker beginnen, sich in diesem Sinne zu äußern. Jugendliche glauben, daß sie nicht von dem nationalsozialistischen Teil der deutschen Geschichte betroffen sind, weil sie erst lange danach geboren sind.

So hat sich z. B. Anfang 1982 eine „Bürgerinitiative Ausländerstopp" in Bochum gegründet. Sie arbeitete, wie sie selbst erklärt hat, eng mit der nationalistischen NPD (Nationaldemokratische Partei Deutschlands) zusammen. Auf einem Flugblatt stellte sie folgende Ziele heraus:

Schluß mit der Überschwemmung unseres Landes mit Millionen Ausländern! Förderung der Rückkehrbereitschaft bei den hier lebenden Ausländern! Schluß mit der Einschmelzungspolitik! Auch die Ausländer haben ein Recht auf Bewahrung ihrer nationalen und kulturellen Eigenarten!

(Flugblatt „Ausländerstopp – Deutschland den Deutschen")

Ebenfalls Anfang 1982 brachten einige Universitätsprofessoren ein sogenanntes „Heidelberger Manifest" heraus, in dem sie schrieben:

Mit großer Sorge beobachten wir die Unterwanderung des deutschen Volkes durch Zuzug von vielen Millionen von Ausländern und ihren Familien, die Überfremdung unserer Sprache, unserer Kultur und unseres Volkstums ... Allein lebensvolle und intakte deutsche Familien können unser Volk für die Zukunft erhalten.

(Frankfurter Rundschau, Nr. 53, v. 4.3.82, S. 14; „Unterzeichner-Fassung")

Nationalistisch beeinflußte Schlägertrupps vergreifen sich insbesondere an Türken. Ein anonymer Schreiber schrieb in einem Brief:

230.1 *Auszug aus einem anonymen Brief, Wuppertal 1986 (Privatbesitz)*

231.1 Fassadenanschrift

Zahlreiche Gruppen wenden sich aber auch gegen diese Ausländerfeindschaft. Im Juli 1983 bildete sich in Wuppertal eine Initiative, die Partei für Ausländer ergriff. Sie wandte sich insbesondere gegen den Überfall auf einen türkischen Laden, das Einschlagen der Schaufenster griechischer und spanischer Geschäfte, die siebenmalige Brandstiftung in einem überwiegend von Ausländern bewohnten Haus und gegen Ausländer gerichtete Wandparolen. Eine Zeitung schrieb:

Spektakuläre Aktionen dieser Art, dazu fremdenfeindliches Verhalten von Behörden, Arbeitgebern und Gedankenlosigkeit vieler Mitmenschen waren Anlaß beim letzten Treffen des deutsch-türkischen Clubs in der VHS, einen Arbeitskreis gegen Ausländerfeindlichkeit zu gründen.

(Wuppertaler Rundschau v. 28.7.83)

Im Flugblatt einer anderen Gruppe aus dem Herbst 1982 hieß es:

Die ausländischen Mitbürger haben ... mehr mitgebracht als ihre Arbeitskraft. Ihre Kultur und Lebensweise sind uns zwar häufig fremd, aber sie bereichern auch das Leben in unserer oft allzu wohlorganisierten Streßgesellschaft. Die Ausländer lernen von uns, doch wir können auch von ihnen lernen ... Zum Angebot der Integration gibt es keine Alternative.

(Flugblatt „Aus Fremden Nachbarn machen")

1. Vergleicht die obigen Texte und Schilderungen mit der Judenverfolgung durch die Nationalsozialisten. Vergleicht besonders die Zeit von 1933–1938 (vgl. S. 72 f.).
2. Worin stimmen die Auffassungen und die Aktivitäten der Nationalsozialisten und unserer Ausländerfeinde überein?
3. Worin liegen heute die Gründe für die Ablehnung der Ausländer durch Deutsche, insbesondere der Türken?
4. Besprecht miteinander, ob die Begründungen für die Ablehnung der Ausländer überhaupt vernünftige Gründe sind.
5. Überlegt euch positive Möglichkeiten des Miteinanderlebens.

231.2 Plaketten zur Ausländerfeindlichkeit

Worum es in der Ökologiediskussion letztlich geht

Das Ökologie-Problem

Vor fast einem halben Jahrhundert hat die Amerikanerin Rachel Carson ein Buch mit dem Titel „Silent Spring" geschrieben. Sie wandte sich darin gegen Schädlingsgifte, die zum Schutz von Obst und Getreide reichlich versprüht werden, damit wir z. B. keine wurmstichigen Äpfel erhalten. Über die Nahrungskette würden sich die Gifte tödlich auf die Vögel auswirken. Am 3.11.1986 wurde in der „Westdeutschen Zeitung" über einen Langzeitversuch des Max-Planck-Instituts berichtet. 10 Jahre lang waren 37 die Bundesrepublik durchziehende Vogelarten beobachtet worden, und dabei war festgestellt worden, daß bei 26 Arten die Zahl der Tiere abgenommen hatte.

Ähnliche Gefahren gehen von den Unkrautvertilgungsmitteln aus, die unsere Bauern benutzen. Ebenso bringt die kräftige Düngung eine bedenkliche Vergiftung des Grundwassers, unserer Bachläufe und Flüsse mit sich. Zwar werden Ernteertrag, Milch- und Fleischerzeugung beträchtlich erhöht, aber wir benötigen sie nicht. Hingegen müssen wir diese Erzeugnisse mit hohen Kosten lagern und schließlich weit unter Preis verkaufen. Das für uns alle lebensnotwendige Wasser wird verseucht. Ähnlich wirken die immer noch gängigen Waschmittel, die Haushalts- und Industrieabwässer.

Unser hoher Energiebedarf hat zum Bau von immer mehr Kraftwerken geführt. Werden sie mit fossilen Brennstoffen betrieben, stoßen sie – ähnlich wie die Müllverbrennungsanlagen – hohe Konzentrationen von Umweltgiften aus, selbst wenn die Abgase gefiltert werden. Die Riesenmenge der Autos auf unseren Straßen wirkt ebenso. Im ganzen gerechnet sind dadurch rund 50 % unseres Waldes geschädigt. Atomkraftwerke bringen andere Gefahren mit sich, wie der Unfall von Harrisburgh in den USA, von Tschernobyl in der UdSSR und die Defekte von Sellafield in Großbritannien gezeigt haben. Die unmittelbare radioaktive Verseuchung der Umwelt steigert sich über die Nahrungskette zu einem Ausmaß, das erst in Generationen seine Folgen zeigen wird.

Am 3.11.1986 standen in der „Westdeutschen Zeitung" drei sehr ähnliche Nachrichten. Aus Sofia wurde von einem Chemieunglück berichtet, bei dem 17 Menschen zu Tode gekommen seien. Aus Basel wurde eine Explosion in der Lagerhalle des Chemiekonzerns Sandoz gemeldet, der auch Medikamente herstellt: Für den Raum Basel wurde Katastrophenalarm gegeben, die Bevölkerung vor einer möglichen

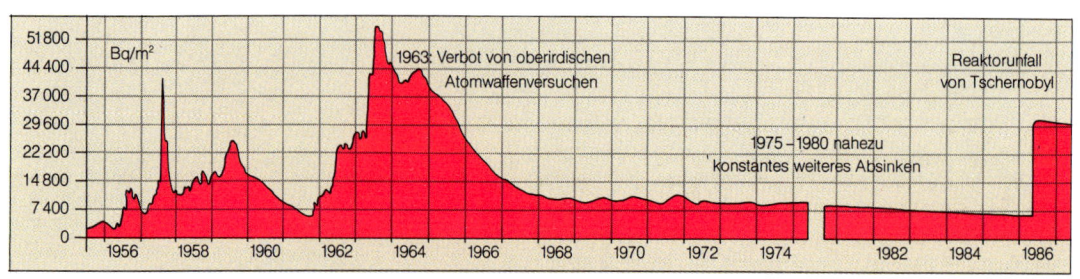

1921 BASF, Ludwigshafen Düngemittel explodieren: 500 Tote

1928 Stoltenberg, Hamburg 10 t Phosgen entweichen: 11 Tote, 210 Verletzte

1948 BASF, 30 t Demethyläther explodieren: 200 Tote, 3800 Verletzte

1974 Flixborough, Großbritannien, 18000 t Chemikalien entzünden sich: 28 Tote

1976 Seveso, Italien, Hoffmann-La-Roche-Filiale, Explosion setzt Dioxin frei: 200 Pers. mit schweren Vergiftungen, 700 Pers. evakuiert

1979 Toronto, Kanada, Chlorgas explodiert: 25000 Pers. evakuiert

1984 Bhopal, Indien, Union-Carbide-Filiale, Giftgaswolke: 1000–3000 Tote, 200000 verletzte Pers.

(Chemieunfälle)

232.1 Radioaktivität in 32 Jahren, Meßreihe der Universität München

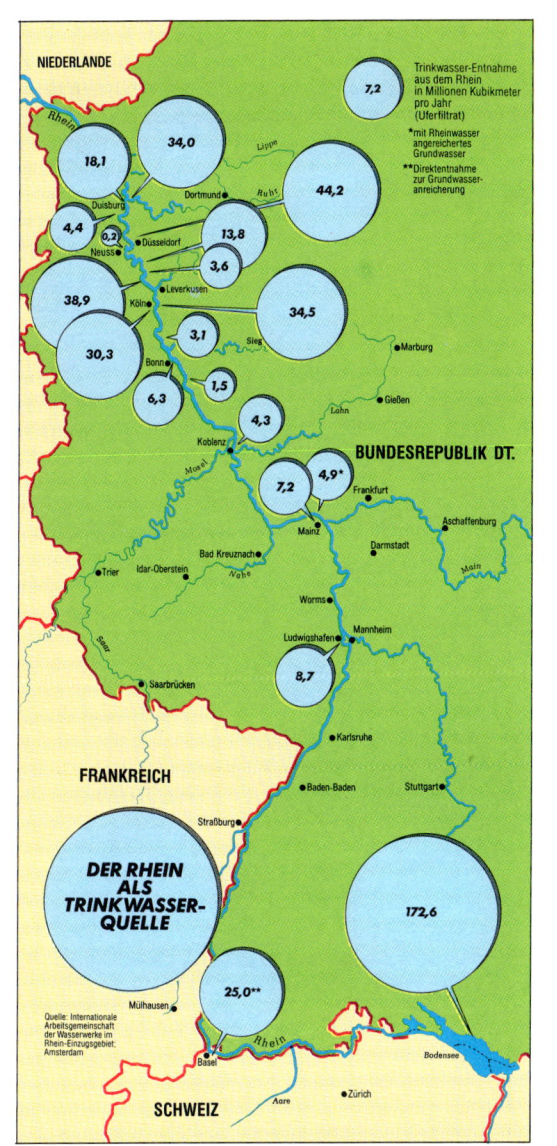

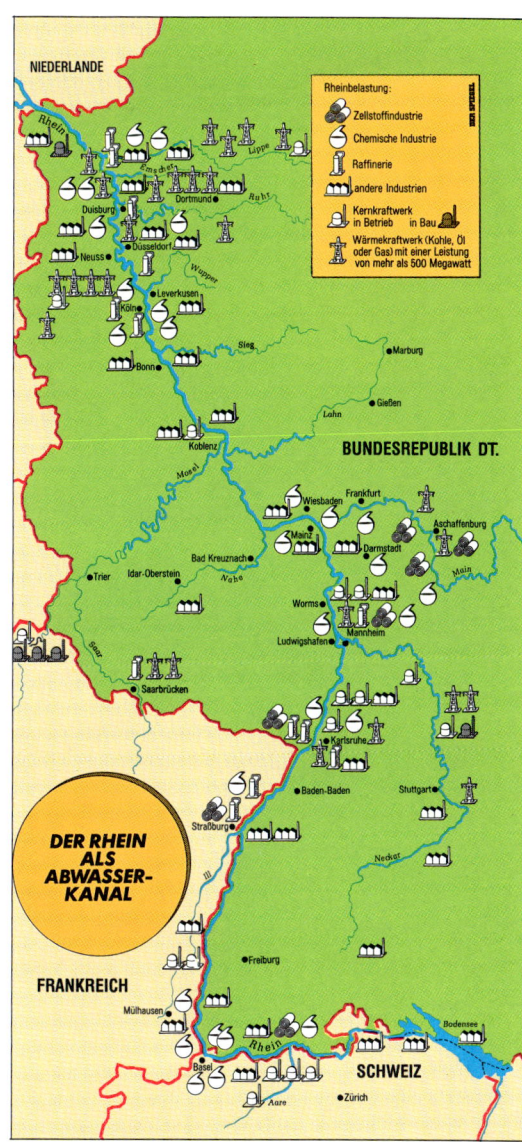

233.1 Der Rhein als Trinkwasserquelle und Abwasserkanal

Giftgaswolke gewarnt. Wochenlang war der Rhein durch das abfließende Löschwasser schwer verseucht. Die Fische starben. Wasserwerke in Ufernähe mußten vorübergehend geschlossen werden. Und weiter konnte man am selben Tag in der Zeitung lesen, in Werdohl und Schmallenberg seien Brände ausgebrochen, bei denen in Flammen geratener Kunststoff giftige Gase freigesetzt hätte. Die Bevölkerung sei deshalb angehalten worden, Türen und Fenster geschlossen zu halten.

1. Was können wir tun? Was geschieht tatsächlich?
2. Wohin könnten unsere Ansprüche und Bedürfnisse führen?

Bürokratisierung und Demokratie-Problem

Worin die wesentlichen Schwierigkeiten wirklicher Volksherrschaft liegen

Wir wählen Personen unseres Vertrauens als unsere Vertreter in die Parlamente der Städte und Kreise, in die Landtage und den Bundestag. In Wirklichkeit aber wählen wir nur zwischen Kandidaten, die von den Parteien vorgeschlagen werden. Wir wählen also Parteien, die im wesentlichen von ihren Funktionären gesteuert werden. Die Parlamente auf den verschiedenen Ebenen sind die Legislativen, d. h. die gesetzgebenden Gewalten. Gesetzesvorlagen kommen aber heutzutage fast ausschließlich von der jeweiligen Regierung. Sie werden von der Ministerialbürokratie entworfen und in Parlamentsausschüssen diskutiert, die von beamteten Fachleuten aus den Ministerien beraten werden. Die erforderliche jeweilige Parlamentsmehrheit segnet die Gesetze faktisch nur ab. Ähnliches gilt im kleinen und im persönlichen Bereich. Wir können kein Haus bauen, keinen Baum in unserem Garten fällen, ohne daß die zuständigen Ämter uns strenge Vorschriften machen, an die wir uns zu halten haben. Es herrscht weithin die Bürokratie.

Der Staatsrechtler Theodor Eschenburg schrieb 1956:

Autonomie:
Unabhängigkeit, sich selbst die Maßstäbe des Handelns setzen

Das Wort Bürokratie wird als Sammelbegriff für die Beamtenschicht oder sogar für alle in der Verwaltung Tätigen verwandt, man spricht von Ministerialbürokratie, Kommunalbürokratie, von hoher und niederer Bürokratie; ebenso verwendet man das Wort für die Verwaltung der Parteien, Verbände und Kirchen ... Bürokratie wird auch im eigentlichen Sinne des Wortes gebraucht als Herrschaft der Beamten. – Unter Bürokratisierung wird [u. a.] verstanden „das Streben der Bürokratie nach Autonomie, nach einer Machtstellung, welche ihr (der Bürokratie) infolge der Institutionalisierung sozialer Beziehungen und der damit verbundenen Möglichkeit der Herrschaft über Menschen zufallen kann" ... Der Bürger stöhnt über die Allmacht und Unkontrollierbarkeit der Bürokratie, ohne die er aber andererseits in einer modernen, arbeitsteiligen, industriellen Massengesellschaft nicht existieren kann. Die Versorgung der Bevölkerung mit Wasser, Gas und Strom, Straßenbau und Verkehrsordnung, Meldewesen, Steuern [die Sozialordnung, die Gesundheitspolitik usw.] – alles erfordert Verwaltung.

Institutionalisierung: in rechtlich bindende Form bringen

(Th. Eschenburg, Staat und Gesellschaft in Deutschland, Stuttgart 1956, S. 716 f.)

Der Politikwissenschaftler Wilhelm Bleek schrieb 1983:

Das vollbeschäftigte Personal bei Bund, Ländern und Gemeinden hat in den 30 Jahren zwischen 1950 und 1980 um 75%, also jährlich im Durchschnitt um 2,5% zugenommen ...
War in den 50er und 60er Jahren etwa jeder zehnte erwerbstätige Bundesbürger im unmittelbaren öffentlichen Dienst tätig, so ist es heute fast jeder siebente. Zählt man die gut 204 000 Vollbeschäftigten im „mittelbaren öffentlichen Dienst" (Sozialversicherungsträger, Bundesanstalt für Arbeit u. a.) und vor allem die insgesamt 652 000 Teilzeitbeschäftigten hinzu, so waren am Stichtag 30.6.1981 knapp 4,5 Millionen im gesamten öffentlichen Dienst beschäftigt, bei insgesamt 26 Millionen Erwerbstätigen 17,3% oder mehr als jeder sechste in der Bundesrepublik Erwerbstätige ...
Werden wir eine Arbeitsgesellschaft der Staatsbeamten, -angestellten und -arbeiter? Ende der 50er Jahre, nach der ersten Ausbauwelle vor

Gesetzesbeschlüsse*
auf Initiative von:

Bundesregierung	288
Bundestag	39
Bundesrat	15
Bundesregierung/ Bundestag/Bundesrat	12
insgesamt	354

* 8. Wahlperiode 1977–81

allem des Bundespersonals, entfachte der englische Historiker C. Northcote Parkinson einen mächtigen Sturm im deutschen Wasserglas. Parkinson, ein Professor mit ausgeprägter journalistischer und ironischer Ader, hatte 1957 auf der Grundlage zweier „Axiome" (1. jeder Beamte wünscht die Zahl seiner Untergebenen, nicht aber die Zahl seiner Rivalen zu vergrößern, 2. Beamte schaffen sich gegenseitig Arbeit) sein „Gesetz" formuliert: Jede Verwaltung vermehrt sich aus sich selbst heraus.

(W. Benz [Hrsg.], Die Bundesrepublik Dt., Bd. 1, Frankfurt 1983, S. 68 f.)

Wir meinen, mündig und emanzipiert, d. h. frei von jedem äußeren Zwang auf unsere Entscheidungen zu sein. Dabei unterwerfen wir uns nicht nur meist den gerade herrschenden Modetrends und fallen auf die raffinierte Reklame für alle möglichen Produkte herein, sondern auch unsere Auffassungen von Welt und Leben werden von anderen gelenkt, die oft – wie Lehrer, Wissenschaftler und Kultusbürokratie – Beamte sind oder Funktionäre der Parteien, Verbände, Kirchen und Unternehmen. Wir verlangen praktisch von anderen, uns zu belehren, zu betreuen und für uns zu planen.

1. Warum ist es so schwer, sich den genannten Einflüssen zu entziehen?
2. Welche Versuche kennst du, das Leben wieder stärker zu demokratisieren und die Entscheidungsmacht des einzelnen zu stärken? Diskutiert sie.

235.1 *Der Staatsbürger im Mauseloch (M. Szewczuk, 1947)*

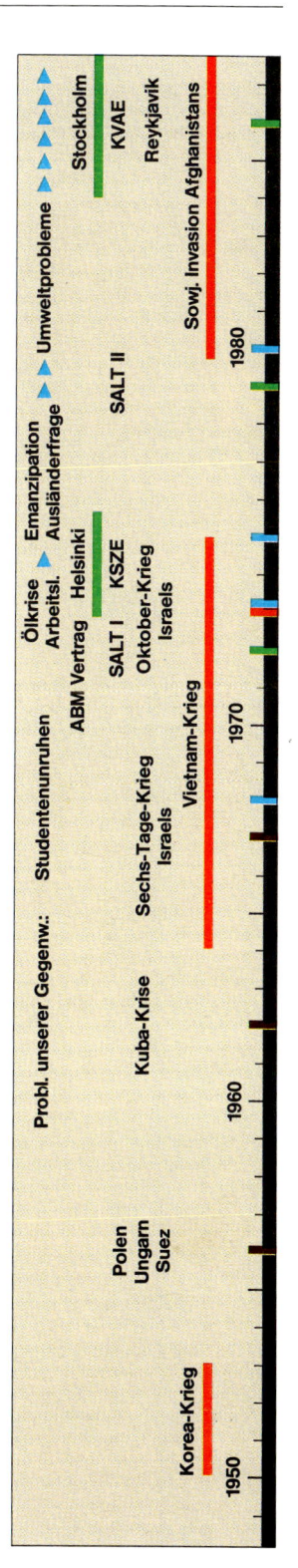

Personen- und Sachverzeichnis

ABM-Vertrag 212
Achse Berlin–Rom 116 ff.
Adenauer 39, 59, **168 ff.**
Äthiopien 117 f.
Afghanistanfrage 207
Alliierte **6 ff.**, 26, 44, 66, 126
Alliierte Kommandantur 138
Alliierter Kontrollrat 137, 138, 156
Antifaschistische Ausschüsse 142
Antikominternpakt 118
Anschluß an das Dt. Reich 114
Antisemitismus 98
Arbeiterbewegung 5
Arbeiter- u. Soldatenrat, russ. 15; dt. 21, 28 ff., 36, 40
– Bauernrat 38
Arbeitsbeschaffung 108
Arbeitsdienst 108
Arbeitslosenversicherung 59, 63, 66
Arierparagraph 80
Atlantik-Charta 136
Atombombe 124, 126 f.
Attentat vom 20. Juli 1944 128
Attlee 138
Autarkie 111
Auschwitz 105
Ausländerfeindlichkeit 230
Autobahn 58, 108
Avantgarde, bolschewistische 20

Baader 224
Balfour 208
Bauer 34 f.
Berlin-Blockade 159
Berliner Vertrag 55
Besatzungsstatut 172
Besetzung, dt. 122
Betriebsräte 41
Bildungsreform 196
Bizone 153
Bolschewiki 14 ff., 22, 30
Bolschewismus 28, 31, 33 f.
Brandt 189 f., 194, 196
Brest-Litowsk 18, 26, 35
Briand 55
Brief der deutschen Einheit 192
Brüning 66
Bürgerkrieg, russ. 18
Bürokratie 234
Byrnes 152
Bundeskanzler 162

Bundesverfassungsgericht 162
Burgfrieden 10, 12
BVP (Bayer. Volkspartei) 54, 66

Castro 206
Chamberlain 114
Chiang Kai-shek 204
Churchill 126, 138
Cuno 47

DAF (Dt. Arbeitsfront) 81
Dawes-Plan 52 f., 58
DDP (Dt. Demokratische Partei) 32, 53
Demokratie 5, 32, 37 f., 42 f., 51, 67 f.
Deportationen 104, 107
Deutsch-Französischer Vertrag 179
Deutsch-Französisches Jugendwerk 179
Deutschlandvertrag 173
Diktator 50 f.
Diktatur des Proletariats 5, 14, 30, 32 f., 40
DNVP (Deutschnationale Volkspartei) 33, 42, 45, 52 ff., 65 f.
Dolchstoßlegende 42
Dollfuß 114
Dominotheorie 205
Donaumonarchie 34
Dreieck Berlin–Rom–Tokio 118
Düsseldorfer Leitsätze der CDU 180
Duma 14 f.
Dutschke 221
DVP (Dt. Volkspartei) 33, 47, 66

Ebert 29 f., 33 f., 36, 51, 53
Edelweißpiraten 132 f.
Ehrhardt 43
Eicke 86
Einheitsgesellschaft 185
Einheitsschule 185
Einsatzgruppe 104
Eisner 38, 50
Endlösung 104
Ensslin 224
Entnazifizierung 151
Entwicklungshilfe 218
Erbhofgesetz 109
Erfüllungspolitik 45 f.
Erhard **180 f.**, 190
Ermächtigungsgesetz 76
Erzberger 13, 26, 34 f., 46, 50
Essener Beschlüsse 40
Europäische Wirtschaftsgemeinschaft (EWG) 169
Euthanasieprogramm 102

Faschist 39
FDGB (Freier Deutscher Gewerkschaftsbund) 184
FDJ (Freie Deutsche Jugend) 184
Februarrevolution 15
Feiertage, nationale 96
Fememorde 45
Filmwirtschaft 95
Fortschrittspartei 13, 26, 32
Franco 117
Frankfurter Dokumente 160
Frauenbewegung 222
Freikorps 30 ff., 39, 41
Friedensvertrag 174
Führer 90

Gastarbeiter 228
Gaulle, Charles de 177
Genfer Außenministertreffen 179
Gesetz über das Staatsoberhaupt des deutschen Reiches 85
Gesetz zur Behebung der Not von Volk und Reich 76
Gesetz zur Wiederherstellung des Berufsbeamtentums 80
Gestapo 101, 132 f.
Gewaltverzichtsabkommen 192
Godesberger Programm 181
Goebbels 61, 63, 68 f., 74, 85, 126
Goerdeler 128
Goldene zwanziger Jahre 56 f.
Gorbatschow 211, 212
Göring 72, 85, 120
Grundgesetz 161, 162
Grundlagenvertrag 194

Habeas-Corpus-Rechte 73
Hallstein-Doktrin 175
Harris 126
Heinemann 191, 192, 221
Herrschaftsraum, japan. 124
Heydrich 101, 104
Hilfspolizei 72
Himmler 86
Hindenburg 12, 24, 26, 34, 42, 52 f., **68 f.**, 70, 75, 85
Hiroshima 124, 127
Hitler 51, 63 f., 65, 112 f., 116, 120, 122, 128 f., 133
Hitlerjugend 88, 132
Ho Chi Minh 205
Höß 104
Hugenberg 61, 65

Indochinakrieg 205
Indoktrination 132
Inflation 46 ff., 51, 55 f., 59
Israel 208

Juden **98 f.**
Judenboykott 98
Jugendbewegung 62
Jungvolk, Dt. 88

Kaas 77
Kaderpartei 14
Kahr, Gustav von 51
Kampfverbände, faschistische 116
Kapitulation, bedingungslose 126
Kapp 42 f., 67
Kellog-Pakt 55
Kennan 154, 207
Kennedy 206
Kerenski 16
Khomeini 209
Kiesinger 190, 194
Klassenkampf 22
Koalition, Große 190
Kolchose 21
Kolonien 128, 214
Komintern 20
Kommunistische Partei 16
Konferenz von Lausanne 112
Konferenz von Stresa 112, 116
Konkordat 112
Konzertierte Aktion 191
Köpenicker Blutwoche 78
Koreakrieg 204
KPD 30, 33, 40, 50, 55, 66, 68, 130 f.
KPdSU 20
Krieg in Ostasien 124 ff.
–, totaler 126
Krieg, Kalter 202
Kriegsanleihen 20, 46
Kriegsgefangene 148
KSZE-Konferenz (Konferenz über Sicherheit und Zusammenarbeit in Europa) 211
Kubakrise 206
Kulak 21
KVAE-Verhandlungen (Konferenz für Verständigung und Abrüstung in Europa) 211
KZ (Konzentrationslager) 78, 79, 102 f., 128, 130
–, Kemna 78, 130

Leben, minderwertiges 102
Legion Condor 117
Lenin 14 ff., 20 f., 25, 31
Ley 81
Lebensqualität 183
Lebensstandard 183
Libanon 209
Liebknecht 29 ff.
Locarno-Vertrag 54 f.

LPG (landwirtschaftliche Produktionsgenossenschaft) 186
Ludendorff 8, 12, 24 f., 28, 51
Luftwaffenhelfer 89
Lüttwitz, von 43
Luxemburg, Rosa 23, 30 f.
Luxemburger Saarvertrag 178

Machtergreifung 85
Mao Tse-Tung 204
Marshallplan 155
Marx 14, 21 f.
Marxismus-Leninismus 22
Marxisten 15 f.
Materialismus, Histor. 22
Mauerbau 189, 192
Max, Prinz von Baden 26, 29
Meinhof 224
Menschewiki 14 ff.
Ministerium für Propaganda und Volksaufklärung 82
Mißtrauensvotum, konstruktives 162
Mitbestimmung, paritätische 196 f.
Mittelmächte 6 f., 24, 34
Montanunion 169
Moskauer Vertrag 201
MSPD 29 f., 32, 38
Müller 64, 66
Mussolini 116 f.

Nationalist 30, 42, 49, 52, 57, 116
Nationalversammlung
 russ. 15, 18;
 dt. 30, 32 ff.
NATO 170, 174, 189
Neuordnung Europas 104
New Yorker Börse 60
Nicaragua 206
Nichtangriffspakt 120 f.
Niederlage, totale 134
Nordrhein-Westfalen 144
Noske 29, 36, **40 f.**, 43
Notstandsgesetze 221
Notverordnung 66 f., 72
Novemberrevolution 32
NSDAP 51, 62, 66 f., 70 f., 76, 82, 90 f., 99, 109
Nürnberger Gesetze 100
Nürnberger Prozesse 140

OHL (Oberste Heeresleitung) 10, 12 f., 16, **25 f.**, 32, 34, 42
Oktoberrevolution 17
Olympische Spiele 1936 96
Opposition, nationale 50 f., 62 f., 65
Organisationen, nationalsozialistische 92 f.

Ostgrenze 54
Ostpolitik 174, 192, 193

Palästina 208
Papen, Franz von 66, 68 f.
Parlamentarischer Rat 161, 162
Parteien 163
Pazifist 38
Pearl Harbour 124
Planwirtschaft, zentrale 186
Präsidialdemokratie
 – Kabinett 66, 69
Presse 82

Quarantänerede 136

Rapallo-Vertrag 44 f.
Rassismus 98
Räterepublik 39
Rätesystem 30
Rat der Volksbeauftragten 30, 40
Rathenau 44, 51
Reagan 207, 212
Rechtsradikale 50
Reichsarbeitsdienst 92
Reichsautobahnen 108
Reichsbank 111
Reichsbanner 68
Reichsführer SS und Chef d. Dt. Polizei 86
Reichskulturkammer 82
Reichspräsident 34, 37, 43, 45
Reichspropagandaminister 74
Reichsprotektorat Böhmen und Mähren 120
Reichssicherheitshauptamt 86
Reichsstände 109
Reichsstatthalter 80
Reichstag 37, 42, 66, 68
Reichswehr 43, 45, 51, 67, 84
Reichswirtschaftskammer 109
Rentenmark 49
Reparationen 16, **34**, 44, 46, 48 f., 66, 138
Republik 29, 43 ff., 53 f., 59, 67 f.
Republik, Rheinische 39
Republikschutzgesetz 51
Revolution, russ. 14 ff.
Ribbentrop 119
Röhm 84, 85
Röhmputsch 84
Roosevelt 136, 138
Rose, Weiße 133
Rote Armee 18
Rote Ruhrarmee 43
Ruhrgebiet 52
Ruhrkampf 48
Ruhrstatut 172, 173
Rundfunk 94

SA (Sturmabteilung) 51, 65 f., **78 f.**
Saargebiet 178
Saarstatut 178
Saarvertrag 178
SALT-Abkommen (Strategic Arms Limitation Talks) 210
St. Petersburg 14 f.
Scheidemann 26, 29, 33 f., 39
Scholl, Geschwister 133
Schriftleiter 82
Schumacher 143
Schuman 168, 170
Schuschnigg 114
Schutzhaftbefehle 86
SDI-Programm (Strategic Defense Initiative) 211 f.
SED (Sozialistische Einheitspartei Deutschlands) 165 ff.
Seeckt, Hans von 43, 45, 51
Separatisten 38
Septemberprogramm 12
Sonderstatus Berlin 200
Sowjet, russ. 15 ff.
Soziale Marktwirtschaft 180, 182
Sozialisierung 40 f.
Sozialismus 5, 32 f., 63
Sozialliberale Koalition 192, 196
Sozialliberale Regierungskoalition 194
Sozialreformen 182
Sozialrevolutionäre 14 ff.
Sozialstaat 197
Spartakus 30, 32
SPD 26, 28, 33, 40, 42, 50, 53 f., 65 f., 130
SS (Schutzstaffel) **86 f.**
SS-Totenkopfverbände 87
SS-Verfügungstruppe 87
Staatsvertrag, österreichischer 198
Stahlhelm 59, 64
Stalin 18, 20, 138, 203
Stalinnote 174

Stauffenberg 128
Stinnes 47, 50
Streik 24, 40, 61
 Generalstreik 29, 36, 43, 48, 50
Stresemann 49, 51 f., 58 ff., 64
Studentenunruhen 220
Suezkrise 206

Tag der nationalen Erhebung 74
Terror 67 f.
Terroranschläge 225
Terrorismus 224
Tito 203
Trotzki 16 ff., 20
Truman 138
Trumandoktrin 154
Türkei 34

Überflußgesellschaft 183
Überproduktion 60 f.
U-Boot-Krieg, uneingeschränkter 8 f.
UdSSR 45
Universitäten 83, 196
Unternehmer 109
USPD 28, 30, 33, 38

VEB (Volkseigener Betrieb) 186
Verbände, nationale 70
Verdun 7
Vereinigte Staaten von Amerika (USA) **6 ff.**, 52, 58, 60, 66
Verfassung (DDR) 167
Verfassung, Weimarer 32, **36 f.**, 53, 64, 69
Verfassunggebende Versammlung 160
Verkehrsvertrag 194
Vermögensbildung 182
Verordnung zum Schutz von Volk und Staat 72
Versailler Diktat 90
Versailler Vertrag **34 ff.**, 43 f., 54, 64, 112

Vierjahresplan 110
Viermächteabkommen 201
Völkerbund 34, 44, 55, 65, 112, 117 f.
Volkstum, nichtarisches 102
Volkswagen 92

Waffen-SS 87
Wahlen, freie gesamtdt. 174
Währungsreform 157
Wannseekonferenz 104
Warschauer Pakt 189
Weimarer Koalition 33
Weimarer Republik **32 ff.**
Weizsäcker, Richard von 106
 – Carl Friedrich von 210
Wels 76
Weltherrschaft 128
Weltkrieg, Zweite 122 ff.
Weltrevolution 20, 29
Weltverschwörung, jüdisch-bolschewistische 122
Weltwirtschaftskrise 56, 60 ff.
Westeuropäische Integration 168
Widerstand 128 f.
Wiedergutmachungsabkommen 106
Wiedervereinigung 176
Wilhelm II. 12 f., 25, 29
Wilson **6 ff.**, 26, 29, 38, 52
Wirth 44 f., 47
Wirtschaftswunder 180
Wohlstands- u. Konsumgesellschaft 182
Wohlfahrtsstaat 182

Young-Plan 64 f.

Zar 14 ff.
Zentralismus, demokrat. 19
Zentralkomitee (ZK) 17
Zentrum 13, 26, 32, 42, 53, 65 f.
Zigeuner 102

Bildquellenverzeichnis

Umschlag (Rakete): USIS, Bonn/Bad Godesberg;
Süddeutscher Verlag, München: 6.1, 7.2, 17.1, 31.3, 51.1, 53.1, 60.2, 62.1, 65.1, 69.1, 80.1, 91.2, 95.1, 2, 97.1, 2, 116.2, 127.1, 2, 139.1, 146.2, 147.1, 2, 148.2, 150.1, 165.1, 170.1, 179.1, 2, 186.1, 193.2, 199.1, 205.2, 207.1, 223.1, 225.1, 227.1; Ullstein Bilderdienst, Berlin: 6.2, 12.1, 15.2, 22.1, 24.1, 43.1, 2, 50.1, 54.1, 71.1, 72.1, 91.1, 115.2, 3, 116.1, 117.1, 134.1, 135.1, 158.1, 220.2; Bildarchiv Preußischer Kulturbesitz, Berlin: 9.1, 2, 11.3, 27.1, 38.1, 40.2, 58.2, 139.1, 164.2, 216.1, 222.1; Archiv Gerstenberg, Wietze: 28.1, 33.1, 51.2, 74.1, 76.1, 95.1, 96.1, 2, 98.1, 113.2, 121.1, 128.1; Archiv der sozialen Demokratie, Bonn: 33.3, 35.2, 142.1; H. Passon, Wuppertal: 48.1, 2; Histor. Zentrum, Museum für Frühindustrialisierung, Wuppertal: 49.1, 142.2; Archiv für Kunst und Geschichte, Berlin: 57.1, 2, 68.1, 83.3, 182.1; Deutsches Museum, München: 57.4, Stadtmuseum Düsseldorf: 83.1; Hamburger Kunsthalle: 83.2; Prof. K. H. Beeck, Wuppertal: 89.2; Kulturgeschichtl. Museum, Osnabrück: 103.1; Ev. Kirche im Rheinland, Düsseldorf: 129.1, 2; dpa, Hamburg: 137.2, 146.1, 149.2, 156.1, 161.1, 2, 174.1, 175.1, 179.2, 183.1, 187.1, 192.1, 195.1, 213.1, 225.1, 2; Presse- und Informationsamt, Wuppertal: 143.2; Konrad-Adenauer-Stiftung, Bonn: 143.1; Landtag NRW, Düsseldorf: 145.1; Stadt Remagen: 148.2; Mauritius, Mittenwald: 181.2, 196.1; Gesamthochschule Wuppertal: 196.1; Landesbildstelle, Berlin: 200.2; DER SPIEGEL, Hamburg (Nr. 47/1986): 233.1.
219.1: nach: R. H. Strahm, Überentwicklung–Unterentwicklung, Burckhardthaus-Laetare Verlag, Offenbach; alle übrigen Abbildungen: Archiv Schroedel/Schöningh.